CB127098

AS NOVAS RELAÇÕES TRABALHISTAS E O FUTURO DO DIREITO DO TRABALHO

AS NOVIDADES PROVENIENTES DAS NOVAS POSSIBILIDADES DE INTERAÇÕES HUMANAS E DE NOVOS MODELOS DE SOLUÇÃO DE CONFLITOS

COLEÇÃO FÓRUM

AS NOVAS RELAÇÕES TRABALHISTAS E O FUTURO DO DIREITO DO TRABALHO

COLEÇÃO FÓRUM
**AS NOVAS RELAÇÕES TRABALHISTAS
E O FUTURO DO DIREITO DO TRABALHO**

CAROLINA TUPINAMBÁ
Coordenadora

Maria Cristina Irigoyen Peduzzi
Prefácio

AS NOVAS RELAÇÕES TRABALHISTAS E O FUTURO DO DIREITO DO TRABALHO

AS NOVIDADES PROVENIENTES DAS NOVAS POSSIBILIDADES DE INTERAÇÕES HUMANAS E DE NOVOS MODELOS DE SOLUÇÃO DE CONFLITOS

5

Belo Horizonte
FÓRUM
CONHECIMENTO JURÍDICO
2022

COLEÇÃO FÓRUM
AS NOVAS RELAÇÕES TRABALHISTAS E O FUTURO DO DIREITO DO TRABALHO

© 2022 Editora Fórum Ltda.

É proibida a reprodução total ou parcial desta obra, por qualquer meio eletrônico, inclusive por processos xerográficos, sem autorização expressa do Editor.

Conselho Editorial

Adilson Abreu Dallari
Alécia Paolucci Nogueira Bicalho
Alexandre Coutinho Pagliarini
André Ramos Tavares
Carlos Ayres Britto
Carlos Mário da Silva Velloso
Cármen Lúcia Antunes Rocha
Cesar Augusto Guimarães Pereira
Clovis Beznos
Cristiana Fortini
Dinorá Adelaide Musetti Grotti
Diogo de Figueiredo Moreira Neto (*in memoriam*)
Egon Bockmann Moreira
Emerson Gabardo
Fabrício Motta
Fernando Rossi
Flávio Henrique Unes Pereira
Floriano de Azevedo Marques Neto
Gustavo Justino de Oliveira
Inês Virgínia Prado Soares
Jorge Ulisses Jacoby Fernandes
Juarez Freitas
Luciano Ferraz
Lúcio Delfino
Marcia Carla Pereira Ribeiro
Márcio Cammarosano
Marcos Ehrhardt Jr.
Maria Sylvia Zanella Di Pietro
Ney José de Freitas
Oswaldo Othon de Pontes Saraiva Filho
Paulo Modesto
Romeu Felipe Bacellar Filho
Sérgio Guerra
Walber de Moura Agra

FÓRUM
CONHECIMENTO JURÍDICO

Luís Cláudio Rodrigues Ferreira
Presidente e Editor

Coordenação editorial: Leonardo Eustáquio Siqueira Araújo
Aline Sobreira de Oliveira

Av. Afonso Pena, 2770 – 15º andar – Savassi – CEP 30130-012
Belo Horizonte – Minas Gerais – Tel.: (31) 2121.4900 / 2121.4949
www.editoraforum.com.br – editoraforum@editoraforum.com.br

Técnica. Empenho. Zelo. Esses foram alguns dos cuidados aplicados na edição desta obra. No entanto, podem ocorrer erros de impressão, digitação ou mesmo restar alguma dúvida conceitual. Caso se constate algo assim, solicitamos a gentileza de nos comunicar através do *e-mail* editorial@editoraforum.com.br para que possamos esclarecer, no que couber. A sua contribuição é muito importante para mantermos a excelência editorial. A Editora Fórum agradece a sua contribuição.

Dados Internacionais de Catalogação na Publicação (CIP) de acordo com a AACR2

N936 As novas relações trabalhistas e o futuro do Direito do Trabalho: as novidades provenientes das novas possibilidades de interações humanas e de novos modelos de solução de conflitos / Carolina Tupinambá (Coord.).– Belo Horizonte : Fórum, 2022.

405p. ; 14,5x21,5cm

Coleção Fórum As novas relações trabalhistas e o futuro do direito do trabalho. Tomo V.

ISBN Coleção: 978-65-5518-116-6
ISBN: 978-65-5518-224-8

1. Direito Processual Trabalhista. 2. Direito do Trabalho. I. Tupinambá, Carolina. II. Título.

CDD 342.68
CDU 349.2

Elaborado por Daniela Lopes Duarte - CRB-6/3500

Informação bibliográfica deste livro, conforme a NBR 6023:2018 da Associação Brasileira de Normas Técnicas (ABNT):

TUPINAMBÁ, Carolina (Coord.). *As novas relações trabalhistas e o futuro do Direito do Trabalho:* as novidades provenientes das novas possibilidades de interações humanas e de novos modelos de solução de conflitos. Belo Horizonte: Fórum, 2022. (Coleção Fórum As novas relações trabalhistas e o futuro do direito do trabalho. Tomo V.) 405p. ISBN 978-65-5518-224-8.

Para Rafael, com amor.

AGRADECIMENTOS

Em todos os trabalhos que faço, adoro escrever esta parte.

Sempre me faz pensar o quanto a vida é boa e o quanto somos felizes por estarmos cercados de bons amigos, parceiros de todas as horas.

Este livro é sobre o futuro, tempo que, invariavelmente, remete-me a Rafael, meu filho amado. É ele a causa de minha preocupação, assim como de meu entusiasmo com todas as próximas e infinitas auroras seguidas dos entardeceres ao redor do globo terrestre. Mal me lembro das coisas que me faziam alegre ou triste antes do Rafa. Ele personifica o "daqui pra frente" de minha existência, sendo, para mim, sinônimo de fé na vida e de esperança no porvir. Sou grata por nossa convivência transformadora que inspira e enfeita tudo o que faço de bom.

Para pensar sobre o futuro, todos nós partimos de uma história de vida. A minha sempre foi ao lado de minha mãe, Sonia. Sinto gratidão por tudo que ela fez e faz por mim diuturnamente. Toda a vida, o presente e o futuro ganham sentido ao lado dela.

Rafael e sua avó me estimulam a trabalhar, a escrever e a estudar. Agradeço por eles compreenderem minhas eventuais ausências para dar conta de tentar um futuro melhor.

Sou sócia de um escritório de advocacia pelo qual passam todos os tipos de conflitos reais e potenciais entre capital e trabalho. Tensões que se transformam ao longo do tempo. Apesar de todos os nossos desafios, duas advogadas de uma equipe de guerreiros me ajudam em projetos acadêmicos.

Marina Novellino Valverde, mestranda da Universidade do Estado do Rio de Janeiro, sonhou junto comigo vários pedacinhos desta obra, tendo ajudado muitíssimo com as pesquisas de textos, a organização temática e a revisão de diversos trabalhos.

Bianca Lubianco, fiel escudeira, tornou muito mais fácil e efetiva a arregimentação de tantos autores e conteúdo, responsabilizando-se por boa parte da complexa logística e da agenda envolvida nesta obra em que 95 nomes do direito assinam artigos acadêmicos inovadores.

Agradeço, por fim, a todos os competentes professores e autores participantes desta coletânea pela confiança e deferência, mas, principalmente, por suas corajosas e inovadoras ideias, em boa hora compartilhadas com a comunidade jurídica em prol da construção de um novo direito e processo do trabalho.

Obrigada!

SUMÁRIO

APRESENTAÇÃO DA COLEÇÃO

A presente obra coletiva surge a partir de estudos desenvolvidos ao longo dos anos de 2018 e 2019, nos cursos de pós-graduação em que leciono.

A ideia central deste trabalho é diagnosticar influxos do terceiro milênio nas relações de trabalho, a partir de pesquisas e incursões acadêmicas, tanto no campo do direito nacional, como no comparado.

O trabalho desempenha, ao menos, três papéis fundamentais nas relações humanas: social, psicológico e financeiro. Consciente de sua vocação, o direito do trabalho na sociedade pós-industrial deve girar em torno do eixo do equilíbrio entre forças e respeito ao núcleo duro das garantias fundamentais dos trabalhadores, como agentes que produzem em benefício da sociedade.

Os desafios não são poucos.

Os inegáveis avanços da tecnologia e da globalização têm, em curto espaço de tempo, acusado a necessidade de alterações legislativas e transformado modelos de solução de conflitos entre capital e trabalho. A coleção completa analisará justamente esse marco referencial que condensa conceitos e elementos extraídos do que se convencionou chamar "direito do trabalho 4.0".

O mundo do trabalho efetivamente mudou e a mudança nem veio para ficar, pois a verdade é que, a cada dia, a paisagem se transforma.

Profissionais contemporâneos que habitam os grandes centros, em geral, costumam ser independentes, menos chefes, mais tutores, realizadores. Querem menos competividade e mais colaboração; menos curriculum, mais valores intrínsecos. Em uma época em que a vida e o trabalho se fundem, instruções cedem lugar para objetivos acordados, dissolvendo a rigidez das hierarquias. As recompensas serão baseadas no desempenho. É comum ver trabalhadores tornando-se verdadeiros empreendedores dentro da empresa, o que significa verdadeira reconfiguração dos protagonistas clássicos da relação laboral, empregado e empregador. Nesse novo ambiente que se apresenta ao direito do trabalho, portanto, a liberdade de escolha e a responsabilidade individual ocupam lugar de destaque.

Neste contexto, os textos a seguir são corajosos, por natureza. Ora, mudar sempre causa insegurança. Nada se compara ao conforto proporcionado pelo *status quo*.

Mas o futuro, que já começou e não tem data para terminar, não se contendo por princípios e regras tradicionais que os bancos universitários ainda insistem em anunciar como se fossem informadores de um direito e processo do trabalho esculpidos nas pedras sagradas.

A questão é que, ao que parece, o ensino de ambas as disciplinas parou no tempo, como se congelado numa era de "tudo ou nada".

Ou se tem o vínculo de emprego reconhecido, para se desfrutar do fantástico mundo da CLT, com a mais ampla proteção do Estado, ou se está fora da jogada. Quem não é empregado, praticamente, não será nada para a maioria das obras jurídicas que se encontram nas prateleiras dedicadas ao direito e processo do trabalho. Será, talvez, se tiver alguma sorte de ser lembrado, uma mera "tentativa de fraude", ou coisa que o valha, ainda que trabalhe dia e noite sem parar.

Em geral, quem se assusta diante da triste realidade, ao invés de tentar novos caminhos de regulamentação e proteção desses trabalhadores-do-futuro, não necessariamente empregados como antigamente – pasmem-se –, prefere "forçar a barra", tentando enquadrar, a todo custo, qualquer prestador de serviços para baixo do grande e velho guarda-chuva chamado vínculo de emprego. Muitos insistem, nessa linha de raciocínio, repetindo obcessivamente o discurso de que o autônomo, o motorista do Uber, o trabalhador pejotizado etc. sejam, todos eles, em-pre-ga-dos. E não se fala mais nisso! Não se apresentam reflexões ou argumentos aprofundados e amadurecidos nos textos mais apaixonados. Outros estudiosos, de fato, acreditam piamente que esses novos perfis contratuais ostentam as características do vínculo empregatício como subordinação, habitualidade, eventualidade, onerosidade e pessoalidade.

Via de regra, o enterrar a cabeça na terra parece proteger de um temor justificável, ou, pelo menos, que faz certo sentido na mentalidade dos neofóbicos. É que, ao se admitir a existência de outras espécies de vínculos de trabalho, com proteção do Estado mais arrefecida ou até inexistente, o que será feito da figura do velho e bom empregado? Será definitivamente extinta do planeta, ou, ao menos, do Brasil? Qual poder de barganha ou sedução restará ao contrato de emprego? Quem há de querer contratar pela modalidade vetusta e engessada de vínculo empregatício? Depois que surgiu o FGTS, quem optou pelo regime da estabilidade decenal?

A coletânea tratará destes tipos de questões, entre muitas e tantas outras, sem a pretensão de responder a elas. Fazê-las – acreditem – já é um grande passo para a evolução dos direitos envolvidos, sejam eles ostentados pelo capital, ou pela mão de obra.

Além da audácia e da criatividade necessárias para se pensar "fora da caixa", outro traço marcante da coleção é a interdisciplinaridade percebida em muitas das contribuições, que incitam o diálogo com áreas como o direito empresarial, o direito e tecnologia, o direito processual e constitucional.

Em suma, o futuro do mundo do trabalho é um problema central que não dispensa a incansável dedicação dos estudiosos.

É duro e, de certa forma, até incômodo, admitir que, hoje, trabalhamos, em média, mais do que nunca. Ora, se acoplarmos a utilidade do trabalho humano ao seu respectivo propósito, essa realidade não faz o menor sentido. Sim, porque, historicamente, a finalidade do emprego é nada mais do que produzir aquilo que precisamos para viver, como alimentos, roupas, casas etc.

Com a evolução do estágio civilizatório e dos meios de produção, é inegável que a produtividade no globo aumentou exponencialmente. É dizer: menos esforço é demandado para a produção de um mesmo resultado de tempos atrás. Hoje se trabalha bem menos para se produzir o mesmo que antes, graças, principalmente, ao avanço das tecnologias. Logicamente, nosso padrão de vida tem melhorado e se tornado mais requintado, o que demanda aumento de trabalho para a produção de um nível tal de riqueza... Mas o fato é que, proporcionalmente, a otimização da produção é muito mais significativa do que o aumento de demanda.

É como se o propósito da evolução fosse liberar nosso tempo para que pudéssemos não trabalhar.

Só que não. Em vez disso, ter um trabalho digno é objetivo comum de muitos cidadãos.

É impressionante e verdadeiramente encantadora toda a complexidade, a sensibilidade e a magia que se apresenta àqueles que procuram entender o mundo do trabalho, de onde veio e para onde irá.

Certamente aprendi muito com os colaboradores desta coleção. Compartilho, com entusiasmo e otimismo, o resultado de nosso empenho, torcendo para que a troca de ideias ganhe adeptos e seja ainda mais incrementada, ao ponto de colaborar com a edificação de um futuro em que as relações de trabalho sejam inseridas como um todo na realidade de um estado democrático de direito e das dinâmicas que lhe são próprias. Parafraseando o grande compositor Ivan Lins, no novo tempo, apesar dos perigos, a gente se encontra para nos socorrer.

PREFÁCIO

A mutação das relações de trabalho tradicionalmente compreendidas é uma realidade que há anos se incrementa, dia após dia.

A partir da Quarta Revolução Industrial, vivenciamos o surgimento constante de novidades absolutamente disruptivas como as novas tecnologias, as formas plurais de solução de conflitos, os perfis contratuais diversos da clássica relação de emprego etc. Muitas são as mudanças do mundo do trabalho que desafiam a interpretação dos tribunais, a modernização das leis e a construção de uma doutrina arejada e inovadora.

Esta obra se compromete, justamente, com a missão reflexiva demandada pelo novo direito do trabalho. Dividida em cinco volumes, a coleção busca abordar as mais recentes legislações que impactaram o mundo do trabalho, os efeitos das novas tecnologias no universo laboral, as novidades observáveis no cenário mundial, envolvendo, sobretudo, a globalização e o futuro do direito do trabalho e os novos módulos de interações humanas trabalhistas, bem como de superação de conflitos entre capital e trabalho. Neste volume, são abordadas as novidades provenientes das novas possibilidades de interações humanas e de novos modelos de solução de conflitos.

Outro aspecto que chama a atenção nesta interessante publicação, que tem em seu quinto volume apresentado à comunidade jurídica, é que, acompanhando a tendência mundial de arrefecimento de fronteiras entre os países, foram colacionados trabalhos inéditos de diversos autores internacionais, o que distingue muito positivamente o presente livro. Conhecer o direito do trabalho de alhures, a partir da visão de seus nacionais, traduz experiência ímpar e engrandecedora proporcionada pela leitura dos textos que chegam além-mar.

Os temas percorridos pelos autores-colaboradores nos volumes que integram a festejada coletânea são inusitados, relevantes e atuais. Os artigos foram selecionados com maestria pela coordenadora da obra, Professora e Doutora Carolina Tupinambá, que contagia por sua paixão pelo direito e processo do trabalho.

Tive a honra de ser convidada para escrever o prefácio desta rica coletânea e posso afirmar que o trabalho da professora arregimenta publicações densas, críticas e provocantes, organizadas de forma admirável e inteligente.

Parabenizo a Editora Fórum que, na vanguarda da literatura jurídica, lança a coleção de suma importância para acadêmicos e profissionais do direito, a expressar diálogo inovador entre múltiplas visões selecionadas pela talentosa Carolina.

Para aqueles que imaginam que o direito do trabalho poderá desaparecer no futuro, a leitura dos artigos desta obra, provavelmente, os fará mudar de ideia. São muitas as novas possibilidades e perspectivas que se colocam decorrentes, sobretudo, de fenômenos como o avanço de novas tecnologias e o sedimentar da globalização.

Os novos modos de produção, próprios da Quarta Revolução Industrial, criaram um tipo de trabalhador denominado "nômade", inserido no contexto de um novo modelo econômico, sob a demanda e a oferta de serviços via internet pelos mais diversos trabalhadores sem vínculo de emprego, diretamente ao consumidor, por meio de plataforma virtual.

Cabe ao estudioso do direito analisar as novas formas de produção, reconhecer seus avanços e retrocessos para a organização do trabalho e sugerir meios para regular cada peculiaridade das inovações que surgem a cada novo momento.

A propósito, em seu consagrado livro *21 lições para o século 21*, o historiador Yuval Noah Harari reconhece que "os temores de que a automação causará desemprego massivo remontam ao século XIX, e até agora nunca se materializaram".

Convido você, leitor, a refletir conosco sobre esse mundo de inovações que impactam o futuro do direito do trabalho e de seus sensíveis protagonistas, trabalhadores e empreendedores.

Maria Cristina Irigoyen Peduzzi
Ministra Presidente do Tribunal Superior do Trabalho.

A EVOLUÇÃO DA CONSCIÊNCIA ECOLÓGICA E O NOVO MUNDO DE OPORTUNIDADES

ADRIANA SERRÃO

JULIANE MENDES GENÚ

1 Introdução

O mundo globalizado encontra-se sofrendo alterações constantemente, em diversos setores e aspectos, desde o início da civilização. O homem primitivo não tinha por objetivo, *a priori*, a devastação à natureza. Em outras palavras, não se falava naquela época de agressão direta à natureza.[1]

---

1 SIRVOMSKAS, Luís Paulo. *Manual de direito ambiental*. 13. ed. São Paulo: Saraiva, 2015. p. 81.

O crescimento da população juntamente com a economia, marcado pelo capitalismo, fez com que ambições fossem exaltadas, direitos suprimidos e o planeta atingido.

O século XIX e parte do século XX foram marcados pela grande expansão industrial, indo de encontro à preservação do meio ambiente. Na verdade, não existia o embate, pois sequer havia qualquer preocupação com o cuidado e manejo ambiental, tampouco a preservação do planeta para as gerações futuras. O homem se via como elemento central do planeta.

O ser humano utilizou de todas as formas inimagináveis a natureza, seja direta seja indiretamente, com desmatamento das florestas, ocupação desordenada de áreas ambientais e emissão de gases na atmosfera. Uma hora a conta chega, e chegou... aquecimento global, alterações climáticas, escassez de água e catástrofes ambientais, caos à vista!

Na década de 60, no século XX,[2] a atenção com o meio ambiente apareceu de forma sutil através de movimentos ambientais que foram disseminados pelo mundo, em que os manifestantes clamavam por medidas de prevenção, precaução e prudência, mas, ainda, eram insuficientes para transformar a sociedade. Como alterar drasticamente uma cultura? Não seria uma mudança fácil, pois, ao pensar que até os dias atuais existem diversos entraves, imagine-se antes.

A partir da década de 70, o êxodo rural foi agravado, as populações rurais, buscando melhor qualidade vida, migraram para as cidades, aumentando, logicamente, a habitação urbana. Acontece que não houve fiscalização eficaz e políticas públicas capazes de garantir a proteção do ecossistema, consequentemente, os problemas intensificaram-se e tornaram-se recorrentes. A degradação ambiental continuou ao longo do século XX e primeiras décadas do século XXI, quando teve início a sociedade pós-moderna.

Imperioso destacar que a crise do meio ambiente é também uma crise da civilização, da fadiga de um modo de vida baseado no consumo e no capitalismo. O antropocentrismo – homem no centro do mundo – nos coloca cada vez mais distantes da política ambiental totalmente eficaz, sendo uma das propostas para a modificação desse cenário tratar como sujeito de direito não só os seres humanos, mas também a natureza. O ambiente não pode ser encarado como algo

---

2 SILVA, Romeu Faria Thomé da. *Manual de direito ambiental*. 5. ed. Salvador: JusPodivm, 2015. p. 31.

isolado nas esferas da atividade humana, incluindo educação, saúde, mobilidade, economia, entre diversas outras, pois qualquer agressão em qualquer área poderá trazer consequências irreversíveis às presentes e futuras gerações.

Nesse sentido, com a busca pelo desenvolvimento sustentável, houve uma descontinuidade do modelo antropocentrista, tendo em vista o acolhimento da lógica ecocentrista, que analisa as questões ambientais juntamente com os demais fatores provenientes do meio.

Por outro lado, o desenvolvimento econômico também é necessário à satisfação das necessidades do homem. Para tanto, procura-se equilibrar a necessidade de preservação ambiental e a de desenvolvimento econômico, mantendo minimamente sob controle as atividades das pessoas e empresas para a melhoria da qualidade de vida em todas as suas formas. Tudo isso no intuito de fazer com que as gerações presentes consigam atender às suas necessidades, sem comprometer o atendimento das necessidades das gerações futuras.

Este trabalho não tem como intuito esgotar todos os conceitos e reflexões envolvidos, mas discorrer sobre as perspectivas advindas da evolução e do amadurecimento do ser humano ante o meio ambiente em que vive e as relações de trabalho que surgem mediante tal progresso.

2 De início, o que é meio ambiente? O que é meio ambiente equilibrado? O que é desenvolvimento sustentável?

Será que é possível definir-se meio ambiente e desenvolvimento sustentável, ou, até mesmo, entender o alcance da sua existência no planeta em que se vive?

2.1 A concepção sobre o meio ambiente

O conceito de meio ambiente sofreu alterações ao longo do tempo, na medida em que o entendimento sobre o assunto foi sendo aprimorado e estudado.[3] Inclusive, na doutrina, o termo "meio ambiente" sofre críticas, pois "meio" e "ambiente" gramaticalmente dispõem da mesma ideia central. Luís Paulo Sirvinskas pontua:

[3] O termo "meio ambiente" foi utilizado pela primeira vez por Étienne Geoffroy Saint-Hilaire em 1835.

> [...] meio é aquilo que está no centro de alguma coisa. Ambiente indica o lugar ou área onde habitam seres vivos. Assim, na palavra ambiente está inserido o conceito de meio. Cuida-se de um vício de linguagem chamado de pleonasmo, consistente na repetição de palavras ou de ideias com o mesmo sentido simplesmente para dar ênfase. Em outras palavras, meio ambiente é o lugar onde habitam os seres vivos. É seu habitat.[4]

Apesar da crítica, é o termo consagrado no Brasil, pela população, doutrina e jurisprudência.

A primeira definição de grande notoriedade aconteceu na Conferência da Organização das Nações Unidas (ONU) sobre o Meio Ambiente, celebrada em Estocolmo, em 1972, que definiu o meio ambiente como o "conjunto de componentes físicos, químicos, biológicos e sociais capazes de causar efeitos diretos ou indiretos, em um prazo curto ou longo, sobre os seres vivos e as atividades humanas".

No Brasil, a primeira definição legal se deu em 1981, com a Lei de Política Nacional do Meio Ambiente (PNMA) nº 6.938/81, no art. 3º, inc. I, afirmando que meio ambiente é "o conjunto de condições, leis, influências e interações de ordem física, química e biológica, que permite, abriga e rege a vida em todas as suas formas".

Esses primeiros conceitos sobre o meio ambiente abrangem tão somente o aspecto natural, não existia uma visão mais ampla sobre o tema.

Em Portugal, a Lei de Bases do Ambiente – Lei nº 11 de 1987, no art. 5º, já vislumbrava uma amplitude sobre o meio ambiente, abordando questões sociais, culturais, econômicas que interferem na qualidade de vida do ser humano. Definindo-o como "o conjunto dos sistemas físicos, químicos, biológicos e suas relações, e dos fatores econômicos, sociais e culturais com efeito direto ou indireto, mediato ou imediato, sobre os seres vivos e a qualidade de vida do homem".[5]

Por sua vez, no Brasil, em 1988, a Constituição da República não trouxe um conceito sobre o meio ambiente, mas trouxe um capítulo exclusivo, afirmando que todos, residentes ou não residentes no território brasileiro, têm direito ao meio ambiente ecologicamente equilibrado.[6]

---

4 SIRVOMSKAS, Luís Paulo. *Manual de direito ambiental*. 13. ed. São Paulo: Saraiva, 2015. p. 81.

5 LIMA, Herlander Mata. Ambiente. Factores. Sustentabilidade. Universidade da Madeira. *Wayback Machine*, 2012. Disponível em: https://web.archive.org/web/20121116090236/http://cee.uma.pt/hlima/Doc%20ImpactesAmbientais/01AMBIENTE_FACTORES_SUSTENTABILIDADE.pdf# Acesso em: 14 fev. 2019.

6 BRASIL. *Constituição da República*. 1988: "Art. 225. Todos têm direito ao meio ambiente ecologicamente equilibrado, bem de uso comum do povo e essencial à sadia qualidade

Trazendo, com isso, uma proteção mais extensiva do que a trazida pela Lei de Política Nacional do Meio Ambiente.

Ressalta-se que a preservação ambiental foi abordada em diversos artigos, seja na garantia individual do meio ambiente,[7] defesa do meio ambiente de trabalho,[8] preservação dos recursos naturais,[9] uso adequado dos recursos naturais, atribuições de competências dos entes

---

de vida, impondo-se ao Poder Público e à coletividade o dever de defendê-lo e preservá-lo para as presentes e futuras gerações. §1º Para assegurar a efetividade desse direito, incumbe ao Poder Público: I - preservar e restaurar os processos ecológicos essenciais e prover o manejo ecológico das espécies e ecossistemas; II - preservar a diversidade e a integridade do patrimônio genético do País e fiscalizar as entidades dedicadas à pesquisa e manipulação de material genético; III - definir, em todas as unidades da Federação, espaços territoriais e seus componentes a serem especialmente protegidos, sendo a alteração e a supressão permitidas somente através de lei, vedada qualquer utilização que comprometa a integridade dos atributos que justifiquem sua proteção; IV - exigir, na forma da lei, para instalação de obra ou atividade potencialmente causadora de significativa degradação do meio ambiente, estudo prévio de impacto ambiental, a que se dará publicidade; V - controlar a produção, a comercialização e o emprego de técnicas, métodos e substâncias que comportem risco para a vida, a qualidade de vida e o meio ambiente; VI - promover a educação ambiental em todos os níveis de ensino e a conscientização pública para a preservação do meio ambiente; VII - proteger a fauna e a flora, vedadas, na forma da lei, as práticas que coloquem em risco sua função ecológica, provoquem a extinção de espécies ou submetam os animais a crueldade. §2º Aquele que explorar recursos minerais fica obrigado a recuperar o meio ambiente degradado, de acordo com solução técnica exigida pelo órgão público competente, na forma da lei. §3º As condutas e atividades consideradas lesivas ao meio ambiente sujeitarão os infratores, pessoas físicas ou jurídicas, a sanções penais e administrativas, independentemente da obrigação de reparar os danos causados. §4º A Floresta Amazônica brasileira, a Mata Atlântica, a Serra do Mar, o Pantanal Mato-Grossense e a Zona Costeira são patrimônio nacional, e sua utilização far-se-á, na forma da lei, dentro de condições que assegurem a preservação do meio ambiente, inclusive quanto ao uso dos recursos naturais. §5º São indisponíveis as terras devolutas ou arrecadadas pelos Estados, por ações discriminatórias, necessárias à proteção dos ecossistemas naturais. §6º As usinas que operem com reator nuclear deverão ter sua localização definida em lei federal, sem o que não poderão ser instaladas. §7º Para fins do disposto na parte final do inciso VII do §1º deste artigo, não se consideram cruéis as práticas desportivas que utilizem animais, desde que sejam manifestações culturais, conforme o §1º do Artigo 215 desta Constituição Federal, registradas como bem de natureza imaterial integrante do patrimônio cultural brasileiro, devendo ser regulamentadas por lei específica que assegure o bem-estar dos animais envolvidos. (Incluído pela Emenda Constitucional nº 96, de 2017)

7 "Art. 5º [...] LXXIII - qualquer cidadão é parte legítima para propor ação popular que vise a anular ato lesivo ao patrimônio público ou de entidade de que o Estado participe, à moralidade administrativa, ao meio ambiente e ao patrimônio histórico e cultural, ficando o autor, salvo comprovada má-fé, isento de custas judiciais e do ônus da sucumbência; [...]".

8 "Art. 7º [...] XXII - redução dos riscos inerentes ao trabalho, por meio de normas de saúde, higiene e segurança; [...]".

9 "Art. 91. O Conselho de Defesa Nacional é órgão de consulta do Presidente da República nos assuntos relacionados com a soberania nacional e a defesa do Estado democrático, e dele participam como membros natos: §1º Compete ao Conselho de Defesa Nacional: [...] III - propor os critérios e condições de utilização de áreas indispensáveis à segurança do território nacional e opinar sobre seu efetivo uso, especialmente na faixa de fronteira e nas relacionadas com a preservação e a exploração dos recursos naturais de qualquer tipo; [...]".

federativos,[10] atribuição do Ministério Publico,[11] princípios gerais da atividade econômica –,[12] a redação originária trouxe apenas a defesa do meio ambiente. Após, com a Emenda Constitucional nº 42, de 2003, o entendimento foi elastecido para a proteção de impactos dos produtos e serviços e de seus processos de elaboração, como requisito para o cumprimento da função social da propriedade agrícola,[13] atribuições do sistema único de saúde,[14] entre outros.

O constitucionalista Uadi Lammêgo Bulos é categórico em afirmar que a Constituição da República de 1988 é uma das mais avançadas no constitucionalismo quanto a esse tema, destacando-se que foi a primeira Constituição brasileira a positivar tal direito.[15] Romeu Thomé acrescenta:

> A primeira Constituição brasileira, editada em 1824, não fazia qualquer referência ao meio ambiente e à proteção dos recursos naturais. Essa ausência de disciplinamento constitucional é observada em todos os cinco textos subsequentes editados pelo legislador constituinte, ou seja, as Constituições de 1891, de 1934, de 1937, de 1946 e de 1967/69 tampouco se manifestaram sobre a proteção ambiental. Os recursos naturais eram tidos como recursos econômicos a serem explorados e a sua abundância tornava inimaginável a necessidade de algum tipo de

---

[10] "Art. 23. É competência comum da União, dos Estados, do Distrito Federal e dos Municípios: [...] VI - proteger o meio ambiente e combater a poluição em qualquer de suas formas; VII - preservar as florestas, a fauna e a flora. Art. 24. Compete à União, aos Estados e ao Distrito Federal legislar concorrentemente sobre: [...] VI - florestas, caça, pesca, fauna, conservação da natureza, defesa do solo e dos recursos naturais, proteção do meio ambiente e controle da poluição; VII - proteção ao patrimônio histórico, cultural, artístico, turístico e paisagístico; VIII - responsabilidade por dano ao meio ambiente, ao consumidor, a bens e direitos de valor artístico, estético, histórico, turístico e paisagístico".

[11] "Art. 129. São funções institucionais do Ministério Público: [...] III - promover o inquérito civil e a ação civil pública, para a proteção do patrimônio público e social, do meio ambiente e de outros interesses difusos e coletivos; [...]".

[12] "Art. 170. A ordem econômica, fundada na valorização do trabalho humano e na livre iniciativa, tem por fim assegurar a todos existência digna, conforme os ditames da justiça social, observados os seguintes princípios: [...] VI - defesa do meio ambiente, inclusive mediante tratamento diferenciado conforme o impacto ambiental dos produtos e serviços e de seus processos de elaboração e prestação; (Redação dada pela Emenda Constitucional nº 42, de 19.12.2003)".

[13] "Art. 186. A função social é cumprida quando a propriedade rural atende, simultaneamente, segundo critérios e graus de exigência estabelecidos em lei, aos seguintes requisitos: [...] II - utilização adequada dos recursos naturais disponíveis e preservação do meio ambiente; [...]",

[14] "Art. 200. Ao sistema único de saúde compete, além de outras atribuições, nos termos da lei: [...] VIII - colaborar na proteção do meio ambiente, nele compreendido o do trabalho".

[15] BULOS, Uadi Lammêgo. *Curso de direito constitucional*. 10. ed. São Paulo: Saraiva, 2017. p. 1638.

proteção. Esse era o contexto histórico das Constituições anteriores à Carta promulgada em 1988.[16]

A Resolução do Conama nº 306, editada em 2002, no Anexo I, inc. XII, conceitua o meio ambiente da seguinte forma: "conjunto de condições, leis, influência e interações de ordem física, química, biológica, social, cultural e urbanística, que permite, abriga e rege a vida em todas as suas formas". O doutrinador Romeu Thomé classifica o meio ambiente em 4 (quatro) segmentos:[17]

> a) meio ambiente natural: ou também chamado de físico, constituído pelo solo, água, ar, flora, fauna.
> b) meio ambiente cultural (arts. 215 e 216 da CRFB/1988): integrado pelo patrimônio histórico, artístico, arqueológico, paisagístico e turístico.
> c) meio ambiente artificial (arts. 182 e 183 da CRFB/1988): consubstanciado no conjunto de edificações (espaço urbano) e equipamentos públicos (ruas, praças, áreas verdes etc.)
> d) meio ambiente do trabalho (arts. 7º, XXII e 200, VIII da CRFB/1988): integra a proteção do homem em seu local, com observância às normas de segurança. Abrange saúde, prevenção de acidentes, dignidade da pessoa humana, salubridade e condições de exercício saudável do trabalho.[18]

O Colendo Supremo Tribunal Federal pactua com essa divisão, em decisão proferida pelo nobre Relator Ministro Celso de Mello, no julgamento liminar da ADI nº 3.540/DF sobre alteração do Código Florestal, senão vejamos:

> ATIVIDADE ECONÔMICA NÃO PODE SER EXERCIDA EM DESARMONIA COM OS PRINCÍPIOS DESTINADOS A TORNAR EFETIVA A PROTEÇÃO AO MEIO AMBIENTE. - A incolumidade do meio ambiente não pode ser comprometida por interesses empresariais nem ficar dependente de motivações de índole meramente econômica, ainda mais se se tiver presente que a atividade econômica, considerada a disciplina constitucional que a rege, está subordinada, dentre outros princípios gerais, àquele que privilegia a "defesa do meio ambiente" (CF, art. 170, VI), *que traduz conceito amplo e abrangente das noções de meio*

---

16 SILVA, Romeu Faria Thomé da. *Manual de direito ambiental*. 5. ed. Salvador: JusPodivm, 2015. p. 117.

17 O doutrinador Luís Paulo Sirvinskas também pactua do mesmo entendimento, *vide* SIRVOMSKAS, Luís Paulo. *Manual de direito ambiental*. 13. ed. São Paulo: Saraiva, 2015. p. 127-128.

18 SILVA, Romeu Faria Thomé da. *Manual de direito ambiental*. 5. ed. Salvador: JusPodivm, 2015. p. 194.

> *ambiente natural, de meio ambiente cultural, de meio ambiente artificial (espaço urbano) e de meio ambiente laboral.*[19] (Grifos nossos)

Em contrapartida, para o constitucionalista Guilherme Penã de Moraes, divide-se em apenas 3 (três) vertentes, quais sejam:

> [...] o meio ambiente pode ser investigado sob três ângulos: (i) o do meio ambiente cultural, composto pelo patrimônio arqueológico, artístico, histórico, paisagístico e turístico; (ii) o do meio ambiente natural, conformado pela atmosfera, águas interiores, superficiais e subterrâneas,, estuários, mar territorial, solo e subsolo, e (iii) o do meio ambiente artificial, constituído pelo espaço urbano resultante de construções, disperso pelas edificações e equipamentos, não excluído o meio ambiente do trabalho [...].[20]

Assim, percebe-se que meio ambiente tem um conceito jurídico indefinido, pois é regido por princípios, diretrizes e objetivos, sua classificação doutrinária é variada.

Dessa forma, o posicionamento perpetrado pelo Colendo Supremo Tribunal Federal é o mais tangível, mencionando que existe o meio ambiente natural, cultural, artificial e do trabalho, tendo em vista que o meio ambiente é a combinação de todas as coisas e fatores externos ao individuo ou população em que os indivíduos se estabelecem.

2.2 O meio ambiente ecologicamente equilibrado: direito fundamental de 3ª geração e bem ambiental

Como já foi possível concluir, o meio ambiente é um direito jurídico autônomo, que tutela a interação entre o mundo natural e os seres vivos em quatro campos, quais sejam, natural, cultural, artificial e do trabalho.

Antes de tratar no âmbito brasileiro, torna-se imperioso fazer um paralelo com Portugal. A Lei de Bases do Ambiente nº 11, de 1987, previu a proteção e a tutela de todos, participação do indivíduo, Estado e coletividade:

---

[19] BRASIL. Supremo Tribunal Federal. ADI 3540-DF. *Diário Oficial*, 3 fev. 2006. Disponível em: http://portal.stf.jus.br/processos/detalhe.asp?incidente=2311268. Acesso em: 15 fev. 2019.

[20] MORAES, Guilherme Peña de. *Curso de direito constitucional*. 10. ed. rev., atual e ampl. São Paulo: Atlas, 2018. p. 231-232.

> Artigo 2º
> Princípio geral
> 1 - Todos os cidadãos têm direito a um ambiente humano e ecologicamente equilibrado e o dever de o defender, incumbindo ao Estado, por meio de organismos próprios e por apelo a iniciativas populares e comunitárias, promover a melhoria da qualidade de vida, quer individual, quer colectiva.[21]

Por sua vez, no Brasil, o direito ao meio ambiente ecologicamente equilibrado desde 1981 já estava legalmente expresso na Lei nº 6.938/81:

> Art. 2º A Política Nacional do Meio Ambiente tem por objetivo a preservação, melhoria e recuperação da qualidade ambiental propícia à vida, visando assegurar, no País, condições ao desenvolvimento sócio-econômico, aos interesses da segurança nacional e à proteção da dignidade da vida humana, atendidos os seguintes princípios:
> I - ação governamental na manutenção do equilíbrio ecológico, considerando o meio ambiente como um patrimônio público a ser necessariamente assegurado e protegido, tendo em vista o uso coletivo; [...]
> Art. 4º A Política Nacional do Meio Ambiente visará:
> I - à compatibilização do desenvolvimento econômico-social com a preservação da qualidade do meio ambiente e do equilíbrio ecológico;
> II - à definição de áreas prioritárias de ação governamental relativa à qualidade e ao equilíbrio ecológico, atendendo aos interesses da União, dos Estados, do Distrito Federal, dos Territórios e dos Municípios;
> III - ao estabelecimento de critérios e padrões de qualidade ambiental e de normas relativas ao uso e manejo de recursos ambientais;
> IV - ao desenvolvimento de pesquisas e de tecnologias nacionais orientadas para o uso racional de recursos ambientais;
> V - à difusão de tecnologias de manejo do meio ambiente, à divulgação de dados e informações ambientais e à formação de uma consciência pública sobre a necessidade de preservação da qualidade ambiental e do equilíbrio ecológico;
> VI - à preservação e restauração dos recursos ambientais com vistas à sua utilização racional e disponibilidade permanente, concorrendo para a manutenção do equilíbrio ecológico propício à vida;
> VII - à imposição, ao poluidor e ao predador, da obrigação de recuperar e/ou indenizar os danos causados e, ao usuário, da contribuição pela utilização de recursos ambientais com fins econômicos.

---

21 PORTUGAL. *Lei de Bases do Ambiente nº 11 de 1987*. Disponível em: https://dre.pt/pesquisa-avancada/-/asearch/666148/details/normal?types=SERIEI&numero=11%2F87&tipo=%22Lei%22. Acesso em: 15 fev. 2019.

Na sequência, o art. 225 da Constituição da República determinou ao Estado, à coletividade e ao indivíduo a proteção e tutela jurídica do meio ambiente ecologicamente equilibrado para a preservação para as gerações futuras. Tal artigo disciplina o seguinte:

> Art. 225. Todos têm direito ao meio ambiente ecologicamente equilibrado, bem de uso comum do povo e essencial à sadia qualidade de vida, impondo-se ao Poder Público e à coletividade o dever de defendê-lo e preservá-lo para as presentes e futuras gerações.

Para José Afonso da Silva, esse artigo é dividido em três conjuntos de normas. O primeiro conjunto se refere a uma norma-princípio ou norma-matriz, que é o meio ambiente ecologicamente equilibrado; o segundo é composto de normas-instrumentos, que disciplinam como o Poder Público deve efetivar tal direito[22] e, por fim, conjunto de determinações aos particulares que utilizam o bem ambiental.[23]

Acontece que a Constituição da República não simplesmente trouxe um capítulo específico ao meio ambiente. Foi mais profunda e cirúrgica, ao afirmar que é necessário um meio ambiente ecologicamente equilibrado, impondo-o como um direito fundamental de terceira dimensão.

Direito fundamental refere-se aos direitos da pessoa humana consagrados, que são direitos constitucionalmente protegidos, ou seja, estão positivados em determinada ordem jurídica.

Destaca-se que o art. 5º, §2º, trouxe consigo o princípio da não tipicidade constitucional, na qual os direitos e garantias fundamentais

---

22 "§1º Para assegurar a efetividade desse direito, incumbe ao Poder Público: I - preservar e restaurar os processos ecológicos essenciais e prover o manejo ecológico das espécies e ecossistemas; II - preservar a diversidade e a integridade do patrimônio genético do País e fiscalizar as entidades dedicadas à pesquisa e manipulação de material genético; III - definir, em todas as unidades da Federação, espaços territoriais e seus componentes a serem especialmente protegidos, sendo a alteração e a supressão permitidas somente através de lei, vedada qualquer utilização que comprometa a integridade dos atributos que justifiquem sua proteção; IV - exigir, na forma da lei, para instalação de obra ou atividade potencialmente causadora de significativa degradação do meio ambiente, estudo prévio de impacto ambiental, a que se dará publicidade; V - controlar a produção, a comercialização e o emprego de técnicas, métodos e substâncias que comportem risco para a vida, a qualidade de vida e o meio ambiente; VI - promover a educação ambiental em todos os níveis de ensino e a conscientização pública para a preservação do meio ambiente; VII - proteger a fauna e a flora, vedadas, na forma da lei, as práticas que coloquem em risco sua função ecológica, provoquem a extinção de espécies ou submetam os animais a crueldade".

23 SILVA, José Afonso da. *Direito ambiental constitucional*. 2. ed. 3. tir. São Paulo: Malheiros, 1988. p. 31 *apud* SIRVOMSKAS, Luís Paulo. *Manual de direito ambiental*. 13. ed. São Paulo: Saraiva, 2015. p. 158.

constitucionais não são *numerus clausus*, mas sim *numerus abertus*, isto é, vão além do que dispõe o art. 5º.[24]

Consoante entendimento de Uadi Lammêgo Bulos, o "§2º, do artigo 5º constitui um portal que propicia o ingresso, no ordenamento jurídico, de normas materialmente constitucionais – constatação extraída de uma exegese sistemática da Carta de 1988, que procura conceber os direitos fundamentais de mãos dadas com o princípio da dignidade humana [...]".[25] Reflete exatamente o direito ao meio ambiente ecologicamente equilibrado.

Os direitos de primeira dimensão são os direitos da liberdade, chamados de direitos de liberdades negativas – direitos civis e políticos. São definidos pela não ingerência do Estado na vida privada dos cidadãos.

Por sua vez, os direitos de segunda dimensão são os direitos sociais, culturais e econômicos. O Estado tem o dever de efetivá-los na busca da igualdade entre os cidadãos, ou seja, prestações positivas do Estado aos indivíduos. Os direitos de segunda geração têm como valor-fonte a igualdade.

Já os direitos de terceira dimensão, o objeto deste estudo, representam os direitos fundamentais ao desenvolvimento e ao ambiente sadio e equilibrado, entre outros. Tais direitos são caracterizados como direitos de solidariedade ou de fraternidade, pois visam proteger todo o gênero humano.

O Colendo Supremo Tribunal Federal brilhantemente faz um panorama sobre os direitos fundamentais:

> Enquanto os direitos de primeira geração (direitos civis e políticos) – que compreendem as liberdades clássicas, negativas ou formais – realçam o princípio da liberdade e os direitos de segunda geração (direitos econômicos, sociais e culturais) – que se identificam com as liberdades positivas, reais ou concretas – acentuam o princípio da igualdade, os direitos de terceira geração, que materializam poderes de titularidade coletiva atribuídos genericamente a todas as formações sociais, consagram o princípio da solidariedade e constituem um momento importante no processo de desenvolvimento, expansão e reconhecimento dos direitos

[24] BULOS, Uadi Lammêgo. *Curso de direito constitucional*. 10. ed. São Paulo: Saraiva, 2017. p. 733.

[25] BULOS, Uadi Lammêgo. *Curso de direito constitucional*. 10. ed. São Paulo: Saraiva, 2017. p. 733.

humanos, caracterizados, enquanto valores fundamentais indisponíveis, pela nota de uma essencial inexauribilidade.[26]

Ainda, em decisão mais recente, confirma o entendimento consolidado pelo STF, sobre a inserção do meio ambiente equilibrado como direito fundamental de terceira geração:

> Ementa: Agravo regimental no recurso extraordinário com agravo. 2. Danos ao meio ambiente. Determinação da cessação de despejo de efluentes sem tratamento no rio e na atmosfera da Comarca de Campo Belo/MG, sob pena de multa. 3. *Direito ao meio ambiente ecologicamente equilibrado. Direito Fundamental de terceira geração. Art. 225 da Constituição Federal.* 4. Violação do princípio da separação de poderes. Inocorrência. Possibilidade de o Poder Judiciário determinar a adoção de medidas assecuratórias dos direitos difusos, coletivos e individuais homogêneos previstos na Constituição Federal. 5. Efetividade do dano. Necessidade do reexame do conjunto fático-probatório. Impossibilidade. Súmula 279 do STF. 6. Ausência de argumentos capazes de infirmar a decisão agravada. 7. Agravo regimental a que se nega provimento.[27]

A tutela dos direitos fundamentais de terceira dimensão está intrinsecamente vinculada ao cumprimento de deveres fundamentais de proteção ambiental, com o chamado mínimo ecológico – condições mínimas de preservação de todos os ambientes em prol da qualidade de vida aos seres existentes no planeta.

Daí decorre que o Estado, a coletividade e os indivíduos são responsáveis pela preservação e implementação de práticas ecologicamente saudáveis ao meio ambiente. Trata-se de uma responsabilidade intergeracional, como muito pontuado, a responsabilidade é de todos, em prol da preservação dos que vivem e dos que ainda viverão neste planeta. A Ministra Cármen Lúcia, em uma decisão, pontua sobre a responsabilidade intergeracional: "[...] responsabilidade intergeracional. Meio ambiente ecologicamente equilibrado: preservação para a geração atual e para as gerações futuras".[28] A atuação dos entes federativos

---

[26] BRASIL. Supremo Tribunal Federal. MS nº 22.164-SP. Rel. Min. Celso de Mello, Tribunal Pleno. *Diário Oficial*, 17 nov. 1995.

[27] BRASIL. Supremo Tribunal Federal. ARE 955846 AgR. Rel. Min. Gilmar Mendes, Segunda Turma, j. 26.5.2017. *Diário Oficial*, 7 jun. 2017.

[28] BRASIL. Supremo Tribunal Federal. ADPF 101. Rel. Min. Cármen Lúcia, Tribunal Pleno, j. 24.6.2009. *Diário Oficial*, 4 jun. 2012.

é externada por meio de órgãos e políticas públicos e, da sociedade, através do seu povo e das organizações privadas que a constituem.[29]

Nesse sentido, decisão recente do Tribunal Pleno do Supremo Tribunal Federal, publicada no dia 11.2.2019, no julgamento da ADI nº 5.312, sob a relatoria do Ministro Alexandre de Moraes, enfatiza o dever do Poder Público em proteger e tutelar o meio ambiente ecologicamente equilibrado:

> Ementa: AÇÃO DIRETA DE INCONSTITUCIONALIDADE. CONSTITUCIONAL E AMBIENTAL. FEDERALISMO E RESPEITO ÀS REGRAS DE DISTRIBUIÇÃO DE COMPETÊNCIA LEGISLATIVA. LEI ESTADUAL QUE DISPENSA ATIVIDADES AGROSSILVIPASTORIS DO PRÉVIO LICENCIAMENTO AMBIENTAL. INVASÃO DA COMPETÊNCIA DA UNIÃO PARA EDITAR NORMAS GERAIS SOBRE PROTEÇÃO AMBIENTAL. DIREITO FUNDAMENTAL AO MEIO AMBIENTE EQUILIBRADO E PRINCÍPIO DA PREVENÇÃO. INCONSTITUCIONALIDADE. 1. A competência legislativa concorrente cria o denominado "condomínio legislativo" entre a União e os Estados-Membros, cabendo à primeira a edição de normas gerais sobre as matérias elencadas no art. 24 da Constituição Federal; e aos segundos o exercício da competência complementar — quando já existente norma geral a disciplinar determinada matéria (CF, art. 24, §2º) — e da competência legislativa plena (supletiva) — quando inexistente norma federal a estabelecer normatização de caráter geral (CF, art. 24, §3º). 2. A possibilidade de complementação da legislação federal para o atendimento de interesse regional (art. 24, §2º, da CF) não permite que Estado-Membro dispense a exigência de licenciamento para atividades potencialmente poluidoras, como pretendido pelo art. 10 da Lei 2.713/2013 do Estado do Tocantins. 3. O desenvolvimento de atividades agrossilvipastoris pode acarretar uma relevante intervenção sobre o meio ambiente, pelo que não se justifica a flexibilização dos instrumentos de proteção ambiental, sem que haja um controle e fiscalização prévios da atividade. 4. A dispensa de licenciamento de atividades identificadas conforme o segmento econômico, independentemente de seu potencial de degradação, e a *consequente dispensa do prévio estudo de impacto ambiental (art. 225, §1º, IV, da CF) implicam proteção deficiente ao direito fundamental ao meio ambiente ecologicamente equilibrado (art. 225 da CF), cabendo ao Poder Público o exercício*

[29] SIRVOMSKAS, Luís Paulo. *Manual de direito ambiental*. 13. ed. São Paulo: Saraiva, 2015. p. 161.

> *do poder de polícia ambiental visando a prevenir e mitigar potenciais danos ao equilíbrio ambiental.* 5. Ação direta julgada procedente.[30] (Grifos nossos)

Em outra decisão, o Supremo Tribunal Federal pontua a titularidade da coletividade em proteção ao meio ambiente equilibrado, senão vejamos:

> Ementa: AÇÃO DIRETA DE INCONSTITUCIONALIDADE. CONSTITUCIONAL E AMBIENTAL. FEDERALISMO E RESPEITO ÀS REGRAS DE DISTRIBUIÇÃO DE COMPETÊNCIA LEGISLATIVA. IMPOSSIBILIDADE DE NORMA ESTADUAL AUTORIZAR EDIFICAÇÃO POR PARTICULARES EM ÁREAS DE PRESERVAÇÃO PERMANENTE – APP, COM FINALIDADE EXCLUSIVAMENTE RECREATIVA. INCONSTITUCIONALIDADE FORMAL E MATERIAL. 1. A competência legislativa concorrente cria o denominado "condomínio legislativo" entre a União e os Estados-Membros, cabendo à primeira a edição de normas gerais sobre as matérias elencadas no art. 24 da Constituição Federal; e aos segundos o exercício da competência complementar — quando já existente norma geral a disciplinar determinada matéria (CF, art. 24, §2º) — e da competência legislativa plena (supletiva) — quando inexistente norma federal a estabelecer normatização de caráter geral (CF, art. 24, §3º). 2. Inconstitucionalidade formal de norma estadual que, de caráter pleno e geral, permite a edificação particular com finalidade unicamente recreativa em áreas de preservação permanente – APP; apesar da existência de legislação federal regente da matéria (Código Florestal) em sentido contrário. 3. Inconstitucionalidade material presente em face do excesso e abuso estabelecidos pela legislação estadual ao relativizar a proteção constitucional ao meio ambiente ecologicamente equilibrado, cujo titular é a coletividade, em face do direito de lazer individual. Desproporcionalidade da legislação estadual impugnada. 4. Ação direta julgada procedente.[31]

Observa-se que a garantia a um meio ambiente ecologicamente equilibrado também está diretamente relacionada com a efetivação dos demais direitos fundamentais, como a dignidade da pessoa humana, a vida, a saúde, o lazer, a qualidade de vida, o bem-estar, como diversos outros, sendo o objetivo central a preservação para as futuras gerações.

---

30 BRASIL. Supremo Tribunal Federal. ADI 5312. Rel. Min. Alexandre de Moraes, Tribunal Pleno, j. 25.10.2018. *Diário Oficial*, 11 fev. 2019.

31 BRASIL. Supremo Tribunal Federal. ADI 4988. Rel. Min. Alexandre de Moraes, Tribunal Pleno, j. 19.9.2018. *Diário Oficial*, 5 out. 2018.

Dessa forma, considerando que o meio ambiente ecologicamente equilibrado é um direto fundamental de "todos", a sua natureza jurídica se encaixa no plano dos direitos difusos. Não pode ser considerado direito coletivo, uma vez que não é possível identificar quais são os interessados. Romeu Faria Thomé insculpe o seguinte:

> O meio ambiente ecologicamente equilibrado consubstancia direito de "todos". O legislador constituinte originário optou por esclarecer, já no início do Capítulo dedicado ao meio ambiente, tratar-se de um interesse de caráter transindividual, por extrapolar o âmbito particular, individual. Todos nós, de forma indistinta, somos interessados na preservação do meio ambiente saudável, direito fundamental intrinsecamente vinculado ao direito à vida. Não restam dúvidas de que o direito à integridade do meio ambiente constitui, portanto, prerrogativa jurídica de titularidade coletiva, e não individual.
> Nesse sentido, o melhor entendimento é aquele que assegura a qualquer pessoa, residente ou não no País, o benefício do direito ao meio ambiente ecologicamente equilibrado. A Constituição de 1988 não restringe, tampouco, o alcance da norma apenas a brasileiros natos ou naturalizados. O termo "todo" tem inegável conotação difusa no que se refere aos destinatários das normas de proteção ambiental.[32]

Ainda, afirma que "o interesse ao meio ambiente saudável, em regra, é classificado como difuso em decorrência de sua natureza indivisível, bem como por envolver segmentos indeterminados da sociedade".[33]

Assim, ao concluir-se que o meio ambiente equilibrado é um direito de todos, ele é considerado, também, um bem ambiental. Bem ambiental é aquele que é de uso comum do povo essencial à qualidade de vida, caminhando paralelamente ao princípio da dignidade da pessoa humana, previsto no art. 1º, III, da CRFB/88, conforme pontua Luís Paulo Sirvomskas:

> O conceito de bem ambiental é mais amplo do que o econômico, pois abrange todos os recursos naturais essenciais à sadia qualidade de vida. Cuide-se do denominado bem do uso comum do povo, o qual transcende o bem pertencente ao particular ou ao Poder Público. A qualidade de

---

32 SILVA, Romeu Faria Thomé da. *Manual de direito ambiental*. 5. ed. Salvador: JusPodivm, 2015. p. 121.

33 BRASIL. Supremo Tribunal Federal. MS 22.164. Rel. Min. Celso de Mello, j. 30.10.1995. *Diário Oficial*, 7 nov. 1995.

> vida do cidadão transformou-se num dos objetivos a ser almejado pelo Poder Público do ponto de vista social. [...]
> Bem ambiental é aquele definido constitucionalmente (art. 225, caput) como de comum do povo e essencial à sadia qualidade de vida.[34]

Dessa forma, o direito a uma vida digna e sadia é uma garantia fundamental, assegurada pela Constituição da República. O meio ambiente ecologicamente equilibrado é condição inegociável para a existência de vida no planeta, quer dizer, são condições mínimas de preservação em prol da qualidade de vida a todos os seres existentes e, ainda, das futuras gerações.

2.3 Desenvolvimento sustentável

O desenvolvimento sustentável é um princípio basilar do direito ambiental, cujo objetivo é baseado em três pilares, quais sejam, desenvolvimento econômico, preservação ambiental e equidade social, que devem estar presentes simultaneamente. A falta de qualquer elemento descaracteriza o desenvolvimento sustentável.

A Conferência de Estocolmo, em 1972, foi referência para alteração da consciência ambiental no mundo, bem como uso eficiente dos recursos naturais.[35] No entanto, somente após 20 anos, na Conferência do Rio (Eco 92), que foi estabelecida a expressão "desenvolvimento sustentável", trazendo consigo diversos princípios fundamentais.[36]

O primeiro princípio buscou afirmar a necessidade da harmonia entre o homem e a natureza: "os seres humanos estão no centro das preocupações com o desenvolvimento sustentável. Têm direito a uma vida saudável e produtiva, em harmonia com a natureza".[37]

Por sua vez, o terceiro princípio é a responsabilidade intergeracional, isto é, consiste no "direito ao desenvolvimento deve ser exercido de modo a permitir que sejam atendidas equitativamente as

---

34 SIRVOMSKAS, Luís Paulo. *Manual de direito ambiental*. 13. ed. São Paulo: Saraiva, 2015. p. 138-139.

35 SILVA, Romeu Faria Thomé da. *Manual de direito ambiental*. 5. ed. Salvador: JusPodivm, 2015. p.43.

36 BRASIL. *Declaração do Meio Ambiente*. Disponível em: http://www.meioambiente.pr.gov.br/arquivos/File/agenda21/Declaracao_Rio_Meio_Ambiente_Desenvolvimento.pdf. Acesso em: 16 fev. 2019.

37 BRASIL. *Declaração do Meio Ambiente*. Disponível em: http://www.meioambiente.pr.gov.br/arquivos/File/agenda21/Declaracao_Rio_Meio_Ambiente_Desenvolvimento.pdf. Acesso em: 16 fev. 2019.

necessidades de desenvolvimento e de meio ambiente das gerações presentes e futuras".[38]

Imperioso destacar o princípio quarto, que é a integração da proteção ao meio ambiente como elemento necessário ao desenvolvimento sustentável: "Para alcançar o desenvolvimento sustentável, a proteção ambiental constituirá parte integrante do processo de desenvolvimento e não pode ser considerada isoladamente deste".

Em Joanesburgo, no ano de 2002, buscou-se reforçar a necessidade de aplicabilidade da convenção elaborada no Rio de Janeiro, trazendo diversos instrumentos que efetivam equidade social como elemento inserido no desenvolvimento sustentável, como: erradicação da pobreza, proteção dos recursos naturais e modificação do consumo.

Sabiamente o doutrinador Romeu Thomé acrescenta que "as gerações presentes devem buscar o seu bem-estar através do crescimento econômico e social, mas sem comprometer os recursos naturais fundamentais para a qualidade de vida das gerações subsequentes".[39]

O Brasil, no art. 170, da Constituição da República, impõe a necessidade do equilíbrio entre o crescimento econômico, preservação ambiental e equidade social como princípio da ordem econômica. Vejamos:

> Art. 170. A ordem econômica, fundada na valorização do trabalho humano e na livre iniciativa, tem por fim assegurar a todos existência digna, conforme os ditames da justiça social, observados os seguintes princípios:
> I - soberania nacional;
> II - propriedade privada;
> III - função social da propriedade;
> IV - livre concorrência;
> V - defesa do consumidor;
> VI - defesa do meio ambiente, inclusive mediante tratamento diferenciado conforme o impacto ambiental dos produtos e serviços e de seus processos de elaboração e prestação; (Redação dada pela Emenda Constitucional nº 42, de 19.12.2003)
> VII - redução das desigualdades regionais e sociais;
> VIII - busca do pleno emprego;

[38] BRASIL. *Declaração do Meio Ambiente*. Disponível em: http://www.meioambiente.pr.gov.br/arquivos/File/agenda21/Declaracao_Rio_Meio_Ambiente_Desenvolvimento.pdf. Acesso em: 16 fev. 2019.

[39] SILVA, Romeu Faria Thomé da. *Manual de direito ambiental*. 5. ed. Salvador: JusPodivm, 2015. p. 59.

> IX - tratamento favorecido para as empresas de pequeno porte constituídas sob as leis brasileiras e que tenham sua sede e administração no País. (Redação dada pela Emenda Constitucional nº 6, de 1995)
> Parágrafo único. É assegurado a todos o livre exercício de qualquer atividade econômica, independentemente de autorização de órgãos públicos, salvo nos casos previstos em lei.

São necessários dissecar quatro incisos, sendo eles: II, III, VI e VII.

Os incs. II e III conduzem-se juntos. Respectivamente, tratam da propriedade privada e função social da propriedade, que estão ligadas ao desenvolvimento sustentável. O incentivo do crescimento econômico no Estado e a equidade social são os limites a que os particulares devem obedecer em prol da coletividade.

No que se refere ao inc. VI, que aborda a defesa do meio ambiente, ele apenas reforça o entendimento acima trazido, quer dizer, a harmonia entre o meio ambiente e a atividade econômica.

Por último, o inc. VII, que trata do princípio das desigualdades regionais e sociais. Significa dizer que é a correlação do crescimento econômico e da equidade social.

O art. 225, da Constituição vigente, também aborda a questão do desenvolvimento sustentável, na medida em que é uma visão social e transcende a presente geração – o objetivo é a preservação para as futuras gerações.

Como mencionado acima, o desenvolvimento sustentável é um paradigma mais adequado para promover o crescimento e o desenvolvimento econômico e social, porque, na perspectiva atual, é inadiável a necessidade de garantir às gerações futuras um meio ambiente saudável, sem esquecer o progresso da indústria e do comércio.

Nesse sentido, o doutrinador Romeu Thomé:

> A conciliação do desenvolvimento econômico com a preservação do meio ambiente através das normas jurídicas decorre da evolução no pensamento jurídico. Lembra-nos G. Farjat que "o direito do consumo e o direito do meio ambiente construíram-se pouco a pouco como direitos quase "anti-econômicos" porque apareceram como fundados sobre princípios contrários ao direito e à economia liberais." Era um direito que afetava diretamente os direitos particulares de cada um. Soava como uma "invasão" do Estado nos direitos de cada indivíduo. Atualmente, sobretudo a partir da constitucionalização da proteção ambiental, tem-se a plena convicção de que o Estado deve atuar (ou intervir) no domínio

econômico com o intuito de, dentre outros objetivos, implementar o desenvolvimento sustentável.[40]

Em Portugal, a Lei de Bases do Ambiente nº 11, de 1987, previu a proteção do direito ao desenvolvimento sustentável em sua legislação nacional, como princípio geral e específico:

> Artigo 2º
> Princípio geral
> 2 - A política de ambiente tem por fim optimizar e garantir a continuidade de utilização dos recursos naturais, qualitativa e quantitativamente, como pressuposto básico de um desenvolvimento auto-sustentado.
> Artigo 3º
> Princípios específicos
> O princípio geral constante do artigo anterior implica a observância dos seguintes princípios específicos: [...]
> b) Do equilíbrio: devem criar-se os meios adequados para assegurar a integração das políticas de crescimento económico e social e de conservação da Natureza, tendo como finalidade o desenvolvimento integrado, harmónico e sustentável; [...].

A França, na *Charte de l'environnement* – Carta do Meio Ambiente – de 2004, art. 6º, afirma que as políticas públicas devem promover desenvolvimento sustentável, para tanto, que haja a conciliação, a proteção e o aprimoramento do meio ambiente, o desenvolvimento econômico e o progresso social, transcritos a seguir:

> *Article 6*
> Les politiques publiques doivent promouvoir un développement durable. A cet effet, elles concilient la protection et la mise en valeur de l'environnement, le développement économique et le progrès social.[41]

Não se pode deixar de comentar que a Agenda 2030 para o Desenvolvimento Sustentável da ONU[42] reconhece que a erradicação da

---

40 SILVA, Romeu Faria Thomé da. *Manual de direito ambiental*. 5. ed. Salvador: JusPodivm, 2015. p. 120.

41 Tradução livre: Políticas públicas devem promover o desenvolvimento sustentável. Para isso, conciliam a proteção e o aprimoramento do meio ambiente, o desenvolvimento econômico e o progresso social (FRANÇA. *Carta do Meio Ambiente*. 2004. Disponível em: https://www.conseil-constitutionnel.fr/le-bloc-de-constitutionnalite/charte-de-l-environnement-de-2004. Acesso em: 16 fev. 2019).

42 ORGANIZAÇÃO DAS NAÇÕES UNIDAS NO BRASIL – ONU BR. *17 Objetivos para transformar o mundo*. Disponível em: https://nacoesunidas.org/pos2015/agenda2030/. Acesso em: 16 fev. 2019.

pobreza em todas as suas formas e dimensões é o maior desafio global e um requisito indispensável para o desenvolvimento sustentável. Os objetivos de desenvolvimento sustentável buscam concretizar os direitos humanos de todos e alcançar a igualdade de gênero. O documento explicita que esses direitos são integrados e indivisíveis, e equilibram as três dimensões do desenvolvimento sustentável: a econômica, a social e a ambiental.

Nesse sentido, melhorar a eficiência dos recursos globais no consumo e na produção e empenhar-se para dissociar o crescimento econômico da degradação ambiental são fundamentais para o atingimento desses objetivos.

Desse modo, acabar com a pobreza e a fome, garantir que todos os seres humanos possam realizar o seu potencial em dignidade e igualdade, em um ambiente saudável, proteger o planeta da degradação, garantir que o planeta possa suportar as necessidades das gerações presentes e futuras, para que todos os seres humanos possam desfrutar de uma vida próspera e de plena realização pessoal, tudo isso depende de que o consumo e a produção sejam sustentáveis, que haja uma gestão sustentável dos recursos naturais e que o progresso econômico, social e tecnológico ocorra em harmonia com a natureza. Afinal, o desenvolvimento sustentável é um requisito para a paz social e a paz social é um requisito para o desenvolvimento sustentável.

E é por isso que o desenvolvimento sustentável é o caminho necessário para a evolução da sociedade, devendo, contudo, ter a consciência da necessidade de preservação ambiental e a de desenvolvimento econômico, em prol da própria evolução da sociedade, bem como ter por meta atender às suas próprias necessidades, sem comprometer o atendimento das necessidades das gerações futuras.

3 Evolução e desenvolvimento da consciência ecológica

Os povos da Antiguidade tinham uma valorização e respeito pelo sistema ecológico, sabiam o benefício ele que trazia para seu núcleo. Assim, as cidades começaram a ser edificadas e construídas no entorno dos rios, uma vez que isso facilitava o processo de adubação e, consequentemente, a plantação. Nessa época, ainda, não existia uma agressão direta à natureza, pois a cultura era de subsistência, isto é, formada pelo ciclo de plantar, colher e comer,[43] repetindo-se o ciclo várias e várias vezes. Entende-se, então, de forma simplória, que não havia uma degradação ambiental desordenada.

Renato Guimarães Júnior é categórico em afirmar que "o homem conseguiu sair da Idade da Pedra para ingressar na Era das Civilizações somente quando associou noções de Direito aos conhecimentos sobre Ecologia".[44]

Por sua vez, a Idade Média e a Moderna, sobretudo no período denominado Revolução Industrial, foram marcadas pela expansão do capitalismo e implementação das máquinas. Tal revolução se alastrou por grande parte do hemisfério Norte durante todo o século XIX e início do século XX. Esse período para José Henrique Piarangeli foi o marco das agressões ao meio ambiente, conforme trecho a seguir transcrito:

> [...] Começaram efetivamente as agressões à natureza, cuja extensão, ainda hoje, em uma gradação quanto aos seus efeitos nocivos, é bastante variável, podendo atingir tão só o meio local, o regional ou até comprometer o equilíbrio biológico do próprio planeta. Estas agressões podem se constituir em simples emanações de fumaças nauseabundas das fábricas de produtos químicos, ou das nuvens de pó produzidas numa fábrica de cimento, em que Perus é triste exemplo, ou, ainda, da difusão de substâncias radioativas lançadas tanto no oceano como na atmosfera.[45]

Acrescenta-se, nesse período, a devastação do meio ambiente de trabalho.[46] Importante alegação do renomado doutrinador Arnaldo Sussekind:

> O incremento da máquina a vapor substituiu braços humanos e desequilibrou a oferta e a procura de trabalho – desequilíbrio que acentuou pelo fato de que as mulheres e crianças, cada vez em maior número,

---

43 SIRVOMSKAS, Luís Paulo. *Manual de direito ambiental*. 13. ed. São Paulo: Saraiva, 2015. p. 73.

44 GUIMARÃES JÚNIOR, Renato. O futuro do Ministério Público como guardião do meio ambiente e a história do direito ecológico. *Justitia*, São Paulo, p. 113-151, abr./jun. 1981 *apud* SIRVOMSKAS, Luís Paulo. *Manual de direito ambiental*. 13. ed. São Paulo: Saraiva, 2015. p. 73.

45 PIARANGELLI, José Henrique. Agressões à natureza e proteção dos interesses difusos. *Justitia*, São Paulo, p. 144-149 *apud* SIRVOMSKAS, Luís Paulo. *Manual de direito ambiental*. 13. ed. São Paulo: Saraiva, 2015. p. 82.

46 O meio ambiente de trabalho estava devastado. A negligência e a imprudência com a vida e a saúde do trabalhador foram tantas que cada um devia se defender no interior das fábricas, em prol da proteção da sua intimidade, integridade física e moral.

passaram a procurar emprego, a fim de aumentar a receita familiar aceitando salários inferiores ao dos homens.

Na metade do século XX, a bandeira da proteção ambiental e da atenção com o meio ambiente foi disseminada pelo mundo. Na esteira de desastres ambientais de grandes proporções decorrentes das atividades humanas e das novas descobertas científicas sobre as ameaças aos recursos ambientais, houve uma crescente mobilização popular em defesa do meio ambiente que marcou o início da conscientização do ser humano sobre a importância da preservação do meio ambiente nos tempos modernos.

Por um lado, o desenvolvimento econômico é necessário à satisfação das necessidades do homem. Por outro lado, desastres ambientais ameaçam o direito à vida, à segurança alimentar, à água e ao saneamento, à saúde, à autodeterminação e de viver no seu próprio país. Para tanto, procurando equilibrar a necessidade de preservação ambiental e a de desenvolvimento econômico, têm surgido novas legislações em todo o mundo na tentativa de, senão resolver o problema da poluição e degradação ambiental, pelo menos manter sob controle as atividades das pessoas e empresas para a melhoria da qualidade de vida em todas as suas formas, no intuito de fazer com que as gerações presentes consigam atender às suas necessidades, sem comprometer o atendimento das necessidades das gerações futuras.

Na Conferência de Estocolmo Sobre o Meio Ambiente Humano, em 1972, em que se pretendeu marcar a inserção dos Estados no âmbito de um debate global sobre o ambiente no mundo, chegou-se à conclusão de que o próprio conceito de desenvolvimento deveria ser redefinido. Surgia a noção de desenvolvimento socioeconômico em harmonia com a preservação do meio ambiente, mais tarde batizada de desenvolvimento sustentável.

A Declaração sobre o Meio Ambiente, firmada ao final da conferência, influenciou definitivamente a elaboração do capítulo especialmente dedicado à proteção do meio ambiente na Constituição Federal de 1988. O documento instituiu princípios que, de fato, constituem prolongamento da Declaração Universal dos Direitos do Homem.

Na Eco 92, definiu-se que todos os países são responsáveis pela conservação, proteção e recuperação da saúde e da integridade do ecossistema do planeta, na medida em que tenham contribuído em graus variados para a degradação. Logo, a responsabilidade ambiental entre os Estados é comum, mas diferenciada, cabendo aos países desenvolvidos maior responsabilidade na busca internacional do desenvolvimento sustentável, tendo em vista as pressões que suas sociedades exercem no meio ambiente. Na ocasião foram elaborados documentos relevantes como a Convenção sobre Mudanças do Clima, que, cinco anos mais tarde, originou o Protocolo de Kyoto. Na ocasião, também foram firmadas a Agenda 21 e a Declaração do Rio. A Agenda 21, de caráter claramente programático, é um plano de ação para ser adotado global, nacional e localmente em todas as áreas em que a ação humana impacta o meio ambiente que viabiliza esse novo padrão de desenvolvimento ambiental racional.

Na Convenção de Joanesburgo, realizada dez anos depois da Rio 92, com o fim de avaliar a implementação da Agenda 21 e dos demais acordos, reforçou-se o compromisso de aceleração do cumprimento das metas socioeconômicas ambientais elaboradas nos encontros anteriores, no seu art. 2º, com as seguintes palavras: "assumimos o compromisso de construir uma sociedade global humanitária, equitativa e solidária, ciente da necessidade de dignidade humana para todos".

Por fim, na Conferência das Nações Unidas sobre Desenvolvimento Sustentável, o tema meio ambiente é recolocado na agenda comum internacional, apresentando como principais focos a economia verde e a erradicação da pobreza. Nos termos do documento final da conferência, *O futuro que queremos*, fica renovado o compromisso internacional em busca da implementação do desenvolvimento sustentável e a promoção de um futuro econômico, social e ambientalmente sustentável para o planeta e para as presentes e futuras gerações. Além disso, reconhece-se a erradicação da pobreza como condição indispensável para o desenvolvimento sustentável e como um dos maiores desafios da atualidade. Elenca ainda, como objetivo geral da sustentabilidade, além da erradicação da pobreza, a necessidade de promoção de modalidades sustentáveis de produção e consumo.

O argumento articula-se em favor da preservação ambiental, do equilíbrio ecológico e, sob esse critério, da reorientação das estratégias de investimentos públicos e privados. As disputas se estabelecem entre os compromissos firmados junto aos agentes governamentais e empresariais e as estratégias adotadas por parte destes entre compromissos e resistências a concessões.

Vale observar que, na definição do Programa das Nações Unidas para o Meio Ambiente, economia verde é algo que resulta em melhoria do bem-estar da humanidade e igualdade social, ao mesmo tempo em que reduz visivelmente os riscos ambientais e a escassez ecológica. Ela tem três características principais: baixa emissão de carbono, eficiência no uso de recursos e busca por inclusão social. O relatório do PNUMA evidencia que aquilo que hoje tem baixa emissão de carbono é valorizado como "verde" e "sustentável" – portanto, como positivo para o homem e a natureza.[47]

Toda essa mudança de pensamento, marcada tanto por mudanças de comportamento, como por compromissos internacionais, redação de novas leis e tantas outras iniciativas que se podem apontar, reflete uma mudança de paradigmas, com a substituição do antropocentrismo pelo ecocentrismo.

A visão antropocêntrica tradicional caracteriza-se pela preocupação única e exclusiva com o bem-estar do ser humano, em oposição à corrente ecocêntrica, que considera o ser humano mais um integrante do ecossistema, do todo, em que a fauna, a flora e a biodiversidade são merecedores de especial proteção e devem ter direitos semelhantes aos dos seres humanos.

O pensamento evoluiu da concepção de que a natureza é a principal fonte de recurso para atender às necessidades do ser humano, passando pela ideia de que a natureza é um bem coletivo essencial que deve ser preservado como garantia de sobrevivência e bem-estar do homem, impondo-se, pois, equilíbrio entre as atividades humanas e os processos ecológicos essenciais. E, finalmente, passando-se a entender que a natureza pertence a todos os seres vivos, e não apenas ao homem, exigindo uma conduta de extrema cautela em relação à proteção dos recursos naturais, com clara orientação holística.

Não se pode deixar de observar que a corrente ecocêntrica ainda é de difícil aplicação nos dias atuais em decorrência de sua posição extremada e da inegável necessidade humana de utilizar racionalmente os recursos naturais.

Ao passar para o estado de consciência da crise social, ambiental e econômica, a humanidade designou um novo estágio da história, no qual começaram a tomar corpo as ameaças produzidas por meio do modelo econômico preponderantemente liberto da preocupação ambiental, modelo gerado pela sociedade pós-industrial e de risco, que quase sem regulação pôde representar a carência de atuação do Estado constitucional moderno e das relações internacionais como reguladores e administradores dos problemas ambientais, sociais e econômicos.

---

47 ALTENBURG, T.; ASSMANN, C. (Ed.). *Green industrial policy*. Concept, policies, country experiences. Geneva, Bonn: UN Environment; German Development Institute/Deutsches Institut für Entwicklungspolitk (DIE), 2017.

De todo modo, essa mudança de paradigmas trouxe também uma mudança nos padrões de produção e consumo marcada pelo valor da sustentabilidade. O consumo vem perdendo destaque para as preocupações com todos os demais aspectos relacionados com a vida humana, incluindo-se, nesse sentido, a preservação do meio ambiente.

A sustentabilidade pode ser entendida em dois sentidos: um restrito ou ecológico e outro em sentido amplo. Pelo primeiro, a sustentabilidade aponta para a proteção e manutenção, em longo prazo, de recursos por meio de planejamento, economia e obrigações de condutas e de resultados. Pelo sentido amplo, a sustentabilidade designa-se por meio de seus pilares: ecológico, econômico, social, cultural, político-jurídico e tecnológico.

Nesta perspectiva, a sustentabilidade tornou-se uma noção positiva e altamente prospectiva, que supõe a introdução de mudanças necessárias para que a sociedade planetária seja capaz de perpetuar-se indefinidamente no tempo e no espaço. A sustentabilidade como critério básico, portanto, reorganiza democraticamente a vida coletiva, no sentido de promover mudanças endógenas, que permitem tirar partido das condições impostas pela economia transnacionalizada, e maximizar a utilização do capital social disponível para satisfazer as necessidades de toda a vida da humanidade.

Diante de tudo isso, é fundamental garantir o espaço para o trabalho de qualidade nessa nova realidade. No ano de 2015, a Organização das Nações Unidas lançou a Agenda 2030, uma proposta global que busca alcançar 17 Objetivos de Desenvolvimento Sustentável (ODSs), sendo o crescimento econômico e o trabalho decente o 8º objetivo:

> Artigo 8º
> Trabalho Decente e Crescimento Econômico
> *Promover o crescimento econômico sustentado, inclusivo e sustentável, o emprego pleno e produtivo e o trabalho decente para todos.*
> No longo prazo, a desigualdade de renda e de oportunidades prejudica o crescimento econômico e o alcance do desenvolvimento sustentável. Os mais vulneráveis, muitas vezes, têm menores expectativas de vida e apresentam dificuldades de se libertarem de um círculo vicioso de insucesso escolar, baixas qualificações e poucas perspectivas de empregos de qualidade.
> *A revitalização econômica contribui para criar melhores condições para a estabilidade e a sustentabilidade do país. É possível promover políticas que incentivem o empreendedorismo e a criação de empregos de forma sustentável e inclusiva.* O ODS 8 reconhece a urgência de erradicar o trabalho forçado e formas análogas ao do trabalho escravo, bem como o tráfico de seres

humanos, de modo a garantir a todos e todas o alcance pleno de seu potencial e capacidades.[48] (Grifos nossos)

Em relação à inserção do Brasil nas cadeias globais de valor, as recomendações da Organização Internacional do Trabalho (OIT) destacam como promissoras as áreas em que o Brasil apresenta claro potencial, como produtos e tecnologias ligados à biodiversidade e ao agronegócio, e setores em franco crescimento, como o setor de serviços altamente especializados, ligados a componentes intangíveis de produtos.[49]

O horizonte que deve ser levado em consideração para tal é o novo eixo geográfico da produção e da inovação, que emerge para países que conseguem mudar de uma competitividade baseada nos baixos custos de mão de obra, de matéria-prima e de produção, para o conhecimento, mão de obra qualificada e avanços tecnológicos.

A produtividade e o desenvolvimento tecnológico estão inexoravelmente conectados às políticas de desenvolvimento sustentável. Essas políticas, além de assegurarem o enfrentamento dos desafios ambientais, trazem impactos positivos para o mercado de trabalho, sejam elas relacionadas ao investimento em infraestrutura sejam à transição para energias renováveis.

Será necessária imaginação das forças que protagonizam o mundo do trabalho na busca de uma doutrina que oriente o futuro. A economia criativa, ostentando os primeiros resultados, pode ser uma das escolhas, e existem muitas outras. O rumo, no entanto, deve seguir no sentido de resguardar o direito ao trabalho, à livre escolha do trabalho, às condições equitativas e satisfatórias de trabalho e à proteção contra o desemprego, promovendo-se o crescimento econômico sustentado, inclusivo e sustentável, emprego pleno e produtivo e trabalho decente para todos.

Não resta dúvida de que, se as mudanças por que passa o setor produtivo podem levar muitas vezes à extinção de certos tipos de ocupação, apresentam enorme potencial de criação de novos empregos. O incremento da demanda por serviços, infraestrutura e produtos verdes,

---

48 ORGANIZAÇÃO DAS NAÇÕES UNIDAS. *Agenda 2030*. Disponível em: http://www.agenda2030.com.br/ods/9/. Acesso em: 18 fev. 2019.

49 ORGANIZAÇÃO INTERNACIONAL DO TRABALHO. *Futuro do trabalho no Brasil*: perspectivas e diálogos tripartites. 2018. ISBN: 978-92-2-830943-0. Disponível em: https://www.ilo.org/brasilia/publicacoes/WCMS_626908/lang--pt/index.htm. Acesso em: 16 fev. 2019.

bem como por serviços que envolvem novas tecnologias digitais e a chamada "economia colaborativa" é uma realidade.

Porém os novos empregos tendem a ser muito diferentes. Nesse sentido, a atualização da legislação trabalhista, conciliando a estrutura jurídica às novas realidades da economia, deve ser vista como parte da agenda do futuro do trabalho. Insta frisar que não se está falando da simples diminuição de direitos. A reforma necessária vai em direção completamente diferente.

O futuro do trabalho exige modelos de contratação flexíveis o suficiente para se adequarem às mudanças na realidade do mercado. Essa adequação não deve diminuir formalização e proteção social. Formas atípicas de emprego não devem ser, em suma, sinônimo de precarização. E é desta forma que a sociedade muda, cresce e renasce. As formas de trabalho irão se modificar e novas oportunidades irão surgir.

4 O crescimento de uma nova era

O ser humano deu início à conscientização sobre a importância da preservação do meio ambiente, após as tragédias ambientais, ameaças aos recursos ambientais, alterações climáticas e diversos eventos que prejudicaram e podem vir a prejudicar a sua vida.

É perceptível, contudo, que é necessário para o desenvolvimento econômico o desenvolvimento sustentável, ou seja, equilibrar a necessidade de preservação do meio ambiente, os fatores econômicos e a equidade social.

A definição de desenvolvimento sustentável não se relaciona com salvar a natureza, mas com a internalização de estratégias, agregando-se novos recursos para permitir o crescimento econômico e a prosperidade compartilhada por todos.

Esse termo, "desenvolvimento sustentável", refere-se a uma série de processos e práticas envolvendo ação, e tem como foco melhorar a qualidade da vida humana, fornecendo uma visão de longo prazo, no sentido de erradicar a pobreza, reduzir a desigualdade, tornar o crescimento inclusivo e a produção e o consumo mais sustentáveis. Portanto, a utilização desse conceito está intimamente associada ao agir, indicando que a sobrevivência da raça humana não pode ser terceirizada. As atitudes estratégicas que auxiliam nesta sobrevivência devem partir da própria humanidade.

Políticas de desenvolvimento sustentável incluem políticas públicas que contribuam para a produtividade e que possuam um perfil de consumo que colabore para o crescimento sustentável e a distribuição de renda. Ou seja, trata-se de definir investimentos, intervenções governamentais e padrão de consumo que permitam geração de empregos e de renda.

Nessa perspectiva, surgem os empregos verdes, que são aqueles postos de trabalho nos setores da agricultura, indústria, construção civil, instalação e manutenção, bem como em atividades científicas, técnicas, administrativas e de serviços que contribuem substancialmente para a preservação ou restauração da qualidade ambiental, incluindo-se empregos que ajudam a proteger e restaurar ecossistemas e a biodiversidade; reduzem o consumo de energia, materiais e água por meio de estratégias de prevenção altamente eficazes; descarbonizam a economia; e minimizam ou evitam por completo a geração de todas as formas de resíduos e poluição. Eles já são uma realidade em diversos países e setores econômicos e, mais que isso, apresentam boas perspectivas de crescimento, o que reforça as expectativas no sentido de que a transição para uma economia de baixas emissões de carbono venha a se desenrolar de uma forma socialmente justa, sem provocar grandes desequilíbrios no mercado de trabalho.

A geração de empregos verdes não pode estar dissociada da noção de um trabalho correto, que deve ser visto como um elemento central do processo de criação e consolidação das empresas sustentáveis.

Existem alguns eixos de atuação desses postos de trabalho com enorme aplicação, levando em conta inclusive as particularidades da economia brasileira, como: maximização da eficiência energética e substituição de combustíveis fósseis por fontes renováveis; valorização, racionalização do uso e preservação dos recursos naturais e dos ativos ambientais; aumento da durabilidade e reparabilidade dos produtos e instrumentos de produção; redução da geração, recuperação e reciclagem de resíduos e materiais de todos os tipos; prevenção e controle de riscos ambientais e da poluição visual, sonora, do ar, da água e do solo; e diminuição dos deslocamentos espaciais de pessoas e cargas.

Também é possível citar negócios sustentáveis relativamente recentes, bastante rentáveis e inovadores, que mudaram radicalmente os hábitos de consumidores, criando postos de trabalho. A OLX é uma plataforma que deu à compra e venda de bens usados uma escala e um *status* nunca antes vistos. Os aplicativos de carona mudaram radicalmente os deslocamentos urbanos, tornando essa tarefa mais cômoda, rápida e segura para motoristas e passageiros, e menos poluente, já que as corridas e as chamadas são otimizadas. Na mesma linha, o Airbnb está reconfigurando a indústria do turismo, tornando qualquer pessoa um possível locatário de quartos, apartamentos e casas, gerando renda e aproximando pessoas. Ainda, os *fast food* saudáveis, que consistem em uma alimentação rápida aliada à qualidade nutricional do alimento.

Nesse sentido, adaptabilidade é a nova ordem. Repensar a cadeia de produção e conexões, abrir novos caminhos e agregar novos valores são a chave para as empresas conseguirem se transformar de forma a gerar valor de novas formas usando as novas tecnologias, desenvolver parcerias diversas e dinâmicas e descobrir formas diferentes de pensar e trabalhar.

O relatório *Perspectivas sociais e de emprego no mundo – Tendências 2018*[50] indica que muitas novas vagas serão criadas no setor de energia, com a fabricação em massa de carros elétricos e os avanços na construção de edifícios mais sustentáveis. Outra importante área geradora de empregos será a "economia circular" (reciclagem, remanufatura, reaproveitamento e aluguel), que substituirá as práticas de "extração, fabricação, uso e descarte", na definição da OIT. A organização defende, inclusive, que a economia verde tem o potencial de permitir que milhões de pessoas superem a pobreza, além de proporcionar condições de vida melhores para a atual geração e também para as futuras.

Vale observar que as vagas verdes não estão restritas nem a um campo nem a um nível de escolaridade. Com as mudanças no consumo e nas práticas econômicas, visando incorporar iniciativas relacionadas à conservação de componentes naturais nos diversos empreendimentos, esses novos postos de trabalho vão muito além. Isso acontece porque a sustentabilidade leva em consideração se uma ação corporativa é economicamente viável, ambientalmente correta e socialmente justa, e não se pode considerar somente um dos três patamares. É necessário ter integração entre eles. Assim, num círculo virtuoso, temos o trabalhador respeitado e valorizado, num ambiente de trabalho sadio e equilibrado e a melhoria na qualidade de vida.

Numa visão mais abrangente, funções que, aparentemente, não estão ligadas à ecologia também estão dentro dos parâmetros de sustentabilidade quando aderem a esses preceitos através de pequenas ações que promovem a conservação dos recursos naturais, tornando mais verdes todos os empregos e as empresas através da introdução de práticas de eficiência energética e do uso mais eficiente dos recursos.

---

[50] ORGANIZAÇÃO INTERNACIONAL DO TRABALHO. *Perspectivas sociais e de emprego no mundo* – Tendências 2018. Disponível em: http://www.ilo.org/wcmsp5/groups/public/---dgreports/---dcomm/---publ/documents/publication/wcms_615674.pdf. Acesso em: 16 fev. 2019.

Isto pode ser realizado graças a uma intensificação do diálogo social e da adoção de políticas coerentes e prestando atenção especial às normas laborais, às políticas industriais e ao apoio às micro, pequenas e médias empresas.

À vista disso, enquanto algumas profissões são criadas visando preservar o meio ambiente e os recursos naturais, a tendência é de que ocupações que não estão diretamente conectadas ao ramo se adaptem e novas relações de trabalho surjam.

4.1 Energia renovável

As preocupações com as consequências do aquecimento global têm levado à procura de meios de produzir energia com fontes renováveis de energia, uma vez que o uso de combustíveis fósseis é o principal responsável pelas emissões dos gases de efeito estufa.

As energias renováveis são fontes desenvolvidas e aliadas no combate ao aquecimento global. Uma de suas vantagens é que, mesmo emitindo quantidades significativas de poluentes, estas produzem bem menos impactos ao meio ambiente. Além do mais, os elementos obtidos para a produção de energia são retirados de forma limpa do próprio ambiente, sendo fontes naturais inesgotáveis.

Desse modo, o direito ao desenvolvimento sustentável torna necessário e indispensável um desenvolvimento direcionado à utilização de energias limpas e renováveis em detrimento dos combustíveis fósseis que degradam e poluem o planeta em larga escala.

É importante observar que a contribuição de energias renováveis está aumentando rapidamente, criando uma evolução positiva no sistema energético do ponto de vista da redução das emissões que é o aumento da contribuição das fontes renováveis na produção de eletricidade. Além disso, há outra consequência positiva que é a criação de empregos.

A energia solar figura entre as fontes de energia renovável de maior notoriedade e aptidão para uma sólida geração de energia. A energia solar conceitua-se na conversão de luz solar em energia térmica ou elétrica, mediante placas e coletores. Trata-se de fato de uma fonte sustentável em que não há degradação acentuada do meio ambiente, fator relevante para sua adequação nas sociedades pós-modernas.

A absorção da radiação solar depende das condições atmosféricas do local planejado, dessa forma, há variação regional quanto à capacidade de geração de energia solar. A nebulosidade, umidade relativa do ar, latitude local, regiões polares, períodos de solstícios, lugares próximos à linha do Equador, equinócios, entre outros fatores são responsáveis por essa relativização na captação da radiação pelas placas solares.

Nesse contexto, o Brasil é um país de grande capacidade energética pela sua posição geográfica próxima à linha do Equador, de modo que as variações na duração solar no dia são mínimas. Tendo em vista que a participação da energia solar na matriz energética brasileira é ínfima, esse campo está aberto à expansão com a abertura de muitos postos de trabalho.

Além disso, a energia solar pode, a um custo baixíssimo, transformar a vida de milhares de pessoas. Uma parceria do Programa da Organização das Nações Unidas para o Desenvolvimento com países em desenvolvimento instala painéis solares em hospitais e centros de saúde. O objetivo é garantir cuidados de saúde para todos, onde quer que estejam e que ninguém seja deixado para trás. Cuidados de saúde de qualidade exigem uma fonte confiável de energia. Uma cadeia de refrigeração, por exemplo, é essencial para muitas vacinas e medicamentos. O uso de energia solar ajuda as unidades de saúde a poupar dinheiro, que pode ser investido em outros programas de saúde. A energia solar também contribui para sistemas de saúde mais resilientes. O PNUD trabalha em parceria com governos e comunidades locais para garantir a sustentabilidade das iniciativas do Solar para a Saúde, incluindo a manutenção dos sistemas.[51]

A energia eólica, embora seja pouco utilizada, é obtida de forma limpa, sem gerar poluição e agredir o meio ambiente, pois sua atividade é fruto de gigantescas hélices que giram com a força do vento, que, conectadas a turbinas, geram eletricidade. A capacidade de produção de energia está relacionada com o tamanho de suas hélices e ainda com o vento, mas não necessariamente vento forte significa o ideal, é necessário que seja unidirecional e estável, sem turbulências.

Esta fonte de produção de energia é tida como limpa pelo fato de não emitir poluentes na atmosfera, evitando que sejam lançados no ar gases que contribuem para o aquecimento global. Além do mais, suas fontes são inesgotáveis, já que são renováveis, obtidas pelo vento, que pode ser sempre aproveitado. Outro fator importante que merece ser destacado é a utilização dos parques eólicos para a prática de outras atividades, como a agricultura e criação de gado, sendo também uma fonte mais barata de energia.

---

[51] ORGANIZAÇÃO DAS NAÇÕES UNIDAS. *Energia solar promove acesso a cuidados de saúde universais*. Disponível em: https://news.un.org/pt/story/2019/01/1654242. Acesso em: 18 fev. 2019.

No que diz respeito ao Brasil, foram instalados parques eólicos a partir de 2002, com o Programa de Incentivo às Fontes Alternativas de Energia Elétrica, desenvolvido por subsídios do Governo Federal, para a sua diversificação. De lá para cá, o número de parques cresceu de forma elevada, principalmente no Nordeste, por conta dos fatores que favorecem a região, atraindo grandes indústrias. A crise de 2008 foi outro fator que impulsionou a instalação de parques eólicos no Brasil, pois, a partir de então, estados tomaram medidas criando políticas voltadas para o incentivo de tal energia, atraindo empresas por conta da redução de tributos.

No que tange à geração de emprego e renda, os parques eólicos, além de levarem desenvolvimento contribuindo com energia limpa, possibilitaram a criação de inúmeros postos de emprego, gerando renda a muitas famílias carentes no sertão nordestino, pois a instalação de torres nas propriedades de pequenos produtores gerou a criação de renda extra a estes, harmonizando perfeitamente as torres ao cultivo.

A exemplo da energia produzida pela força dos ventos e pela captação dos raios solares, a biomassa também figura como modelo de energia alternativa que pode ser utilizada em substituição às energias produzidas pelos combustíveis fósseis. Essa matriz energética corresponde à energia gerada a partir da decomposição, em curto prazo, de materiais orgânicos. O gás metano produzido é usado para gerar energia.

A energia de biomassa é tida como a maior fonte de energia em nível mundial. Isso se deve ao material que ela utiliza para produzir energia, vez que a matéria orgânica, em especial os restos de alimento e resíduos agrícolas, não apresenta perspectiva de diminuição e sim de aumento.

Com 140 milhões de hectares de área adicional agricultável, tecnologia própria e mão de obra disponível, o Brasil é o país do mundo que reúne as melhores condições para liderar a agricultura de energia. Por situar-se predominantemente na faixa tropical e subtropical do planeta, o Brasil recebe intensa radiação solar ao longo do ano, que é a base para a produção de agroenergia. A possibilidade de expansão da área e de múltiplos cultivos no mesmo ano coloca o país em posição de destaque entre os potenciais fornecedores mundiais de energia gerada por biomassa. Além disso, deve-se considerar o fato de que a indústria brasileira geradora de agroenergia, das quais a de etanol é a mais importante, é reconhecida como uma das mais eficientes em termos de tecnologia e gestão do negócio.

A perspectiva da OIT é de que 2,5 milhões de postos de trabalho serão criados no setor.[52]

Não se pode deixar de comentar que as principais possibilidades para a criação de emprego estão na produção do equipamento para a geração de energia de outras matrizes menos poluentes. Este é mais um desafio para o setor no Brasil: a parcela de componentes importados continua a ser relativamente alta, e a maior parte da contribuição nacional está nas atividades de baixa tecnologia, principalmente na construção civil.

Desta forma, ao invés de estabelecer preços ou outros incentivos para expandir a produção, a ênfase deve incidir sobre um sistema nacional de inovação, que favoreça o desenvolvimento de tecnologia nacional e de empregos especializados no país.

4.2 Agronegócio

Uma das questões que torna a atividade rural relevante para a sustentabilidade ambiental da economia deriva do fato de que o desmatamento se constitui na principal fonte das nossas emissões de carbono. A preservação das florestas nativas talvez seja a maior contribuição que o país pode dar ao mundo para o enfrentamento das mudanças climáticas. Isso só será possível à medida que diminuam as pressões econômicas sobre elas, entre as quais a extração ilegal de madeira aparece como uma das principais.

Além de contribuírem para aliviar essas pressões, ao atenderem a pelo menos uma parte da demanda de madeira extraída ilegalmente das florestas nativas, as florestas plantadas representam um importante sumidouro para o carbono presente na atmosfera, prestando assim um relevante serviço ambiental.

Mais do que em qualquer outro setor, a geração de um maior número de empregos verdes nessas atividades, no entanto, terá que ser necessariamente acompanhada da promoção do trabalho decente em todas as suas dimensões.

Atividades econômicas baseadas na exploração de recursos naturais e/ou que dependem da qualidade ambiental apresentam um grande potencial de geração de empregos verdes, que só se realiza,

---

52 ORGANIZAÇÃO INTERNACIONAL DO TRABALHO. *Perspectivas sociais e de emprego no mundo* – Tendências 2018. Disponível em: http://www.ilo.org/wcmsp5/groups/public/---dgreports/---dcomm/---publ/documents/publication/wcms_615674.pdf. Acesso em: 16 fev. 2019.

contudo, à medida que elas vão incorporando novos padrões de produção no processo produtivo dos bens e serviços que oferecem.

O seu potencial decorre do fato de serem ao mesmo tempo grandes empregadoras e grandes emissoras de carbono ou ainda grandes consumidoras de energia e de recursos ambientais, muitos deles não renováveis. De acordo com o conceito de empregos verdes, elas dificilmente chegarão a se converter em atividades totalmente "verdes", na medida em que a maioria dos seus produtos finais e/ou dos seus processos de produção impactam o meio ambiente de forma bastante negativa. Entretanto, a transição para uma economia de baixas emissões de carbono pressupõe alguma forma de "esverdeamento" dos seus processos de produção e distribuição, a fim de minimizar os seus impactos ambientais.

Os postos de trabalho criados especificamente para esta finalidade poderão assim vir a ser classificados como empregos verdes, sempre que atendam também a todas as condições que configuram o trabalho decente.

Muitas atividades relacionadas à exploração de recursos naturais e/ou que dependem da qualidade ambiental já vêm procurando reduzir os seus impactos ambientais nos últimos tempos, seja por questões econômicas, seja por imposições legais, seja ainda por pressão da opinião pública e dos mercados consumidores. Mas, não há dúvida de que ainda resta muito mais a se fazer nesse sentido, o que torna o potencial de crescimento em curto prazo da oferta de empregos verdes nesses setores, até certo ponto, mais promissor do que o das atividades cujo produto final contribui para a redução das emissões de carbono ou para a melhoria e preservação da qualidade ambiental.

Enquanto o aumento da oferta de empregos verdes depende das perspectivas de expansão de cada atividade econômica, a criação de novos empregos verdes nos setores intensivos em energia e recursos ambientais é uma consequência direta da introdução de mudanças nos seus processos de produção. Trata-se, pois, de algo bem mais simples, que envolve uma quantidade de fatores muito menor do que a totalidade do desempenho de determinadas atividades econômicas.

Agricultura, pecuária, caça, pesca e aquicultura, além de serem grandes consumidoras de recursos naturais, estão entre aquelas atividades que mais emitem gases de efeito estufa devido aos resíduos orgânicos que produzem e à utilização intensiva de fertilizantes e defensivos químicos, bem como de nutrientes artificiais e medicamentos que acabam ameaçando a saúde humana e poluindo as águas, o solo e o ar.

As possibilidades de "esverdeamento" deste setor estão, portanto, diretamente relacionadas à eliminação ou redução do uso desses insumos nos seus processos de produção. Em muitos casos, eles podem ser perfeitamente substituídos por um uso mais intensivo de mão de obra, gerando assim mais postos de trabalho que, uma vez asseguradas as condições que caracterizam o trabalho decente, são também empregos verdes.

Segundo o Censo Agropecuário de 2006,[53] embora a participação percentual dos estabelecimentos rurais que não utilizam agroquímicos seja bastante baixa em relação ao total das unidades de produção do setor, em números absolutos eles constituem um montante nada desprezível. Se cada um desses estabelecimentos gerar pelo menos um posto de trabalho decente, já haveria aí uma quantidade de empregos verdes bastante significativa.

Por outro lado, o mercado brasileiro de alimentos orgânicos vem crescendo a taxas superiores a 20% nos últimos anos, o que acaba atribuindo a este setor um enorme potencial de geração de empregos verdes tanto em curto, como médio e longo prazos. A demanda por produto orgânico aliada ao aumento da importância conferida aos produtos de origem vegetal na alimentação confere grande vantagem ao setor.

Nesse sentido, cita-se o *fast food* saudável, apesar de estar associado à ideia de *junk food* – alimentos preparados rapidamente, mas de baixa qualidade nutricional, alto teor de calorias, gorduras e sódio –, é um novo segmento do comércio alimentício, que se constitui na produção e venda de alimentos rápidos e saudáveis, podendo ser veganos ou não, mas que priorizam a qualidade nutricional e o efeito na saúde dos clientes. Cresce cada vez mais em razão de a sociedade buscar maior qualidade de vida, aumento da expectativa de vida e alteração da consciência ecológica.

A tendência é a quantidade de empregos verdes crescer e implicar um aumento adicional da oferta de emprego nos próximos anos. O crescimento da oferta de empregos verdes será ainda maior na medida em que os setores intensivos em energia e recursos ambientais forem se "esverdeando", ou seja, forem introduzindo tecnologias ambientalmente sustentáveis nos seus processos de produção. É possível que aí ocorra uma substituição de algumas ocupações atualmente existentes por outras

[53] IBGE. *Censo agropecuário 2006*. Rio de Janeiro: IBGE, 2009. Disponível em: https://biblioteca.ibge.gov.br/visualizacao/periodicos/51/agro_2006.pdf. Acesso em: 18 fev. 2019.

mais adequadas aos novos padrões de produção. Entretanto, o número total de postos de trabalho mantidos por esses setores dificilmente cairá, tendo em vista o caráter quase sempre mais intensivo em mão de obra das tecnologias "limpas" se comparadas às suas congêneres tradicionais.

4.3 Economia circular

A economia circular é um modelo econômico para maximizar o funcionamento do ecossistema e o bem-estar humano, internalizando todas as externalidades dentro do processo de tomada de decisão.[54] Consumidores e empresas já perceberam que é preciso mudar a forma de se produzir bens de consumo antes que os recursos naturais se tornem escassos e os resíduos, um problema incontornável.

Com a transformação dos hábitos de consumo, novos comportamentos geram impacto financeiro nas empresas. Nesse sentido, a economia circular não é só um modelo econômico, mas um novo modo de produzir e de pensar os negócios. O melhor exemplo do conceito são os que transformam produtos em serviços. Um exemplo já bem conhecido é o Airbnb, que coloca recursos sem uso à disposição de todos.

Com o serviço, um quarto vazio ou uma casa de veraneio fechados e juntando poeira passam a integrar um mercado que não existia, trazendo mais eficiência à infraestrutura instalada. O compartilhamento de casas promove um uso mais eficiente dos recursos existentes e representa uma forma ambiental e sustentável de se viajar. O compartilhamento de casa resulta em uma redução significativa no uso de energia e água, na emissão de gases de efeito estufa e na geração de lixo. Além disso, incentiva a consciência ambiental entre os residentes e os visitantes.[55]

O compartilhamento do uso é uma condição que diminui significativamente o impacto ambiental em qualquer atividade. O Código Civil, em 2018, ganhou novo capítulo – Capítulo VII, do art. 1.358-B ao art. 1.358-U – regulamentando o condomínio em multipropriedade, o que reflete esse movimento. Segundo recente definição legal, multipropriedade é o regime de condomínio em que cada um dos proprietários de um mesmo imóvel é titular da fração de tempo relativo ao período que esteve no imóvel, o que corresponde à faculdade de uso e gozo, com exclusividade, da totalidade do imóvel, a ser exercida pelos

---

54 CIRCLE ECONOMY. *The Circularity Gap Report* – 2019. Disponível em: https://docs.wixstatic.com/ugd/ad6e59_ba1e4d16c64f44fa94fbd8708eae8e34.pdf. Acesso em: 16 fev. 2019.

55 Disponível em: https://blog.atairbnb.com/impactos-ambientais-do-compartilhamento-de-casas/.

proprietários de forma alternada, conforme texto legal previsto no art. 1.358-C, transcrito a seguir:

> Artigo 1.358-C. Multipropriedade é o regime de condomínio em que cada um dos proprietários de um mesmo imóvel é titular de uma fração de tempo, à qual corresponde a faculdade de uso e gozo, com exclusividade, da totalidade do imóvel, a ser exercida pelos proprietários de forma alternada.

Outra importante questão é o uso do transporte público, que já foi exaustivamente debatida no passado. Atualmente, modelos mais avançados de mobilidade surgiram, como o transporte partilhado como o Uber. Esta empresa de tecnologia cujo aplicativo de *smartphone* permite conectar passageiros a motoristas é uma das plataformas *on-line* mais reconhecidas hoje no mundo.

A emergência de empresas como Uber e Airbnb e o surgimento de outras plataformas como Netflix, Apple TV e outras, e as mudanças que elas catalisam, têm proporcionado uma discussão sobre a transição entre setores econômicos.

Assim, conclui-se que a economia circular é uma alternativa que vem ganhando espaço e força na sociedade, em que redefine a ideia de crescimento da economia, aliando, para tanto, o econômico, o social e o natural. Segundo previsões da OIT, 6 (seis) milhões de empregos podem ser criados através da transição para uma "economia circular", que inclui atividades como reciclagem, reparos, aluguel e remanufatura – substituindo o modelo econômico tradicional de extração, fabricação, uso e descarte.[56]

5 Conclusão

O desenvolvimento sustentável deve ser visto como direito fundamental em razão da necessidade de preservação dos recursos naturais para a presente e as futuras gerações. Deste modo, somente com a harmonização dos três pilares do desenvolvimento sustentável, quais sejam, meio ambiente equilibrado, equidade social e desenvolvimento

[56] ORGANIZAÇÃO INTERNACIONAL DO TRABALHO. *Perspectivas sociais e de emprego no mundo* – Tendências 2018. Disponível em: http://www.ilo.org/wcmsp5/groups/public/---dgreports/---dcomm/---publ/documents/publication/wcms_615674.pdf. Acesso em: 16 fev. 2019.

econômico será concebível a alteração do cenário em prol da efetivação desse direito.

É impossível colocar uma cerca em volta da floresta e esperar que, por conta disso, não haja desmatamento. Se a decisão de proteger a floresta não for acompanhada de perspectivas de desenvolvimento econômico, de inclusão social e de geração de empregos, não há como se garantir a proteção ambiental. Assim, a questão não é mais conceitual, mas de implementação.

A OIT sustenta que a ecologização da economia não somente pode criar empregos decentes adicionais na economia, mas também pode melhorar os empregos existentes e aumentar a renda, particularmente, em setores como a agricultura, a construção, a reciclagem e o turismo. De acordo com o relatório intitulado *Perspectivas sociais e de emprego no mundo – Tendências 2018*,[57] da OIT, até 2030 poderão ser criados 24 milhões de novos empregos no mundo, caso sejam implantadas as mudanças que tornarão a economia mais sustentável. Por outro lado, 6 milhões de trabalhadores devem perder seus atuais empregos, o que resultaria em um saldo positivo de 18 milhões de postos de trabalho.

No entanto, deve haver sinergias entre a proteção social e as políticas ambientais que apoiam os rendimentos dos trabalhadores, e a transição para uma economia mais verde. Uma combinação de políticas que inclua transferências de renda, seguros sociais mais fortes e limites no uso de combustíveis fósseis levaria a um crescimento econômico mais rápido, maior geração de empregos e uma distribuição de renda mais justa, bem como menores emissões de gases de efeito estufa.

A transição para sistemas agrícolas mais sustentáveis poderia criar empregos em fazendas orgânicas de médio e grande porte, além de permitir que os pequenos proprietários diversifiquem suas fontes de renda, especialmente se os agricultores tiverem as habilidades certas.

Outrossim, leis, regulamentos e políticas ambientais que incluem questões trabalhistas oferecem um meio poderoso para promover o diálogo social, que permite aos empregadores e aos trabalhadores participar do processo de tomada de decisão política junto com os governos, desempenhando um papel fundamental na conciliação dos objetivos sociais e econômicos com as preocupações ambientais.

---

[57] ORGANIZAÇÃO INTERNACIONAL DO TRABALHO. *Perspectivas sociais e de emprego no mundo* – Tendências 2018. Disponível em: http://www.ilo.org/wcmsp5/groups/public/---dgreports/---dcomm/---publ/documents/publication/wcms_615674.pdf. Acesso em: 16 fev. 2019.

Como mencionado, o Brasil é um país importante para a política ambiental internacional por ser o país com a maior área na faixa dos trópicos. A perspectiva de evolução é enorme, e o investimento e a implementação de políticas públicas devem caminhar juntos.

A recomendação é de os países adotarem medidas urgentes para antecipar as habilidades necessárias na transição para economias mais verdes e oferecer novos programas de treinamento. Também devem adotar uma combinação de políticas de transferência de renda, seguros sociais mais fortes e limites no uso de combustíveis fósseis, o que levaria a um crescimento econômico mais rápido, com mais geração de emprego e uma distribuição de renda mais justa.

Desse modo, a compromisso primordial é que todos os seres humanos possam ter sua dignidade e igualdade preservada, em um ambiente saudável, protegendo, inclusive, o planeta da degradação. Assim, uma gestão sustentável é quando os recursos naturais e o progresso econômico, social e tecnológico ocorrem em harmonia com o meio, através da atualização da legislação ou criação de uma legislação específica, políticas públicas e combinando a estrutura jurídica às novas realidades da economia.

Referências

ABRAMO, Laís Wendel. *Empregos verdes no Brasil*: quantos são, onde estão e como evoluirão nos próximos anos. Disponível em: https://www.ideiasustentavel.com.br/pdf/empregos_verdes_no_brasil_128.pdf. Acesso em: 12 fev. 2019.

ALTENBURG, T.; ASSMANN, C. (Ed.). *Green industrial policy*. Concept, policies, country experiences. Geneva, Bonn: UN Environment; German Development Institute/Deutsches Institut für Entwicklungspolitk (DIE), 2017.

BENJAMIN, Antonio Herman; NUSDEO, Ana Maria (Org.). *30 anos da Constituição Ecológica*: desafios para a governança ambiental. São Paulo: Instituto O Direito por um Planeta Verde, 2018.

BRASIL. *Código Civil*. 2002.

BRASIL. *Consolidação das Leis do Trabalho*. 1943.

BRASIL. *Constituição da República*. 1988.

BRASIL. *Declaração do Meio Ambiente*. Disponível em: http://www.meioambiente.pr.gov.br/arquivos/File/agenda21/Declaracao_Rio_Meio_Ambiente_Desenvolvimento.pdf. Acesso em: 16 fev. 2019.

BRASIL. *Resolução do Conselho Nacional do Meio Ambiente*. 2002.

BULOS, Uadi Lammêgo. *Curso de direito constitucional*. 10. ed. São Paulo: Saraiva, 2017.

CIRCLE ECONOMY. *The Circularity Gap Report* – 2019. Disponível em: https://docs.wixstatic.com/ugd/ad6e59_ba1e4d16c64f44fa94fbd8708eae8e34.pdf. Acesso em: 16 fev. 2019.

FEIL, Alexandre André; SCHREIBER, Dusan. Sustentabilidade e desenvolvimento sustentável: desvendando as sobreposições e alcances de seus significados *Cad. Ebape. br*, Rio de Janeiro, v. 14, n. 3, jul./set. 2017. Disponível em: http://dx.doi.org/10.1590/1679-395157473. Acesso em: 16 fev. 2019.

FRANÇA. *Carta do Meio Ambiente*. 2004. Disponível em: https://www.conseil-constitutionnel.fr/le-bloc-de-constitutionnalite/charte-de-l-environnement-de-2004. Acesso em: 16 fev. 2019.

GOLDEMBERG, José. *Energias renováveis e geração de empregos*. Disponível em: https://www.ilo.org/wcmsp5/groups/public/---americas/---ro-lima/---ilo-brasilia/documents/publication/wcms_626908.pdf.

GOMES, Magno Federici; FERREIRA, Leandro José. A dimensão jurídico-política da sustentabilidade e o direito fundamental à razoável duração do procedimento. *Revista do Direito*, Santa Cruz do Sul, v. 2, n. 52, out. 2017. ISSN 1982-9957. Disponível em: https://online.unisc.br/seer/index.php/direito/article/view/8864. Acesso em: 16 fev. 2019.

LIMA, Herlander Mata. Ambiente. Factores. Sustentabilidade. Universidade da Madeira. *Wayback Machine*, 2012. Disponível em: https://web.archive.org/web/20121116090236/http://cee.uma.pt/hlima/Doc%20ImpactesAmbientais/01AMBIENTE_FACTORES_SUSTENTABILIDADE.pdf# Acesso em: 14 fev. 2019.

MEDEIROS, Lourdes Cacilda Negreiros de. Energia renovável: conquistas e perspectivas. *Boletim Jurídico*, Uberaba, ano 13, n. 1526. Disponível em: https://www.boletimjuridico.com.br/doutrina/artigo/4578/energia-renovavel-conquistas-perspectivas. Acesso em: 16 fev. 2019.

MORAES, Guilherme Peña de. *Curso de direito constitucional*. 10. ed. rev., atual e ampl. São Paulo: Atlas, 2018.

ORGANIZAÇÃO DAS NAÇÕES UNIDAS NO BRASIL – ONU BR. *17 Objetivos para transformar o mundo*. Disponível em: https://nacoesunidas.org/pos2015/agenda2030/. Acesso em: 16 fev. 2019.

ORGANIZAÇÃO DAS NAÇÕES UNIDAS. *Energia solar promove acesso a cuidados de saúde universais*. Disponível em: https://news.un.org/pt/story/2019/01/1654242. Acesso em: 18 fev. 2019.

ORGANIZAÇÃO INTERNACIONAL DO TRABALHO. *Futuro do trabalho no Brasil*: perspectivas e diálogos tripartites. 2018. ISBN: 978-92-2-830943-0. Disponível em: https://www.ilo.org/brasilia/publicacoes/WCMS_626908/lang--pt/index.htm. Acesso em: 16 fev. 2019.

ORGANIZAÇÃO INTERNACIONAL DO TRABALHO. *Perspectivas sociais e de emprego no mundo* – Tendências 2018. Disponível em: http://www.ilo.org/wcmsp5/groups/public/---dgreports/---dcomm/---publ/documents/publication/wcms_615674.pdf. Acesso em: 16 fev. 2019.

PIRES, Pedro; RIBAS JÚNIOR, Rodolfo de Castro; LEMOS, Daniel Campos Lopes; FILGUEIRAS, Alberto. *Egocentrismo e comportamento*: revisão da literatura em valores ambientais. Disponível em: http://www.scielo.br/pdf/pe/v19n4/1413-7372-pe-19-04-00611.pdf.

PORTUGAL. *Lei de Bases do Ambiente nº 11 de 1987*. Disponível em: https://dre.pt/pesquisa-avancada/-/asearch/666148/details/normal?types=SERIEI&numero=11%2F87&tipo=%22Lei%22. Acesso em: 15 fev. 2019.

RAU, Lucas Moraes; VILLATORE, Marco Antônio César. Direito do trabalho e globalização. *Revista de Direito e Sustentabilidade*, Maranhão, v. 3, n. 2, p. 90-108, jul./dez. 2017. e-ISSN: 2525-9687. Disponível em: http://www.indexlaw.org/index.php/revistards/article/view/2536/pdf. Acesso em: 16 fev. 2019.

RECH, Moisés João; CALGARO, Cleide. Justiça ambiental, direitos humanos e meio ambiente: uma relação em construção. *Revista de Direito e Sustentabilidade*, Maranhão, v. 3, n. 2, p. 17-35, jul./dez. 2017. e-ISSN: 2525-9687. Disponível em: http://www.indexlaw.org/index.php/revistards/article/view/2261. Acesso em: 16 fev. 2019.

SILVA, Romeu Faria Thomé da. *Manual de direito ambiental*. 5. ed. Salvador: JusPodivm, 2015.

SIRVOMSKAS, Luís Paulo. *Manual de direito ambiental*. 13. ed. São Paulo: Saraiva, 2015.

SOUZA, Maria Cláudia da Silva Antunes de; ARMADA, Charles Alexandre Souza. Desenvolvimento sustentável e sustentabilidade: evolução epistemológica na necessária diferenciação entre os conceitos. *Revista de Direito e Sustentabilidade*, Maranhão, v. 3, n. 2, p. 17-35, jul./dez. 2017. e-ISSN: 2525-9687. Disponível em: http://www.indexlaw.org/index.php/revistards/article/view/2437/pdf. Acesso em: 16 fev. 2019.

Informação bibliográfica deste texto, conforme a NBR 6023:2018 da Associação Brasileira de Normas Técnicas (ABNT):

SERRÃO, Adriana; GENÚ, Juliane Mendes. A evolução da consciência ecológica e o novo mundo de oportunidades. *In*: TUPINAMBÁ, Carolina (Coord.). *As novas relações trabalhistas e o futuro do Direito do Trabalho*: as novidades provenientes das novas possibilidades de interações humanas e de novos modelos de solução de conflitos. Belo Horizonte: Fórum, 2022. (Coleção Fórum As novas relações trabalhistas e o futuro do direito do trabalho. Tomo V.) p. 21-61. ISBN 978-65-5518-224-8.

MEDIAÇÃO: FUTURO DO DIREITO DO TRABALHO

ANDRÉ JOBIM DE AZEVEDO

VITÓRIA FERNANDES GUEDES SILVEIRA

1 Introdução

Os métodos autocompositivos de solução de conflitos estão presentes no ordenamento jurídico desde antes da independência do Brasil. Eram previstos nas Ordenações Afonsinas (Livro III, Título XVI), nas Ordenações Manuelinas (Livro III, Títulos 81 e 82), depois nas Ordenações Filipinas. Em seguida, na Constituição do Império de 1824. Na primeira Constituição do país, a Imperial, acionar o Poder Judiciário era meio subsidiário do insucesso do diálogo. Parece que a lógica foi se invertendo ao longo dos séculos.

Com a instauração da cultura da litigiosidade no final do século XX, o tempo que nos envolve é o da pós-modernidade, movimento social que altera drasticamente as estruturas sociais vividas na era moderna. Valores e conceitos universais antigamente apregoados passam a ser reiteradamente questionados. A era permeia-se pelas incertezas, instabilidade e mutações em todos os âmbitos, e pelo abandono de antigas referências antes vigentes de instituições, profissões e relações. Com um discurso evidentemente heterogêneo e diverso, tal desconstrução drástica propicia um nível de tensão que reflete no modo de se relacionar.

A partir de então os conflitos acentuam-se e os cidadãos passam a utilizar intensamente como sustentáculo da paz social o acesso à jurisdição para proteção a lesão ou ameaça de direito, assegurado no art. 5º, XXXV da Constituição Federal. A consequência é um Poder Judiciário ineficiente, moroso e inadequado.

No particular, o processo, quer trabalhista, quer cível, não mais atende aos anseios da sociedade organizada. Há muito o Estado se releva incapaz enquanto garantidor da justiça efetiva que se propõe a tutelar.

Assim, revelam-se importantíssimos os métodos adequados de solução de conflitos, em especial os métodos autocompositivos, que estimulam o diálogo e representam um instrumento qualificado na pacificação social.

A conciliação, método autocompositivo de resolução de conflitos, é procedimento há muito conhecido e utilizado no direito do trabalho. Não há dúvidas sobre sua relevância, mormente quando o art. 764, *caput* da CLT determina que todos os dissídios individuais ou coletivos submetidos à apreciação da Justiça do Trabalho serão sempre sujeitos à conciliação, e os arts. 846 e 850 da CLT fazem da tentativa de conciliação o procedimento inaugural e também de encerramento nas audiências.

Acontece que novos rumos são traçados para a efetiva solução de conflitos, que nem sempre podem ser resolvidos utilizando os métodos sempre utilizados no direito do trabalho como a jurisdição e conciliação. A mediação ganha notoriedade pelas suas particularidades, que se constituem em verdadeiras vantagens na sua utilização.

A Resolução CNJ nº 125 e, especialmente, a Resolução CSJT nº 174, a Lei da Mediação (Lei nº 13.1402015) e o Novo Código de Processo Civil (Lei nº 13.105/2015) vêm à ordem jurídica buscando recompor em termos mais próprios a finalidade maior a que se destinam, a de bem resolver os conflitos postos aos efeitos da tão desejada paz social, utilizando como maior aliado o diálogo entre as partes.

A proposição ora articulada é no sentido de uma abordagem crítica e ao mesmo tempo propositiva no que respeita a adoção dos procedimentos autocompositivos de solução de conflitos, em especial da mediação, diante da percepção do novo mundo que nos cerca. Da inadequação da tutela jurisdicional estatal para todo e qualquer conflito, os procedimentos que enaltecem o diálogo vêm se afirmando em âmbito nacional e global. Para além disso, propõem uma reflexão sobre a necessidade de enfrentar as novéis alterações no direito do trabalho através da mediação.

2 Resolução de conflitos trabalhistas

Os conflitos são tão antigos quanto a humanidade. Desde o *homo sapiens* arcaico é possível verificar que os instintos sociais impossibilitavam que vivessem em grandes grupos. Grandes grupos não floresceriam porque não conseguiam concordar sobre quem deveria ser o líder ou sobre quem deveria caçar onde.[1] A discordância, porém, não é um problema, como popularmente Nelson Rodrigues já cunhou referência a que "toda a unanimidade é burra", na correta percepção das infinitas hipóteses da diversidade.

Entre as funções precípuas do direito do trabalho, sobressalta a pacificação das divergências e conflitos que decorrem das relações de trabalho. Esta disciplina tampouco é nova, uma vez que o trabalho é tão original quanto a própria sociedade. A base ordenada do direito laboral, na sua etimologia, porém, ganhou conotação semelhante ao que hoje se concebe durante a Revolução Industrial, nos séculos XVIII e XIX. É que com a substancial alteração na forma de produzir e trabalhar com o advento do maquinismo, as grandes invenções mudam significativamente as relações de trabalho. A sociedade sofreu grandes mudanças e deu origem a dois polos que foram separados por uma grande distância: os industriais, donos dos meios de produção, e o proletariado, que vendia a força de trabalho.

A partir do século XVIII, o trabalho passa a ser livre, assalariado e massificado. Em tempos de afirmação do liberalismo jurídico, com a predominância das regras de direito civil, que prestigiava a autonomia plena da vontade, com a consequente liberdade contratual, impondo aos particulares agir em seu interesse e por esse zelar, o novel fato social trabalho (subordinado, livre e assalariado), no entanto, a tanto não se afeiçoava.

---

1 HARARI, Yuval Noah. *Sapiens*: uma breve história da humanidade. 15. ed. Tradução de Janaína Marcoantonio. Porto Alegre: L&PM, 2016. p. 35.

Não se olvida que a Revolução Industrial se tratou de um fenômeno importante da história do mundo ocidental. A substancial alteração na forma de produzir e trabalhar com o advento do maquinismo proporcionou avanços nunca antes sentidos na área da tecnologia, transporte e invenções. De enorme importância humanística, também, a concepção de que dava força e autonomia ao indivíduo no sentido de construção de sua própria vida, como exemplo a importante Revolução Francesa de 1789, a qual inscreveu no pavilhão francês os valores fundamentais da liberdade, igualdade e fraternidade. Em termos de relações do trabalho, porém, não foi esse o resultado.

Por conta disso, surge a intervenção do Estado, direito do trabalho, com a necessária regência especializada própria de uma relação de direto material distinta daquela civil e que ensejou produção legislativa intensa, no sentido de limitar a liberdade contratual, impondo restrições ao livre manejo e desenvolvimento dessas relações.

Atualmente, o direito do trabalho conta com alguns mecanismos para a solução de conflitos na esfera. Os caminhos podem ser divididos em três gêneros: autotutela, heterocomposição e autocomposição.

A autotutela ocorre quando o sujeito busca a tutela de seus interesses de forma unilateral, impondo-a à parte adversa. Tal método, porém, deve ser utilizado com cautela. Desde muito o direito pátrio procura afastar a precária solução pela via da vindita, cujos resultados além de impróprios favorecem, independentemente de razão ou justiça, os mais fortes. Ao Estado delegou a sociedade o poder-dever de dizer e realizar o direito (jurisdição) e o instrumento civilizado daí nascente é o processo.

Ocorre que há previsão constitucional e previsão infraconstitucional que protege a autotutela no direito do trabalho, sendo a greve o exemplo mais comumente lembrado. A greve é uma ferramenta do exercício de um poder de fato dos trabalhadores, de grande valia na reivindicação dos seus interesses. No plano constitucional, está expresso no art. 9º, no Título II, destinado às garantias e direitos fundamentais, Capítulo II, consagrado como direito social. No plano infraconstitucional, a greve é regulada pela Lei nº 7.783/89. Neste sentido ilustra bem Sena:

> No Direito do Trabalho, a GREVE constitui importante exemplo da utilização da autotutela na dinâmica de solução de conflitos coletivos trabalhistas. Todavia, raramente ela completa seu ciclo autotutelar, impondo à contraparte TODA a solução do conflito. O que ocorre é funcionar esse mecanismo como simples meio de pressão, visando o

alcance de mais favoráveis resultados na dinâmica negocial coletiva em andamento ou a se iniciar.[2]

Já no caminho da heterocomposição as partes delegam a função de solucionar o conflito à terceiro. Contempla a política adversarial da via jurisdicional estatal e da arbitragem. A via jurisdicional, todavia, deve ser repensada como método adequado para solução de todo e qualquer conflito. Não se pretende de nenhuma maneira diminuir a sua relevância, pelo contrário, frisa-se que o acesso à justiça para proteção à lesão ou ameaça de direito, assegurado no art. 5º, XXXV da Constituição Federal, é inegável sustentáculo da democracia.

O que acontece, em verdade, é que o Poder Judiciário é reconhecido como poder estatal mais ineficiente,[3] por muitos aspectos: morosidade, altos custos, burocracia e inadequação das repostas judiciais. O instituto da arbitragem constitui diversas vantagens sobre tal. Sem pretender esgotar o assunto, destacam-se a celeridade, a autonomia na escolha do juiz arbitral, a especialização técnica deste e o sigilo à flexibilidade de procedimento, tudo isso com o benefício de possuir a mesma força e eficácia das sentenças judiciais.

Mesmo assim, ambos os métodos concedem o poder de deliberação a terceiro, e somente a arbitragem pode se mostrar insuficiente para a repaginação do sistema de Justiça nacional.

Nos métodos que compõem o gênero da autocomposição a lógica é inversa: decorrem de resolução consensual de litígios, munindo as partes de autonomia para transigirem de acordo com os seus próprios interesses. São eles a conciliação e a mediação. Tais métodos ultrapassam o âmbito conflitual e se transportam às relações interpessoais, podendo representar, entre tantos benefícios, o início de uma política de racionalização na prestação jurisdicional e a concretização de uma cultura de consenso e da cooperação.

---

2 SENA, Adriana Goulart de. Formas de resolução de conflitos e acesso à justiça. *Revista do Tribunal Regional do Trabalho da 3ª Região*, Belo Horizonte, v. 46, n. 76, p. 93-114, jul./dez. 2007. Disponível em: https://www.trt3.jus.br/escola/download/revista/rev_76/Adriana_Sena.pdf.

3 THEODORO JUNIOR, Humberto. *Celeridade e efetividade da prestação jurisdicional*: insuficiência da reforma das leis processuais. Belo Horizonte: [s.n.], 2004. p. 11.

3 Futuro do direito do trabalho: métodos autocompositivos

Uma decisão construída em consenso, mediante diálogo, atrai mais legitimidade e sensação de justiça. Essa é a lógica do gênero autocompositivo de solução de conflitos no direito do trabalho, composto pela mediação, conciliação e negociação coletiva.

Nos métodos autocompositivos, os sujeitos são titulares dos direitos e deveres, que devem ser munidos de capacidade de transacionar, de autonomia e de voluntariedade. Caracterizam-se pela informalidade dos procedimentos, objetivando a efetiva resolução da controvérsia e não o formalismo exacerbado das etapas procedimentais ou processuais. Tratam de uma aproximação entre os litigiosos que, mediante diálogo, facilitam o consenso. Segundo o Tribunal de Justiça do Distrito Federal, é importante ferramenta de empoderamento das partes, promovendo educação cidadã para o gerenciamento pacífico dos conflitos e para a pacificação social de forma efetiva. Neste sentido:

> Entretanto, os meios autocompositivos de solução de conflitos constituem importante técnica e aspiração daqueles que se ocupam da busca de solução de conflitos sociais. Essas formas não-adversariais de composição representam proposta promissora para a redução da crise no Poder Judiciário, com a diminuição de processos e maior celeridade daqueles que se acham em tramitação, viabilizando maior acesso à Justiça, ao tempo em que contribuem para uma pacificação social plena, eis que empoderam as partes para o entendimento e solução de seus próprios conflitos, no que diz respeito a direitos disponíveis.[4]

A doutrina é uníssona ao dar crédito a Carnelutti por cunhar o termo "autocomposição" no seu livro intitulado *Sistema di diritto processuale civile*. No ordenamento jurídico, a resolução consensual de conflitos – ora utilizada como sinônimo de autocomposição –, todavia, remonta ao descobrimento do Brasil. Era prevista nas Ordenações Afonsinas (Livro III, Título XVI), nas Ordenações Manuelinas (Livro III, Títulos 81 e 82), depois nas Ordenações Filipinas. Em seguida, na Constituição do Império de 1824, como dito.

Na seara trabalhista em âmbito nacional, as conciliações vieram antes mesmo da Justiça do Trabalho na formatação atualmente conhecida.

---

[4] TRIBUNAL DE JUSTIÇA DO DISTRITO FEDERAL. *Texto institucional*. Disponível em: https://www.tjdft.jus.br/institucional/2a-vice-presidencia/politica-nacional-de-metodos-autocompositivos-integra. Acesso em: 19 fev. 2019.

As Comissões Mistas de Conciliação e as Juntas de Conciliação e Julgamento criadas durante o Governo de Getúlio Vargas na década de 30, integrantes do Poder Executivo, foram as pioneiras no manejo dos métodos autocompositivos e da formatação atual da Justiça do Trabalho:

> Na mesma época [1932], surgiram duas instâncias precursoras da atual Justiça do Trabalho: as Comissões Mistas de Conciliação e as Juntas de Conciliação e Julgamento.
> As Comissões Mistas de Conciliação foram o embrião das atuais Seções de Dissídios Coletivos, atuando na conciliação e arbitragem dos conflitos coletivos, anteriormente resolvidos como "casos de polícia". A Comissão conduzia as partes ao acordo, podendo executá-lo caso não fosse cumprido. Em caso de conciliação frustrada, lavrava-se ata e encaminhava-se o caso a um juízo arbitral. Novamente inconciliados, o caso seria remetido ao Ministério do Trabalho, para nomeação de comissão específica para solucionar o litígio.
> As Juntas de Conciliação e Julgamento, por sua vez, tratavam apenas dos dissídios individuais de empregados sindicalizados. Eram compostas por dois vogais, representantes das classes patronal e laboral, e um presidente nomeado pelo Ministério do Trabalho, a quem as reclamações eram dirigidas.[5]

Apesar da antiguidade e da relevância, a resolução consensual de conflito foi atropelada pela cultura do embate, do litígio.

Isso porque, desde o final do século XX, a cultura da litigiosidade encontrou ambiente fértil para se propagar. O cenário contemporâneo das relações sociais é complexo e em vias de mudanças permanentemente. A era permeia-se pelas incertezas, instabilidade e mutações em todos os âmbitos, e pelo abandono de antigas referências antes vigentes de instituições, profissões e relações. Com um discurso evidentemente heterogêneo e diverso, tal desconstrução drástica propicia um nível de tensão que se reflete no modo de se relacionar. Tal condição se reflete, por óbvio, nos conflitos e em suas soluções, também os complexizando em medida significativa.

Daí consumou-se a crença de que somente o Poder Judiciário poderia dirimir os conflitos. O resultado é lógico: ações judiciais em números completamente desproporcionais às estruturas físicas,

---

5 TRIBUNAL REGIONAL DO TRABALHO DA 2ª REGIÃO. *Texto institucional do histórico da Justiça do Trabalho e do TRT da 2ª Região*: Justiça do Trabalho: como tudo começou. Disponível em: https://www.trtsp.jus.br/institucional/gestao-documental/232-institucional/gestao-documental/17947-historico-da-justica-do-trabalho-e-trt-da-2-regiao. Acesso em: 15 fev. 2019.

orçamentárias e institucionais do sistema forense. Somos um dos países, senão o maior, de mais litigantes do mundo. Os processos judiciais ultrapassam a casa dos 100 milhões, sem contar os coletivos, que englobam milhares de indivíduos.

A jurisdição estatal, portanto, vira objetivo de insatisfação geral. Em que pese a inegável relação intrínseca do direito de ação com a democracia, o Poder Judiciário se mostra ineficiente, analisado tanto pelo aspecto da celeridade quanto pelo aspecto da adequação.

Assim, novos rumos são perseguidos objetivando a busca efetiva da solução de conflitos. Os chamados métodos autocompositivos de resolução de conflitos passam a protagonizar os mais diversos foros de debates e obras de doutrina.

Em âmbito global, o diálogo foi e vem sendo reiteradamente valorizado, principalmente pela Organização Internacional do Trabalho (OIT). Muitos exemplos podem ser citados: as Convenções nºs 87, 98 e 154 e Recomendação nº 163, que estimulam a negociação coletiva; a Recomendação nº 92 "sobre la conciliación y el arbitraje voluntários"; a Recomendação nº 94 "sobre la colaboración en el âmbito de la empresa"; a Recomendação nº 159 "sobre las relaciones de trabajo em la administración pública".

Em âmbito nacional, a Constituição Federal vigente procura, desde o preâmbulo, estimular uma nova ordem social baseada em soluções autocompositivas:

> Nós, representantes do povo brasileiro, reunidos em Assembleia Nacional Constituinte para instituir um Estado Democrático, destinado a assegurar o exercício dos direitos sociais e individuais, a liberdade, [...] a igualdade e a justiça como valores supremos de uma sociedade fraterna [...] e comprometida, na ordem interna e internacional, com a solução pacífica de controvérsias.[6]

O art. 3º, I, do texto constitucional consagra como objetivo fundamental a construção de uma sociedade livre, justa e solidária.[7]

O art. 4º também do texto constitucional é ainda mais explícito quanto à nova ordem social que persegue, baseada na cultura da paz e do diálogo:

---

[6] BRASIL. *Constituição Federal*. 1988.

[7] BRASIL. *Constituição Federal*. 1988. Art. 3º, I.

> Art. 4º A República Federativa do Brasil rege-se nas suas relações internacionais pelos seguintes princípios: [...]
> VI - defesa da paz;
> VII - solução pacífica dos conflitos; [...]
> IX - cooperação entre os povos para o progresso da humanidade; [...].

Em verdade, a Constituição Federal contemplou normas predominantemente pragmáticas, que são majoritariamente propositivas. Tais normas servem como uma palavra de ordem para a própria luta política.[8]

Assim, é certo que o atual cenário vem fechando as portas para a inflexibilidade da lei, para o formalismo exacerbado, para a judicialização, para os conflitos judiciais, protecionismo cego e justiça vigilante. Ao mesmo tempo, clareiam-se os caminhos para normas negociadas, para a intervenção racional do Estado nas relações trabalhistas, para as soluções pacíficas de conflitos.

> Métodos alternativos de resolução de conflitos, mais maleáveis às transformações do mercado de trabalho e aderentes às necessidades do mundo contemporâneo se fazem necessários então, para que seja possível a sustentação do mecanismo judiciário e da eficaz distribuição da justiça. A Justiça do Trabalho, acompanhando este viés, se viu diante da Reforma Trabalhista, com a inserção das mais diversas opções para formas de resolução alternativas de conflitos. Para além da conciliação e mediação, que se caracterizam por serem meios autocompositivos de solução de conflitos – o que significa dizer que facilitam a solução, mas não a impõem às partes [...].[9]

Diante de tal cenário, são resgatados institutos e conferidos novos contornos para a conciliação e, principalmente, para a mediação.

4 Mediação no direito do trabalho

A conciliação é método há muito conhecido e utilizado no direito do trabalho. Não só método, mas é também considerado princípio por boa parte da doutrina. A justificativa é o art. 764, *caput* da Consolidação das Leis Trabalhistas (CLT), que determina que todos os dissídios

---

8 COUTINHO, Jacinto Nelson de Miranda (Org.). *Canotilho e a Constituição dirigente*. 3. ed. Rio de Janeiro: Renovar, 2006. p. 38.

9 MOREIRA, Adriano Januzzi. *Mediação e arbitragem no cenário atual*: mudança de paradigma na pacificação dos conflitos. Disponível em: https://www.migalhas.com.br/arquivos/2018/8/art20180816-09.pdf. Acesso em: 16 fev. 2019.

individuais ou coletivos submetidos à apreciação da Justiça do Trabalho estão sempre sujeitos à conciliação.

Não há dúvidas sobre sua relevância. A conciliação é procedimento inaugural e também de encerramento das audiências, conforme dispõem os arts. 846 e 850 da CLT.

Para além da conciliação, sobressalta a mediação que vem se notabilizando pelas suas particularidades, que se constituem em verdadeiras vantagens na sua utilização.

A mediação é procedimento informal, mas estruturado, conduzido por terceiro neutro, comprometido com o mesmo binômio imparcialidade-autonomia exigido do juiz natural,[10] incumbido de manejar a comunicação para que as partes envolvidas cheguem, elas próprias, ao consenso. O mediador deve agir como executor da despolarização de discursos, motivando as partes a encontrar pontos convergentes para que cheguem aos caminhos de resolução.

Atualmente, a mediação rege-se pelas disposições da Resolução CNJ nº 125 de 2010, Resolução CSJT nº 174 de 2016, pelo Código de Processo Civil de 2015 e pela Lei 13.140 de 2015 (Lei da Mediação). É orientada pelos princípios da imparcialidade, isonomia, oralidade, informalidade, autonomia, consecução do consenso, confidencialidade e boa-fé, conforme art. 2º da Lei da Mediação.

Originalmente, a Resolução do Conselho Nacional de Justiça nº 125 de 2010 dispunha acerca da conciliação e mediação relativa a todo o Poder Judiciário. Em março de 2016, porém, a Emenda nº 2 da própria Resolução do CNJ nº 125 excluiu da regulamentação a Justiça do Trabalho, estabelecendo que o CNJ editaria resolução específica dispondo sobre a Política Judiciária de Tratamento Adequado dos Conflitos de Interesse da Justiça do Trabalho.

Felizmente, em setembro do mesmo ano, foi aprovada a Resolução do Conselho Superior de Justiça do Trabalho nº 174, a fim de suprir a lacuna normativa. O regulamento vem justificado da seguinte maneira:

> CONSIDERANDO que a conciliação e a mediação são instrumentos efetivos de pacificação social, solução e prevenção de litígios e que a sua apropriada disciplina em programas já implementados no país tem reduzido a excessiva judicialização dos conflitos de interesses, bem como a quantidade de recursos e também de execução de sentenças;

[10] NERY JUNIOR, Nelson. *Princípios do processo civil na CF*. 12. ed. São Paulo: Revista dos Tribunais, 2016. p. 80.

> CONSIDERANDO ser imprescindível estimular, apoiar e difundir a sistematização e o aprimoramento das práticas já adotadas pelos Tribunais;
> CONSIDERANDO a relevância e a necessidade de organizar e uniformizar os serviços de conciliação, mediação e outros métodos consensuais de solução de disputas no âmbito da Justiça do Trabalho, para lhes evitar disparidades de orientação e práticas, bem como para assegurar a boa execução da política pública, respeitada a especificidade deste segmento da Justiça; [...].[11]

A Resolução CSJT nº 174, a Lei da Mediação (Lei nº 13.1402015) e o Novo Código de Processo Civil (Lei nº 13.105/2015) vêm à ordem jurídica trabalhista buscando recompor em termos mais próprios a finalidade maior a que se destinam, a de bem resolver os conflitos postos aos efeitos da tão desejada paz social, utilizando como maior aliado o diálogo.

Em que pese não haja previsão expressa do uso da mediação na CLT, há duas preposições que fazem chegar à conclusão lógica de que a mediação é compatível e deve ser utilizada também na seara trabalhista, para além da Resolução CSJT supramencionada. A redação do art. 769 da CLT elenca dois requisitos cumulativos para a aplicação do direito processual comum na Justiça do Trabalho: quando houver omissão da CLT e compatibilidade com os princípios que orientam o processo trabalhista.

Como se não bastasse, com o advento da reforma trabalhista, Lei nº 13.467/17, a hipótese ficou ainda mais clara. O art. 652 da CLT incumbiu às Varas de Trabalho a homologação de acordo extrajudicial em matéria de competência da Justiça do Trabalho. Ao mesmo tempo, reforçou a importância dos advogados, sendo obrigatória a representação das partes por advogado no processo de homologação de acordo extrajudicial, a teor do que já dispunha a Resolução nº 174 do CSJT. Isso significa que a possibilidade desequilíbrio de forças entre os acordantes, no âmbito técnico, é totalmente descartada.

A responsabilidade do advogado na mediação começa antes mesmo do contato com o cliente. Em primeiro lugar, é preciso ter prévio conhecimento acerca do procedimento para que possa avaliar a adequação aos interesses do cliente. É preciso ter a consciência do dever ético de promoção da resolução autocompositiva.

---

11 BRASIL. Conselho Superior da Justiça do Trabalho. *Resolução nº 174*. Disponível em: https://juslaboris.tst.jus.br/bitstream/handle/20.500.12178/95527/2016_res0174_csjt.pdf?sequence=1&isAllowed=y.

É crucial que o advogado informe a parte sobre seus direitos. O mundo jurídico é composto pela terminologia "juridiquês", legislações esparsas e termos técnicos que dificultam a compreensão de qualquer pessoa alheia ao meio jurídico-científico. Com a correta informação sobre os seus direitos e respaldo jurídico que compõem a situação é que a autonomia poderá ser usufruída de forma plena.

Podendo ser judicial ou extrajudicial, a mediação tem abrangência limitada a todos os direitos disponíveis ou indisponíveis que admitam a transação. Neste ponto, importante salientar que o método exclui a via judicial, mas não a jurisdição. A interação se consigna no plano da adequação e complementaridade.[12]

A via da mediação decorre do princípio da autonomia da vontade e nela se concretiza, desde a eleição consciente do método até o acordo.

Munidas de autonomia e autodeterminação, as partes têm a oportunidade de, voluntariamente, buscar pontos de convergência, à antítese do binômio "perder-ganhar". Tal método ultrapassa o âmbito conflitual e se transporta até mesmo às relações interpessoais. Uma decisão construída em consenso atrai mais legitimidade e sensação de justiça, aumentando as chances de exterminar em definitivo o conflito, andando no sentido de melhor binômio do "ganha-ganha".

A escolha entre a mediação e a conciliação deve observar a natureza do conflito e a natureza da relação. Ao passo que a conciliação comumente é enfrentada em um encontro, a mediação ocorre em múltiplas sessões, elevando o diálogo. Não raramente os conflitos carregam forte carga afetivo-emocional, cujas motivações fogem à compreensão da justiça. O diálogo racional, propiciado por um terceiro neutro, se demonstra muito mais adequado. Neste compasso, o método sobressai na medida em que permite se aprofundar nas razões emocionais que cercam as relações conflituosas. Sobre o assunto, são as impressões do Conselho Nacional de Justiça:

> Na conciliação, o terceiro facilitador da conversa interfere de forma mais direta no litígio e pode chegar a sugerir opções de solução para o conflito (art. 165, §2º). Já na mediação, o mediador facilita o diálogo entre as pessoas para que elas mesmas proponham soluções (art. 165, §3º). A outra diferenciação está pautada no tipo de conflito. Para conflitos objetivos, mais superficiais, nos quais não existe relacionamento duradouro

---

[12] RAY, Larre; CLARE, Anne. The multi-door courthouse idea: building the courthouse of the future... today. *Journal on Dispute Resolution*, v. 1. Disponível em: https://kb.osu.edu/bitstream/handle/1811/75850/1/OSJDR_V1N1_007.pdf. Acesso em: 27 jul. 2018.

entre os envolvidos, aconselha-se o uso da conciliação; para conflitos subjetivos, nos quais exista relação entre os envolvidos ou desejo de que tal relacionamento perdure, indica-se a mediação. Muitas vezes, somente durante o procedimento, é identificado o meio mais adequado.[13]

A mediação, outrossim, foca nas relações continuadas, propiciando que se possam manter os vínculos, ao contrário da conciliação, apropriada para relações eventuais. Por isso, se diz que a mediação visa ao futuro, não ao passado. Neste sentido:

> Visa o futuro, como a relação vai se estabelecer do momento da resolução do conflito para frente. Privilegia a vontade das partes em tomar decisões e firmar acordos, aproveita os benefícios da rapidez e da efetividade de seus resultados, reduz o desgaste emocional e o custo financeiro, garante a privacidade e o sigilo, e facilita a comunicação e a criação de ambientes cooperativos, transformando e mantendo os relacionamentos.[14]

A mediação veio para enriquecer os métodos autocompositivos de conflitos, devendo ser reconhecida e institucionalizada como merece: um método de solução de conflitos também no direito do trabalho.

5 Conclusão

Os métodos autocompositivos de solução de conflitos são produto da política de racionalização na prestação jurisdicional e representam o futuro do direito, em especial do direito do trabalho.

O cidadão brasileiro firmou a crença de que os conflitos só podem ser resolvidos mediante a jurisdição estatal. O problema é que tal premissa acarreta inúmeros prejuízos, entre os quais se destaca a ineficiência do Judiciário para dirimir controvérsias pelo volumoso número de conflitos, o que é agravado pela constatação de que muitos conflitos podem e devem ser resolvidos mediante o diálogo, principalmente se o litígio não apresenta essência genuinamente jurídica ou de norma legal, mas emocional.

---

13 CONSELHO NACIONAL DE JUSTIÇA. *Perguntas frequentes*. Disponível em: http://www.cnj.jus.br/programas-e-acoes/conciliacao-e-mediacao-portal-da-conciliacao/perguntas-frequentes/85619-qual-a-diferenca-entre-conciliacao-e-mediacao. Acesso em: 17 fev. 2019.

14 ZEREU, Gilberto. MESCs: Um novo paradigma de justiça. *In*: CONSELHO REGIONAL DE ADMINISTRAÇÃO DO RIO GRANDE DO SUL. *Multiplicadores de um sonho*. Porto Alegre: Evangraf, 2009. p. 72.

Evidencia-se uma crescente conscientização sobre o tema. Os métodos adequados de solução de conflitos e os métodos autocompositivos de solução de conflitos ganham notoriedade na doutrina, na jurisprudência e no ordenamento jurídico.

Mais do que isso, o direito do trabalho parece estar renovando os métodos clássicos de solução de conflitos, dando cada vez mais ênfase à mediação.

Importante é a edição de resoluções e leis prestigiando tal tema. O ordenamento jurídico acolheu o movimento atual em seu favor, refletindo o reconhecimento do Poder Judiciário da necessidade de estabelecimento de vias paralelas e adequadas, mas não excludentes da sua atuação como órgão para a solução dos conflitos.

As enormes vantagens da mediação são capazes de atrair o interesse geral para a solução de conflitos pela via da mediação, ágil e menos cargosa, mas que ainda precisa de muito trabalho para sua disseminação cultural e afirmação na sociedade.

Grande função é atribuída aos advogados no procedimento da mediação e, para além, na institucionalização da mediação. O desempenho dos profissionais desde a eleição do método até a finalização do acordo se mostra imprescindível para que todos os benefícios da mediação possam ser usufruídos.

Assim, concluiu-se que a função precípua do direito do trabalho, qual seja, a pacificação de divergências decorrentes das relações de trabalho tem como aliada a mediação, instrumento hábil e eficaz para tanto.

Informação bibliográfica deste texto, conforme a NBR 6023:2018 da Associação Brasileira de Normas Técnicas (ABNT):

AZEVEDO, André Jobim de; SILVEIRA, Vitória Fernandes Guedes. Mediação: futuro do direito do trabalho. *In*: TUPINAMBÁ, Carolina (Coord.). *As novas relações trabalhistas e o futuro do Direito do Trabalho*: as novidades provenientes das novas possibilidades de interações humanas e de novos modelos de solução de conflitos. Belo Horizonte: Fórum, 2022. (Coleção Fórum As novas relações trabalhistas e o futuro do direito do trabalho. Tomo V.) p. 63-76. ISBN 978-65-5518-224-8.

IMPACTOS NO FUTURO DO CONTRATO DE TRABALHO DA GERAÇÃO Z

MARCOS RAPHAEL GLASMAN

1 Quem são, como pensam e quais são as principais características da Geração Z

Estamos vivenciando a entrada de uma nova geração no mercado de trabalho, que promete alterar não só a forma como as empresas lidam com os seus funcionários, como também alguns aspectos do atual modelo de contrato de trabalho.

Antes de adentramos no estudo dessa nova geração, é importante conceituar o que é uma geração para fins do entendimento do presente artigo.

Define-se uma nova geração não só pela contemporaneidade do nascimento, mas também por um grupo de pessoas que compartilham a mesma perspectiva histórica, ou seja, vivenciaram as mesmas experiências de vida em seus momentos de desenvolvimento crítico, bem como possuem valores e traços de personalidade que diferem das gerações pesadas.[1] Indo mais além, difere-se uma geração de outra pelas principais influências em um ambiente dentro do qual ocorre a mais nova socialização humana.

Essa nova geração que foi rotulada globalmente de Geração Z (ou como é chamada nos Estados Unidos de "Gen Z") é formada de pessoas nascidas a partir do início dos anos 90.[2] Estima-se que há globalmente mais de 2 bilhões de pessoas nessa geração.[3] Há quem acredite que a Geração Z representará mais de 20% do mercado de trabalho em 2020.

Nas palavras de um dos maiores especialistas do estudo da Geração Z no mercado de trabalho, Sr. Bruce Tulgan, é a geração que cresceu na mais profunda alteração da sociedade no último século.[4]

Um estudo da empresa multinacional de consultoria e auditoria Ernest Young[5] descreve com clareza esse novo cenário:

> Generation Z is coming of age. Rarely, if ever, has the world experienced so much change as has happened in their brief lifetimes. Politically, socially, technologically and economically, we are moving at warp speed. These changes have created a generation very different from Millennials or any other we have known before.

Trata-se de uma geração altamente conectada, que nasceu dentro de um universo digital, o que resultou na criação de outros termos para descrever essa geração como "nativos digitais", enfatizando que

---

1 KIRCHMAYER, Zuzana. *Barriers to work motivation of Gen Z*. 2018. Disponível em: https://www.researchgate.net/publication/329145147_Barriers_to_work_motivation_of_Generation_Z. Acesso em: 9 de janeiro 2019.

2 Há uma grande discussão no meio científico sobre qual seria o ano preciso do início da geração Z, há alguns autores que defendem o ano de 1995, outros a partir de 1997 e uns a partir de 1990.

3 *You should't be worried about Generation Z entering the work force* – Here's why. Disponível em: https://www.businessinsider.com/dont-worry-about-generation-z-entering-the-work-force-2017-7. Acesso em: 12 jan. 2019.

4 TULGAN, Bruce. *Meet Generation Z*: the second generation within the giant "Millennial" cohort. Disponível em: http://www.rainmakerthinking.com/assets/uploads/2013/10/Gen-Z-Whitepaper.pdf. Acesso em: 10 jan. 2019.

5 *Next-gen workforce*: secret weapon or biggest challenge? Disponível em: https://www.ey.com/Publication/vwLUAssets/ey-next-gen-workforce-secret-weapon-or-biggest-challenge/$FILE/ey-pdf-next-gen-workforce-secret-weapon-or-biggest-challenge.pdf. Acesso em: 15 jan. 2019.

a tecnologia está entranhada em suas vidas desde cedo como se fosse um sexto sentido. Um grupo de pessoas que sempre viveu com acesso à informação de forma muito ágil, através de seus celulares e *tablets* sempre à mão. Uma geração que não sabe o que é viver sem o sistema de busca mais popular da internet, Google, que foi criado em 1998. O acesso que essa geração possui de informação, ideias, imagens e sons é completamente sem precedente na história da humanidade.

É uma geração que chegará ao mercado de trabalho mais bem preparada não só pelo conhecimento que consome, como também pela facilidade em lidar com a tecnologia e extrair dela as melhores ferramentas para facilitar o seu trabalho. Além disso, desenvolveram a capacidade de mover de uma tarefa para outra de forma célere.

Por outro lado, uma característica dessa nova geração vai criar um desafio para o departamento de recursos humanos das empresas, trata-se da bolha de superproteção criada por seus pais. Com maestria ímpar, o autor do livro *O que todo jovem talento precisa aprender* (Editora Sextante), Bruce Tulgan, denominou esse fenômeno de *helicopter parenting phenomenon*, que vem a ser a constante fiscalização e a excessiva participação dos pais nas vidas de seus filhos, os quais estão sempre por perto para suprir todas as necessidades deles. Vale trazer a linha de raciocínio do autor em entrevista à reportagem da revista *Exame*:[6]

> Ele cita algumas características da criação desses jovens que refletem em seu comportamento no serviço. Por exemplo, seus pais são conhecidos como "helicópteros", aqueles que estão sempre de olho no filho e correm a seu resgate no primeiro sinal de problema. "É por isso que os Zs têm dificuldade no mundo corporativo. Eles foram acostumados a ser tratados como clientes, usuários de serviços e produtos entregues pelas autoridades e instituições – inclusive a escola. Eles não respeitam a figura autoritária, a não ser que sejam conquistados por ela".

Ainda sobre o tema, uma pesquisa da Consultoria Global Ernest & Young,[7] com mais de 3.200 pessoas da geração X, demonstrou que a maioria desses nativos digitais, 58% globalmente e 53% nos Estados Unidos, declarou que a experiência profissional de seus pais ou

6 *Geração Z chega ao mercado de trabalho*. Disponível em: https://exame.abril.com.br/negocios/geracao-z-chega-ao-mercado-de-trabalho/. Acesso em: 10 jan. 2019.

7 *Study Highlights*: Generation Z values. Disponível em: https://www.ey.com/gl/en/about-us/our-people-and-culture/ey-global-study-trust-in-the-workplace-study-highlights-generation-z-values. Acesso em: 10 jan. 2019.

responsáveis tem "muito ou possível positivo" impacto em quanto eles depositarão a sua confiança nos seus futuros empregadores.

Contudo, essa superproteção pode levar os nativos digitais a terem dificuldades em receber críticas de suas opiniões, ideias e seus trabalhos, o que pode vir a dificultar a sua relação interpessoal em um ambiente de trabalho.

Por ser uma geração, como dito acima, ultracontectada e exposta a uma tecnologia sem precedentes, grande parte dela entrará nas empresas sem conhecer ou trabalhar com rotinas repetitivas, dado que os computadores as substituirão. Sendo assim, habilidades inéditas serão exigidas dos nativos digitais ao entrarem no mercado de trabalho que não eram requeridas dos jovens das gerações anteriores.

Como bem disse Carolyn O'Boyle,[8] em seu artigo sobre a Geração Z:

> Automation and the proliferation of technology are reducing the need for human intervention in many basic, routine tasks, the very activities entry-level professionals used to focus on. As an example, many analysts who historically focused on analytics and reporting have largely seen those activities taken over by increasingly sophisticated – and accessible – analytics tools, along with natural language processing applications to deliver highly complex and personalized executive reports. What often remains for incoming Gen Z professionals are jobs requiring higher-order critical thinking and reasoning. They may be expected to interpret data/analytics, derive insights, and formulate recommendations earlier in their careers, expectations for which their prior experience may not have prepared them.

Em relação ao futuro cotidiano dos nativos digitais no ambiente do trabalho, pode-se dizer que estes valorizam a flexibilidade de horário, a fim de lhes permitir equilibrar o trabalho com a sua vida pessoal. À primeira vista, o maior atrativo em um emprego para os nativos digitais não são altas posições nas empresas nem remunerações atrativas, mas sim posições que lhes ofereçam algum propósito. São pessoas que se preocupam mais com o resultado do seu trabalho do que com o número de horas que foram empenhadas no trabalho.

---

8 O'BOYLE, Carolyn. *Generation Z enters the workforce*. Disponível em: https://www2.deloitte.com/insights/us/en/focus/technology-and-the-future-of-work/generation-z-enters-workforce.html. Acesso em: 12 jan. 2019.

Os nativos digitais valorizam também a redução de hierarquia, evitando grandes barreiras entre eles e os tomadores de decisão. Valorizam empresas que sejam transparentes em relação aos seus negócios e à ética no trabalho, no trato com a sociedade e no cuidado com o meio ambiente.

Um outro ponto que chama à atenção da Geração Z é a preocupação com a diversidade e inclusão dentro do ambiente de trabalho. Ainda fazendo referência ao estudo da E & Y acima, os 4 principais fatores esperados pelos jovens da Geração Z de seus futuros empregadores são: "trate-me com respeito", "comportamento ético", "compensação justa" e "iniciativas de promoção de diversidade" (como gênero, país de origem e estilo de pensamento).

A própria globalização fez com que as pessoas da Geração Z tivessem uma maior preocupação com a diversidade e a inclusão diante do maior convívio com pessoas de diferentes etnias, raças, gênero e forma de pensamento. Esse convívio vem se dando tanto pelo uso da internet, como pela própria mudança na composição da sociedade. Um estudo da empresa Nielsen[9] mostra, como exemplo, como a sociedade norte-americana vem mudando a sua composição por raça e etnia, conforme se demonstra pela tabela a seguir:

9 *The Nielsen total audience report*: Q1 2017. Disponível em: https://www.nielsen.com/us/en/insights/reports/2017/the-nielsen-total-audience-report-q1-2017.html. Acesso em: 15 fev. 2019.

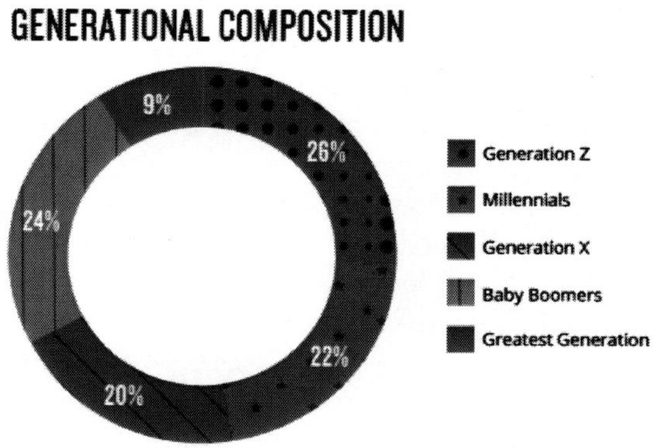

Generation Z is the largest generation, accounting for 26% of all persons in U.S. TV homes in February 2017. Combined with Millennials, these two generations represent almost half of the U.S. population.

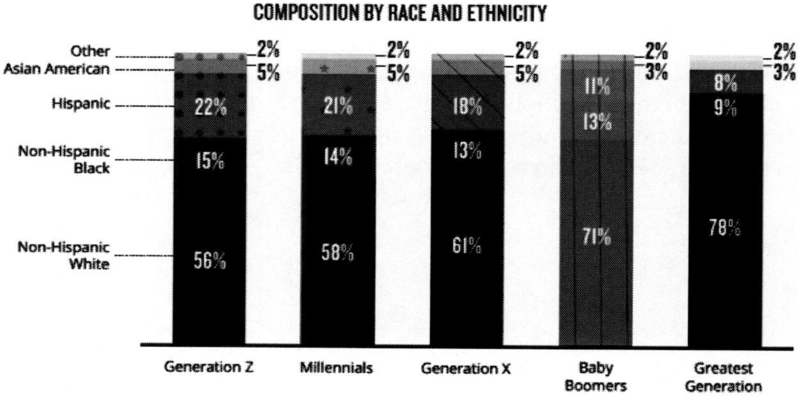

No tocante ao convívio da Geração Z com seus colegas de trabalho, algo sem precedentes ocorrerá. Considerando que a população está vivendo mais, pode-se dizer que 5 gerações irão trabalhar lado a lado: Veteranos (antes da Segunda Guerra); *Baby Boomers* (Segunda Guerra – 1960); Geração X (meio de 1960 – fim de 1970); *Millennials* (1979-1991) e Geração Z.[10]

---

10 *You should't be worried about Generation Z entering the work force* – Here's why. Disponível em: https://www.businessinsider.com/dont-worry-about-generation-z-entering-the-work-force-2017-7. Acesso em: 12 jan. 2019.

Uma pesquisa feita pela empresa de recrutamento Robert Half[11] mostra qual é o sentimento da Geração Z em relação ao fato mostrado acima. O estudo demonstra que os nativos digitais expressam que será "muito ou possivelmente" difícil trabalhar com a Geração *Baby Boomers.* A pesquisa feita pela consultoria de recrutamento demonstrou que os principais desafios que a Geração Z enxerga em trabalhar com outras gerações serão: diferenças de ética no trabalho, valores e expectativas de carreira.

Os empregadores terão um grande desafio pela frente em manter o equilíbrio do ambiente de trabalho entre diferentes gerações, pois determinadas condutas para uma geração podem ser vistas como agressivas para a nova geração de empregados. Por outro lado, é uma geração que traz algumas características a serem desenvolvidas, como os próprios reconhecem:

> In a study of 4,000 Gen Z participants, 92 percent are concerned about the generational gap that technology is causing in their professional and personal lives. Another 37 percent expressed concern that technology is weakening their ability to maintain strong interpersonal relationships and develop people skills. While these digital natives may bring an unprecedented level of technology skills to the workforce, there are some apprehensions about their ability to communicate and form strong interpersonal relationships.[12]

A excessiva comunicação dos nativos digitais por meio de dispositivos móveis e por computadores lhes trouxe a dificuldade da interação interpessoal dentro do trabalho. Essa dificuldade de comunicação e o excesso de interação através de dispositivos móveis pode atrapalhar o que os especialistas chamam de "aprendizado tácito". Trata-se da interação com os seus pares de geração anteriores em busca de aprender certos conhecimentos que ainda não se encontram no Google, nem em manuais ou cursos técnicos, são conhecimentos cunhados em anos de prática de determinado ofício. A falta desse aprendizado tácito pode vir a comprometer ou atrasar as operações de uma empresa, caso as gerações passadas não tenham compartilhado com a nova geração esses conhecimentos.

---

11 *Get ready for generation z*. Disponível em: https://www.roberthalf.com/blog/the-future-of-work/get-ready-for-generation-z. Acesso em: 11 jan. 2019.

12 *Get ready for generation z*. Disponível em: https://www.roberthalf.com/blog/the-future-of-work/get-ready-for-generation-z. Acesso em: 11 jan. 2019.

2 Efeitos nos contratos de trabalho do futuro

Com efeito, podemos destrinchar da introdução acima alguns efeitos sociais que poderão modificar alguns fenômenos trabalhistas que antes eram vistos como dogmas ou características essenciais do contrato de trabalho, bem como novas formas de relacionamento dos empregados entre si, como também com os seus empregadores, que antes eram vistos como impensáveis em um ambiente de trabalho. O presente trabalho restringir-se-á a debater os seguintes pontos:

- Guinada na forma do controle da jornada – Extinção ou autogestão?
- Novo elemento do contrato de trabalho: motivo.
- Novas nuances no assédio moral.
- A Geração Z e as redes sociais – A seara jurídica está interpretando corretamente a sua forma de uso?

3 Guinada na forma do controle da jornada – Extinção ou autogestão?

Remontando-se ao século XIX, a limitação da jornada de trabalho foi um marco histórico importantíssimo advindo do movimento cartista na Inglaterra e da Revolução Francesca ao finalmente estancar a exploração desmedida dos trabalhadores em jornadas exaustivas e estabelecer um número de horas máximo pelo qual o trabalhador colocava à disposição do empregador a sua força de trabalho. No Brasil, o direito da limitação da jornada de trabalho foi reconhecido na Constituição de 1934.

Uma das grandes mudanças no panorama das contratações dos trabalhadores da Geração Z será exatamente a forma de controle da jornada de trabalho. O nativo digital se caracteriza por prezar pelo autocontrole de seu tempo e equilibrar bem o seu cotidiano de trabalho e sua vida pessoal, o que nos leva a crer que a rigidez da forma atual do controle de jornada e a obrigação da prestação de serviços no local do empregador, cada vez mais, darão lugar a jornadas não controladas pelo empregador ou à autogestão.

Tal modificação impactará o direito trabalhista brasileiro, tendo em vista que a regra geral da modalidade de controle da jornada de trabalho é a feita pelo empregador. Como explica magistralmente o Ministro Mauricio Godinho:[13]

> A regra geral, no Direito brasileiro, é que são controladas as jornadas laborativas do empregado. E isso é lógico, à medida que incide em benefício do empregador um amplo conjunto de prerrogativas autorizadoras de sua direção, fiscalização e controle sobre a prestação de serviços contratada (art. 2º, caput, CLT). Nesse quadro, presume-se que tal poder de direção, fiscalização e controle manifestar-se-á, cotidianamente, ao longo da prestação laboral, quer no tocante à sua qualidade, quer no tocante à sua intensidade, quer no tocante à sua frequência.

Ou seja, o empregador tem o dever de controlar as horas da prestação de serviços de seus empregados, bem como o tempo em que estes estão à sua disposição, devendo as horas que ultrapassarem a jornada ordinária ser remuneradas como extraordinárias, na forma do art. 7º, inc. XVI, da Constituição Federal.

A CLT, em seu art. 74, §2º, adotou a forma mais conservadora de controle da jornada de trabalho ao exigir as anotações diárias de entrada e saída dos empregados.

Porém, as futuras transformações das relações sociais do trabalho afetarão essa regra. Como visto acima, os nativos digitais prezam muito pelo autocontrole do seu tempo, bem como estão emergidos dentro de um ambiente completamente tecnológico e virtual. Aparenta-se que esses dois fatores juntos irão levar o teletrabalho a um patamar mais alto do que se encontra hoje.

Como explica a ex-desembargadora e notável jurista Dra. Vólia Bomfim,[14] teletrabalho conceitua-se como:

> [...] trabalho à distância, trabalho realizado fora do estabelecimento do empregador. [...]
> Segundo Rodrigues Pinto, teletrabalho corresponde a "uma atividade de produção ou serviço que permite o contato a distância entre o apropriador e o prestador da energia pessoal [...]
> Amauri Mascaro Nascimento afirma que teletrabalhador é aquele que trabalha perante a tela do computador ou outros equipamentos modernos (fotocopiadoras, internet, modem, telefones celulares, fax, site etc.) não exigindo s presença física do trabalhador na empresa.

---

13 DELGADO, Mauricio Godinho. *Curso de direito do trabalho*. 16. ed. São Paulo: LTR, 2017. p. 973.

14 CASSAR, Vólia Bomfim. *Direito do trabalho*. 9. ed. Rio de Janeiro: Forense, 2014. p. 673.

Afirma que o teletrabalhador pode ser empregado, autônomo, eventual ou trabalhador em domicílio.

Pelos conceitos apresentados acima e por percepções do que se conhece pelo teletrabalho através de notícias veiculadas na mídia escrita, televisionada e nas mídias sociais, percebe-se que é difícil imaginar o controle de jornada através dessa forma de trabalho, dado que o empregado possui uma ampla liberdade de cumprir as suas tarefas na melhor hora que lhe convier.

Nesse sentido, a reforma trabalhista incluiu os empregados do regime de teletrabalho no rol dos empregados excluídos do Capítulo II da CLT através do inc. III do art. 62.

Ou seja, isso poderá representar uma quebra da regra básica da jornada de trabalho mencionada por Mauricio Godinho, tendo em vista que a jornada dos nativos digitais em um futuro remoto, em regra, poderá não ser controlada.

Uma outra forma de adaptação à nova realidade social que aparenta se aproximar é a utilização da "autogestão da jornada". Como bem explica o notável advogado Raphael Miziara:[15]

> O sistema de autogestão da jornada é aquele por meio do qual as próprias partes, via negociação coletiva, estabelecem a forma pela qual se dará o registo da jornada de trabalho. A autogestão encontra previsão legal expressa no art. 611-A, X, da CLT, incluído pela Reforma Trabalhista, pelo qual "a convenção coletiva e o acordo coletivo de trabalho têm prevalência sobre a lei quando, entre outros, dispuserem sobre: [...] X – modalidade de registro de jornada de trabalho".

Como se pode verificar acima, a Reforma Trabalhista modernizou e permitiu que empregado e empregador possam estabelecer a melhor forma de controle de jornada, incluindo o controle de ponto por exceção, que vem a ser a marcação apenas das horas extras realizadas pelo empregado.

Todo esse cenário leva a crer que a autogestão pode ser um excelente instrumento para regular esse novo ambiente, em que empregado e empregador podem ajustar em negociação coletiva de apenas computarem as horas trabalhadas dentro das 24 horas do dia

---

15 MIZIARA, Raphael. Controle de ponto por exceção e o sistema de autogestão na jornada. Disponível em: https://www.jota.info/opiniao-e-analise/colunas/reforma-trabalhista/controle-de-ponto-por-excecao-e-o-sistema-de-autogestao-na-jornada-21022019. Acesso em: 22 fev. 2019.

ou, no caso mais extremo, apenas computar as horas extraordinárias realizadas.

A autogestão veio a substituir a velha forma de controle de jornada do art. 74 da CLT, que muito provavelmente será incompatível como o ambiente de trabalho do futuro. Como apresentado mais acima, várias funções que se caracterizam por serem atividades repetitivas e pouco cognitivas tendem a desaparecer e ser automatizadas. Não haverá muito mais espaço para atividades no modelo fordista e, assim, não haverá que se falar em controle de jornada por hora de entrada e saída, mas sim em cumprimento das 8 horas trabalhadas por dia ou 44 horas semanais na forma estabelecida pela Constituição Federal. Além disso, tal forma de trabalho atenderá aos anseios dos futuros empregados, pois esses dois modelos permitirão que os nativos digitais possam equilibrar melhor a sua vida pessoal e o trabalho.

4 Novo elemento do contrato de trabalho: motivo

Como dito acima, e é um fato unânime em todos os estudos e reportagens que são produzidas a respeito da Geração Z no mercado de trabalho, os nativos digitais, quando se candidatam para trabalhar em uma empresa, buscam uma que esteja alinhada com os seus valores e se asseguram de que ela possui um alto padrão ético.

Em um artigo publicado na revista *Forbes*,[16] pode-se perceber essa nova visão dos futuros empregados e da forma como as empresas devem gerenciar as suas marcas de forma a atrair a atenção da geração Z:

> Gen Z cares about our society and planet. They want to make their mark, in part, by making our society better than past generations have managed to do. According to a 2017 survey by Cone Communications, 94% of Gen Z believes companies ought to address social and environmental issues (as compared to only 87% of Millennials, and only 86% of the general population). In fact, according to a 2015 research report from Robert Half Inc, 30% of Gen Z are willing to take a 10-20% pay cut if it means they are able to work towards a mission they care about.

[16] *What's your strategy for attracting generation Z?* Disponível em: https://www.forbes.com/sites/falonfatemi/2018/03/31/whats-your-strategy-for-attracting-generation-z/#72fdc6cad495. Acesso em: 9 jan. 2019.

Em reportagem do jornal *O Globo*,[17] verificamos que essa tendência também se aplica no Brasil: "Abertos à diversidade e preocupados com a sustentabilidade, não aceitam ofertas que consideram ruins apenas pelo dinheiro, dando mais valor ao propósito de onde vão trabalhar do que a posições altas na empresa".

Assim, no futuro, com o intuito de atrair jovens talentos, se determinada empresa transmitir ao seu futuro empregado que possui responsabilidade social ativa, comprometimento no gerenciamento dos recursos naturais, não contrata menores de 14 anos ou pessoas em condições análogas à escravidão, possui um robusto padrão de combate à corrupção e lavagem de dinheiro, poderá o empregado, ao perceber que essas obrigações não vêm sendo cumpridas, requerer a rescisão indireta do contrato?

Ao meu ver, o contrato passará a ser regido não só por sua causa, mas também por um motivo. Deve-se esclarecer a diferença entre causa e motivo. O primeiro é relacionado com o fim econômico ou social a ser obtido pelas partes, já com relação ao segundo, pode-se dizer o seguinte:

> O motivo de um negócio jurídico pode ser conceituado como sendo a razão pessoal da sua celebração, estando no seu *plano subjetivo*. Ensina Zeno Veloso, citando Clóvis Beviláqua, que, "os motivos do ato são do domínio da psicologia e da moral. O direito não os investiga, nem lhes sofre influência; exceto quando fazem parte integrante do ato, quer apareçam como razão dele, quer como condição de que ele dependa". O motivo, portanto, diferencia-se da causa do negócio, que está no plano objetivo. Ilustrando, quando se analisa um contrato de compra e venda, a *causa* é a transmissão da propriedade.[18]

Diante disso, com base no art. 140 do Código Civil, em regra, o motivo que determinou um ato jurídico não pode ser determinante para anular um ato jurídico, apenas quando ele faz parte integrante e determinante desse. Nesse mesmo sentido, Sílvio Venosa:[19]

> Se as partes erigem um dos motivos em razão determinante do negócio, ele se integra ao próprio, passa a fazer-lhe parte, gerando a anulabilidade se for inverídica ou falsa. Importa aqui mencionar que o motivo deve ser

[17] *Geração Z chega ao mercado de trabalho muda vínculos*. Disponível em: https://oglobo.globo.com/economia/geracao-chega-ao-mercado-de-trabalho-muda-vinculos-21437405. Acesso em: 10 jan. 2019.

[18] TARTUCE, Flávio. *Manual de direito civil*: volume único. 5. ed. rev., atual. e ampl. Rio de Janeiro: Forense; São Paulo: Método, 2015. p. 203.

[19] VENOSA, Silvio de Salvo. *Código Civil interpretado*. 2. ed. São Paulo: Atlas, 2011. p. 153.

de conhecimento do declaratário; caso contrário, não pode ser alegado como fundamento de anulação do ato.

Consolidando essa fundamentação jurídica com a nova perspectiva do direito do trabalho no futuro, vislumbra-se que o contrato de trabalho não mais só será regido pela sua causa (o próprio trabalho), ou seja, o exercício de uma atividade em troca de uma contraprestação, mas também por um motivo que será a atividade em observação aos valores da nova sociedade que vai emergir, mais engajada e preocupada com as questões ambientais e sociais. Haverá um controle social pelos próprios empregados quanto aos valores divulgados pela empresa em suas redes sociais e nas mídias como sendo seus pilares no exercício do seu objeto social.

Em caso de descumprimento, o nativo digital investir-se-á no direito de pedir a rescisão indireta do seu contrato de trabalho por ter a empresa o levado a erro quando de sua contratação, por ter lhe transmitido valores sociais que não foram na verdade observados pela empresa.

Recairá sobre o contrato a nulidade relativa, nos termos do art. 140 do Código Civil, por ter o empregado recaído em erro, partindo de uma premissa equivocada quanto ao seu empregador.

5 Novas nuances do assédio moral

Nas palavras do Ministro Mauricio Godinho,[20] define-se o assédio moral como:

> a conduta reiterada seguida pelo sujeito ativo no sentido de desgastar o equilíbrio emocional do sujeito passivo, por meio de atos, palavras, gestos e silêncios significativos que visem o enfraquecimento e diminuição da autoestima da vítima ou outra forma de tensão ou desequilíbrio emocionais graves.

Pelo conceito acima, verifica-se que não se trata de um fenômeno recente. Tais agressões e condutas vexatórias podem ser encontradas em diversos eventos da história da humanidade.

Encontram-se facilmente, e infelizmente, de forma anacrônica, tentando vincular o assédio moral a determinado fenômeno econômico,

---

[20] DELGADO, Mauricio Godinho. *Curso de direito do trabalho*. 16. ed. São Paulo: LTR, 2017. p. 670.

muitos artigos sobre o assunto tentando argumentar que o assédio moral surgiu das práticas capitalistas, da globalização, de ideias neoliberais, do surgimento da Era Thatcher/Reagan. Porém, tal interpretação não me parece correta. Independentemente do fenômeno econômico ou do momento histórico, sempre houve eventos caracterizados como assédio moral dentro do ambiente do trabalho, porém não havia direitos nem garantias que permitissem aos agredidos se proteger e que reprimissem essas situações deploráveis.

A doutrina constitucionalista admite entre as características dos direitos fundamentais: inalienabilidade, historicidade e relatividade. Como bem explica o talentoso Professor Guilherme Penã de Moraes:[21] "a historicidade indica que os direitos fundamentais são suscetíveis de transformação ao longo da história, retratadas por três gerações ou gestações, de acordo com os valores da Revolução Francesa: liberdade, igualdade e fraternidade".

Nessa linha, com o advento da primeira geração dos direitos fundamentais, os direitos individuais, e depois com a segunda geração, os direitos sociais, pode-se dizer que o fenômeno hoje conhecido como assédio moral no trabalho foi começando a entrar no cenário das discussões tanto da psicologia quanto do direito, assim como dentro das empresas.

Pode-se afirmar que o assédio moral no emprego recebeu todos os holofotes, e as discussões sobre o tema se intensificaram, a partir de 1998, quando a médica psiquiatra Marie France Hirigoeyn publicou o famoso livro *Assédio moral, a violência perversa no cotidiano*, que reuniu diversos testemunhos de empregados que sofreram desse mal, o que levou a França a discutir um projeto de lei sobre o tema na Assembleia Nacional Francesa.

Retomando o tema central deste artigo, como visto na sua parte inicial, a Geração Z possui um grau de tolerância um pouco menor se comparado com outras gerações em relação às condutas que possam a vir a ser interpretadas como abusivas tanto de seus superiores hierárquicos como de seus colegas.

A tecnologia permitiu que as distâncias entre as pessoas se encurtassem, permitiu-lhes conhecer as dificuldades que outros enfrentam e a se engajarem em ajudar uns aos outros e criar um senso de comunidade global. Há quem diga que o exemplo de alguns milionários

---

21 MORAES, Guilherme Peña de. *Curso de direito constitucional*. 7. ed. São Paulo: Atlas, 2015. p. 547.

e outras pessoas influentes dentro de nossa sociedade, doando parte de suas fortunas ou simplesmente disponibilizando algum tempo para projetos sociais, ajudou a formar uma consciência nas pessoas quanto às dificuldades que as minorias passam.[22]

Além disso, não se pode olvidar que a globalização e o avanço das comunicações e do transporte transformaram o mundo em um lugar mais diversificado, multicultural e racial, fazendo com que diminuíssem os preconceitos e as diferenças entre as pessoas de diferentes lugares do mundo. Hoje em dia, pessoas de diferentes culturas, etnias e raças vivem umas ao lado das outras, permitindo um maior intercâmbio entre elas. Isso fará com o rol de valores protegidos pela inclusão social seja ampliado de forma que a sociedade se transforme em um habitat mais saudável.

A Geração Z entende que a diversidade e a inclusão dentro do ambiente de trabalho trazem valores compartilhados entre todos os funcionários e colaboradores da empresa, fazendo com que a empresa tenha um objetivo maior do que lucrar, que é também ser responsável por melhorar a vida em sociedade.

Esse pensamento apenas reforça a tese dita inicialmente de que a Geração Z, ao buscar por um emprego, atenta-se não só à questão remuneratória, mas também aos valores que a empresa defende.

Por todo o exposto acima, fica mais do que evidente de que determinados gestos, palavras, comportamentos, atitudes que antes eram encarados como mera brincadeira, já vêm sendo hoje encarados de outra forma, e o rol dessas condutas tende a se ampliar quando a Geração Z já estiver estabelecida no mercado de trabalho. Ou seja, as empresas deverão trabalhar bastante na parte de comunicação e dinâmica em grupo, a fim de evitar que haja algum tipo de assédio moral entre pessoas de hierarquias diferentes como entre seus pares. Uma brincadeira que antes era vista como inofensiva, pode ser hoje interpretada como uma ofensa por uma pessoa que possui identificação com o alvo da piada.

Adicionalmente, já há hoje algumas discussões que seriam impensáveis a tempos atrás. No final de dezembro de 2018, uma reportagem interessantíssima foi publicada pelo jornal britânico *The*

---

22 *Diversity and inclusion matters to the workforce of the future*. Disponível em: https://www.forbes.com/sites/forbeshumanresourcescouncil/2018/05/09/diversity-and-inclusion-matters-to-the-workforce-of-the-future/#610effdc771b. Acesso em: 25 fev. 2019.

Telegraph,[23] na qual foi revelado que pessoas se sentiram agredidas com o fato de receberem *e-mails* com palavras em caixa alta. Palavras em caixa alta estão começando a ser interpretadas como se o remetente estivesse gritando com o destinatário. Como a própria reportagem admite, o problema de como se escrever um *e-mail* sem ofender o colega de trabalho está se apresentando como um delicado dilema nesse início da era digital. Assim, uma conduta reiterada de envio de *e-mails* com caixa alta pode vir a representar um caso de assédio moral.

Inclusive já há o registro de casos de advertência ou demissão do empregado por essa conduta reiterada em *e-mails*, bem como processos trabalhistas sobre o tema. Para evitar esse tipo de atitude, a Escola Britânica de Etiqueta, baseada em Londres, oferece um módulo de *netiquette*, com o intuito de enfrentar abusos *on-line* e assédio moral. Como disse o instituto para a reportagem: "it is important to recognise that the Internet is an extension of society and the same standards and values around courtesy and kindness should apply".

6 A Geração Z e as redes sociais – A seara jurídica está interpretando corretamente a sua forma de uso?

Não se trata de um tema novo, mas que tomou proporções maiores com o advento das redes sociais. Desde a promulgação da CLT, o empregado sempre teve o dever de não macular a imagem do seu empregador. Portanto, a conduta do empregado só deixará de ser protegida pelo seu direito à intimidade (art. 5º, inc. X da Constituição Federal) caso interfira na imagem ou no desempenho de suas funções dentro da empresa.

Filio-me à corrente da Professora Vólia Bomfim e de Délio Maranhão de que a conduta do empregado fora do ambiente do trabalho que afeta a empresa se classifica como incontinência.[24] Explica a Professora Vólia Bomfim que haverá incontinência quando:

---

[23] *Beware sending capped up e-mails*: It could get you fired@@@!!!. Disponível em: https://www.telegraph.co.uk/news/2018/12/14/beware-sending-capped-emails-could-get-fired/. Acesso em: 15 fev. 2019.

[24] CASSAR, Vólia Bomfim. *Direito do trabalho*. 9. ed. Rio de Janeiro: Forense, 2014. p. 1062. Há corrente contrária que entende a incontinência como falta de regramento da conduta sexual e entende a conduta do empregado em macular a imagem do empregado como mal procedimento. Nessa linha, Mauricio Godinho, Alice Monteiro de Barros, Sergio Pinto e Arnaldo Sussekind.

> o empregado levar uma vida irregular fora do trabalho que, de alguma forma, influencie direta ou indiretamente no emprego, feriando a sua imagem funcional ou a imagem da empresa, ou seja, é o comportamento habitualmente irregular incompatível com a sua condição, função, cargo ou *status* funcional.

Como é sabido, o art. 487 da CLT deixa claro que tal conduta é reprimida pela legislação brasileira, sendo causa de despedida por justa causa e, por consequência, a rescisão do contrato de trabalho. Trata-se de penalidade disciplinar máxima que o empregador pode aplicar ao empregado, dada a sua gravidade. Dessa forma, fica mais do que evidente que já havia um fenômeno jurídico que abarcava a conduta em estudo, como também uma clara sanção para a sua ocorrência, não se tratando de um tema novo.

Porém, como dito acima, o surgimento das redes sociais fez com que determinados comentários, que antes ficavam adstritos a uma conversa de bar, ficassem registrados no ambiente virtual.

Trazendo o tema ao objeto do presente estudo, os nativos digitais vivem emergidos na tecnologia e utilizam as redes sociais não só para se comunicar, como também expressar as suas opiniões sobre os mais variados temas. A Geração Z possui um domínio muito grande das redes sociais e as usa de acordo com as definições de privacidade disponibilizadas pelos seus desenvolvedores. Em outras palavras, dependendo do que querem expor para seus amigos e seguidores, os nativos digitais restringem ou não o alcance dos seus *posts*. E tal configuração é expressão do grau de intimidade com o qual o nativo digital decide compartilhar seus pensamentos. Porém, ainda não é uníssono entre juristas, sociólogos e autoridades governamentais o que é público e o que não é nas redes sociais, bem como se tal configuração (ou melhor expressão do grau de intimidade) deve ser levada em conta na hora de analisar uma manifestação em rede social.

Assim, as redes sociais trazem um interessante dilema: qual é o limite entre o público e o privado? Um *post* feito em uma página com perfil privado por um empregado contra um empregador pode ser considerado pelo último como causa de dispensa por justa causa nos termos da Consolidação das Leis Trabalhistas do Brasil, art. 482 CLT, alínea "k"?[25] E se alguém compartilhar sem permissão? Indo mais além,

---

25 "Art. 482. Constituem justa causa para rescisão do contrato de trabalho pelo empregador: [...] k) ato lesivo da honra ou da boa fama ou ofensas físicas praticadas contra o empregador e superiores hierárquicos, salvo em caso de legítima defesa, própria ou de outrem".

vamos pensar na hipótese de o empregado realizar um comentário em uma página de algum conhecido, o qual tende a crer ser privado, que é uma crítica ao seu empregador, poderia essa conduta também a levar a uma dispensa por justa causa? Até onde vai a liberdade de expressão do empregado?

Trata-se de um verdadeiro choque entre dois direitos fundamentais de cada parte. De um lado, há que se atentar ao direito de expressão do empregado na forma do art. 5º, inc. VI, da Constituição Federal e, de outro lado, há o direito de imagem do empregador, também protegido pela Constituição Federal no inc. V do art. 5º. A resolução dar-se-á pela famosa técnica de ponderação entre os dois direitos a depender de caso a caso.

Vale lembrar que o empregado está adstrito aos deveres anexos da boa-fé objetiva quando fora do trabalho. Sobre os deveres anexos da boa-fé objetiva, explica Nelson Rosenvald:[26]

> Não se olvide, ademais, que a boa-fé objetiva também se apresenta como fonte *das obrigações*, na estrutura atual do direito civil.
> A prestação principal do negócio jurídico (dar, fazer e não fazer) é um dado decorrente da vontade. Todavia, outros deveres se impõem na relação obrigacional, completamente desvinculados da vontade de seus participantes. Trata-se dos deveres de conduta, também conhecidos na doutrina como deveres anexos, deveres instrumentais, deveres laterais, deveres acessórios, deveres de proteção e deveres de tutela.
> É que a partir da sua função integrativa a boa-fé objetiva estabelece *deveres anexos*, verdadeiramente implícitos em todas as relações jurídicas. Deveres de informação, lealdade, respeito, probidade, garantia, etc.

Dessa forma, o empregado deve zelar pela boa conduta perante o seu empregador e evitar tecer comentários que possam atingir o nome do seu empregador perante a sociedade, não podendo assim difamar nem agir de forma censurável ou irresponsável quando se referir ao seu empregador. As empresas vêm começando a orientar os seus funcionários, através de seus códigos de conduta, em como agir nas mídias sociais e alertando que uma atitude temerária do empregado poderá concretizar uma hipótese de dispensa por justa causa.

Percebe-se que as discussões nos tribunais brasileiros vêm se moldando em analisar mais o conteúdo do *post* do que em saber em qual ambiente ele foi produzido, como se demonstra a seguir:

---

[26] FARIAS, Cristiano de Chaves de; ROSENVALD, Nelson. *Curso de direito civil*: obrigações. 12. ed. Salvador: JusPodivm, 2018.

> MANIFESTAÇÃO DE OPINIÃO EM REDES SOCIAIS. JUSTA CAUSA. EXCESSO DE RIGOR. Comprovado nos autos que a manifestação do trabalhador nas redes sociais não se tratou de ofensa pessoal direcionada a empregado ou superior hierárquico específico, mas simples desabafo pessoal, sem a utilização de palavras de baixo calão, acrescido ao fato de que foram poucas "curtidas" e nenhum comentário depreciativo, conclui-se que não houve repercussão suficiente para macular a imagem da empregadora, sendo cabível a reversão em dispensa imotivada. (TRT-15. RO nº 00104748720155150090 0010474-87.2015.5.15.0090. Rel. Flavio Allegretti de Campos Cooper, 8ª Câmara, 6.2.2017)

Verificar-se-á a seguir que o Tribunal Superior do Trabalho também já se manifestou sobre o tema, fazendo um belo cotejamento entre o direito de expressão do empregado, enfatizando que o conteúdo tinha circulado apenas em seu círculo de amizade, e o direito de imagem do empregador:

> AGRAVO DE INSTRUMENTO EM RECURSO DE REVISTA - DIREITO DO EMPREGADO À LIBERDADE DE EXPRESSÃO NAS REDES SOCIAIS EM CONTRAPOSIÇÃO AO DIREITO À HONRA E À IMAGEM DA EMPRESA - JUSTA CAUSA DESCARACTERIZADA - AUSÊNCIA DE PROPORCIONALIDADE ENTRE A CONDUTA OFENSIVA E A PENA MÁXIMA DE DISPENSA. No caso dos autos, verifica-se que o fato, por si só, de a empregada emitir opinião pessoal nas redes sociais sobre a qualidade da alimentação fornecida pela empresa, *em configuração de privacidade restrita ao seu círculo de amizade*, e na condição de consumidora dos serviços hospitalares da demandada, não configura gravidade suficiente a ensejar a dispensa por justa causa, mormente quando não consignadas outras faltas cometidas pela autora em sua grade curricular, nem observada a gradação de penas para legitimar a resolução contratual, que se dera, com efeito, de forma abrupta, em decorrência do único fato referido, que não se demonstra grave o bastante para a dissolução do liame empregatício existente entre as partes – frise-se. Considerando tais premissas fáticas, extrai-se do acórdão regional a ausência de proporcionalidade entre a sanção máxima de dispensa com a falta funcional praticada, tendo em vista que a reclamada agiu com rigor excessivo ao proceder à rescisão contratual por justa causa. O ato praticado pela reclamante não ensejou seu enriquecimento ilícito, nem gravidade suficiente que impossibilitasse a subsistência do vínculo de emprego. Ao contrário, a conduta da reclamante insere-se no exercício do direito de liberdade de expressão de opinião e pensamento, assegurado constitucionalmente no art. 5º, IV, da Carta Política de 1988. Precedentes. Agravo de instrumento desprovido. (TST. AIRR nº 23618120155020034.

Rel. Luiz Philippe Vieira de Mello Filho, 7ª Turma, j. 26.6.2018. *DEJT*, 29 jun. 2018) (Grifos nossos)

Apenas para título de comparação, o autor buscou na legislação norte-americana, berço das redes sociais e da inovação tecnológica, alguma disposição sobre o assunto. Nos Estados Unidos, há uma lei federal denominada *National Labor Relations Act* (NLRA), que garante aos empregados o direito de sindicalização, celebração de acordos coletivos e engajamento em atividades com o intuito de celebração de acordos coletivos ou outra forma de proteção. A seção 7 dessa lei regulamenta que o empregado tem o direito de se comunicar com outra pessoa sobre os termos e condições de seu emprego. O órgão de fiscalização da legislação trabalhista norte-americana, intitulado *National Labor Relations Board*, ao se debruçar sobre casos envolvendo as redes sociais, aplicou a lei acima, verificando apenas a questão do conteúdo e não a forma de privacidade atribuída pelo remetente da mensagem.

Do ponto de vista de como a Geração Z encara as redes sociais, pode-se perceber que há uma grande distância entre o *modus operandi* das redes sociais por ela e entre os julgadores. Percebe-se que ainda há poucas discussões se o *post* foi publicado em ambiente privado ou público e tal decisão, na visão dos nativos digitais, é extremamente importante. Não se pode utilizar uma opinião expressa em ambiente privado, em que às vezes o sentimento pessoal fala mais alto que a razão para a valorar como uma conduta desregrada da pessoa. Deve-se ter parcimônia nesse tipo de julgamento. Nesses casos, aparenta-me que os valores protegidos do núcleo da intimidade do indivíduo devem se sobrepor ao direito de imagem do empregador.

Diante da ausência de regulamentação estatal sobre o tema, verifica-se que a melhor forma de evitar conflitos laborais é a iniciativa das empresas na elaboração de um código de conduta, com o fito de abarcar o maior número possível das transformações sociais que estão ocorrendo pela introdução da tecnologia em nosso cotidiano, equilibrando o direito de intimidade dos empregados com os direitos de imagem da empresa, e que servirá para orientar os empregados com relação à melhor forma de lidar com as redes sociais e demais benesses da tecnologia sem ferir o contrato de trabalho.

7 Conclusão

Vimos no presente artigo que uma nova geração de jovens que nasceram após a revolução tecnológica vivenciada a partir do fim da década de 90 está começando a chegar ao mercado de trabalho e, em breve, será uma parcela considerável da força de trabalho das empresas. Uma geração que já nasceu com uma ferramenta de busca de informação à disposição, acessível por qualquer dispositivo móvel, para encontrar qualquer resposta ou informação sobre qualquer assunto que lhe interessa. Essa facilidade de obtenção de informação e a tecnologia ajudaram os nativos digitais a desenvolverem habilidades como trabalhar em multitarefas, possuir conhecimentos técnicos que as gerações anteriores não tinham na mesma época e a ser ágeis.

Por outro lado, vivem sob o efeito helicóptero, em que seus pais estão sempre por perto, os protegendo de qualquer situação que lhes possa criar alguma dificuldade. Isso acaba por criar pessoas que não sabem receber críticas ou ser contrariadas.

Além disso, foi destacado que essa nova geração, dado o prolongamento da vida da humanidade, vai dividir o ambiente de trabalho, e aprender a conviver, com quatro outras gerações; o que gera, e ainda gerará, muitos conflitos de valores e opiniões.

O presente artigo teve como objetivo avaliar como algumas características dessa nova geração, diante da última transformação social, podem modificar o contrato de trabalho que conhecemos hoje.

Analisou-se que o controle de ponto como hoje conhecemos, e mais adequado para empresas com modelo fordista, perderá espaço, tendo em vista que as funções com atividades repetitivas serão automatizadas e os novos empregados terão funções mais analíticas do que mecânicas. Assim, esse novo cenário, combinado com a expectativa da nova geração de que terá o controle dos seus dias, a fim de equilibrar mais o tempo no trabalho e no lazer, provocará o aumento da autogestão do controle da jornada ou a implementação do teletrabalho, figuras bem diferentes do antigo controle de entrada e saída dos empregados.

Viu-se também que o controle de trabalho poderá a vir a ser regulado não só pela sua causa, mas também por um motivo. Os nativos digitais possuem acesso a muita informação de todos os cantos do mundo e das mais diversas pessoas. Além disso, vivem em um mundo mais multicultural e compartilhado por diferentes etnias, o que lhes faz aumentar o sentimento de responsabilidade social; e é exatamente essa responsabilidade que eles vêm procurando nas empresas que pretendem trabalhar. Dessa forma, o contrato de trabalho passará a ser formado não só pela equação serviço-remuneração, mas também pelo comprometimento social que a empresa passa para a sociedade. Cabendo falar em rescisão quando uma das partes falhar no cumprimento do motivo do contrato de trabalho.

Tratou-se também das novas nuances do assédio moral ante os novos valores e a promoção mais engajada da diversidade e inclusão pelos nativos digitais. Considerando que eles estarão convivendo com pessoas de outras gerações, algumas condutas que antes eram aceitas ou silenciadas começam a tomar novas proporções e passam a ser reprimidas pela nova sociedade. Além disso, a tecnologia trará alguns desafios na forma de comunicação entre as pessoas e certas situações poderão levar à configuração do assédio moral.

Por fim, foi visto como o uso das redes sociais vem trazendo novos desafios aos empregadores, dado que determinadas manifestações podem vir a prejudicar as empresas.

Discutiu-se que os juristas e tribunais pouco analisam as manifestações nas redes sociais da forma com que os nativos digitais utilizam as ferramentas, estando os jovens e a seara jurídica em dissonância quanto ao tema.

O presente trabalho não tinha a pretensão de ser exaustivo quanto ao tema, mas trazer alguns aspectos que possam vir a influenciar o contrato de trabalho por essa nova transformação social, modificando a forma de comunicação entre empregados, entre si e seus empregadores e na forma de trabalho. Outros temas da transformação do ambiente de trabalho surgirão com o tempo e ainda haverá muita mudança no contrato de trabalho na forma como conhecemos hoje.

Informação bibliográfica deste texto, conforme a NBR 6023:2018 da Associação Brasileira de Normas Técnicas (ABNT):

GLASMAN, Marcos Raphael. Impactos no futuro do contrato de trabalho da Geração Z. *In*: TUPINAMBÁ, Carolina (Coord.). *As novas relações trabalhistas e o futuro do Direito do Trabalho*: as novidades provenientes das novas possibilidades de interações humanas e de novos modelos de solução de conflitos. Belo Horizonte: Fórum, 2022. (Coleção Fórum As novas relações trabalhistas e o futuro do direito do trabalho. Tomo V.) p. 77-98. ISBN 978-65-5518-224-8.

CONTRADICCIONES Y PUNTOS CONFLICTOS EN TORNO A LA FIGURA DEL TRABAJADOR AUTÓNOMO ECONÓMICAMENTE DEPENDIENTE: RÉGIMEN PROFESIONAL

BELÉN DEL MAR LÓPEZ INSUA

1 Panorama general: Las difusas fronteras entre el trabajo asalariado y por cuenta propia

La terciarización de la actividad productivas, a través de las distintas variantes que ofrece el trabajo autónomo, está siendo cada vez más utilizada como instrumento privilegiado para fomentar la flexibilización de las relaciones profesionales. Estas nuevas formas de organización del capitalismo contemporáneo están acarreando un incremento del trabajo autónomo y flexible, al tiempo que un desmantelamiento de carencias.[1]

El marco difuso que desdibuja las actuales técnicas de división del trabajo conlleva el surgimiento de problemas entre el autónomo y el asalariado, en cuanto que sitúa al TRADE en una zona gris y al margen de las reglas que establece el Derecho del Trabajo clásico. En efecto, la desconstrucción de las bases homogéneas que crea el sistema taylorista-fordista quedan ahora superadas a raíz de los nuevos desarrollos empresariales y descentralizados. Ello supone una crisis del trabajo asalariado ante las insuficiencias del sistema jurídico para hacer frente a las realidades contemporáneas (en un contexto de destrucción del empleo) y propias del postfordismo. Se pasa de un concepto de "trabajador homogéneo o en masa" a un "trabajador heterogéneo" y más propio del sector servicios y empresarial, el cual determina un dilema en torno a su normalización y manto protector ante "el carácter evolutivo de la institucionalización y juridificación del trabajo asalariado".[2]

Un mismo trabajo profesional puede realizarse a través de distintas modalidades y formas de prestación de servicios, por lo que ¿donde se encuentran entonces las fronteras entre el trabajo subordinado y el asalariado? Ciertamente, la nota característica de la "falta de dependencia económica" es la que propicia desde un plano teórico esa supuesta separación entre ambas figuras, aunque no desde un punto de vista práctico. Y es que, desde que la crisis económica hizo su presencia a finales del año 2007, el número de falsos autónomos (principalmente, representado por trabajadores asalariados que no son tales, sino trabajadores asalariados que son obligados por despóticos empresarios a darse de alta como autónomos para eludir el pago de las cotizaciones a la Seguridad Social) y TRADEs (que son, en realidad, simples trabajadores por cuenta ajena) han aumentado considerablemente.[3] Lo que, en la actualidad, plantean una enorme litigiosidad debido al régimen de economía sumergida y trabajo irregular en el que

---

1 Martínez Barroso, Mª.R, "El trabajo autónomo económicamente dependiente. Reflexiones a raíz del proyecto de Ley del Estatuto del Trabajador Autónomo", *AFDUDC* 11 (2007): 453.

2 Monereo Pérez, J.L, "Introducción. Análisis general. Significación jurídica del Estatuto del Trabajador autónomo", en *El Estatuto del Trabajador autónomo. Comentario a la Ley 20/2007, de 11 de julio, del Estatuto del Trabajador autónomo*, Dirs y Coord. Monereo Pérez y Fernández Avilés (Granada: Comares, 2009), 2-3; *Ibid*., Monereo Pérez, J.L.: "El trabajo autónomo, entre autonomía y subordinación (I y II)", en *Aranzadi Social. Revista Doctrinal*, Vol. 2, nº. 4-5 (2009), págs. 79-106 y 71-101, respectivamente.

3 López Insua, B.M, "La política de fomento del empleo de los trabajadores jóvenes", *Temas Laborales* 128 (2015): 205.

se insertan estas figuras propias de aquellos modelos de organización más flexible y competitivo.[4]

A lo anterior hay que sumar la falta de definición o delimitación homogénea de los conceptos de trabajador y empresario a nivel europeo. Ello, indudablemente, ha determinado que sean las distintas legislaciones nacionales las que traten de dar respuesta a esta disyuntiva, así como al establecimiento de regulación para los TRADE a fin de evitar la inseguridad, precariedad y uso fraudulento que presenta esta figura. No obstante, no deja de ser una cuestión compleja y llena de plena actualidad en todo el colectivo comunitario.[5] A este respecto, se publican en la Unión Europea (UE) distintos instrumentos normativos que tratan de aclarar esta situación. Así por ejemplo, y con respecto a las fronteras entre trabajadores por cuenta ajena y autónomo en la UE, destaca la Directiva 2010/41/UE sobre la aplicación del principio de igualdad de trato entre hombres y mujeres que ejerzan una actividad autónoma[6] y por la que se deroga la Directiva 86/613/CEE del Consejo,[7]

---

4 Serrano Argüeso, M, "Autónomos dependientes y autónomos independientes. Un intento de reconfigurar al Trade", en *Las fronteras del Derecho del Trabajo en el marco comparado europeo: autónomos y becarios. XXVI Congreso Nacional de Derecho del Trabajo y de la Seguridad Social* (Madrid: Cinca, 2016), 1.

5 Destaca, en el ámbito internacional, la octogésimo quinta Conferencia de la OIT del año 1997, en la cual se ha formulado la propuesta de elaborar un Convenio aplicable al "trabajo efectuado personalmente en condiciones de dependencia o subordinación a la empresa en cuestión, siendo dichas condiciones similares a las que caracterizan a una relación laboral regulada por la legislación en vigor y las practicas nacionales, pero en la cual la persona que lleva a cabo el trabajo no posee una relación laboral reconocida con la empresa para la que trabaja". Ver Martínez Barroso, Mª.R, "El trabajo autónomo económicamente dependiente. Reflexiones a raíz del proyecto de Ley del Estatuto del Trabajador Autónomo", 458. En esta línea, Díaz, L.E, "Cobertura previsional de los trabajadores independientes", *Estudio Socio-jurídico, Bogotá (Colombia)* 10 (2008), 37-75.

6 En diciembre de 2007, el Consejo pidió a la Comisión, a través de las conclusiones tituladas «*Equilibrio de funciones entre hombres y mujeres en materia de empleo, crecimiento y cohesión social*», que estudiara la posible revisión de la Directiva 86/613/CEE para garantizar los derechos relacionados con la maternidad y paternidad de los trabajadores autónomos y de sus cónyuges. A ello accedió la Comisión, la cual en la Comunicación de 2 de julio de 2008 titulada «*Agenda social renovada: oportunidades, acceso y solidaridad en la Europea del siglo XXI*», proponía, como parte de las acciones a desarrollar para luchar contra la discriminación, el planteamiento de «propuestas legislativas en septiembre de 2008 con objeto de aumentar la conciliación de la vida privada y la actividad profesional, mejorando las disposiciones sobre el permiso parental, introduciendo nuevos permisos (de paternidad, adopción y permisos filiales) y consolidando la protección para las mujeres embarazadas». Fruto de estas declaraciones y en su desarrollo, se publicó la Directiva 2010/41/UE sobre la aplicación del principio de igualdad de trato entre hombres y mujeres que ejercen una *actividad autónoma*, la cual es de transposición obligatoria en los ordenamientos de los Estados miembros antes de 5 de agosto de 2012.

7 La aplicación práctica de esta Directiva de 1986, a juicio del Parlamento, no había sido muy eficaz, de ahí que debieran reconsiderarse todos los elementos integrantes de su ámbito de aplicación a fin de dar cabida a situaciones tales como la discriminación por razón de sexo

del Consejo, de 11 de diciembre de 1986, la cual se refiere a la aplicación del principio de igualdad de trato entre hombres y mujeres que ejerzan una actividad autónoma, incluidas las actividades agrícolas y protección de la maternidad. En este sentido, también es importante mencionar la Directiva 2002/15/CEE, relativa a la ordenación del tiempo de trabajo de las personas que ejecutan actividades móviles en el transporte por carretera; la Recomendación del Consejo, de 18 de febrero de 2003, relativa a la mejora de la protección de la salud y la seguridad en el trabajo de los trabajadores autónomos y la Directiva 2004/113/CEE, de 13 de diciembre de 2004, por la que se aplica el principio de igualdad de trato entre hombres y mujeres al acceso a bienes y servicios y su suministro.

Resulta necesario destacar el debate que sobre la regulación del trabajo autónomo, y más concretamente, del trabajo autónomo económicamente dependiente en Europa, se ha planteado tanto a nivel de cada Estado, como de los órganos representativos de la Unión Europea. En esta dirección hay que destacar el Informe Supiot (1999) sobre "*Trabajo y Empleo (Transformaciones del trabajo y Futuro del Derecho del Trabajo en Europa)*".[8] Y, de igual modo, el Informe Perulli sobre "Trabajo económicamente dependiente (parasubordinación): aspectos jurídicos, sociales y económicos", presentado el 19 de junio de 2003 al Parlamento Europeo. Las reflexiones fruto del Informe Perulli se volvieron a reflejar en el Libro Verde de 2006 sobre "Modernizar el Derecho laboral para afrontar los retos del siglo XXI", en donde se hace referencia a la noción de trabajo autónomo económicamente dependiente y se dice que este concepto cubre las situaciones que "se hallan entre las nociones claramente definidas de trabajo por cuenta ajena y por cuenta propia". Por tanto, se reconoce ya aquí que el TRADE se sitúa en una zona gris entre el Derecho mercantil y el Derecho del Trabajo, de ahí que resulte necesario delimitar las fronteras entre ambas figuras y evitar los supuestos fraudulentos de huída o fuga del Derecho del Trabajo que vienen propiciando los falsos autónomos.[9] A pesar del acalorado debate originado por el grupo de expertos europeos, lo cierto

---

y el acoso sexual. Materias, éstas últimas, que habían quedado huérfanas en la regulación contenida en la Directiva de 1986.

8 Supiot, A y Casas Baamonde, M.E, *Trabajo y empleo: transformaciones del trabajo y futuro del derecho del trabajo: informe para la Comisión Europea* (Valencia: Tirant Lo Blanch, 1999).

9 Martín Puebla, E, *El trabajo autónomo económicamente dependiente: contexto europeo y régimen jurídico* (Valencia: Tirant Lo Blanch, 2012), 47-48.

es que no se llegó a un consenso que permitiera delinear los rasgos característicos del TRADE.[10]

Actualmente, no todos los Estados miembros de la UE reconocen el concepto de trabajador económicamente dependiente y menos su protección jurídica.[11] Por ello, ante esta falta de uniformidad, se publica en el año 2010 el Dictamen de la Unión Europea titulado "Nuevas tendencias del trabajo autónomo: el caso específico del trabajador autónomo económicamente dependiente". En este dictamen, tras las definiciones que diversos organismos europeos han realizado sobre las diversas formas del trabajo autónomo, trata de "... responden al deseo de comprender mejor las evoluciones del trabajo autónomo independiente, que, bajo el efecto de profundos cambios tanto económicos como sociales, ha evolucionado más allá de las formas tradicionales de trabajo autónomo reconocidas desde hace tiempo en los países de la Unión Europea". Para ello se establece, como objetivo general en las legislaciones nacionales existentes, contribuir a una mejor protección de determinadas categorías de trabajadores sin que tengan por ello que ser asimilados a los asalariados.[12]

Sin embargo, la preocupación por el uso fraudulento que del Estatuto del trabajador autónomo se hace continua con el Dictamen

---

[10] En el informe europeo "*Transformaciones del trabajo y futuro del Derecho del Trabajo en Europa*", ya se ponía de manifiesto el lugar central que ocupan en este debate las cuestiones relativas a la protección social de los TRADEs, en la medida en que "*el trabajo autónomo no es concebible si tiene como objeto o como efecto mermar los ingresos de la Seguridad Social; y, a la inversa, el estatuto de trabajador autónomo no es atractivo, si a las incertidumbres económicas que son inevitables en el mismo hay que sumar la perspectiva de una mala protección social*". *Los trabajadores que no pueden ser calificados como asalariados, pero que se encuentran en una situación de dependencia económica frente a un empresario principal, deben poder beneficiarse de los derechos sociales propios de esta dependencia*". Ver Martínez Barroso, Mª.R, "El trabajo autónomo económicamente dependiente. Reflexiones a raíz del proyecto de Ley del Estatuto del Trabajador Autónomo", 458.

[11] La figura de los TRADEs varía, en su regulación, según los países. Así por ejemplo, en Alemania, Italia, Austria y Reino Unido reconocen esta categoría de trabajadores entre trabajo asalariado y trabajo autónomo. De igual modo, España también reconoce esta figura aunque hay que tener en cuenta que la Ley nacional es, en este punto, más completa con respecto a la protección otorgada a dichos trabajadores. Sin embargo, países en los que existe un gran número de trabajadores autónomos, pero objetivamente dependientes, como Grecia, Rumania, Chequia o Bulgaria, no se reconoce la figura del TRADE. Algunos países como Francia y Suecia no distinguen entre el trabajador independiente y el empresario capitalista. Otros, sin embargo, como Italia, Alemania y España, sí distinguen entre el empresario totalmente independiente que depende de las reglas del derecho civil o mercantil y los profesionales autónomos como personas semiindependientes. Ver Pazos Pérez, A, "Régimen jurídico del trabajador por cuenta propia con especial referencia al trabajador autónomo económicamente dependiente (TRADE)", *Dereito* Vol. 21, nº2 (2012): 72.

[12] Ver resumen a las conclusiones y recomendaciones al Dictamen "Nuevas tendencias del trabajo autónomo: el caso específico del trabajo autónomo económicamente dependiente" (Dictamen de iniciativa) que se publica a fecha de 29 de abril de 2010.

que, el Comité Económico y Social Europeo, aprueba 2013. En él se vuelve a insistir en la necesidad de dar una definición precisa a los conceptos de autónomo y trabajador por cuenta ajena, de forma que se establezcan unos criterios uniformes en todo el espacio europeo. Para ello resultará preciso intensificar la lucha contra el fenómeno de los falsos autónomos, mediante mecanismos que permitan mejorar el registro y la comprobación de su posición efectiva en el mercado de trabajo. En este sentido, constituirá pieza clave la instauración de un buen sistema de seguridad social para los trabajadores autónomos a nivel comunitario. Ciertamente, ello contribuirá a combatir y evitar los posibles abusos.

Finalmente, en el año 2014 aprueba el Parlamento Europeo la resolución sobre "Protección Social para todos, incluidos los trabajadores autónomos", en donde una vez más se insiste en asegurar una protección social para este colectivo.

2 Marco legal y características del TRADE en España

Con la aprobación de la Ley 20/2007, de 11 de julio, del Estatuto del Trabajador Autónomo (en adelante, LETA) se pretendió, por primera vez, regular de forma precisa el régimen jurídico de los TRADEs y ofrecer una protección adicional.[13] La LETA supuso un importante avance en el panorama jurídico contractual, ya que con ella se dio respuesta a la demanda de todo un colectivo que solicitaba la instauración de un marco legal de sus relaciones.[14] Efectivamente, hasta ese momento, el trabajo parasubordinado se encontraba en una situación de total anomia, debiendo estas relaciones profesionales regirse en base al principio de *"laisse faire, laisse passez"*, pues las reglas de la autonomía contractual privada de las partes resultaban insuficientes a todos los intereses en juego.[15] La expansión del trabajo autónomo, en todas sus variantes, ha provocado una reacción favorable por parte de los poderes públicos, de ahí la necesidad de regularizar y predisponer de límites a la autonomía

---

13 Molina Navarrete, C y García Jiménez, M, "Régimen profesional del trabajador autónomo económicamente dependiente", en *El Estatuto del Trabajador autónomo. Comentario a la Ley 20/2007, de 11 de julio, del Estatuto del Trabajador autónomo*, Dirs y Coord. Monereo Pérez y Fernández Avilés (Granada: Comares, 2009), 146.

14 Monereo Pérez, J.L, "Introducción. Análisis general. Significación jurídica del Estatuto del Trabajador autónomo", 1-2.

15 Martínez Barroso, Mª.R, "El trabajo autónomo económicamente dependiente. Reflexiones a raíz del proyecto de Ley del Estatuto del Trabajador Autónomo", 454.

contractual de las partes (especialmente en el caso de los TRADEs).[16] Ahora bien, siempre al margen del manto protector que establece el Derecho del Trabajo, de ahí que a este gran "olvidado" no puedan aplicarse los principios genuinos de la legislación laboral.

El reconocimiento legal del TRADE, a través de la LETA, buscaba no sólo abrir la puerta a nuevas formas de empleo, sino también asegurar una cierta garantía en el reconocimiento de los derechos de aquellos ciudadanos que desempeñan una actividad profesional. De modo que, por una parte, se reducen las consecuencias dañosas que venía provocando la economía sumergida y el trabajo "negro" (principalmente, a través de los falsos autónomos), pero de otra se complica, aún más, el panorama jurídico al crear una figura híbrida entre lo privado y lo social. Y es que el contrato que va a regir estas nuevas relaciones no es de naturaleza laboral, pero sí sus contenidos y régimen jurídico.[17] En este sentido, la doctrina se debate acerca de su consideración como una relación especial o de trabajo autónomo (*stricto sensu*), entendiendo pues que el contrato que va a regir a estas relaciones es de servicios, pero con carácter especial y naturaleza extralaboral. A este respecto, el legislador establece un marco jurídico no uniforme y unitario en cuanto que "la LETA no pretende erigirse como única del trabajador autónomo sino, y ello es bien diferente, en la ley marco.... -cediendo- su aplicación frente a las leyes especiales de trabajo autónomo que formulen reglas contrarias y, de otro, es complementada tanto por la legislación especial como por la legislación común de la contratación, a la que a su vez se integra".[18]

En concreto, aparece regulado el TRADE en la LETA (Capítulo III-arts. 11 a 18) y en el Real Decreto 197/2009, de 23 de febrero, por el que se desarrolla el Estatuto del Trabajo Autónomo en materia de contrato del trabajador autónomo económicamente dependiente y su registro y se crea el Registro Estatal de asociaciones profesionales de trabajadores autónomo.

---

16 Monereo Pérez, J.L, "Introducción. Análisis general. Significación jurídica del Estatuto del Trabajador autónomo", 4-5.

17 Monereo Pérez, J.L, "Introducción. Análisis general. Significación jurídica del Estatuto del Trabajador autónomo", 1-2.

18 Valdés Dal-Ré, F, "Un Estatuto para el trabajo autónomo", *Documentación Laboral* nº81 (2007), 25.

2.1 Criterios diferenciadores: trabajador asalariado, autónomo independiente y TRADE

Desde un plano teórico resulta fácil, en principio, la distinción entre el trabajador por cuenta ajena y el autónomo, ya que son dos mundos que no comparten influencias mutuas. Así pues, el asalariado es aquél que cumple con los requisitos que recoge el artículo 1.1 del Real Decreto Legislativo 2/2015, por el que se aprueba la Ley del Estatuto de los Trabajadores (ET), esto es, debe tratarse de un trabajo voluntario, remunerado, desarrollado por cuenta ajena, personal y dependiente (esta última nota evidencia la posición de debilidad en la que se coloca el trabajador frente al empresario). Por su parte, el trabajador por cuenta propia es aquél que desarrolla su actividad con total autonomía (falta de ajeneidad) y con criterios organizativos independientes de cualquier estructura jerárquica empresarial (ausencia de dependencia o subordinación). Esta aparente separación conceptual es relativamente sencilla mientras no se traslade a la práctica, pues es cierto que cabe también realizar una misma actividad profesional, pero de forma autónoma dependiente (o sea, sin que se trabaje en una empresa ajena) y/o por cuenta de otro, pero previa realización de un encargo (profesionales libres). Igualmente, cabe que cualquiera de estas actividades se realice de manera esporádica, habitual o continuada e, incluso, en situaciones muy diversas (por razones de altruismo, amistad, afición...). En cualquier caso, es una nota común a todas estas figuras la profesionalidad.[19] Ahora bien, constituye pieza diferenciadora entre todas estas figuras la de "dependencia económica", la cual no siempre resulta fácil de dilucidar. Es por ello que este criterio no sea el más idóneo para marcar las fronteras, siempre móviles y difusas, que separan la prestación de servicios profesional y personal en el marco de un sistema de economía de mercado dominado por las grandes empresas.[20]

El artículo 11.1 de la LETA define al TRADE como: "... aquéllos que realizan una actividad económica o profesional a título lucrativo y de forma habitual, personal, directa y predominante para una persona física o jurídica, denominada cliente, del que dependen económicamente por percibir de él, al menos, el 75 por ciento de sus ingresos por rendimientos de trabajo y de actividades económicas o profesionales".

---

19 De la Villa Gil, L.E, "Apuntes sobre el concepto de trabajador en Derecho español", *CCDT* nº4 (1972), 56-58.

20 Molina Navarrete, C y García Jiménez, M, "Régimen profesional del trabajador autónomo económicamente dependiente", 146-147.

Por tanto, y a diferencia del asalariado, se recogen aquí tres elementos constitutivos (dos de ellos formulados de manera positiva y uno de ellos, de manera negativa) a, saber: el trabajo ha de ser personal, desarrollado en régimen de dependencia económica y con ausencia de subordinación jurídica. Aparte, a la normativa específica, incorpora otro requisito y es el de reconocimiento expreso en el texto del contrato de la condición de trabajador autónomo económicamente dependiente del sujeto que presta el servicio y la subsiguiente inscripción registral (arts. 12.1 de la LETA y 6 del Real Decreto 197/2009).

El concepto que establece la LETA respecto de los TRADEs ha sido duramente criticado por la doctrina científica, ya que en comparación con el artículo 1.1. del ET y el 1.1 de la LETA, este artículo undécimo aparece redactado de una manera muy compleja en la que se yuxtaponen los caracteres esenciales del trabajo prestado por cuenta propia, con otros datos en los que simplemente reiteran características que se desprenden de forma directa de esos tres elementos (debe tratarse de una actividad económica o profesional a título lucrativo y de forma habitual, personal, directa) y que no era necesario individualizar ni aparentar que desempeñan un papel específico y autónomo en la configuración del TRADE.[21]

De acuerdo con esta definición, constituyen criterios de identificación específicos de los trabajadores autónomos económicamente dependientes, en primer lugar, aquellos que recoge el artículo 1.1 de la LETA y que son, como ya se ha expuesto, comunes a los trabajadores autónomos. En segundo lugar, el TRADE debe recibir de su cliente, al menos, el 75% de sus ingresos por rendimientos de trabajo y de actividades económicas o profesionales.[22] Precisamente, es este punto uno de los más conflictivos pues es aquí en donde se marcan los primeros pasos para la diferenciación entre "autónomos dependientes"

---

21 Galiana Moreno, J.Mª y Selma Penalva, A, "El trabajo autónomo dependiente dos años después de la aprobación del Estatuto del Trabajador Autónomo. Aportaciones prácticas del RD 197/2009 que desarrolla la Ley 20/2007", *Ministerio de Trabajo e Inmigración* nº83 (2009), 294.

22 Para el cálculo de este 75% dispone el artículo 2.1, párrafo segundo, del RD 197/2009 que: "Para el cálculo del porcentaje del 75 por ciento, los ingresos mencionados en el párrafo anterior se pondrán en relación exclusivamente con los ingresos totales percibidos por el trabajador autónomo por rendimientos de actividades económicas o profesionales como consecuencia del trabajo por cuenta propia realizado para todos los clientes, incluido el que se toma como referencia para determinar la condición de trabajador autónomo económicamente dependiente, así como los rendimientos que pudiera tener como trabajador por cuenta ajena en virtud de contrato de trabajo, bien sea con otros clientes o empresarios o con el propio cliente".

y "autónomos independientes", al introducir un elemento de presunción "*iuris tantum*". Y es que, será un TRADE aquel autónomo que no cuente con trabajadores a su cargo (primero) y, además, dependa de forma regular la mayoría de sus ingresos (en concreto, el 75%) de un sólo cliente (segundo). Esta frontera numérica entre el autónomo y el TRADE ha sido criticada, ya que no entiende la doctrina porqué debe fijarse arbitrariamente un porcentaje sin ningún tipo de justificación jurídica.[23] De acuerdo con esta idea ¿es que no puede ser calificado como TRADE aquél autónomo que reciba menos de un 75%?, de ser la respuesta positiva ello podría abrir la puerta a que los empresarios formalizaran fraudulentamente contratos por una cuantía inferior[24] con la finalidad de eludir el pago de las cuotas a la Seguridad Social.[25] En este aspecto, el TRADE constituye el gran "olvidado", pues de una manera frustrante el legislador posibilita la pérdida de una cierta seguridad jurídica en pro de la proyección empresarial.[26] En este sentido, se observa un crecimiento del número de autónomos (o falsos autónomos) en comparación con los trabajadores asalariados.[27] Finalmente, se pregunta la doctrina[28] acerca de ¿cómo cuantificar estos ingresos? pues la LETA no ofrece respuesta alguna. Sin embargo, el artículo 2.1 del RD de 2009 viene a ofrecer luz a este asunto, al especificar que: "... se entenderán como ingresos percibidos por el trabajador autónomo del cliente con quien tiene dicha relación, los rendimientos íntegros, de naturaleza dineraria o en especie, que procedan de la actividad económica o profesional realizada por aquél a título lucrativo como trabajador por cuenta propia. Los rendimientos íntegros percibidos en especie se valorarán por su valor normal de mercado".

En tercer lugar, constituye un criterio característico del TRADE la de plena "autonomía" funcional y de organización, es decir, que deberá

---

23 Soler Arrebola, J.A, *La contratación del trabajador autónomo económicamente dependiente. Régimen jurídico en un entorno de descentralización productiva* (Granada: Comares, 2013), 27.

24 Molina Navarrete, C y García Jiménez, M, "Régimen profesional del trabajador autónomo económicamente dependiente", 149.

25 Vila Tierno, F, "El trabajador autónomo económicamente dependiente", en VV.AA., Monereo Pérez, J.L y Vila Tierno, F (Dirs)., El trabajo autónomo en el marco del Derecho del trabajo y de la Seguridad Social. Estudio de su régimen jurídico. Actualizado a la Ley 6/2017, de 24 de octubre, de Reformas Urgentes del Trabajo Autónomo, Granada: Comares, 2017, 27-51.

26 Martínez Barroso, Mª.R, "El trabajo autónomo económicamente dependiente. Reflexiones a raíz del proyecto de Ley del Estatuto del Trabajador Autónomo", 456.

27 Véase: http://www.serautonomo.net/la-epa-desvela-un-incremento-de-los-falsos-autonomos.html.

28 Soler Arrebola, J.A, *La contratación del trabajador autónomo económicamente dependiente. Régimen jurídico en un entorno de descentralización productiva*, 150-151.

este desarrollar su actividad con criterios propios, pero limitados a la cuota de mercado. No se trata, por tanto, de un autónomo que dispone libremente de sus servicios para los clientes que conformen el mercado de trabajo, sino que queda restringido su poder de decisión a un sólo competidor del que obtiene el 75% de sus ingresos.[29] En este sentido, el trabajador por cuenta propia deberá cumplir con los requisitos que recogen los arts. 11.2. a) y 11.3 de la LETA, en cuanto que son, a su vez, presupuestos para que concurra una prestación de servicios personal: "a) No tener a su cargo trabajadores por cuenta ajena ni contratar o subcontratar parte o toda la actividad con terceros, tanto respecto de la actividad contratada con el cliente del que depende económicamente como de las actividades que pudiera contratar con otros clientes". Por lo tanto, se trata de no confundir al autónomo clásico (art. 1 LETA), que sí puede tener a trabajadores a su cargo, con los TRADE (trabajadores insustituibles). De modo que estos reunirán, a un mismo tiempo, la condición de trabajador y empleador.[30] "b) No ejecutar su actividad de manera indiferenciada con los trabajadores que presten servicios bajo cualquier modalidad de contratación laboral por cuenta del cliente". Lo que, en cierto sentido, busca separar e introducir un elemento claramente diferenciador respecto a la figura del TRADE, el autónomo y el asalariado.[31] Y no sólo eso, sino que pretende evitar la confusión de plantillas y delimitación (aunque sea ficticia) de las labores u servicios que se llevan a cabo dentro de un mismo ámbito empresarial. Lo cual en la práctica no es nada fácil, ya que constituye una vía perfecta para el uso fraudulento del TRADE. "c) Disponer de infraestructura productiva y material propios, necesarios para el ejercicio de la actividad e independientes de los de su cliente, cuando en dicha actividad sean relevantes económicamente", se trata ésta de una obligación que va más allá del mero cumplimiento de las obligaciones formales o legales que establece la ley,[32] abarcando el establecimiento de unos medios mínimos, así como las máquinas, herramientas y utensilios

---

29 Molina Navarrete, C y García Jiménez, M, "Régimen profesional del trabajador autónomo económicamente dependiente", 150.

30 Soler Arrebola, J.A, *La contratación del trabajador autónomo económicamente dependiente. Régimen jurídico en un entorno de descentralización productiva*, 37.

31 Soler Arrebola, J.A, *La contratación del trabajador autónomo económicamente dependiente. Régimen jurídico en un entorno de descentralización productiva*, 151.

32 Ver las Sentencias del Tribunal Supremo de 22 de enero de 2001 (RJ 2001/784) y Sentencia del Tribunal Superior de Justicia de Madrid (Sala de lo Social) de 20 de septiembre de 2005 (JUR 2005/252902).

que sean preciosos para el desempeño de la actividad profesional.[33] Quedan excluidas de esta consideración las infraestructuras derivadas del artículo 11.3 de la LETA, esto es, "... de establecimientos o locales comerciales e industriales y de oficinas y despachos abiertos al público y los profesionales que ejerzan su profesión conjuntamente con otros en régimen societario o bajo cualquier otra forma jurídica admitida en derecho...", las cuales no podrán ser consideradas como de TRADE. d) "Desarrollar su actividad con criterios organizativos propios, sin perjuicio de las indicaciones técnicas que pudiese recibir de su cliente". De aquí se desprende la exclusión de la nota relativa a la subordinación prevista por el artículo 1.1 del ET, lo cual no quita el sometimiento a un cierto poder del empresario en el desempeño de las instrucciones específicas vistas desde un punto de vista técnico-jurídico.[34] Surgen, en este punto, dudas en torno a los límites de dichas instrucciones (sobre todo cuando se tratan de trabajos que exijan una alta especialización) y su calificación como falso autónomo. Y, finalmente, cabe reseñar la idea de que deberá el TRADE e) "Percibir una contraprestación económica en función del resultado de su actividad, de acuerdo con lo pactado con el cliente y asumiendo riesgo y ventura de aquélla". Es decir, se trata de una obligación de tacto sucesivo, pero también de resultados en cuanto que el TRADE deberá asegurar su participación en el riesgo de la misma. Ello no deslinda los resultados que puedan obtenerse de la nota característica de laboralidad, en cuanto que en determinados sectores ya se establecen pactos por los cuales se podrá desistir unilateralmente de una relación o incluso asumir la responsabilidad en los resultados (STS de 12 de mayo de 1997- RJ 1997/3833-).[35]

En cuarto lugar, aparece el criterio de la "dependencia económica"[36] que no debe confundirse con el de "dependencia jurídica".[37] En

---

33 Sentencia del Tribunal de Justicia de Galicia de 19 de diciembre de 2002.

34 Monereo Pérez, J.L, "Introducción. Análisis general. Significación jurídica del Estatuto del Trabajador autónomo", 35. Este precepto se refiere a un poder de "coordinación", pero no propiamente a un poder de "dirección".

35 En esta misma línea, véase las sentencias del TS (Sala de lo Civil, Sección Única), sentencia núm. 499/2003, de 16 mayo (RJ 2003\4756); TS (Sala de lo Civil), sentencia núm. 305/1998, de 31 marzo (RJ 1998\1855); TS (Sala de lo Civil), sentencia de 28 febrero 1992 (RJ 1992\1404); TS (Sala de lo Civil), sentencia de 30 julio 1991 (RJ 1991\5435); TS (Sala de lo Civil), sentencia de 17 junio 1989 (RJ 1989\4696); TS (Sala de lo Civil), sentencia de 26 junio 1984 (RJ 1984\3265).

36 El concepto de "dependencia económica" se construye, en cualquier caso, al margen del ámbito laboral. De ahí que, se intrascendente en esta esfera la calificación del vínculo.

37 Montoya Melgar, A, "Trabajo dependiente y trabajo autónomo ante el Derecho del Trabajo", *Revista Temas Laborales*, nº 81 (2005): 39.

efecto, la dependencia económica debe quedar institucionalizada (entre TRADE y cliente) mediante un contrato de prestación de servicios, que habrá de registrarse en la oficina pública correspondiente. Examinando la figura de esta relación de servicios se advierte que la dependencia entre el TRADE y su cliente no es sólo económica, sino que este último ejerce una función, de coordinación -incluso con otros trabajadores-, que resulta de contornos imprecisos, pero en cuyo fondo no es difícil descubrir algo muy parecido a la dependencia jurídica,[38] atenuada si se quiere.[39]

Finalmente, se encuentra la nota relativa a la falta "subordinación jurídica" que lo diferencia de los trabajadores asalariados. Precisamente, en este punto en donde más surgen dudas en torno al uso fraudulento del TRADE, pues muchas empresas se valen de este apartado para imponer sus condiciones y poder de organización.[40] La grave situación de crisis económica y el miedo a perder un empleo determina que algunos profesionales[41] pasen a convertirse en falsos autónomos, defraudando con ello a las endebles arcas que sostienen al sistema públicas de Seguridad Social. La confusión conceptual o las fronteras entre el TRADE, el autónomo y el asalariado se hacen presentes, ahora más que nunca, también en el plano práctico. Normalmente, en estos supuestos los trabajadores afectados suelen solicitar la conversión en TRADE al término de su relación con el cliente, lo cual evidencia la situación pseudolaboral en la que se encuentran.[42]

---

38 "La dependencia jurídica, además de ser una nota constitutiva esencial del contrato de trabajo es una característica exclusiva de la prestación laboral de servicios, en cambio, la subordinación económica no es más que una característica usual de las prestaciones laborales, pero no exclusiva de éstas, por lo que no basta por sí sola para identificar un contrato de trabajo, ni para apreciar automáticamente una conexión ineludible entre «dependencia económica» y «dependencia jurídica". Ver STSJ Cataluña, Sala de lo Social, Sec. 1.ª, 1672/2015, de 5 de marzo.

39 Montoya Melgar, A, "Trabajo dependiente y trabajo autónomo ante el Derecho del Trabajo", 38.

40 Vila Tierno, F, "El trabajador autónomo económicamente dependiente", en VV.AA., Monereo Pérez, J.L y Vila Tierno, F (Dirs)., El trabajo autónomo en el marco del Derecho del trabajo y de la Seguridad Social. Estudio de su régimen jurídico. Actualizado a la Ley 6/2017, de 24 de octubre, de Reformas Urgentes del Trabajo Autónomo, Granada: Comares, 2017, 27-51.

41 A saber: los agentes comerciales.

42 Ver las sentencias del TS de 25 de octubre de 2012 (Recurso 4317/2011) y 6 de octubre de 2011. En esta línea, la doctrina ha señalado que la diferencia entre el TRADE y el falso autónomo radica en la propia esencia de su relación y en la forma de realizarse. " Mientras el primero, vinculado a una o varias empresas, ve reducida su capacidad de organización por intereses mercantiles que le hacen someterse a exigencias exógenas (esto le ocurre a todas las empresas denominadas empresas satélite), manteniendo una independencia laboral que le permite adoptar decisiones unilaterales, el segundo sustenta su relación en un problema de naturaleza fáctica: la realización de negocios en fraude de ley donde se

En este sentido, el Tribunal de Justicia de la UE[43] ha aclarado el concepto de falso autónomo, al reconocer la presencia de esta figura siempre que no funcione como operador económicamente dependiente en el mercado de trabajo. Aclara el Alto Tribunal europeo que la calificación de "prestación autónoma", a la que se refiere el Derecho nacional, no excluye el hecho de que una misma persona sea calificada como de trabajador. En efecto, de la misma manera, que desde el ámbito europeo no se excluye el una persona sea contratada como prestadora autónoma de servicios con arreglo al Derecho nacional, siempre que actúe bajo la dirección del empresario y que no participe en los riesgos comerciales del mismo, así pues un prestador de servicios puede perder su condición de operador económico independiente y, por tanto de empresa, cuando no determina de forma autónoma su comportamiento en el mercado sino que depende completamente de su comitente. Por tanto, para que pueda considerarse, a efectos del Derecho de la Unión, que los sustitutos autónomos del litigio principal no son "trabajadores" sino verdaderas "empresas", debe el tribunal remitente comprobar que, más allá de la naturaleza jurídica de sus contratos por obra o servicio, dichos sustitutos no se encuentren en las condiciones señaladas. De este modo, no se entra a considerar el "*nomen iuris*" que las partes hayan querido articular, sino el verdadero fondo o intención material.[44]

2.2 Contrato entre el TRADE y su cliente: formalización legal

El artículo 12 de la LETA establece que "El contrato para la realización de la actividad profesional del trabajador autónomo económicamente dependiente celebrado entre éste y su cliente se formalizará siempre por escrito y deberá ser registrado en la oficina pública correspondiente. Dicho registro no tendrá carácter público". En concreto, el RD 197/2009 por el que se desarrolla la LETA prevé que "el registro se efectuará en el Servicio Público de Empleo Estatal, organismo del que dependerá el registro con carácter informativo de

---

lleva a cabo un contrato simulado con la finalidad de crear, con engaño, una apariencia falsa, a partir de la cual se pueden lograr finalidades no admitidas por el ordenamiento jurídico y evitar obligaciones legalmente establecidas". Ver Fernández Santos, G, "Trade vs falso autónomo", *La Ley*, nº 1397 (2009).

43 Ver la STJUE de 4 de diciembre de 2014, en el recurso C-413/2013.

44 Serrano Argüeso, M, "Autónomos dependientes y autónomos independientes. Un intento de reconfigurar al Trade", 11.

contratos para la realización de actividad económica o profesional del trabajador autónomo económicamente dependiente" (art. 6.1 *in fine*). De acuerdo con sendos preceptos, el TRADE podrá alcanzar tal consideración cuando, por un lado, cumpla con los requisitos que recoge el artículo 11, pero también, por otro, comunique fehaciente al empresario su condición de dependencia económica.[45] El hecho de que se solicite esta comunicación es clarificador de la relación jurídica con quién se está contratando y también una posible vía de escape para la regularización de la situación de TRADES encubiertos.[46] Por lo que, si no hay comunicación no hay entonces obligación de considerar como TRADE al trabajador y, de igual modo, tampoco se puede presumir el cumplimiento de los requisitos legales que recoge el artículo 11. Cuestión distinta es que se haya formalizado el contrato de servicios normado al que se refiere el artículo 12 de la LETA. Afirma el Supremo[47] que es, precisamente, la existencia de los elementos materiales de la relación y no la formalidad en cuanto a la existencia o no del contrato, lo que determina la presencia de dicha relación de trabajo parasubordinado.[48] Por el contrario, no se exige por la LETA la formalización por escrito del contrato, sino que únicamente será requisito esencial su registro a efecto de prueba de la relación profesional entre el TRADE y su cliente.[49] Sin embargo, sí será indispensable y requisito "*ad solemnitatem*" la comunicación de la situación de dependencia económica al cliente (Artículo 2.2. del RD 197/2009).

Al margen de estas ideas generales, el RD 197/2009 recoge al menos cinco argumentos concretos, que permiten sustentar o fundamentar la noción "*ad probatiomen*" de trabajo en régimen de dependencia económica: a) El contrato entre el TRADE y su cliente deberá inscribirse ante las oficinas del Servicio Público de empleo Estatal, debiendo entregarse una copia básica del mismo al trabajador

45 El número 1 del artículo 12 que introduce la Ley 26/2011, de 10 de octubre (a través de su Disposición Final segunda), establece el procedimiento para que el trabajador pueda obtener el reconocimiento por parte del empresario de la condición de TRADE y la formalización del contrato.

46 A este respecto, se establece la plena aplicación del artículo 1278 del Código Civil siempre que concurran todas las condiciones esenciales que determinan su validez.

47 STS de 12 de junio de 2012 (Rec. 260/2011).

48 Esta interpretación es no sólo la más acorde con el principio general de libertad de forma que recoge el art. 1278 del Código Civil, sino también (y esto es lo verdaderamente importante) con el mismo espíritu protector que constituye la razón de ser de la Ley 20/2007.

49 El requisito del artículo 12.2 ha de entenderse como requisito "*ad probationem*" y no "*ad solemnitatem*", tal y como se pretende en ocasiones por la parte empresarial a fin de evitar la consideración de una relación como de TRADE.

(artículo 8.3 del ET); b) no se especifican los requisitos constitutivos y diferenciadores que habrá de reunir el contrato para la realización de una actividad profesional (pues se garantiza la plena libertad contractual - art. 8.1 del ET-), a fin de acogerse al manto protector que establece la LETA. Ella genera serias dudas de legalidad, de ahí que se reclame por parte de la doctrina científica el establecimiento de nuevos requisitos.[50] Y es que, únicamente, se habla de la mera comunicación al cliente (artículo 2.2 del RD 197/2009); c) la declaración formal o escrita de la condición de TRADE no implicará su reconocimiento como tal, por lo que no será vinculante. En este sentido, el artículo 2.3 del RD de 2009 prevé que el cliente pueda solicitar al TRADE el cumplimiento de las condiciones establecidas en el artículo 1.1. cuando hayan transcurrido, al menos, seis meses desde la firma del contrato. De modo que se trata de evitar un posible fraude de ley o "*nomen iuris*" para designar una relación inexistente con el cliente. Igualmente, desaparecerá la condición de TRADE cuando concurra una novación contractual que determine la pérdida del requisito de dependencia; d) se permite a los contratantes mantener los términos del contrato cuando los requisitos de dependencia económica se produzcan de manera sobrevenida (artículo 12.3 de la LETA). Ahora bien, si se producen discrepancias deberá ser la jurisdicción social la responsable de resolver las controversias, debiendo el trabajador autónomo adaptar sus cotizaciones sociales a las exigencias que establece la Ley 20/2007.[51] La ley prevé, en este punto, una presunción "*iuris tantum*" a favor del trabajador, de tal modo que cuando el contrato se haya formalizado por escrito -con declaración expresa de los contratantes del régimen de dependencia económica- y se encuentre inscrito en la oficina pública correspondiente se presumirá la condición de TRADE (Art. 12.1 de la LETA, el cual se encuentra desarrollado por los artículos 4 y 6 del RD de 2009).

---

[50] Galiana Moreno, J.Mª y Selma Penalva, A, "El trabajo autónomo dependiente dos años después de la aprobación del Estatuto del Trabajador Autónomo. Aportaciones prácticas del RD 197/2009 que desarrolla la Ley 20/2007", 315. Estos autores interpretan que, la razón por la que no se incluyen nuevos requisitos, tiene su base en la idea de que no pierda eficacia los mecanismos protectores que recoge la LETA.

[51] El TRADE habrá de cotizar en el régimen especial de trabajadores autónomos por incapacidad temporal (IT) derivada de contingencias comunes y, además, tendrá cubierta obligatoriamente la protección por contingencias profesionales a través de una Mutua (accidente de trabajo y enfermedad profesional).

2.3 Trabajadores autónomos económicamente dependientes y género

Uno de los fenómenos más importantes que se ha producido durante la segunda mitad del siglo XX ha sido la masiva incorporación de la mujer al mercado laboral. En España su participación se ha ido incrementado, poco a poco, hasta pasar a ocupar el 53,3% de los puestos de trabajo. No obstante, y a pesar de los esfuerzos legislativos que la Comunidad ha realizado en las últimas décadas sobre igualdad de trato entre hombres y mujeres, las diferencias entre ambos sexos se mantienen en todos los Estados europeos como un problema latente.[52]

En toda la Unión Europea, así como en España, la participación de las mujeres en el mercado de trabajo ha experimentado una paulatina expansión a partir de mediados de los años ochenta. Principalmente, las razones de este importante impulso se ha debido a los profundos cambios sociológicos y económicos gestados en las últimas décadas, lo cual se ha visto al tiempo favorecida por los avances políticos y legislativos en el terreno de la igualdad y la no discriminación. Sin embargo, pese a los avances habidos en estos años, este proceso se enfrenta a múltiples obstáculos que frenan un cambio estructural en la participación laboral de las mujeres y que, por consiguiente, impiden una participación más igualitaria de mujeres y hombres en el trabajo remunerado.[53] Desgraciadamente, este hecho se acentúa aún más cuando se trata de mujeres que tratan de acceder al autoempleo. Y es que, ya sea por una falta de información o por la persistencia de una discriminación sociolaboral de género, lo cierto es que a día de hoy hay pocas mujeres que pueden acceder a la condición de TRADE.

En el diagnóstico y en el análisis de las políticas tendentes a consolidar dicho proceso debe abordarse, desde luego, el periodo más reciente condicionado por los efectos de la última crisis, ya que no se puede desconocer su impacto. Sin embargo, ese no ha sido únicamente el factor determinante pues las barreras naturales que, por defecto, impone el legislador han determinado que, varias décadas después del inicio de una tendencia de incorporación generalizada, en las que se han sucedido

[52] La Constitución Española establece, con carácter general, en sus artículos 14 y 35 el principio de no discriminación. Ver Coves, A.M, Corominas, a, Lusa, A y Martínez, C, "La valoración de puestos de trabajo y la discriminación retributiva", *II Jornadas de Discriminación salarial. El derecho a trabajar en igualdad* (Córdoba, 2002), 3 -5.

[53] En este sentido, el programa de trabajo del «Compromiso estratégico para la igualdad de género» para el período 2016-2019 se adoptó en diciembre de 2015 y refleja el compromiso de la Comisión de intensificar sus actividades en el ámbito de la igualdad de género.

periodos de expansión y de recesión, las mujeres en España sigan presentando menores tasas de actividad y de empleo que los hombres. Lamentablemente las mayores dificultades que en la carrera profesional presentan las mujeres se deben, entre otros factores, a la existencia de una importante brecha salarial que persiste y aumenta con la edad, todo lo cual repercute negativamente en sus futuros derechos de Seguridad Social.[54] Situación que se acrecienta por el fenómeno de la economía globalizada, la generalización de las nuevas tecnologías y el retroceso de la clase obrera como mecanismo de antagonismo, pero también como sujeto político homogeneizador de dicho antagonismo frente al capital.[55] Ciertamente, la tendencia actual del modelo social se articula en base a la división de tareas y de género en donde la participación femenina se ha orientado, principalmente, en torno al cuidado del hogar y la realización de trabajos no remunerados (trabajos informales y en precario), en tanto el hombre dedica todos sus esfuerzos en aportar el sustento económico al hogar familiar. De este modo, mientras que el varón accede joven al mercado de trabajo y se mantiene así durante toda su vida, la mujer sin embargo suele experimentar lagunas de cotización a causa de la inestabilidad que sufre en el empleo (a través de las contrataciones temporales y a jornada partida) o la asunción de cargas familiares. Desgraciadamente, el hecho de que la mujer tenga que soportar el sistema de la "doble jornada" (laboral y familiar) ha llegado a situar a ésta fuera de la concepción de protección social y laboral. Por lo que, al final, esa desviación privada de los roles que les corresponden a hombres y a mujeres (en su versión originaria) se ha trasladado, inevitablemente, también al mercado laboral.

Entre las prioridades de las políticas europeas y nacionales se encuentra, sin lugar a dudas, la de alcanzar una mayor participación laboral de las mujeres, de modo que se haga frente así a todos aquellos grandes retos que tiene planteado el colectivo comunitario (así como la nación española). Se trata, en todo momento, de equilibrar las actuales tendencias demográficas mediante una recuperación de la natalidad a fin de mejorar las perspectivas adversas sobre la sostenibilidad del

---

54 Ver Informe sobre la participación laboral de las mujeres en España. Publicado por el CES a fecha de 21 de diciembre de 2016 en la Sesión ordinaria del Pleno. En la misma línea, véase el comunicado de prensa de 8 de marzo de 2017 que publica Comisión Europea con motivo del día internacional de la mujer.

55 Perán Quesada, S, "Género y políticas de empleo", en *Las políticas activas de empleo: configuración y estudio de su regulación jurídica e institucional*, Dirs y Coords por Monereo Pérez, J.L; Fernández Bernat, J.A y López Insua, B.M (Navarra, Thomson Reuters-Aranzadi, 2016), 784.

crecimiento económico, de la población en edad de trabajar y de los sistemas de protección social que derivan del progresivo envejecimiento de la población.

Sin embargo, no se olvide que la participación de las mujeres en el trabajo remunerado en condiciones de igualdad real y efectiva es, en primer lugar y ante todo, un imperativo democrático. De ahí que, todas las medidas de políticas activas vayan enfocadas hacia la exigencia de una efectiva equidad, pues de hecho ello supone una condición necesaria para alcanzar mayores niveles de cohesión social. En este sentido, las actuales reglas de políticas activas se han focalizado en uno de los colectivos más castigados por la situación de crisis económica, esto es, la mujer. No se olvide, en este punto, que el elemento vertebrador de las políticas activas de empleo camina en sintonía a lo preceptuado por el mandato constitucional de remover los factores estructurales que favorezcan la desigualdad de los distintos grupos sociales en el acceso al empleo cualificado y de calidad, a través de políticas realmente activas y eficaces.[56]

El desarrollo de las políticas activas de empleo a través de la instauración de mecanismos que propicien la disminución de desempleados ha generado profundos cambios en el mercado de trabajo. La profusión de disposiciones normativas enfocadas hacia el fomento del empleo ha propiciado la aparición de un modelo jurídico poco definido, en donde la falta de rigor legislativo ha hecho gala de las deficiencias y lagunas existentes en el actual sistema de trabajo asalariado.[57]

En el siglo XXI el uso de las nuevas tecnologías de la producción y la descentralización productiva[58] han dado fin a aquellas formas de trabajo en masa y por cuenta ajena, para dar paso a una variedad de fórmulas jurídicas de empleo. En este contexto, el legislador europeo (y, por ende, el español) apuesta, cada vez más, por el autoempleo como forma de salida ante la deplorable situación de crisis económica,[59] olvidando por contra las consecuencias negativas que sobre los estratos

---

[56] Perán Quesada, S, "Género y políticas de empleo", 781 y siguientes.

[57] García Valverde, M, "Promoción y fomento del autoempleo", *Temas Laborales*, n. 81 (2005), 101-102.

[58] La descentralización productiva se entiende como la externalización o desplazamiento hacia entidades autónomas de fases de ciclo productivo que antes se desarrollaban por parte de la propia empresa. Ver Monereo Pérez, J.L, "Transformaciones del trabajo y futuro del derecho de trabajo en la 'era de la flexibilidad'", en *Derecho de las relaciones laborales*, n. 5 (2016), 444 y siguientes.

[59] Soler Arrébola, J.A, "La contratación de asalariados por TRADES", *Revista Española de Derecho del Trabajo*, n. 184 (2016), 1.

más débiles (y, por consiguiente, con más dificultades de inserción en el marcado laboral) de la sociedad puede originar.[60] En el momento presente el trabajo autónomo actúa como salida frente a las crecientes cifras de paro, lo cual determina el surgimiento de una amplia variedad de formas de trabajo por cuenta propia que rompe considerablemente con los esquemas jurídicos tradicionales. Sin embargo, en la práctica los estudios demuestran que todavía subsiste una discriminación en este ámbito, principalmente debido a la existencia de estereotipos que potencian múltiples obstáculos a la hora de trabajar con determinados clientes que prefieren contratar con varones antes que con mujeres. Las razones giran, nuevamente, en torno al hecho biológico de la maternidad, la imposibilidad de conciliar la actividad profesional como TRADE con las cargas familiares y la falta de incorporación en las actividades formativas de contenidos específicos de las necesidades de mujeres que quieran acceder al autoempleo.[61]

3 Vaivenes jurisprudenciales y conflicto en el marco de la economía de las plataformas: el caso Deliveroo y Glovo

A día de hoy, la llamada "economía de las plataformas" o "plataformas digitales" está planteando conflictos en torno a esta materia que no están siendo resueltos de manera unánime en vía jurisprudencial. En efecto, la doctrina científica y judicial parece estar dividida en este punto de forma que, algunos, abogan por referirse a los TRADEs como "falsos autónomos", mientras que otros insisten en el carácter laboral de esa relación ilícitamente regulada por la LETA.

Lamentablemente, el Tribunal Supremo no ha llegado a pronunciarse en este ámbito. Sin embargo, por su parte, el Tribunal Superior de Justicia de la Unión Europea sí que ha llegado a concretar las notas que califican a una relación laboral como ilícita y, por tanto, efectuada de manera fraudulenta[62] (STJUE de 13 de enero de 2004, asunto C-256/01), a saber: "A) La principal nota que caracteriza a una relación como laboral

---

[60] Espejo Megías, P, "Mercado de trabajo y discriminación desde una perspectiva de género. Ajustes y desajustes e implicaciones en el trabajo autónomo", *Cuaderno Electrónico de Estudios Jurídicos*, nº4 (2015), 39.

[61] Rocha Sánchez, F, "El trabajo autónomo económicamente dependiente en España. Diagnostico y propuestas de actuación, *Revista de Derecho de la Seguridad Social*, nº10 (2017), 309-310.

[62] Para un conocimiento más exhaustivo véase Martín Muñoz, R, "Las difusas fronteras entre el trabajo autónomo y el asalariado", en VV.AA., *El futuro del Derecho del Trabajo y*

estriba en que una persona realiza, durante un cierto tiempo, en favor de otra y bajo la dirección de ésta, determinadas prestaciones a cambio de las cuales cobra una retribución.[63] B) Un prestador de servicios puede perder su condición de operador económico independiente cuando no determina de forma autónoma su comportamiento en el mercado, es decir, cuando no asume los riesgos resultantes de la actividad económica y opera como auxiliar integrado en la empresa de su comitente.[64] C) La calificación formal de trabajador por cuenta propia con arreglo al Derecho nacional no excluye que la misma persona deba ser calificada de trabajador por cuenta ajena a efectos del Derecho de la Unión, si su independencia sólo es ficticia y disimula lo que a todos los efectos es una relación laboral - actúa bajo la dirección del empresario (ausencia de libertad para fijar su horario, lugar de trabajo y contenido del mismo), no participa en los riesgos comerciales de dicho empresario y está integrado dentro de la empresa".

El auge de la "economía de las plataformas", al hilo del desarrollo de las nuevas tecnologías de la información y la documentación, está reabriendo el debate en torno a la situación de los TRADEs. Y es que bajo esas nuevas fórmulas de precariedad laboral en las que las empresas, haciendo uso de las plataformas digitales habilitados al efecto, recurren a los TRADEs para que dispenses de servicios a sus clientes, se cuestiona ahora el estatuto jurídico protector de los derechos de estos trabajadores. Se caracterizan estas relaciones, de una parte, por la capacidad del trabajador para concretar el momento de ejecutar la prestación y, de otra, por la facultad de éste para rechazar los encargos.[65] Ahora bien, la duda sigue siendo la misma ¿constituye éste un "trabajador intependiente"? o, por el contrario ¿se trata de una trabajadora por cuenta ajena que goza de las peculiaridades de una relación laboral especial?

La cuestión litigiosa ha estallado en el año 2018 con motivo de la actuación realizada por la Inspección de Trabajo, tras diversas denuncias realizadas por los trabajadores afectados a través del buzón de lucha contra el fraude. Antes incluso, a finales del año 2017, la Inspección de Trabajo de Valencia resolvió un procedimiento iniciado en septiembre de 2016, emitiendo un acta de liquidación de cuotas a la Seguridad Social

---

de la Seguridad Social en un panorama de reformas estructurales: Desafíos para el trabajo decente, Murcia: Laborum, 2018.

63 STJUE de 21 de febrero de 2013, apartado 40 (asunto C-472/11).

64 STJUE de 14 de diciembre de 2006, apartados 43 y 44 (asunto C-217/05).

65 https://ignasibeltran.com/2018/03/07/delimitacion-del-trabajo-por-cuenta-ajena-ultimas-novedades-jurisprudenciales-y-apunte-internacional-traductores-zardoya-uber-lecab-y-grubhub/.

en la que se condenaba a la filial española Deliveroo a regularizar la situación de sus repartidores.[66] Esta misma circunstancia se ha repetido, en el año 2018, en las ciudades de Madrid y Barcelona.[67]

Respecto del caso de Valencia y Cataluña, la Inspección de Trabajo señala que los repartidores de Deliveroo y *Take Eat Easy*– los llamados *riders* –no son autónomos, sino trabajadores asalariados por cuanto reúnen todos los requisitos previstos en el artículo 1.1 del ET. Aparte, cabe tener en cuenta que el nuevo contrato que Deliveroo ofrece a sus *riders* (desde julio de 2017) y que les sigue obligando a figurar como trabajadores formalmente autónomos, no soluciona el problema que plantea la "economía de las plataformas". En este orden de ideas, la Inspección apunta que el hecho de que la empresa haya impuesto unilateralmente un nuevo contrato a sus repartidores es señal inequívoca del poder unilateral del empresario y por ende, un indicio de laboralidad en sí mismo.

En contra de esta doctrina, la sentencia del Juzgado de lo Social número 39 de Madrid, de 3 de septiembre de 2018 (recurso 1353/2017) ha declarado que un repartidor de la empresa Glovo no es trabajador por cuenta ajena, sino un auténtico autónomo. En otras palabras, para este tribunal la naturaleza de la relación entre la plataforma digital y sus *glovers* no es de carácter laboral sino mercantil.

Afirma el Juez de instancia que las razones por las que no puede clasificarse como laboral esta relación es por no concurrir, en la misma, las notas de dependencia y subordinación necesarias para ello, y ello por las siguientes razones:

A) El *rider* no estaba sujeto a jornada ni horario, puesto que él decidía la hora en la que deseaba trabajar y los pedidos, pudiendo incluso rechazarlos una vez aceptados. Asimismo, entiende que aquél tenía dominio completo de su actividad, dado que decidía con libertad la ruta a seguir por cada pedido y su forma de realización.

B) Glovo no ejerce ningún poder disciplinario sobre el *rider*, pues existe una capacidad de autoorganización propia de una relación por cuenta propia.

---

[66] *Vid.* Acta de liquidación de cuotas a la Seguridad Social de 19 de diciembre de 2017. Número de referencia: 462017008125108.

[67] Martín Muñoz, R, "Las difusas fronteras entre el trabajo autónomo y el asalariado", en VV.AA., *El futuro del Derecho del Trabajo y de la Seguridad Social en un panorama de reformas estructurales: Desafíos para el trabajo decente*, Murcia: Laborum, 2018.

C) El *rider* asume el riesgo y ventura de cada pedido, lo que indica que éste no está sometido a la estructura organizativa interna de la empresa. Las principales herramientas de trabajo (moto y teléfono móvil), son propiedad del trabajador (sin que, sorprendentemente, se haga referencia al valor económico que tiene el software o la aplicación).

D) La retribución que percibe el *rider* depende directamente de la cantidad de recados que haga, siendo distinta de un mes a otro.

E) Glovo no exige justificaciones a los *riders* por sus ausencias, sino que éstas simplemente deben comunicarse. De igual modo, tampoco decide Glovo los días de descanso del trabajador (a los que tenía derecho por su condición de trabajador autónomo económicamente dependiente: "TRADE").

F) Finalmente, no existe pacto de exclusividad entre las partes, de manera que el *rider* puede prestar servicios para otras empresas.

Las diferencias más destacadas entre la sentencia Globo y las relativas a Deliveroo y *Take Eat Easy* se basan en lo siguiente: 1. El repartidor tiene la posibilidad de rechazar pedidos -incluso habiendo sido previamente aceptados-, 2. El trabajador no está sujeto a un horario concreto y, finalmente, 3. el trabajador tiene la posibilidad de prestar servicios para otras empresas.

Ahora bien, la conclusión alcanzada en este caso también difiere de la alcanzada en el caso Deliveroo por la diferente valoración que subjetivamente realiza en juzgado de lo Social en el caso Glovo. Cabe pues concluir y resumir los puntos determinantes de las circunstancias que rodean a esta prestación del servicio de la siguiente manera:

- La diferente concepción que en las sentencias se tienen acerca de la estructura empresarial. Así es, en el caso de Glovo, el juzgado de lo Social de Madrid afirma que la moto y el teléfono móvil son las principales herramientas de trabajo. Sin embargo, en la sentencia de Delivero, se afirma que, pese a que el teléfono móvil y bicicleta son propiedad del repartidor, éste carece de organización empresarial dado que lo relevante, a efectos de organización de la actividad empresarial, es la aplicación informática, propiedad de la plataforma digital.
- Mientras que el sistema de geolocalización de los *riders* de Deliveroo fue considerado un elemento de dependencia de los repartidores a la plataforma digital, propio de una

relación laboral. Por su partem en el caso de Glovo, éste no constituye un instrumento de control, sino que el mismo permite contabilizar el kilometraje para su posterior abono en la factura, sin que conste que se utilice para controlar la ruta escogida por el repartidor.

- En el caso de Deliveroo el hecho de que fuera la empresa quien decide el precio de los servicios prestados constituye un indicio de ajenidad. Ahora bien, en el caso Glovo los repartidores también perciben casi íntegramente el precio fijado por su empresa para los clientes, pero por el contrario la empresa percibe una pequeña comisión.
- Por último, en lo relacionado al sistema de puntuación existente en la empresa. En el caso Deliveroo, los sistemas de puntuación en las plataformas digitales se han visto como medidas indirectas de control o de potestad disciplinaria –de hecho, en la sentencia se reconoce que la existencia de una rebaja en la puntuación por no estar disponible en las franjas solicitadas constituye un indicio laboralidad, aunque no suficiente para entender que la relación es laboral. Por su parte, en el sistema de puntuación existente en Glovo, no constituye éste un instrumento de control o sanción, sino al contrario, se trata de una medida incentivadora que se emplea para premiar a unos trabajadores por una mejor calidad o cantidad de servicios. Por lo que, en ningún caso, podrá este sistema de puntuación emplearse como medida de castigo para los repartidores con menor puntuación.

4 Conclusiones

Las nuevas formas de organización del capitalismo contemporáneo están motivando el surgimiento de transformaciones en el Derecho del Trabajo clásico. Proliferan ahora nuevos modos de división y organización del trabajo, lo que, unido a un escenario cambiante en el sistema de políticas de empleo, provoca un incremento del trabajo autónomo como forma de salida a la situación de crisis económica. Ante este voluble escenario se desdibujan ahora dos mundos, de una parte, aquel sujeto a las reglas de la voluntariedad, ajeneidad, subordinación y dependencia, respecto de aquel otro en donde el gran protagonista venía siendo el autónomo y el principio de "*laissez faire, laisse passez*", y todo ello a fin de abrir las puertas a otros instrumentos privilegiados de externalización de la actividad productiva. En efecto, el TRADE ha creado a través de la LETA un marco difuso, pero también fluido y flexible, que convive con las tradicionales formas de desempeño profesional. Ahora bien, a diferencia del trabajo autónomo y el asalariado, se ha desnaturalizado con el TRADE los cimientos y bases mismas del sistema de protección social. Hipotecando, de este modo, cualquier avance en pro de una protección jurídica efectiva de los trabajadores y profesionales autónomos. Y es que, bajo la pretensión de una lucha contra la lacra del desempleo y garantismo entorno al reconocimiento de un derecho al trabajador-ciudadano, el legislador ha provocado una desconstrucción de las bases homogéneas que sustentaban el marco protector de la clase trabajadora. Lo cual revela la existencia de múltiples carencias y graves lagunas legislativas.

Se apuesta por la tercerización, externalización y descentralización empresarial, en lugar de potenciar un trabajo seguro, especializado y que garantice una subsistencia digna en los términos que establece la Carta Magna y el Derecho Social comunitario. En el marco coyuntural, aparentemente, de apertura en las formas de trabajo autónomo hacen su presencia "de facto" los términos de precariedad, fraude y competitividad, pero eso sí desde una perspectiva muy diferente y marginal a la que recoge la normativa social del Trabajo. Aparecen las nuevas tecnologías y nuevos modos de desarrollo profesional, lo que lleva a configurar al TRADE con requisitos de tan poca consistencia que rozan lo subrealista. Ni si quiera la LETA es capaz de marcar unas líneas precisas y/o diferenciadoras, respecto al trabajo asalariado e incluso el autónomo, que eviten el fraude de ley y la economía sumergida. De ahí los constantes conflictos que en la praxis ordinaria de las plataformas digitales se están planteando.

Los requisitos que se exigen por el legislador son tan endebles, difusos y laxos que, en muchos casos, el TRADE se ha convertido en la vía perfecta para que los empresarios no reconozcan los derechos laborales. No se puede esperar nada mejor de lo que ya estamos presenciando diariamente en nuestro anquilosado mercado laboral. La aparición de "falsos autónomos" está siendo un problema tan común a como lo ha sido y sigue siendo en el RETA. Por lo que no ha de extrañarnos el surgimiento de o fraudes tan elementales como el representado por trabajadores asalariados que sean obligados por despóticos empresarios a darse de alta como trabajadores autónomos para eludir el pago de las cotizaciones a la Seguridad Social. Por lo que, el caso de abusos a trabajadores autónomos económicamente dependientes, que en realidad no sean tales, sino simples trabajadores por cuenta ajena están anegando ya con suma facilidad el panorama laboral español. En este sentido, cabe preguntarse: ¿no estaremos asistiendo a un cambio sutil y soterrado del modelo de sistema de la Seguridad Social en el que predomine el régimen especial del RETA en detrimento del Régimen General de la Seguridad Social, con las consecuencias que ello conlleva?

Este proceso trae su causa en varias razones. En primer lugar, porque desde el ámbito empresarial se ha constatado ya un fuerte rechazo al concierto o formalización del contrato que caracteriza a este colectivo al considerar que, en la práctica, la utilización de esta figura va a suponer una imposición de cargas y costes para la empresa propias del trabajo subordinado. En segundo lugar, porque la mayoría de los trabajadores temen que al utilizar este mecanismo su contrato se rescinda, por lo que prefieren seguir camuflados bajo fórmulas fraudulentas que garanticen su continuidad en el mercado de trabajo. En tercer lugar, cabe señalar el escaso control que se está efectuando para frenar esta vía de precarización del empleo. Por lo que, en contra de lo que ya denuncian las organizaciones sindicales, la tendencia actual consiste en expulsar del ámbito aplicativo del contrato de trabajo a ciertas actividades profesionales.

Se ha creado un fuerte debate en esta materia que ha hecho saltar las alarmas ante el creciente número de TRADES (más de 10.000 contratos), en los últimos tiempos. Es por ello que la Inspección de Trabajo y Seguridad Social haya iniciado, en este año 2017, una campaña de control frente a aquellos trabajadores que no cumplen con los requisitos que recoge la LETA y el RD 197/2009. Se trata de un primer paso que no ha sido muy bien acogido por las asociaciones de autónomos, quienes alegan que nos encontramos ante "una eficaz herramienta de trabajo en la nueva economía", motivo por el cual se desea que se extienda "pero con el control necesario para no vulnerar el mercado de trabajo y permitiendo así que estos autónomos desarrollen su actividad con derechos".[68]

El debate jurídico en torno a la regulación de los TRADE y sus consecuencias legales ha sido objeto de controversia, incluso, en momentos previos y posteriores a la aprobación de la LETA. Y ello es debido a que no se ofrecen garantías de calidad y dignidad en el trabajo profesional realizado. En este sentido, cabe recordar el informe europeo sobre "Transformaciones del trabajo y futuro del Derecho del

---

[68] https://cincodias.elpais.com/cincodias/2017/06/01/autonomos/1496311413_596366.html?id_externo_rsoc=TW_CC. Noticia publicada a fecha de 2 de junio de 2017 en el diario "El País".

Trabajo en Europa". Documento en donde ya se ponía de manifiesto el lugar central que ocupan en este debate las cuestiones relativas a la protección social de los TRADEs, en la medida en que *"el trabajo autónomo no es concebible si tiene como objeto o como efecto mermar los ingresos de la Seguridad Social; y, a la inversa, el estatuto de trabajador autónomo no es atractivo, si a las incertidumbres económicas que son inevitables en el mismo hay que sumar la perspectiva de una mala protección social". Los trabajadores que no pueden ser calificados como asalariados, pero que se encuentran en una situación de dependencia económica frente a un empresario principal, deben poder beneficiarse de los derechos sociales propios de esta dependencia"*. No se olvide que el establecimiento de una cierta flexibilidad no deberá nunca implicar una separación entre el Derecho del Trabajo y la Seguridad Social. Ambas constituyen dos caras, inseparables, de una misma moneda que no pueden apartarse de la idea base en pro del establecimiento de un estatuto profesional protector. Es por ello que no se entienda como, para los TRADE, no se ha configurado una relación laboral especial que goce de los mismos derechos que ya establecen las normas sociales. En efecto, no puede olvidarse la razón de ser del Derecho Laboral como rama del ordenamiento jurídico creada para la solución de conflictos y el mantenimiento de un equilibrio estructural entre los intereses empresariales y los derechos de los trabajadores. Sin embargo, los TRADEs se han enmarcado dentro del ámbito marginal o de exclusión del Derecho del Trabajo (al igual que los autónomos) y ello, a pesar, de que el contrato de servicios por el que se constituyen es reflejo de una laboralización parcial. En realidad, *de lege ferenda* se debería avanzar hacia una laboralización integral de los TRADEs, tal y como han apuntado algunas de las sentencias expuestas (a saber: el caso Deliveroo y *Take Eat Easy*).

Desde el ámbito europeo se ha justificado la elección del trabajo autónomo, a través de los TRADE, como un mecanismo de conciliación de la vida laboral y familiar, así como de incremento del empleo femenino. No obstante, no deja de ser ésta una mera ficción y engaño legal, en cuanto que lo cierto es que el 70% de los profesionales (mujeres y hombres) que desempeñan esta actividad trabajan más de 40 horas semanas. Por lo tanto, no parece que el TRADE permita conciliar la vida laboral y familiar, sino que más bien incrementa la semiesclavitud y el fraude en unos de los colectivos más castigados por el desempleo (como son las mujeres, los jóvenes y los trabajadores maduros mayores de 45 años).[69] Al tiempo que hace depender las condiciones de seguridad y salud laboral del modelo de familia a adoptar. En definitiva, la idea-fuerza que parece predominar ahora no es tanto la de luchar por encontrar un empleo digno, de calidad y humanizado, sino más bien de "encontrar un empleo, sea cual sea, lo que es mejor que no tenerlo".

Referencias bibliográficas

Aguilar Martín, M.C, *El régimen jurídico del trabajador económicamente dependiente,* Granada: Comares, 2015.

Coves, A.M, Corominas, a, Lusa, A y Martínez, C, "La valoración de puestos de trabajo y la discriminación retributiva", *II Jornadas de Discriminación salarial. El derecho a trabajar en igualdad,* Córdoba, 2002.

De la Villa Gil, L.E, "Apuntes sobre el concepto de trabajador en Derecho español", *CCDT* nº4 (1972), 56-58.

Díaz, L.E, "Cobertura previsional de los trabajadores independientes", *Estudio Socio-jurídico, Bogotá (Colombia)* 10 (2008), 37-75.

Espejo Megías, P, "Mercado de trabajo y discriminación desde una perspectiva de género. Ajustes y desajustes e implicaciones en el trabajo autónomo", *Cuaderno Electrónico de Estudios Jurídicos,* nº4 (2015), 39.

Fernández Santos, G, "Trade vs falso autónomo", *La Ley,* nº 1397 (2009).

Galiana Moreno, J.Mª y Selma Penalva, A, "El trabajo autónomo dependiente dos años después de la aprobación del Estatuto del Trabajador Autónomo. Aportaciones prácticas del RD 197/2009 que desarrolla la Ley 20/2007", *Ministerio de Trabajo e Inmigración* nº83, 2009.

García Valverde, M, "Promoción y fomento del autoempleo", *Temas Laborales,* n. 81 (2005), 101-102.

López Insua, B.M, "La política de fomento del empleo de los trabajadores jóvenes", *Temas Laborales* 128 (2015): 205.

Martín Muñoz, R, "Las difusas fronteras entre el trabajo autónomo y el asalariado", en VV.AA., *El futuro del Derecho del Trabajo y de la Seguridad Social en un panorama de reformas estructurales: Desafíos para el trabajo decente,* Murcia: Laborum, 2018.

Martín Puebla, E, *El trabajo autónomo económicamente dependiente: contexto europeo y régimen jurídico,* Valencia: Tirant Lo Blanch, 2012.

Martínez Barroso, Mª.R, "El trabajo autónomo económicamente dependiente. Reflexiones a raíz del proyecto de Ley del Estatuto del Trabajador Autónomo", *AFDUDC* 11 (2007): 453.

---

[69] http://www.ugt.es/SitePages/NoticiaDetalle.aspx?idElemento=1023.

Molina Navarrete, C y García Jiménez, M, "Régimen profesional del trabajador autónomo económicamente dependiente", en *El Estatuto del Trabajador autónomo. Comentario a la Ley 20/2007, de 11 de julio, del Estatuto del Trabajador autónomo*, Dirs y Coord. Monereo Pérez y Fernández Avilés, Granada: Comares, 2009.

Monereo Pérez, J.L, "Introducción. Análisis general. Significación jurídica del Estatuto del Trabajador autónomo", en *El Estatuto del Trabajador autónomo. Comentario a la Ley 20/2007, de 11 de julio, del Estatuto del Trabajador autónomo*, Dirs y Coord. Monereo Pérez y Fernández Avilés, Granada: Comares, 2009.

Monereo Pérez, J.L, "Poder y subordinación en las relaciones de trabajo. Las relaciones de trabajo como relaciones de poder asimétrico", en VV.AA.: *Estudios críticos de Derecho del Trabajo*, MEIK, M. (Dir.), Asociación de Abogados Laboralistas, Buenos Aires, Legis Argentina, 2014.

Monereo Pérez, J.L, "Transformaciones del trabajo y futuro del derecho de trabajo en la 'era de la flexibilidad'", en *Derecho de las relaciones laborales*, n. 5 (2016), 444 y siguientes.

Monereo Pérez, J.L. y López Insua, B.del M, "La garantía internacional del derecho a un 'trabajo decente'", en *Nueva Revista Española de Derecho del Trabajo*, nº 177 (2015).

Monereo Pérez, J.L.: "El trabajo autónomo, entre autonomía y subordinación (I y II)", en *Aranzadi Social. Revista Doctrinal*, Vol. 2, nº. 4-5 (2009), págs. 79-106 y 71-101, respectivamente.

Montoya Melgar, A, "Trabajo dependiente y trabajo autónomo ante el Derecho del Trabajo", *Revista Temas Laborales*, nº 81 (2005): 39.

Pazos Pérez, A, "Régimen jurídico del trabajador por cuenta propia con especial referencia al trabajador autónomo económicamente dependiente (TRADE)", *Dereito* Vol. 21, nº2 (2012): 72.

Perán Quesada, S, "Género y políticas de empleo", en *Las políticas activas de empleo: configuración y estudio de su regulación jurídica e institucional*, Dirs y Coords por Monereo Pérez, J.L; Fernández Bernat, J.A y López Insua, B.M, Navarra, Thomson Reuters-Aranzadi, 2016.

Rocha Sánchez, F, "El trabajo autónomo económicamente dependiente en España. Diagnostico y propuestas de actuación, *Revista de Derecho de la Seguridad Social*, nº10 (2017), 309-310.

Serrano Argüeso, M, "Autónomos dependientes y autónomos independientes. Un intento de reconfigurar al Trade", en *Las fronteras del Derecho del Trabajo en el marco comparado europeo: autónomos y becarios. XXVI Congreso Nacional de Derecho del Trabajo y de la Seguridad Social*, Madrid: Cinca, 2016.

Soler Arrébola, J.A, "La contratación de asalariados por TRADES", *Revista Española de Derecho del Trabajo*, n. 184 (2016), 1.

Soler Arrebola, J.A, *La contratación del trabajador autónomo económicamente dependiente. Régimen jurídico en un entorno de descentralización productiva*, Granada: Comares, 2013.

Supiot, A y Casas Baamonde, M.E, *Trabajo y empleo: transformaciones del trabajo y futuro del derecho del trabajo: informe para la Comisión Europea*, Valencia: Tirant Lo Blanch, 1999.

Valdés Dal-Ré, F, "Un Estatuto para el trabajo autónomo", *Documentación Laboral* nº81 (2007), 25.

Vila Tierno, F, "El trabajador autónomo económicamente dependiente", en VV.AA., Monereo Pérez, J.L y Vila Tierno, F (Dirs)., *El trabajo autónomo en el marco del Derecho del trabajo y de la Seguridad Social. Estudio de su régimen jurídico. Actualizado a la Ley 6/2017, de 24 de octubre, de Reformas Urgentes del Trabajo Autónomo*, Granada: Comares, 2017, 27-51.

Informação bibliográfica deste texto, conforme a NBR 6023:2018 da Associação Brasileira de Normas Técnicas (ABNT):

LÓPEZ INSUA, Belén del Mar. Contradicciones y puntos conflictos en torno a la figura del trabajador autónomo económicamente dependiente: Régimen profesional. *In*: TUPINAMBÁ, Carolina (Coord.). *As novas relações trabalhistas e o futuro do Direito do Trabalho*: as novidades provenientes das novas possibilidades de interações humanas e de novos modelos de solução de conflitos. Belo Horizonte: Fórum, 2022. (Coleção Fórum As novas relações trabalhistas e o futuro do direito do trabalho. Tomo V.) p. 99-128. ISBN 978-65-5518-224-8.

O FUTURO DO PASSADO DO DIREITO DO TRABALHO NO BRASIL

ANTÔNIO CARLOS AGUIAR

> *É impossível entender o mundo de hoje até que o hoje se torne amanhã.*
> (Chuck Klosterman)[1]

1 KLOSTERMAN, Chuck. *E se estivermos errados?* Tradução de Érico Assis Rio de Janeiro: Harper Collins, 2017. p. 22.

1 Desculpe-me, Einstein,[2] mas não há como voltar ao passado

Esse sonho de voltar ao passado (para compreendê-lo de perto, corrigi-lo ou simplesmente "nostalgiá-lo") tem sido objeto de vários filmes, ensaios e livros de ficção científica. De cabeça, lembramos dois *blockbusters*: *De volta para o futuro* e *O exterminador do futuro*. Um bom livro, neste sentido, é o romance de ficção científica *Timescape*, de Gregory Benford, publicado em 1980, que trata da comunicação entre cientistas separados por décadas.

> Pesquisadores enviam uma mensagem de volta no tempo, de 1988 para 1962, de forma a alertar para uma iminente catástrofe ecológica. Para tanto são utilizadas partículas subatômicas hipotéticas denominadas *táquions*, cuja existência é prevista pela relatividade de Einstein, mas que contam com propriedades tão estranhas que hoje se limitam às páginas de história de ficção científica. Os *táquions* são partículas que se descolam mais rapidamente do que a luz. Seu nome, cunhado na década de 60, quando houve pesquisa séria a seu respeito, vem da palavra grega *tackys*, que significa veloz. Em função dessa propriedade, os *táquions* acabam voltando no tempo.[3]

Há, ainda, outra "maneira de se voltar ao passado". Neste caso a viagem passa pelo deslocamento, por meio de uma trajetória curva no espaço-tempo que leva de volta ao passado, de forma análoga à imagem de um *looping* em uma montanha russa. "Esses *loopings*, conhecidos em física como *curvas tipo-tempo fechadas*, têm sido tópico de importantes pesquisas teóricas em anos recentes".[4]

Pois bem:

> desde meados do século 20, sabe-se que as teorias da relatividade de Einstein admitem na verdade, a possibilidade de viagens ao passado, embora apenas sob algumas condições e por causa de certos caprichos da matemática. A Teoria da Relatividade Especial demonstra como o primeiro tipo de viagem no tempo pode ser possível (a retrocausalidade por meio de deslocamentos mais rápidos que a luz). A Teoria Geral da

---

[2] "Einstein" aqui tem sentido figurado, com abrangência muito maior do que apenas o brilhante cientista.

[3] AL-KHALILI, Jim. *Paradoxo* – Os nove maiores enigmas da ciência. 1. ed. Tradução de Pedro da Costa Novaes. São Paulo: Fundamento, [s.d.]. p. 140.

[4] AL-KHALILI, Jim. *Paradoxo* – Os nove maiores enigmas da ciência. 1. ed. Tradução de Pedro da Costa Novaes. São Paulo: Fundamento, [s.d.]. p. 141.

Relatividade, por sua vez, permite a existência de uma outra forma, mais "tradicional" de viagem no tempo, por meio de curvas tipo-tempo. O lógico Kurt Gödel, que trabalhou com Einstein na Universidade Princeton, durante a década de 40, demonstrou matematicamente que esse tipo de viagem no tempo é possível, ao menos em termos teóricos, sem violar qualquer lei da natureza [...].[5]

Na prática, porém, tudo isso não é factível, na medida em que, como bem explicita Jim, em seu livro *Paradoxo – Os nove maiores enigmas da ciência*, por meio de simulações e cálculos, corroborados, com exemplo bem simples. Vamos ao exemplo: o acionamento de um interruptor na Terra, que faz piscar uma lâmpada na Lua. Sabendo-se que a luz percorre a distância entre a Terra e a Lua em aproximadamente 1,3 segundo, tem-se que o sinal viaja também à velocidade da luz. Assim, através de um telescópio, veríamos 2,6 segundos depois a luz se acender.

Para melhor compreensão, ele explica essa situação de modo bem simples e didático, para demonstrar a fragilidade lógica desta situação:

> um cosmonauta a bordo de um foguete, viajando à Lua, próximo à velocidade da luz, veria o acendimento da lâmpada antes que acionássemos o interruptor na Terra. Seria possível, então, a esse tripulante da espaçonave, enviar-nos um sinal mais rápido que a luz confirmando a visualização da lâmpada. Esse sinal pareceria, a um observador na Terra, viajar para trás no tempo e poderia chegar aqui antes do acionamento do interruptor, permitindo que decidíssemos não acender a lâmpada. A única forma de eliminar esse tipo de situação consiste em sustentar a impossibilidade de impulsos mais rápidos que a luz.[6]

Não é possível, portanto, essa viagem, por mais desejável que possa ser.

Pensar diferente, agir imaginariamente em sentido contrário, defender uma crença, simplesmente porque assim nela se acredita e, a partir desta compreensão, "tornar" verdadeiros meios e formas de sustentação contrárias aos fatos, porque o peso da crença "deve" sufocar o real em nome do "querer: acreditar" não é suficiente para que esse desejo alquimicamente se transforme em realidade, por mais paixão que se imprima nessa metamorfose.

---

5 AL-KHALILI, Jim. *Paradoxo* – Os nove maiores enigmas da ciência. 1. ed. Tradução de Pedro da Costa Novaes. São Paulo: Fundamento, [s.d.]. p. 141.

6 AL-KHALILI, Jim. *Paradoxo* – Os nove maiores enigmas da ciência. 1. ed. Tradução de Pedro da Costa Novaes. São Paulo: Fundamento, [s.d.].

Essa metáfora inicial aqui apresentada, com apoio científico, é feita não somente porque vivemos a era da "pós-verdade",[7] mas, também e principalmente, porque estamos em tempos de incertezas, em que

> o presente se apega ao passado e nos refugiamos no saudosismo. Ou então se apega ao *pretérito imperfeito e ao futuro do pretérito* – e mergulhamos num passado que não desperta saudade porque não se concretizou, num pretérito fantasioso, idealizado como um sonho, uma quimera, o mais das vezes, como um pesadelo. Em tempos de incerteza, subliminar o que poderia ter acontecido às vezes nos consola, outras nos aflige, mas ao menos nos distrai irresponsavelmente, animando discussões e dando trela ao que há pouco mais de uma década ganhou o rótulo de história contrafactual.[8] (Grifos nossos)

É a história do "e se". E se Napoleão não tivesse invadido Portugal e forçado a vinda da Corte de D. João VI para o Brasil? E se Hitler tivesse morrido naquele atentado de julho de 1944?

Neste momento, o Brasil vive sua história contrafactual no que se refere ao direito do trabalho. Vários atores-políticos ligados diretamente ou não a ele estão a todo o momento dando seus pitacos, para o bem ou para o mal, por meio de críticas ácidas ou traçando e/ou criando mecanismos/teses de defesas com argumentos sob o viés contrafactual do "e se", como se esse apego fosse suficiente para mudar a realidade.

Tanto a forma de ataque quanto a de defesa, porém, têm se pautado mais em crenças subjetivas e/ou interesses corporativos do que em uma análise isenta de paixões, enuviando, desta maneira, uma adequada reflexão, misturando-se com isso conceitos e preconceitos,

---

7 Steven Pinker, que é professor de Harvard e até 2003 foi diretor do Centro de Neurociência do MIT, em seu livro *O novo iluminismo*, alerta sobre o fato de que "a funesta pós-verdade arrisca abrir uma fissura no baluarte iluminista. Ao brandir que 'não existe verdade' (mas apenas narrativas e os rebolados mais ou menos bonitinhos da intertextualidade), o desconstrucionismo e o pós-modernismo podem minar ou até degradar a autoridade do desconhecimento e do estudo – portanto, da razão, substituindo-a pelo relativismo moral e epistemológico. O resultado são as realidades solipsistas. Já que nada corresponde ao real, cada um acredita no que quiser e que todo mundo se exploda". Não há como democrática e republicanamente viver neste universo crivado por um "*bang-bang* solipsista" de opiniões individualizadas e baseadas em estruturas que não se encaixam com a realidade, por melhor que sejam as boas intenções que elas carreguem. Não há de se falar em mudança de destino, quando ele já chegou; quando não é mais uma aposta, mas, ao contrário, uma certeza. Não há como se aplicar regras, ainda que sejam ou tenham sido boas um dia, para uma determinada realidade, se ela não existe mais. Quando é outra a dimensão real (PINKER, Steven. *O novo iluminismo*. Tradução de Laura Teixeira Motta e Pedro Maia Soares. São Paulo: Companhia das Letras, 2018).

8 AUGUSTO, Sérgio. Nada será como antes, amanhã. *O Estado de S. Paulo*, Caderno Aliás, E6, 27 dez. 2015.

tudo num mesmo balaio. Algo muito parecido com versos de Pessoa (sob o heterônimo de Bernardo Soares) no *Livro do desassossego* (o título por si só diz muita coisa):

> Todo esforço, qualquer que seja o fim para que tenda, sofre, ao manifestar-se, os desvios que a vida lhe impõe; torna-se outro esforço, serve outros fins, consuma por vezes o mesmo contrário do que pretendera realizar. Só um baixo fim vale a pena, porque só um baixo fim se pode inteiramente efetuar. Se quero empregar meus esforços para conseguir fortuna, poderei em certo modo consegui-la; o fim é baixo, como todos os fins quantitativos, pessoais ou não, e é atingível e verificável. Mas como hei de efetuar o intento de servir a minha pátria, ou alargar a cultura humana, ou melhorar a humanidade? Nem posso ter certeza dos processos nem da verificação dos fins.

O bem social, que é o fim maior, se perdeu nesta confusão.

Os fins de baixo são os que prevalecem e continuam em disputa.

Somem-se a isso mais dois aspectos. Primeiro, a *dúvida* sobre o que de fato é adequado e estruturado para ser considerado o melhor, uma vez que, como ressaltado anteriormente, utopias e distopias se confrontam e de nada servem para uma conclusão de encaminhamento, simbolizando cada qual, ao seu jeito, um padrão convencional social de determinada cultura temporal. Explica-se melhor: o que foi bom para determinada época pode não ser adequado ou minimamente pertinente em outro determinado tempo. E não é porque deixou de ser bom, mas, sim, porque aquilo que um dia foi reconhecido como verdade pode revelar-se depois numa farsa ou até numa grande mentira. Na melhor das hipóteses, como algo totalmente insignificante. As necessidades transformam-se. As pessoas mudam. O mundo não para.

O que de fato é ruim? Por que esse ruim não pode se transformar em algo simplesmente magnífico tempos depois? E mais ainda: por que, mais adiante, esse magnífico não pode uma vez mais voltar ao *status quo ante* ou mesmo incrustar-se num ostracismo?

Um exemplo. Vejamos o "conceito estruturante" do que é uma "grande" obra literária...

> Existe um famoso *website* que vende livros (e, se você comprou este livro, as pesquisas sugerem que há 41% de chance de ter feito seu pedido no *website* de que estou falando). Livros representam só uns 7% do total de vendas do *website*, mas eles são o principal produto pelo qual o *website* é conhecido.

> Parte do êxito do site está no conteúdo produzido pelos usuários: os consumidores podem escrever resenhas sobre o que compram, mesmo que não tenham lido de fato o livro que estão criticando. E isso é sensacional, principalmente se você quiser resenhas negativas, com uma estrelinha só, de *Moby Dick*. "Pomposo, arrogante, autoindulgente e insuportável. O pior livro que eu já li", escreveu, em 2014, um cliente insatisfeito. "Narrativa fraca, estrutura pobre, tramas sem resolução, 3/4 dos capítulos são irrelevantes e o autor muitas vezes confunde-se com o protagonista, um dos capítulos é exclusivamente dedicado ao fato de que as baleias não têm nariz. Outro trata da cor branca". O interessante é que a outra aquisição que essa pessoa também resolveu resenhar foi uma impressora Hewlett-Packart – que também manda fax – à qual ela concedeu duas estrelas.[9]

Esse caso *Moby Dick* é inexoravelmente a revelação de que "as coisas mudam"... Aquilo que foi até pouco tempo entendido e compreendido de acordo com uma determinada proposição pode, simplesmente, não ser mais reconhecido como "verdadeiro".

O texto mudou? Algo pernicioso foi encontrado sobre o autor? Não. Nada disso aconteceu. Nada com relação à obra e o autor foram alterados. Nada.

O que houve, então?

Transição temporal. O passado (quando a obra foi escrita) ficou lá, no seu tempo. O futuro veio e tornou-se presente (atual: nova realidade). E o novo futuro, que é incerto para todos nós, pode simplesmente mudar todo esse roteiro.

Tudo evolui. Conceitos são modificados, mutações estruturais e sociais fazem-nos enxergar o que não víamos e, com isso, mudam-se as opiniões.

Daí porque se deve alocar determinada coisa onde ela deve realmente estar, e de acordo com o que a realidade determina, não por meio de um estreito feixe, que anteriormente limitava a visão, mas por um caminho mais complexo; mais moderno, para uma compreensão livre de estigmas e dogmas distantes do tempo em que foram concebidos. A passagem, para o agora, tem de, obrigatoriamente, ser maior e mais democrática; o horizonte, mais abrangente; a distância a se percorrer, livre de limitações temporais, justamente para se ir mais longe.

Tanto isso é verdade que, à época da morte de Herman Melville (o escritor de *Moby Dick*, que acreditava que seu texto seria visto

---

9 Disponível em: http://www.amazon.com.br.

imediatamente como uma obra-prima), o livro tinha vendido pouco mais de cinco mil exemplares,[10] representando para o autor um verdadeiro fracasso, tanto que virou alcoólatra, poeta e, mais tarde, inspetor alfandegário...[11]

Você deve estar se perguntando: o que tem a ver a história de Ismael, já veterano do mar, que decide se embrenhar em outro ramo da atividade marítima, a pesca de baleias, com direito do trabalho? E no (do) Brasil? Em tempos de reforma trabalhista, diríamos: tudo! Na verdade, não exatamente com a história de Ismael e sua baleia, mas da transição entre o velho e o novo. Como dizia Russomano: "As gerações moças compreendem melhor que as nossas gerações o sentido e o destino do Direito Sindical".[12] Temos de ler, interpretar e trazer à realidade o que está escrito na lei com os tempos atuais.

Um segundo aspecto, que ainda gostaríamos de enfatizar, tem a ver com a "natureza acontecimental" da discussão relacionada ao direito do trabalho no século XXI, ou seja, aquela que se revela através de uma estrutura circular, se moldando por intermédio de uma pré-crença do que é bom e adequado quanto ao seu conteúdo e, com isso, tenta impedir contestações e modificações naquilo que com ela não se coaduna.

Para melhor compreensão, vamos a dois exemplos:

> Existe num acontecimento, por definição, algo de 'milagroso', dos milagres de nossas vidas cotidianas até aqueles das esferas mais sublimes, incluindo a do divino. A natureza acontecimental da cristandade surge do fato de que ser cristão exige a crença num acontecimento singular – a morte e a ressurreição de Cristo. Talvez ainda mais fundamental seja a relação circular entre a crença e suas razões: não posso dizer que acredito em Cristo por ter sido convencido pelas razões que sustentam essa crença; *só quando acredito* é *que posso compreender tais razões*. A mesma relação circular existe no amor: não me apaixono por motivos precisos (os lábios dela, seu sorriso...) – é por já estar apaixonado que seus lábios etc. me atraem. É por isso que o amor, também, é acontecimental. *Ele*

10 E, mesmo assim, isso ocorreu depois que Melville fez revisões no texto, alterou o título (antes o nome era *A baleia*). Para *A baleia*, a tiragem inicial foi de apenas 500 exemplares, mas menos de 300 foram vendidos.

11 KLOSTERMAN, Chuck. *E se estivermos errados?* Tradução de Érico Assis Rio de Janeiro: Harper Collins, 2017. p. 19.

12 RUSSOMANO, Mozart Victor. *Direito sindical*. Princípios gerais. Rio de Janeiro: José Konfino Editor, 1975. Dedicatória.

> *é a manifestação de uma estrutura circular em que o efeito acontecimental determina retroativamente suas causas ou razões.*[13] (Grifos nossos)

É por isso que, quando amamos, nos expomos ao ser amado em toda a nossa vulnerabilidade; quando estamos nus juntos, um sorriso ou comentário cínico do parceiro pode transformar charme em ridículo. O amor implica confiança absoluta: ao amar outra pessoa, eu lhe dou o poder de me destruir, esperando/confiando que ele ou ela não usará esse poder contra mim.[14]

O amor à posição defendida a favor ou contra uma adequação/ discussão do direito do trabalho às necessidades impostas pela sociedade (e suas revoluções) do século XXI pode gerar plena confiança ou ampla destruição conceitual.

2 Muita coisa mudou desde a discussão onomástica sobre *direito social restrito*

Estamos vivenciando um período de mudanças. Grandes mudanças sociais advindas de revoluções: digital, científica e tecnológica, que alteram significativamente modos de agir, pensar, trabalhar, numa palavra: viver (individualmente e em comunidades).

A transformação é total, uma passagem para outra realidade estrutural.

> Grandes transições não são processos de adições incrementais, para corrigir falhas ou preencher vazios na estrutura social existente. Elas representam a emergência de novos e não antecipados elementos estruturais e comportamentais que serão centrais na configuração da nova formação social. Uma vez atravessado o ponto de virada, quando as mudanças amadurecerem e dão nitidez à fisionomia da nova formação social, a ordem anterior desaparecer.[15]

Neste sentido, cumpre destacar que os primeiros debates no terreno do direito do trabalho, aos olhos de quem começava a estudar a disciplina, isso nos idos dos anos 1950, passava pelo entendimento

---

13 ZIZEK, Slavoj. *Acontecimento*. Tradução de Carlos Alberto Medeiros. Rio de Janeiro: Zahar, 2017. g. 8.

14 ZIZEK, Slavoj. *Acontecimento*. Tradução de Carlos Alberto Medeiros. Rio de Janeiro: Zahar, 2017. p. 177.

15 ABRANCHES, Sérgio. *A era do imprevisto* – A grande transição do século XXI. São Paulo: Companhia das Letras, 2017. p. 73-74.

quanto ao título apropriado para o então, *novo*, à época, ramo da ciência jurídica.[16] Essa concepção sobre a onomatologia do termo diz muito quanto àquilo que queremos evidenciar nesse estudo.

Em destaque está a classificação mais desejável naqueles tempos, lançada por Cesarino Júnior: direito social restrito.

E o que era esse direito social restrito?

> Em primeiro lugar, o Direito Social Restrito se propõe a defender os *hipossuficientes*, que são aqueles que, na sociedade capitalista, dependem do trabalho para que possam sobreviver e não possuem recursos e meios para lutar por si mesmo. A princípio eles se procuram unir, para que possam ser fortes. Agrupam-se. Aglutinam-se. Criam-se, assim, organizações profissionais. É o momento em que a classe economicamente fraca tenta proteger a si própria. Eis, portanto, uma *auto-proteção*. Aqui, por conseguinte, os empregadores e os empregados são vistos e estudados através de suas entidades de classe, de seus sindicatos, isto é, são olhados coletivamente. E o conjunto de normas legais que regula a formação do sindicato e das outras instituições profissionais constitui o *Direito Social Coletivo*, ou seja, o *Direito Corporativo*, que melhor fôra chamar, no Brasil, de *Direito Sindical*, visto que a organização das profissões, entre nós, se faz com base na oposição entre empregados e empregadores, não existindo entidades de classe que congreguem, ao mesmo tempo, uns e outros, para unificação das forças palpitantes da produção nacional. Mas os patrões e os obreiros podem, também, ser considerados *individualmente*. Vemos, então, que eles se acham vinculados pelos laços de um contrato e de uma relação jurídica chamada *relação de emprego*. As leis que disciplinam a conduta dos empregados e dos empregadores dentro do contrato de trabalho formam o *Direito Social Específico*, que é o Direito do Trabalho.
>
> Após e finalmente, surgem leis sociais aplicáveis à generalidade dos que trabalham ou, ainda mais, dos que não têm suficiente poder econômico para que sobrevivam. É, agora, o Estado que favorece, diretamente, os *hipossuficientes*. São normas jurídicas que visam ao aperfeiçoamento étnico, de acordo com os quadros higiênicos e eugênicos, o progresso educacional do povo, a moralização da família, a dignificação ética do homem, etc. Essas leis constituem o *Direito Assistencial*, que abrange todos os aspectos do seguro social.

---

16 RUSSOMANO, Mozart Victor. *O empregado e o empregador no direito brasileiro*. Rio de Janeiro: José Konfino Editor, 1954. v. 1. p. 34.

Portanto, o Direito Sindical, o direito do trabalho e o direito Assistencial são três partes de que compõe o Direito Social Restrito, isto é e, o *Direito Social*.[17]

E quais os princípios atinentes ao tema, também para aquele ambiente laboral primevo?

São basicamente cinco: (i) o princípio *da progressão racional*, que consiste na busca de garantias que cubram *necessidades existenciais dos trabalhadores*: "se, amanhã, por uma radical transformação do mundo em que estamos, essas necessidades fundamentais do proletariado fossem satisfeitas, por um golpe de mágica, no dia seguinte renasceriam as reivindicações trabalhistas, em nome das necessidades mais sutis, mais requintadas, mais espirituais, mas, de qualquer forma autênticas necessidades econômicas";[18] (ii) princípio da "sinceridade das leis trabalhistas"; (iii) princípio da economia, que se subdivide em: a) obter determinado resultado com o mínimo de gasto possível (economia em sentido próprio); e b) outorgar benefícios a certos grupos de pessoas com o menor sacrifício para a população (economia social); (iii) princípio da tutela oficial dos direitos do trabalhador;[19] e (v) princípio da igualdade, que se desdobra-se em igualdade jurídica, econômica e moral.[20]

2.1 Aplicação prático-estrutural atual

Muita coisa mudou de lá para cá. Os ditames éticos e étnicos citados nem de longe atendem a questões de ordem do dia a dia social direcionada, por exemplo, à igualdade de gênero. As necessidades de uma pessoa atualmente são muito diferentes daquelas de um cidadão médio dos anos 1950. Tecnologicamente, então, impossível qualquer viés de comparação. No que comporta a força dos entes sindicais, não há sombra de dúvidas quanto à sua transformação, não obstante a legislação não ter tido a mesma velocidade para acompanhar esse turbilhão exponencial de mudanças.

---

17 CESARINO JUNIOR, Antonio Ferreira. *Direito social brasileiro*. 2. ed. ampl. e atual. São Paulo: Livraria Martins Editora, [s.d.]. v. 1.

18 RUSSOMANO, Mozart Victor. *O empregado e o empregador no direito brasileiro*. Rio de Janeiro: José Konfino Editor, 1954. v. 1. p. 87-88.

19 Russomano destacava à época a importância deste princípio, à vista do "desenvolvimento incipiente do sindicato e das precárias condições de vida do operariado latino-americano".

20 RUSSOMANO, Mozart Victor. *O empregado e o empregador no direito brasileiro*. Rio de Janeiro: José Konfino Editor, 1954. v. 1. p. 87-94.

Vejamos, neste sentido, um exemplo bem simples, instalado na CLT no §2º, do art. 511, que textualmente diz que:

> a similitude de condições de vida oriunda da profissão ou trabalho em comum, em situação de emprego na mesma atividade econômica ou em atividades econômicas similares ou conexas, compõe a expressão social elementar compreendida como *categoria profissional*. (Grifos nossos)

As relações coletivas de trabalho, que compõem o direito coletivo de trabalho, formatam-se por meio de três elementos, quais sejam sujeito, objeto e relação jurídica.

> [Os] *sujeitos* (ativos e passivos) da relação coletiva não são trabalhadores e empresários, individualmente considerados, isto é, pessoas naturais ou jurídicas enleadas por obrigações e movidas por direitos subjetivos emanantes de interesses particulares. Essa relação nasce, geralmente, de atos de acentuado caráter contratual, conhecidos pela denominação corrente de *convenções coletivas de trabalho*, ou, diretamente, de fatos criados pelo convívio ou pelo entrechoque das categorias profissionais ou econômicas, como ocorre através dos *conflitos coletivos de trabalho*.[21]

As pessoas que interferem e interagem na criação, alteração ou extinção da relação coletiva de trabalho não são diretamente os atores principais: trabalhadores e empresários em ação direta. Todo esse complexo de relações coletivas se move por meio de intermediários, em especial, no que se refere aos trabalhadores (por força, inclusive, de disposição constitucional: art. 8º, VI), pessoas jurídicas representativas de categorias (ou grupos) profissionais e econômicas, a quem cabe a defesa dos interesses individuais e coletivos de toda a categoria.

Essa representação, coordenação e defesa desses interesses se dá por intermédio exclusivo de um ente sindical: sindicatos e entidades de grau superior (arts. 533 e 562, da CLT): federações e confederações.

Observe-se, ademais, no campo de relevância e importância da ação desenvolvida por esse ente diferenciado de representação, chamado de sindical, que, entre as suas funções, uma (senão a mais importante) delas é a da negociação coletiva de trabalho que gera contratos coletivos que vão além do estabelecimento de cláusulas contratuais, que eram obrigações concretas e direitas para os sindicatos convenentes, as chamadas

21 RUSSOMANO, Mozart Victor. *Direito sindical*. Princípios gerais. Rio de Janeiro: José Konfino Editor, 1975. p. 42.

> *Cláusulas normativas*, que, por estanho que pareça, têm como consequência, a *formulação de normas de trabalho* e como obrigação resultante o respeito a essas normas, no mento da celebração dos contratos individuais, ou seja, na prática de outros atos jurídicos. Assim, embora na ralação coletiva, eventualmente, o objeto possa ser uma obrigação concreta, o que ela possui de relevante (e original) é a formulação abstrata de normas de trabalho, de caráter cogente, espeitadas pelos trabalhadores e empresários quando, individualmente, celebram contratos de trabalho.[22]

Dito tudo isto, o que fica é: nos dias atuais qual a importância social ou jurídica da divisão por categoria (ditada ainda nos dias de hoje pelo Estado)? É democrática? É atual? Diríamos mais: é factualmente possível diante de todo cipoal de mudanças que houve – e continua em processo contingente de mutação – no mundo do trabalho? Exemplo: qual seria mesmo a categoria das plataformas Uber ou Airbnb? Motoristas? Hoteleiros? Ou ainda outra específica para plataformas? Não somente neste universo mais recente: veja-se o exemplo das montadoras de veículos: são elas uma indústria metalúrgica?

O sistema de representação sindical, portanto, mais do que simplesmente se ater a uma interpretação gramatical de uma legislação septuagenária, tem de se abrir ao novo, àquilo que efetiva e realmente precisam e querem as pessoas (no Brasil, físicas ou jurídicas) que pretende representar. Ele é o *alter ego* dos integrantes da categoria. Outra personalidade (no caso, jurídica) da mesma pessoa. O interesse, logo, tem de ser comum: único. O do representado.

Para atender, portanto, aos clamores mutantes de uma sociedade em transformação exponencial, não pode o sindicato estar fechado a um pensamento unidimensional.

> O problema do pensamento unidimensional não é ocultar o que salta à vista; é ter conhecimento do que se passa e, mesmo assim, ser incorrigível pela crítica e pela experiência. A crença profética é sempre autoevidente, apodítica, e nunca circunstancial. Não é de se admirar, portanto, que o grande argumento em favor de sua "validade universal" sejam os mais sombrios episódios históricos do passado e as mais sombrias imagens hipotéticas do futuro.[23] (Grifos nossos)

---

[22] RUSSOMANO, Mozart Victor. *Direito sindical*. Princípios gerais. Rio de Janeiro: José Konfino Editor, 1975. p. 44.

[23] COSTA, Jurandir Freire. Tempo de perguntar. *O Estado de S. Paulo*, Caderno Aliás, 27 dez. 2015.

Mas as mudanças não param por aqui. Vão bem mais longe. Na verdade, "em pleno século 21, o que importa investigar é qual o melhor caminho para romper 'relações de produção' peremptas a fim de liberar as 'forças produtivas'".[24]

3 O direito do trabalho bifronte Pós-Reforma Trabalhista

"Após reforma, país interrompe 7 altas e fecha 12,3 mil vagas com carteira", essa foi a manchete de 27.12.2017, do *site UOL*,[25] ao fazer um balanço do primeiro mês de vigência da reforma trabalhista.

A análise ainda trouxe outras informações, como:

> Trabalho sem hora fixa e parcial. O ministério divulgou os primeiros números sobre as novas modalidades de trabalho estabelecidas pela reforma trabalhista. No mês passado, foram criadas 3.067 vagas de trabalho intermitente, no qual o empregado não tem horário fixo e recebe apenas pelas horas trabalhadas. Na modalidade de trabalho parcial, foram criados 231 postos.

Acontece, porém, que essa observação se baseia em fatos e dados que se tornaram ultrapassados pelas novidades advindas da reforma. Não podem mais, portanto, ser tratados isoladamente, sob pena de não revelarem a verdade da situação. Logo, uma análise correta e precisa dos efeitos mutantes reformistas passa pela observação deste novo conjunto de informações e movimentações estruturais que afetam e influenciam significativamente o próprio direito do trabalho.

Eis o desafio a ser enfrentado.

Os desdobramentos jurídicos e factuais deste período pós-reforma vão muito além dessas abordagens pontuais, uma vez que exames desta natureza não se dão de modo complexo. Ao contrário: limitam-se a um estudo desatualizado, preso e limitado a apenas um tipo específico e próprio de relação de trabalho, centrada na base da subordinação jurídica que vincula a prestação de serviços de um trabalhador para com o seu contratante na forma de vínculo de emprego: empregado e empregador. Num contrato de trabalho regido, única exclusivamente, pela CLT

---

24 LAMOUNIER, Bolivar. Política, democracia e ética pública. *O Estado de S. Paulo*, Caderno Espaço Aberto, A2, 31 dez. 2017.

25 Disponível em: https://economia.uol.com.br/empregos-e-carreiras/noticias/redacao/2017/12/27/caged-novembro-2017-saldo-empregos-carteira-assinada.htm. Acesso em: 2 jan. 2018.

(Consolidação das Leis de Trabalho), e, mesmo assim, desprezando o fato (novo) jurídico de que o emprego atualmente já não mais é de um tipo único, para fins de tratamento jurídico-trabalhista.

Daí a imperiosa necessidade de um olhar apropriado e direcionador às pesquisas como esta, impedindo que se olhe tão somente o tradicional, ou melhor, o antigo, como meio de apuração, quando se veem postos de trabalho apenas como emprego, de acordo com dados fornecidos pelo Caged (Cadastro Geral de Empregados e Desempregados), e se conclui que eles revelam a realidade do trabalho, sem incluir nesta perspectiva a nova divisão advinda da reforma.

Daí porque a visão da carteira de trabalho (de papel, em pleno mundo digital) se torna turva neste momento de mudanças de estrutura na forma de consecução, execução e modalidades de trabalho, de matizes virtuais, participativas e empreendedoras, além das tradicionais.

Daí porque cientificamente a investigação, ao desprezar o novo, peca justamente por não atentar que a realidade é outra, movida por alterações sociopolíticas e por uma nova ordem jurídica.

O desafio aqui proposto é exatamente esse. Tratar os efeitos da mudança de acordo com o alcance que eles de fato e juridicamente atingem em todo direito do trabalho. Fazer um exame pormenorizado dessas alterações no mundo do trabalho, por intermédio de um choque de realidade necessário àquilo que move e alimenta as intenções, formações, desejos e expectativas de todos aqueles que vivem e trabalham no século XXI.

Não se pode simplesmente dizer que há uma espécie de "DNA protetivo trabalhista" imutável, avesso a qualquer alteração, ainda que advinda da lei(!). A adaptabilidade é imprescindível à sobrevivência; à conformação social. Os padrões de comportamento, as relações interpessoais, as atividades econômicas, as leis mudam, transformando as estruturas sociais. Não há como "virar as costas" a tudo isso e se colocar dentro de uma bolha de proteção contra uma espécie de "vírus social mutante".

Exemplificando por meio de acontecimentos reais:

> Considere uma habitante de Berlim nascida em 1900 e vivendo longevos cem anos. Ela passou a infância no Império Hohenzollern de Guilherme II; seus anos adultos na República de Weimar, no Terceiro Reich nazista e na Alemanha Oriental comunista; e morreu cidadã de uma Alemanha democrática reunificada. Conseguiu ser parte de cinco sistemas

sociopolíticos muito diferentes, embora seu DNA tenha permanecido exatamente o mesmo.[26]

Bem-vindo à vida real.

4 Dupla dimensão: (i) jurídico-protetiva plena e (ii) jurídico-protetiva objetiva

Para tanto, utilizando a máxima da "dupla dimensão", que normalmente é aplicada ao direito ambiental, aqui, por analogia, numa espécie de "diálogo das fontes", a adaptaremos ao direito do trabalho, precisamente no objeto central da crítica encimada, que se encerra na subordinação, eixo vinculante e caracterizador que o vincula (direito do trabalho) unicamente aos contratos de emprego.

Para tanto, trabalhar-se-á com um desdobramento de gênero, para um efetivo alcance das regras trabalhistas aos contratos de trabalho (todos!), que chamaremos de "*lato*(*s*)" –, não mais limitados, portanto e por isso mesmo, a um único viés de formação e formatação de existência, que é a subordinação, mas, ao contrário, devidamente ampliado, por meio de uma visão de entendimento e compreensão de viabilização jurídica mais adequada à realidade atual, ou seja, a repartição em espécies: (i) jurídico-protetiva plena e (ii) jurídico-protetiva objetiva.

A primeira está ligada à proteção tradicional relativa ao trabalho subordinado e vincula-se ao contrato de emprego, ainda sob o enfoque formador da primazia da realidade, independentemente da vontade das partes, no caso específico de um tipo de empregado, a que chamaremos de *tradicional*.

Note-se, portanto, que a regra já não é mais una. Sua aplicação tem aplicação limitada a uma situação própria. Observa-se, então, uma novidade, que advém de uma primeira divisão, que reparte a figura do empregado em duas categorias, para fins de aplicação protetiva ilimitada, em especial, no que é pertinente à autonomia de vontade. Para essa diferenciação, são exigidos dois elementos: (a) formação acadêmica superior e (b) valor salarial também superior, que chamaremos de *contemporâneo*.

A primeira categoria será a do empregado *tradicional*, também chamado de hipossuficiente, aquele que não detém autonomia plena para

---

26 HARARI, Yuval Noah. *Sapiens*. Uma breve história da humanidade. 28. ed. Tradução de Janaína Marcoantonio. Porto Alegre: L&PM, 2017. p. 43.

negociar cláusulas e condições contratuais, tampouco modificações no contrato de trabalho existente. Aplicam-se-lhe as protetivas constantes no art. 468, da CLT, com base no princípio da plena proteção.

Não existe alteração conceitual neste caso. Toda a literatura existente relacionada à proteção legal ao empregado continua eficaz e inalterável. Pouco, assim, há para se tratar nesta oportunidade sobre o tema, à vista das incontáveis e excelentes obras acadêmicas que tratam do assunto.

A novidade que merece ser tratada e contemplada neste estudo refere-se à adição de uma segunda categoria de empregado, para quem a irradiação dos efeitos protetivos não mais é tão ampla e, muito menos, inabdicável.

Nesta segunda categoria se encontram presentes os empregados que têm nível superior de escolaridade e recebem salários inferiores a duas vezes o limite máximo dos benefícios do Regime Geral da Previdência Social. Eles detêm autonomia e liberdade contratuais para negociar o seu contrato de trabalho (no início e no decorrer do seu curso). São os contemporâneos, também denominados de hipersuficientes, numa forma de diferenciá-los (sob unicamente o viés de autonomia negocial) dos primeiros.

Essa advertência, quanto à única motivação jurídica diferenciadora, é realizada a fim de se evitarem mal-entendidos, haja vista que as partes (empregado e empregador) continuam não sendo iguais, para fins de consectários contratuais de cobrança de direitos e obrigações, uma vez que de um lado do contrato se encontra uma pessoa humana e com proteção constitucional contra eventuais e possíveis ameaças à dignidade da pessoa humana e, de outro, uma que detém poderes de direção, fiscalização e disciplinares, além de assumir os riscos do negócio. Não são iguais. Não se tornaram iguais, mesmo depois da reforma.

Os empregados de ambas as categorias continuam protegidos contra todo o tipo de agressões e excessos laborais, enquanto seres humanos, cidadãos e trabalhadores, por isso estão enquadrados na espécie *jurídico-protetiva plena*.

A segunda, funda-se na introdução, nas Constituições, de tarefas, deveres de atuação e objetivos a serem atingidos pelo Estado. Diferentemente da dimensão subjetiva, não está aqui em causa o indivíduo, diretamente, mas sim a proteção jurídico-objetiva que a ordem jurídica confere, independentemente dos sujeitos.

Atualmente até a busca por uma ocupação ou recolocação profissional está diferenciada. Quem ainda manda pelo correio ou entrega pessoalmente um currículo impresso? Aliás, cabe outra pergunta: o que mesmo deve conter neste currículo (digital)?

Hoje, por meio do espaço cibernético, encontra-se tudo. Ele é tutorial. Um grande "supermercado digital" demonstrando as praticidades do *como fazer*. Vídeos explicativos, aulas, manuais, pórticos exemplificativos etc. Uma interessante vitrine de mecanismos de atuação variados. A pergunta (outra) que fica é: mecanismo de ajuda/apoio ou de padronização/estandardização? Estaríamos impedindo que Óblio[27] possa se manifestar e ser autocriativo?

Comporte-se bem e adequadamente. Entrevistas de candidatos a emprego. Quantas "dicas" são dadas/oferecidas aos candidatos, a fim de que "se comportem bem" numa entrevista. Que impressionem. Apresentem o "seu melhor". Que apresentem suas "qualificações e qualificativos" que retratem quem eles são (ou querem/devam ser). E todas essas informações serão "guardadas numa 'caixinha'".

Essa abordagem é identificada para destacar que a base de informações obtidas, antes mesmo do início de uma relação de trabalho, por parte do empregador (pelo mercado e/ou mídias sociais), é indutiva e, por via reflexiva, invasiva na vida privada do entrevistado; na nossa vida...

Passam por esse estágio perguntas pessoais, personalíssimas, que, por vezes, vão bem além daquilo a que necessária e obrigatoriamente deveria o empregador ter acesso informativo para a prestação de um serviço que poderá (ou não) num futuro ser-lhe fornecido.

Vão desde com quem mora: filhos, cônjuge, pais, amigos etc., até para que time torce, religião que professa, opinião política, redes sociais em que está presente, gostos, cultura, prática esportiva, *hobby*, rituais, amigos (*network*), e daí por diante, passando, é claro, pelo básico, ou seja, escolaridade e experiência profissional anterior, tudo por meio de mecanismos "científicos" de avaliação e "constatação" *direta*, como: capacidade profissional, experiência, formação direta e *indireta* (nível

---

27 Filme *A Ponta* (original *The Point*), de 1971, dirigido por Fred Wolf, em que, num reino incomum, onde toda a população tem cabeça em formato de ponta, nasce um menino (exceção) chamado Óblio, que tem cabeça redonda. Não obstante sua diferença, ele tem muitos amigos. Todavia, um conde mau e ciumento acaba por entender que Óblio é mais popular do que o seu filho. E, deste modo, resolve expulsá-lo (juntamente com o seu cachorrinho Arrow) do reino. Ele é exilado para uma floresta afastada. Contudo, lá ele acaba tendo experiências incríveis. Conhece um homem com três cabeças, abelhas gigantes, uma árvore no negócio da venda de folha e uma pedra bem-humorada. Como lição, Óblio aprende que não é necessário ter uma cabeça pontuda para ter um propósito na vida. O filme conta com participação especial de Ringo Starr como narrador.

de empatia, comportamento em equipe, resiliência e empregabilidade), por exemplo.

Aliás, no que se refere à experiência anterior, juntamente com o grau técnico de sua avaliação, são acompanhados questionamentos outros, como a razão da sua saída, procedidos do porquê da escolha de um novo e eventual empregador, acrescidos, de modo sútil e aparentemente inocente, de outras perguntas, que têm o fito de saber se o candidato tem algum tipo de vício, se apresenta algum problema de saúde pessoal e/ou familiar, se tem espírito questionador, tudo devidamente atrelado aos seus hábitos nos empregos anteriores, como qual frequência/necessidade de uso de *smartphone*, como entende as ordens e orientações recebidas, faltas ao serviço e assim por diante.

Questiona-se, ainda, onde mora e a distância de sua casa até a empresa, bem como quantas conduções são necessárias ao deslocamento, não somente para fins de cálculos relacionados a custos, como com vale-transporte, mas, também, como um meio de monitoramento relacionado a futuros e possíveis atrasos.

Ao final, a entrevista é encerrada e dela advém um resumo, um fechamento opinativo quanto à avaliação (subjetiva ou por meio de algum programa – ou algoritmo) da personalidade do candidato: pessoa calma, paciente, "resiliente", "promissora", agitada, ansiosa, dinâmica, criativa, com iniciativa, identificando – segundo os critérios de quem o avaliou – os seus pontos positivos e negativos.

Esse relatório *conclusivo* serve à contratação ou não da pessoa.

As perguntas que ficam, a partir desse complexo processo, são: qual o destino dessa profícua e detalhada fonte de informações dessa pessoa? Qual o compromisso de sigilo daqueles que as obtiveram, que estiveram envolvidos neste procedimento? Qual a garantia do entrevistado de que seus dados pessoais não serão abertos (ou conhecidos) por terceiros? Qual a proteção jurídica desses dados pessoais? Qual a diferenciação de tratamento (se existente) dessas informações, entre os contratados e os não contratados (e o critério de acesso)? Se existentes, qual ou quais os motivos jurídicos para isso?

Parabéns: você foi aprovado na entrevista, de candidato, torna-se um *colaborador* efetivo. Passa, muitas vezes, a ter convênio médico, e a empresa, prestadora desses serviços, ilimitado acesso a toda a sua condição físico-mental (por vezes, da sua família também). Internamente, tem direito ao uso de ferramentas digitais (e espaço para arquivamento de fotos, vídeos e outros documentos pessoais), tudo e por óbvio, armazenado e guardado por constantes *backups* efetuados pelo empregador em suas máquinas (os computadores, *smarthphones*, *tablets* etc. continuam sendo de propriedade do empregador) – pelo menos, essa é a regra (que, claro, comporta exceções).

Se o empregado prestar serviços externos ou em *home office*, poderá (se não houver explícita ordem em sentido contrário) se utilizar de rede *Wi-Fi* pública e/ou gratuita. Estará (o risco é grande e efetivo), contudo, trabalhando e possivelmente disponibilizando informações confidenciais para quem não deveria nesta hipótese. Será que ninguém lhe disse que isso não era seguro? Não há alguma política interna ou disposição contratual alertando-o para esse fato de risco? A necessidade dessas prévias comunicativas é importantíssima, diante dos reflexos negativos que podem desdobrar-se da sua (má) utilização.

Por falar em política interna, será que há alguma disciplinando como o empregado deve usar (ou não usar) os aparelhos que lhe são ofertados para o trabalho, como computadores, *smarthphones, tablets* etc.? E mais: que eles serão considerados ferramenta de trabalho e, portanto, sujeitos à fiscalização e controle? Condição que implica análise e verificação de (por) terceiros de fatos, fotos e comportamentos íntimos?

Ou mais ainda: que o empregador poderá, ao longo do contrato, obter informações estritamente pessoais relacionadas ao comportamento geral do empregado, geradoras de fórmulas que lhe permitem avaliar e assegurar a sua produtividade, influenciando diretamente a sua carreira profissional, sem que tenha possibilidade de um "contraditório" quanto ao subjetivo entendimento daquele que detém acesso a essas informações?

Ainda com relação ao uso do *Wi-Fi* aberto para clientes apenas com senha sem identificação, a empregadora teria explicitado os riscos de a sua utilização poder ser tratada em determinadas situações como crime virtual – além do acesso indevido por terceiros das informações contidas no aparelho? –, como exemplo, um roubo de identidade e de senha, com a utilização das informações pessoais para realizar compras *on-line* ou efetuar transações financeiras de forma indevida. Ou, então: a) falsa identidade; b) calúnia, injúria ou difamação na internet; c) estelionato; d) pirataria; e) discriminação (comentários preconceituosos de cunho racista, sexista, homofóbico, transfóbico etc.); e) pedofilia.

A lista é grande.

Terminada a relação, teria o empregado um salvo conduto relativo a uma espécie de direito ao esquecimento? Seus dados pessoais são seus e de mais ninguém. Logo, tudo que estiver (se previamente autorizado para tanto) guardado em seu maquinário deverá ser-lhe entregue por meio de *pendrive* ou mídia equivalente, com garantia de não armazenamento por parte do empregador.

Há de se observar, ainda, outros aspectos periféricos e reflexivos supervenientes ao fim do contrato, não diretamente ligados ao arquivo/ guarda de "coisas" pessoais. A relação profissional que foi mantida entre empregado e empregador é originária de um contrato sinalagmático, limitado tão somente àqueles que o constituíram, à vista do seu caráter de direitos e obrigações exclusivos aos envolvidos. Salvo informações de índole estatal, que obrigatoriamente devem ser guardadas e eventual ou periodicamente repassadas à fiscalização do Estado, a fidúcia contratual obriga as partes a respeitarem a individualidade personalíssima do contrato. Não é juridicamente admissível e possível repassar a terceiros dados e/ou informações sem a anuência do seu titular.

O que fica, para estudo e avaliação jurídica, é o *como*, ou seja, a instrumentalização de mecanismos eficazes de controle, para efetividade deste comando ético, à vista da ruptura contratual havida no relacionamento entre as partes. Único, diga-se de passagem, elo jurídico e factual que as ligava.

Sem dúvida alguma, é importantíssima a celebração de mecanismos jurídicos de vazão eficaz para essa garantia. Eles podem perpassar aditivos contratuais; compromissos expressos pós-contratuais, com cláusulas restritivas de liberdade; acordos coletivos de trabalho; políticas internas de *compliance*; e tudo mais que tenha o condão de limitar (pelo menos mitigar) o conteúdo comunicativo dessas informações/ dados pessoais e profissionais dos envolvidos ausentes, diante da ruptura do laço contratual.

Não há aqui que se esperar bom senso ou outra medida moral subjetiva. Deve-se, ao contrário, exteriorizar e expressar categoricamente os entendimentos e seus limites. Somente assim, se terá o respeito jurídico necessário e a possibilidade de reparo, diante de uma eventual e futura infração.

Quando se fala em proteção, dentro de um contexto social permeado por questões tecnológicas, o que está em jogo não é a construção de meios e formas que garantam ao indivíduo (a pessoa humana) uma proibição plena quanto ao acesso à sua vida privada; à sua intimidade (algo como: *me deixe em* paz).

O que é possível e deve ser respeitado é outro modo garantidor, qual seja o *controle*. Dispositivos legais que delimitem o acesso e uso dos seus dados pessoais, formadores da sua identidade e personalidade, que protejam o segredo (se assim a pessoa o quiser) sobre esses dados; sobre o fluxo dessas informações.

Muito embora no Brasil não exista uma regulamentação específica acerca da proteção de dados, a tutela privada de direitos da personalidade do trabalhador tem sua garantia, com vistas à proteção da dignidade da pessoa humana. Para tanto, observam-se as disposições principiológicas da Constituição Federal, Consolidação das Leis do Trabalho e Marco Civil da Internet.

Por sua vez, a União Europeia, em 27.4.2016, editou normas que compõem o agora chamado *General Data Protection Regulation* (GDPR). De acordo com o estabelecido, as organizações que manipulam e tratam dados pessoais da Comunidade Europeia tiveram até maio de 2018 para se adequar às novas regras, dois anos após a edição.[28] O GDPR é o Regulamento (UE) 2016/679 do Parlamento Europeu e do Conselho – relativo à proteção das pessoas singulares no que diz respeito ao tratamento de dados pessoais e à livre circulação desses dados e que revoga a Diretiva nº 95/46/CE (Regulamento Geral sobre a Proteção de Dados)[29] e foi editado em conjunto com:

a) Diretiva (UE) nº 2016/680 do Parlamento Europeu e do Conselho – "relativa à proteção das pessoas singulares no que diz respeito ao tratamento de dados pessoais pelas autoridades competentes para efeitos de prevenção, investigação, deteção ou repressão de infrações penais ou execução de sanções penais, e à livre circulação desses dados, e que revoga a Decisão-Quadro 2008/977/JAI do Conselho";[30]
b) Diretiva (UE) nº 2016/681 do Parlamento Europeu e do Conselho de 27.4.2016 – "relativa à utilização dos dados dos registos de identificação dos passageiros (PNR) para efeitos de prevenção, deteção, investigação e repressão das infrações terroristas e da criminalidade grave".[31]

---

28 Considerando nº 171: "A Diretiva 95/46/CE deverá ser revogada pelo presente regulamento. Os tratamentos de dados que se encontrem já em curso à data de aplicação do presente regulamento deverão passar a cumprir as suas disposições no prazo de dois anos após a data de entrada em vigor. Se o tratamento dos dados se basear no consentimento dado nos termos do disposto na Diretiva 95/46/CE, não será necessário obter uma vez mais o consentimento do titular dos dados, se a forma pela qual o consentimento foi dado cumprir as condições previstas no presente regulamento, para que o responsável pelo tratamento prossiga essa atividade após a data de aplicação do presente regulamento. As decisões da Comissão que tenham sido adotadas e as autorizações que tenham emitidas pelas autoridades de controlo com base na Diretiva 95/46/CE, permanecem em vigor até ao momento em que sejam alteradas, substituídas ou revogadas".

29 Disponível em: http://eur-lex.europa.eu/legal-content/PT/TXT/HTML/?uri=CELEX:32016R0679&from=PT.

30 Disponível em: http://eur-lex.europa.eu/legal-content/PT/TXT/HTML/?uri=CELEX:32016L0680&from=PT.

31 Disponível em: http://eur-lex.europa.eu/legal-content/PT/TXT/HTML/?uri=CELEX:32016L0681&from=PT.

Em relação ao âmbito de aplicação, devemos ter em mente que o GDPR se aplica a empresas brasileiras que tratam dados de cidadãos europeus, como exemplo, empresas que tenham matriz ou filial europeia, com sistema integrado para tratamento de dados.[32]

Numa relação de emprego, como bem alerta e destaca Tatiana de Almeida Granja,[33] estão presentes princípios próprios do direito do trabalho, que impõem limites aos poderes do empregador (direção, hierárquico e de fiscalização), garantidores, portanto, da proteção de dados. Neste sentido, ao destacar, primeiramente, o *princípio da irrenunciabilidade de direitos*, ela o faz citando outros dois autores.

Primeiro, a jurista Maria Belén Cardona Rubert,[34] que identifica as possibilidades de tratamento de dados sensíveis:

> O empresário unicamente poderá proceder ao tratamento automatizado destes dados sensíveis quando, pela natureza do posto, o trabalhador deva realizar tarefas carregadas de um indubitável conteúdo ideológico, devendo ser excluída esta possibilidade no caso de se tratar de tarefas

---

[32] "Artigo 3º Âmbito de aplicação territorial: 1. O presente regulamento aplica-se ao tratamento de dados pessoais efetuado no contexto das atividades de um estabelecimento de um responsável pelo tratamento ou de um subcontratante situado no território da União, independentemente de o tratamento ocorrer dentro ou fora da União. 2. O presente regulamento aplica-se ao tratamento de dados pessoais de titulares residentes no território da União, efetuado por um responsável pelo tratamento ou subcontratante não estabelecido na União, quando as atividades de tratamento estejam relacionadas com: a) A oferta de bens ou serviços a esses titulares de dados na União, independentemente da exigência de os titulares dos dados procederem a um pagamento; b) O controlo do seu comportamento, desde que esse comportamento tenha lugar na União. 3. O presente regulamento aplica-se ao tratamento de dados pessoais por um responsável pelo tratamento estabelecido não na União, mas num lugar em que se aplique o direito de um Estado-Membro por força do direito internacional público".

[33] GRANJA, Tatiana de Almeida. O desafio da proteção aos dados pessoais do trabalhador: a relação de trabalho. *Revista Eletrônica Direito & TI*, v. 1, n. 4, 2016. Disponível em: http://direitoeti.com.br/artigos/o-desafio-da-protecao-aos-dados-pessoais-do-trabalhador-a-relacao-de-trabalho/. Acesso em: 10 nov. 2018.

[34] No original: "El empresario únicamente podrá proceder al tratamiento automatizado de estos datos sensibles cuando, por la naturaleza del puesto, el trabajador deba realizar tareas cargadas de un indudable contenido ideológico, mientras que habrá que entender excluida esta posibilidad en el caso de tratarse de tareas neutras, ya que la aptitud para ejecutar dichas prestaciones no depende de la participación del trabajador en la tendencia o línea ideológica de la empresa y, por tanto, son ilícitas todas las indagaciones realizadas por el empresario dirigidas a obtener información relativa a la ideología, creencias religiosas, afinidad política o sindical del candidato al empleo o del trabajador en plantilla que tenga que desarrollar o que desarrolle actividades ideológicamente neutras" (CARDONA RUBERT, Maria Belén. *Informática y contrato de trabajo*. Valencia: Tirant lo Blanch, 1999. p. 159-159 *apud* GRANJA, Tatiana de Almeida. O desafio da proteção aos dados pessoais do trabalhador: a relação de trabalho. *Revista Eletrônica Direito & TI*, v. 1, n. 4, 2016. Disponível em: http://direitoeti.com.br/artigos/o-desafio-da-protecao-aos-dados-pessoais-do-trabalhador-a-relacao-de-trabalho/. Acesso em: 27 maio 2018).

neutras, já que a aptidão para executar ditas prestações não depende da participação do trabalhador na tendência ou linha ideológica da empresa e, portanto, são ilícitas todas as indagações realizadas pelo empresário dirigidas a obter informação relativa a ideologia, crenças religiosas, afinidade política ou sindical do candidato ao emprego ou do trabalhador do quadro que tenha que desenvolver ou desenvolva atividades ideologicamente neutras.

Depois, traz à tona o entendimento de Daniel Martínez Fons:[35]

no que se refere aos dados especialmente protegidos, deve-se ter em conta que a exigência do consentimento na coleta e no tratamento de dados sensíveis não substitui nem neutraliza os direitos fundamentais à intimidade, liberdade religiosa, ideológica e sindical na relação de trabalho. Efetivamente, o requerimento empresarial ao trabalhador de qualquer informação relativa a algum dos aspectos agora citados se sujeita ao princípio da proporcionalidade. Isto significa que deve ser comprovado um interesse relevante no conhecimento da informação.

A seguir, trata do *princípio da qualidade dos dados*, evidenciando que por esse princípio

os dados coletados devem ser adequados, necessários e proporcionais (não excessivos) e adequados à finalidade de tratamento a que se destinam. Além disso, eles devem ser, de fato, necessários, indispensáveis e não excessivos ao propósito do tratamento. [...] deve haver proporcionalidade entre as naturezas dos dados levantados e o objetivo do tratamento de dados. Insta registrar que as três exigências relacionadas à qualidade dos dados – adequação, pertinência ou necessidade e proporcionalidade

[35] "[...] por lo que se refiere a los datos especialmente protegidos, debe tenerse en cuenta que la exigencia del consentimiento en la recogida y tratamiento de datos sensibles no sustituye ni neutraliza los derechos fundamentales a la intimidad, libertad religiosa, ideológica y sindical en el relación de trabajo. Efectivamente, el requerimiento empresarial de cualquier información que se solicite al trabajador relativa a alguno de los aspectos ahora citados se halla sujeta al principio de proporcionalidad. Ello significa que debe justificarse un interés relevante en el conocimiento de la información" (MARTÍNEZ FONS, Daniel. *Tratamiento y protección de datos de los trabajadores en la relación de trabajo*. Derecho social y nuevas tecnologías. Madrid: Consejo General del Poder Judicial, 2005. p. 44 *apud* GRANJA, Tatiana de Almeida. O desafio da proteção aos dados pessoais do trabalhador: a relação de trabalho. *Revista Eletrônica Direito & TI*, v. 1, n. 4, 2016. Disponível em: http://direitoeti.com.br/artigos/o-desafio-da-protecao-aos-dados-pessoais-do-trabalhador-a-relacao-de-trabalho/. Acesso em: 10 nov. 2018).

em sentido estrito – correspondem aos três elementos do Princípio da Proporcionalidade.[36]

Depois, completa com o *princípio da informação*, em que

> é obrigação do empregador informar a existência e a finalidade do tratamento. É também necessário informar os meios e as fontes que serão utilizadas na obtenção dos dados, bem como as consequências da negativa de consentimento e/ou fornecimento das informações. [...] é mister demonstrar a idoneidade e garantir a transparência do tratamento de dados de caráter pessoal.[37]

Outro princípio por ela relacionado refere-se ao *princípio do consentimento*, em que

> em qualquer espécie de tratamento de dados, o consentimento do indivíduo tem importância capital. Trata-se do princípio que legitima todo o tratamento. Ele permite que o afetado controle a utilização de seus dados pessoais, o que se denomina direito à autodeterminação informativa.[38]

Especificamente com relação a esse princípio, uma vez mais, ela se vale das assertivas e preciosas lições de Daniel Martínez Fons,[39] para quem:

[36] GRANJA, Tatiana de Almeida. O desafio da proteção aos dados pessoais do trabalhador: a relação de trabalho. *Revista Eletrônica Direito & TI*, v. 1, n. 4, 2016. Disponível em: http://direitoeti.com.br/artigos/o-desafio-da-protecao-aos-dados-pessoais-do-trabalhador-a-relacao-de-trabalho/. Acesso em: 10 nov. 2018.

[37] GRANJA, Tatiana de Almeida. O desafio da proteção aos dados pessoais do trabalhador: a relação de trabalho. *Revista Eletrônica Direito & TI*, v. 1, n. 4, 2016. Disponível em: http://direitoeti.com.br/artigos/o-desafio-da-protecao-aos-dados-pessoais-do-trabalhador-a-relacao-de-trabalho/. Acesso em: 10 nov. 2018.

[38] GRANJA, Tatiana de Almeida. O desafio da proteção aos dados pessoais do trabalhador: a relação de trabalho. *Revista Eletrônica Direito & TI*, v. 1, n. 4, 2016. Disponível em: http://direitoeti.com.br/artigos/o-desafio-da-protecao-aos-dados-pessoais-do-trabalhador-a-relacao-de-trabalho/. Acesso em: 10 nov. 2018.

[39] "[...] es principio esencial de la relación de tratamiento de datos el consentimiento de la persona afectada [...]. La aplicación de tecnologías que permitan recabar, almacenar y tratar datos de carácter personal exige, con carácter general, el consentimiento del afectado [...]. Se trata, por tanto, de acuerdo con la doctrina, de 'informed consent', esto es, un consentimiento informado y plenamente consciente sobre el que se construye la relación jurídico-privado entre el responsable del fichero y el afectado" (MARTÍNEZ FONS, Daniel. *Tratamiento y protección de datos de los trabajadores en la relación de trabajo*. Derecho social y nuevas tecnologías. Madrid: Consejo General del Poder Judicial, 2005. p. 39 *apud* GRANJA, Tatiana de Almeida. O desafio da proteção aos dados pessoais do trabalhador: a relação de trabalho. *Revista Eletrônica Direito & TI*, v. 1, n. 4, 2016. Disponível em: http://direitoeti.com.

> o consentimento da pessoa afetada é princípio essencial da relação de tratamento de dados [...]. A aplicação de tecnologias que permitam coletar, armazenar e tratar dados de caráter pessoal exige, com caráter geral, o consentimento do afetado [...]. Trata-se, portanto, de acordo com a doutrina, do "informed consent", isto é, um *consentimento informado e plenamente consciente* sobre a relação jurídico-privada que se constrói entre o responsável do ficheiro e o afetado. (Tradução e grifos nossos)

E completa a relação com os princípios: (i) princípio da dignidade da pessoa humana; (ii) princípio da não discriminação; e (iii) princípio da boa-fé.

Para um real e efetivo efeito garantidor, hão de ser habilitados e reconhecidos alguns direitos suplementares: (a) direito de acesso; (b) direitos de retificação e de cancelamento; e (c) direito de oposição.

O empregado tem de ter acesso às informações que lhe dizem respeito. Deve-lhe ser facilitado o conhecimento, com simplicidade de caminhos para obtenção de todas as informações que concernem à sua vida (pessoal e profissional).

Neste sentido, Daniel Martínez Fons[40] assegura:

> *não cabe impor restrições indiretas que desestimulem o exercício do direito de acessar*; de maneira que se deve rejeitar qualquer prática neste sentido, tais como circunscrever o exercício do direito fora da jornada de trabalho ou que o tempo investido não seja considerado tempo de trabalho, submeter a questionários os trabalhadores que querem acessar, nem, enfim, estabelecer um registro autônomo dos trabalhadores que fazem uso de sua faculdade.

---

br/artigos/o-desafio-da-protecao-aos-dados-pessoais-do-trabalhador-a-relacao-de-trabalho/. Acesso em: 10 nov. 2018).

40 "[...] para la obtención de un resultado ponderado en la composición de los intereses opuestos no basta con la máxima tutela que pueda ofrecerse al ámbito estricto de la intimidad y un amplio conjunto de informaciones a las que legítimamente pueda acceder el empresario. Todo lo contrario el equilibrio de intereses debe fundamentarse sobre el principio de control del sujeto sobre la información relacionada con él. Ello se manifiesta en la existencia de una finalidad legítima que justifique la recogida de los datos de carácter personal. Es precisamente el referido principio el elemento esencial que ha de tomarse en consideración en la evaluación del tratamiento de datos en la relación laboral. Se trata, consiguientemente, de determinar la cantidad y calidad de las informaciones que sobre el cumplimiento de la prestación de trabajo pueden ser recogidas" (MARTÍNEZ FONS, Daniel. *Tratamiento y protección de datos de los trabajadores en la relación de trabajo*. Derecho social y nuevas tecnologías. Madrid: Consejo General del Poder Judicial, 2005. p. 31-32 *apud* GRANJA, Tatiana de Almeida. O desafio da proteção aos dados pessoais do trabalhador: a relação de trabalho. *Revista Eletrônica Direito & TI*, v. 1, n. 4, 2016. Disponível em: http://direitoeti.com.br/artigos/o-desafio-da-protecao-aos-dados-pessoais-do-trabalhador-a-relacao-de-trabalho/. Acesso em: 10 nov. 2018).

Quanto à periodicidade, Tatiana de Almeida Granja, entende que deve ser fixado

> um intervalo mínimo entre os acessos dos trabalhadores aos seus próprios dados, evitando transtornos para a organização decorrentes de sucessivos e despropositados acessos [...] com o estabelecimento de exigências mínimas que demonstrem a legitimidade de interesse.[41]

Por óbvio, quando houver necessidades excepcionais e justificáveis, esse período pode sofrer alterações para atender a essas legítimas urgências.

Embora não haja regulamentação específica na legislação brasileira (fora da relação de trabalho) há de se interpretar que a tutela dos direitos privados abarca a proteção do trabalhador, com base nas garantias constitucionais, Código Civil e Consolidação das Leis do Trabalho.

Os dados poderão ser objeto de correção (*direitos de retificação e de cancelamento*), por meio de cancelamento (exclusão física do dado) ou, em alguns casos, pelo simples bloqueio ao acesso.

Há, ainda, a possibilidade do exercício do *direito de oposição*, facultado ao empregado apresentar justificativas legítimas para exposição e/ou manutenção de seus dados pessoais, uma espécie de *jus resistentiae* no contrato de trabalho.

Note-se que esse procedimento de controle é indispensável dentro do seio da sociedade eminentemente digital que vivemos. Como alerta Fernanda Bruno, professora e pesquisadora da UFRJ:

> os contornos modernos que conhecemos e herdamos – a separação público/privado e a definição de papéis em cada uma dessas esferas, a valorização da família, os direitos do indivíduo, a inviolabilidade do domínio privado, o direito ao segredo, à solidão, a proteção ao anonimato etc – foram resultado de embates na definição das relações entre o estado e a sociedade civil, o indivíduo e o coletivo. Logo, a privacidade, não sendo uma condição "natural", está sujeita a variações, mas estas não seguem um princípio "evolutivo" que levaria a sua extinção (como quer Zuckerberg, presidente do Facebook), mas são (e foram sempre) o efeito de embates sociais, políticos, econômicos. A história da privacidade é uma história política do cotidiano, onde a micro e a macro-política não cessam de se misturar. É nesse sentido que se deve compreender as recentes

[41] GRANJA, Tatiana de Almeida. O desafio da proteção aos dados pessoais do trabalhador: a relação de trabalho. *Revista Eletrônica Direito & TI*, v. 1, n. 4, 2016. Disponível em: http://direitoeti.com.br/artigos/o-desafio-da-protecao-aos-dados-pessoais-do-trabalhador-a-relacao-de-trabalho/. Acesso em: 10 nov. 2018.

> transformações nos seus limites. A privacidade hoje está em disputa. Não se trata de afirmar que ela existe ou deixou se existir, mas de compreender os discursos, forças e práticas que hoje disputam pelo sentido, valor e experiência da privacidade. Essa disputa é especialmente sensível no campo das redes distribuídas de comunicação. Assim, é preciso entrecruzar a disputa em torno da privacidade e as disputas políticas, econômicas, sociais, cognitivas e estéticas que se travam no âmbito dessas redes, de seus "bens" materiais e imateriais, de seus modelos de comunicação, circulação e produção de informação, conhecimento, cultura etc. Não raro (embora não necessariamente) os que clamam pelo fim da privacidade também clamam pelo controle da liberdade e do anonimato, ou pelo controle das práticas de compartilhamento e colaboração na rede.[42]

O importante, sem dúvida alguma, é o cuidado e a forma como são tratadas, divulgadas e destinadas as informações provenientes de dados pessoais do trabalhador[43] (antes, durante e após a relação de emprego), na medida em que esses dados pessoais (e sua publicidade) estão sob um invólucro digital de duas ordens:

a) uma primeira, que pode ser chamada de *mais superficial e visível*, "onde as pessoas geram e disponibilizam voluntariamente e sobre os quais usualmente têm o controle do seu grau de visibilidade e publicidade (conforme as ferramentas disponibilizadas aos usuários, e nas quais inscrevem-se as nuances éticas da política de privacidade desses serviços e ambientes)"; e
b) uma segunda camada, que chamaremos de *profunda*, de dados que podem ou não conter meios de identificação dos indivíduos que os geraram.

> Agregados em bancos de dados e submetidos a *técnicas de mineração e profiling*, tais dados geram mapas e perfis de consumo, interesse, comportamento, sociabilidade, preferências políticas que podem ser usados para os mais diversos fins, do marketing à administração pública ou privada, da indústria do entretenimento à indústria da segurança, entre outros. Neste caso, o controle do indivíduo sobre os seus próprios dados é bem menos evidente e a noção de privacidade (nos seus termos

42 BRUNO, Fernanda. O fim da privacidade em disputa. *Revista Ponto.com*. Disponível em: http://revistapontocom.org.br/edicoes-anteriores-artigos/o-fim-da-privacidade-em-disputa. Acesso em: 10 nov. 2018.

43 É utilizado aqui o termo "trabalhador", em vez de "empregado", porque se trata de estágios supracontrato de trabalho (antes e depois da sua confecção).

jurídicos) não dá conta da complexidade de questões sociais, políticas e cognitivas envolvidas.[44]

Logo, a proteção e guarda dos dados deve ser feita de maneira própria e complexa, e não de modo amador e subjetivo, até porque o Marco Civil da Internet exige a proteção da *privacidade do usuário*, mas pede a manutenção, por *um ano*, de registros que possam *identificar os autores* dos acessos.

A importância deste viés contratual quanto à proteção de dados tem relevância estrutural e transversal, tanto que gerou até a criação de uma profissão nova e moldada à sua gerência e aplicabilidade, como é o caso do "diretor de proteção de dados". Em matéria específica sobre o tema, publicada no jornal *O Estado de S. Paulo*, destacou-se que

> bancos, seguradoras, agências de publicidade e marketing e veículos de comunicação, todos procuram o mesmo profissional [...] *Data Protection Officer* (diretor de proteção de dados, em tradução livre) ou DPO. Trata-se de responsável por elaborar estratégias sobre como coletar e proteger dados pessoais contra ciberataques, uma das novas exigências do Regulamento Geral Sobre Proteção de Dados Pessoais (GDPR). [...]. Com a entrada em vigor da GDPR, a União Europeia espera que o DPO seja capaz de dizer "não" a um presidente executivo que esteja a infringir as regras impostas pela legislação.[45]

O equilíbrio entre inovações digitais, comércio eletrônico e vida privada tem de existir e ser regulado. Todo esse processo de publicidade direcionada, assistentes pessoais, redes sociais e serviços de geolocalização estão imbricados nos estágios acima relacionados e próprios da relação de emprego (melhor: de trabalho, em sentido lato), o que exige, portanto, precaução e definição de regras comportamentais contratuais com o fito de mitigar abusos e excessos, preservando-se a dignidade da pessoa humana.

O Regulamento Geral Sobre Proteção de Dados (GDPR) é um grande balizador do "como" tratar o tema, uma vez que regulamenta direitos que incluem o acesso aos dados, retificação, direito ao esquecimento, direito à informação em caso de sinistro – como vazamento de dados –, direito à limitação de tratamento e, finalmente, direito à

---

[44] BRUNO, Fernanda. O fim da privacidade em disputa. *Revista Ponto.com*. Disponível em: http://revistapontocom.org.br/edicoes-anteriores-artigos/o-fim-da-privacidade-em-disputa. Acesso em: 10 nov. 2018.

[45] *O Estado de S. Paulo*, Caderno Economia, B12, 20 maio 2018.

portabilidade de dados. Este último muito inovador. O usuário vai poder transferir seus dados de um banco para outro, por exemplo, sem burocracia.[46]

O momento, assim, valendo-se, aqui, da metáfora trazida por Leandro Karnal (lembrando Padre Vieira) é transformador: *deve-se dar plena segurança jurídica à proteção de dados, lapidando-a em mármore e não de murta.*

5 Conclusões

A nova realidade do mundo do trabalho revela um momento transformador influenciado por mudanças sociais que impactam, como aqui discutido, os diversos ramos do direito do trabalho, como aspectos sindicais e da Reforma Trabalhista e proteção de dados do trabalhador. É a revolução digital, científica e tecnológica que reconstrói o viver (individual e coletivamente).

Destaca Karnal:

> O padre Vieira criou uma ideia em seu *Sermão do Espírito Santo,* em 1657. Alguns povos, pensava o inaciano, são de difícil mudança e resistem à pregação do Evangelho. Diz o português que: 'Há umas nações naturalmente duras e constantes, as quais dificultosamente recebem a fé e deixam os erros de seus antepassados; resistem com armas, duvidam com o entendimento, repugnam com a vontade, cerram-se, teimam, argumentam, replicam, dão grande trabalho até se renderem; mas, uma vez rendidos, uma vez que receberam a fé, ficam nelas firmes, como estátuas de mármore; Não é necessário trabalhar mais nelas'. No caso desses povos, a conquista espiritual seria muito complexa e demorada. Uma vez realizada a tarefa hercúlea, a nova imagem seria dura como pedra e os convertidos ficariam apegados de forma definitiva à Boa-Nova. Haveria outros povos, como os indígenas do Brasil, que teriam comportamento oposto. Seria dóceis e receptivos ao novo modelo religioso. A facilidade da adesão seria acompanhada pela pouca constância no caminho de Jesus. Imediatamente cristianizados e com rapidez voltando às crenças antepassadas. No caso em questão, em vez de mármore, seria como esculpir em um arbusto, a murta, planta sobre a qual o jardineiro hábil pode produzir formas inventivas. Passadas algumas semanas (Vieira fala em 4 dias), o arbusto perde o modelo e retorna ao estado natural. No mundo clássico, a murta era dedicada à

---

46 Entrevista de Fernando Santiago, doutor e especialista em privacidade e direito relacionado à tecnologia, no jornal *O Estado de S. Paulo,* Caderno Economia, B12, 20 maio 2018.

> deusa Vênus/Afrodite, reforçando sua mutabilidade. Os 'gentios' do Novo Mundo eram alunos ambíguos: aceitariam tudo que lhes ensinavam e, teimosos, permanecem apegados ao seu universo de valores.[47]

> Na sociedade

> cada vez mais em rede, as repercussões de ações relativamente modestas, mas com elevado potencial disruptivo, propaga-se em tempo real ou quase real, com alta probabilidade de elas se tornarem virais e provocarem reações exponenciais em cadeia, frequentemente na forma *ripple effect* (efeito onda), típico desse processo de contágio em rede. As diferentes configurações sociopolíticas, em cada contexto histórico-estrutural, resultam do movimento estrutural e da relação entre as forças sociais, qualificados pela interveniência de agentes individuais com muita capacidade de repercussão e disrupção, que é amplificada pelas inovações tecnológicas.[48]

Assim, o direito do trabalho do século XXI não é nem melhor nem pior do que sempre foi. Ele tem, na verdade, de acompanhar todo esse cipoal de mudanças, protegendo, quando tem de proteger, abrindo, ao mesmo tempo, espaços para novas formas de trabalho, que fazem parte desse momento de disrupção que vivemos e que não para. O desafio não é pequeno.

Referências

ABRANCHES, Sérgio. *A era do imprevisto* – A grande transição do século XXI. São Paulo: Companhia das Letras, 2017.

AGUIAR, Antonio Carlos. *Direito do trabalho 2.0*: digital e disruptivo. São Paulo: LTr, 2018

ALIGHIERI, Dante. *A divina comédia* – Purgatório. Tradução e Notas de Italo Eugenio Mauro. 4. reimpr. São Paulo: Editora 34, 2000.

ALVES, Rubem. *Concerto para corpo e alma*. São Paulo: Papirus, 2002.

AUGUSTO, Sérgio. Nada será como antes, amanhã. *O Estado de S. Paulo*, Caderno Aliás, E6, 27 dez. 2015.

BRUNO, Fernanda. O fim da privacidade em disputa. *Revista Ponto.com*. Disponível em: http://revistapontocom.org.br/edicoes-anteriores-artigos/o-fim-da-privacidade-em-disputa. Acesso em: 10 nov. 2018.

---

[47] KARNAL, Leandro. Brasil de mármore e de murta. *O Estado de S. Paulo*, Caderno 2, C7, 20 maio 2018.

[48] ABRANCHES, Sérgio. *A era do imprevisto* – A grande transição do século XXI. São Paulo: Companhia das Letras, 2017. p. 68.

CARDONA RUBERT, Maria Belén. *Informática y contrato de trabajo*. Valencia: Tirant lo Blanch, 1999 *apud* GRANJA, Tatiana de Almeida. O desafio da proteção aos dados pessoais do trabalhador: a relação de trabalho. *Revista Eletrônica Direito & TI*, v. 1, n. 4, 2016. Disponível em: http://direitoeti.com.br/artigos/o-desafio-da-protecao-aos-dados-pessoais-do-trabalhador-a-relacao-de-trabalho/. Acesso em: 27 maio 2018.

CESARINO JUNIOR, Antonio Ferreira. *Direito social brasileiro*. 2. ed. ampl. e atual. São Paulo: Livraria Martins Editora, [s.d.]. v. 1.

COLL, C.; MONEREO, C. (Org.). *Psicologia da educação virtual*: aprender e ensinar com as tecnologias da informação e da comunicação. Tradução de Naila Freitas. Porto Alegre: Artmed, [s.d.].

COSTA, Jurandir Freire. Tempo de perguntar. *O Estado de S. Paulo*, Caderno Aliás, 27 dez. 2015.

DUARTE, Roberto Dias. Quem mexeu no meu currículo? *O Estado de S. Paulo*, Caderno Empregos, p. 2, 23 out. 2011.

GRANJA, Tatiana de Almeida. O desafio da proteção aos dados pessoais do trabalhador: a relação de trabalho. *Revista Eletrônica Direito & TI*, v. 1, n. 4, 2016. Disponível em: http://direitoeti.com.br/artigos/o-desafio-da-protecao-aos-dados-pessoais-do-trabalhador-a-relacao-de-trabalho/. Acesso em: 10 nov. 2018.

MARTÍNEZ FONS, Daniel. *Tratamiento y protección de datos de los trabajadores en la relación de trabajo*. Derecho social y nuevas tecnologías. Madrid: Consejo General del Poder Judicial, 2005 *apud* GRANJA, Tatiana de Almeida. O desafio da proteção aos dados pessoais do trabalhador: a relação de trabalho. *Revista Eletrônica Direito & TI*, v. 1, n. 4, 2016. Disponível em: http://direitoeti.com.br/artigos/o-desafio-da-protecao-aos-dados-pessoais-do-trabalhador-a-relacao-de-trabalho/. Acesso em: 10 nov. 2018.

ZIZEK, Slavoj. *Acontecimento*. Tradução de Carlos Alberto Medeiros. Rio de Janeiro: Zahar, 2017.

Informação bibliográfica deste texto, conforme a NBR 6023:2018 da Associação Brasileira de Normas Técnicas (ABNT):

AGUIAR, Antônio Carlos. O futuro do passado do direito do trabalho no Brasil. *In*: TUPINAMBÁ, Carolina (Coord.). *As novas relações trabalhistas e o futuro do Direito do Trabalho*: as novidades provenientes das novas possibilidades de interações humanas e de novos modelos de solução de conflitos. Belo Horizonte: Fórum, 2022. (Coleção Fórum As novas relações trabalhistas e o futuro do direito do trabalho. Tomo V.) p. 129-159. ISBN 978-65-5518-224-8.

CONTRATOS DE PARCERIA – LEGALIDADE, MODERNIDADE E LIBERDADE NAS RELAÇÕES DE TRABALHO

JULIANO MARTINS MANSUR

1 Alternativas ao modelo tradicional de trabalho e à informalidade

Vivemos numa época em que a busca pela liberdade, em todos os seus aspectos, passa a ser o principal motivo da felicidade e realização dos profissionais já capacitados e que, em razão de suas formações acadêmicas e profissionais, podem ter o livre arbítrio de buscar meios alternativos de trabalho. Cada vez mais, essa pequena parcela da sociedade quer ter a liberdade de fazer seu horário, de escolher quando quer tirar férias ou descansar, ficando livre das rotinas predefinidas e das tarefas indesejadas.

Diante disso, têm se buscado novas formas de utilizar o potencial de trabalho, fugindo do modelo tradicional do vínculo de emprego, ou seja, trabalhando de maneira remunerada e habitual, mas sem a presença contundente dos outros dois requisitos previstos no art. 3º da CLT, a pessoalidade e a subordinação.

Há, no entanto, uma outra e bem mais significativa parcela da sociedade que busca os tais meios alternativos de trabalho por necessidade de sobrevivência, em razão da falta de vagas com carteira assinada.

Tal fato tem levado a população para a chamada "economia informal". Os empregos informais já representam mais de 60% das vagas em todo o mundo, o que representa mais de 2 bilhões de pessoas sem contratos fixos ou carteiras assinadas.[1]

A informalidade se altera fortemente quando observadas as condições socioeconômicas dos países. Enquanto nas economias mais ricas, a média de vagas informais fica em 18,3%, nas em desenvolvimento e de menor renda o índice salta para 79%. Ou seja, um trabalhador vivendo em uma nação com economias mais frágeis tem quatro vezes mais chances de ficar em um posto informal do que aqueles em áreas com melhores indicadores.

No Brasil, o nível de informalidade é equivalente entre homens e mulheres: 40,8% deles não têm registro, enquanto 40,7% delas estão na mesma situação. Em algumas atividades, porém, o nível de informalidade ultrapassa 50%. É o caso da agropecuária, em que 66,8% dos homens e 75,5% das mulheres não têm registro, e dos serviços domésticos, em que 57,3% dos homens e 71,2% das mulheres exercem a função sem carteira assinada.[2]

É bem verdade que, no Brasil, além do aspecto econômico, a informalidade encontra motivação na ausência de meios alternativos de contratação existentes na legislação pátria e, por consequência, no elevado custo agregado à folha salarial, o que redunda na intenção de empregados e empregadores de fugir para a informalidade.

As duas faces dessa moeda caminham para o mesmo sentido. É preciso fortalecer outros meios formais de contratação, diversos dos modelos tipificados em lei, seja para satisfazer os anseios daqueles

---

1 ORGANIZAÇÃO INTERNACIONAL DO TRABALHO (OIT). *Mulheres e homens na economia informal*. 30 abr. 2018. Disponível em: www.ilo.org.

2 Disponível em: www.ibge.gov.br.

profissionais que optaram pela liberdade em suas relações profissionais, seja para aqueles que, por necessidade, vivem à margem da lei.

Em qualquer dicionário que se consulte, a palavra "parceria" será explicada como uma reunião ou colaboração de indivíduos para alcançar um objetivo comum. As relações de parceria, estão, portanto, em toda a parte. O salão de beleza que disponibiliza suas instalações para que o profissional preste serviços, sem exclusividade ou vínculo permanente, a clínica médica que permite que um médico atenda a seus pacientes naquele espaço físico, o fazendeiro que se une ao produtor rural para, juntos, explorarem sua terra.

Pretendemos neste trabalho expor os diversos tipos de parceria existentes e a importante função social dessas relações que podem servir de caminho para a redução da informalidade e o aumento na arrecadação de impostos.

2 Contratos de parceria nas relações trabalhistas

No direito empresarial, já existem várias espécies de contratos de parceria ou aliança entre empresas, como as franquias, as representações comerciais, entre outros. Em ambos os casos, a característica comum que se encontra presente é o oferecimento de uma gama maior e mais qualificada de produtos ou serviços, em que ambas as partes ganhem com a sua exploração. Deles advém a possibilidade de o empreendedor alcançar seu objetivo de auferir lucros com a atividade economicamente organizada, visto que nem sempre é possível, de maneira isolada e sem o parceiro, o atingimento deste alvo.

Ao adentrar no campo das relações trabalhistas, temos, ao longo do tempo, algumas relações que, antes tidas como de emprego, se tornaram relações de parceria.

Incluir uma espécie de contrato de parceria no campo das relações trabalhistas não é tarefa das mais simples e pode, na sua própria explicação, esbarrar em mecanismos legais que, dependendo da interpretação, tornem ilegal a relação.

É cediço que a onerosidade, a habitualidade, a pessoalidade e a subordinação são os requisitos da relação de emprego. Presentes os requisitos, estará, via de regra, formado o liame empregatício nos moldes do art. 3º da CLT.

A parceria no âmbito das relações de trabalho requer a existência de, ao menos em um dos lados da relação, uma pessoa física trabalhando de maneira remunerada, habitual ou não, pessoal ou não e com autonomia. Outro ponto crucial nos contratos de parceria é a participação do parceiro nos ganhos, mas também em eventuais perdas advindas da atividade.

Nos dizeres de Alice Monteiro de Barros:

> Acresce, ainda, que na parceria a atividade não precisa ser executada intuito personae, ao passo que no contrato de trabalho a pessoalidade é pressuposto do conceito de emprego. E mais, se o chamado parceiro proprietário exercer o comando do trabalho, ainda que em parte, caracterizada está a subordinação jurídica, pressuposto que implica o reconhecimento da relação de emprego. Não restando demonstrado que o credor de trabalho exerce qualquer tipo de direção ou fiscalização, tal fato poderá afastar a relação de emprego, mormente quando se evidencia que o trabalhador laborava em regime de parceria para várias pessoas, possuindo estrutura econômico-financeira para suportar os ônus advindos desse tipo de contrato [...] É sabido que a existência do contrato de parceria pressupõe que o parceiro trabalhe com autonomia, participando não só dos lucros, mas também das perdas havidas. São esses os traços que o distinguem do contrato de trabalho, porque neste há subordinação e o empregado não arca com os prejuízos verificados no empreendimento econômico.[3]

A primeira grande questão envolvendo os contratos de parceria diz respeito ao sujeito da relação. Tratando-se de uma relação trabalhista, é possível que em ambos os lados da relação esteja presente uma pessoa jurídica? Ou é fundamental que esteja figurando uma pessoa física?

Em nosso entendimento, pouco importa quem irá figurar no contrato. Pode ser uma pessoa física, uma MEI,[4] ou uma empresa cuja atividade seja inerente ao trabalho que será realizado. Os tribunais trabalhistas e a própria legislação já entenderam dessa forma ao regulamentar os contratos de parceria rural,[5] sendo essa modalidade a que primeiro se identifica com as relações trabalhistas.

O Decreto nº 59.566/66 que regulamento o Estatuto da Terra define a parceria rural como

---

3 BARROS, Alice Monteiro de. *Contratos e regulamentações especiais de trabalho*: peculiaridades, aspectos controvertidos e tendências. 3. ed. São Paulo: LTr, 2008. p. 470-471.

4 Microempresa individual instituída pela Lei Complementar nº 123/2006.

5 A parceria rural é regida pela Lei nº 4.504, de 30.11.1964 (Estatuto da Terra), Decreto nº 59.566, de 14.11.1966 e no Código Civil (CCB), aplicável subsidiariamente, por força do art. 92, §9º, do Estatuto da Terra.

> o contrato agrário pelo qual uma pessoa se obriga a ceder à outra, por tempo determinado ou não, o uso específico de imóvel rural, de parte ou partes do mesmo, incluindo, ou não, benfeitorias, outros bens e ou facilidade, com o objetivo de nele ser exercida atividade de exploração agrícola, pecuária, agroindustrial, extrativa vegetal ou mista; e ou lhe entrega animais para cria, recria, invernagem, engorda ou extração de matérias primas de origem animal, mediante partilha de riscos do caso fortuito e da força maior do empreendimento rural, e dos frutos, produtos ou lucros havidos nas proporções que estipularem.[6]

Na parceria rural, não há preço fixo, mas uma participação pela disponibilização da terra. Ao proprietário, cabe a fiscalização quanto à forma de sua exploração mediante uma participação que pode variar de 10 a 75% na partilha dos frutos da terra. Senão vejamos a interessante redação desse antigo instituto:

> Art. 35. Na partilha dos frutos da parceria, a cota do parceiro-outorgante não poderá ser superior a (art. 96, VI, do Estatuto da Terra).
> I - 10% (dez por cento) quando concorrer apenas com a terra nua;
> II - 20% (vinte por cento) quando concorrer com a terra preparada e moradia;
> III - 30% (trinta por cento) caso concorra com o conjunto básico de benfeitorias, constituído especialmente de casa de moradia, galpões, banheiro para gado, cercas, valas ou currais, conforme o caso;
> IV - 50% (cinquenta por cento), caso concorra com a terra preparada e o conjunto básico de benfeitorias enumeradas no inciso III, e mais o fornecimento de máquinas e implementos agrícolas, para atender aos tratos culturais, bem como as sementes e animais de tração e, no caso de parceria pecuária, com animais de cria em proporção superior a 50% (cinquenta por cento) do número total de cabeças objeto da parceria;
> V - 75% (setenta e cinco por cento), nas zonas de pecuária ultra extensiva, em que forem os animais de cria em proporção superior a 25% (vinte e cinto por cento) do rebanho onde se adotem a meação do leite e a comissão mínima de 5% (cinco por cento) por animal vendido.

É certo que o contrato de parceria rural até hoje é objeto de intensas discussões no Judiciário trabalhista em razão da linha tênue que o distingue dos contratos de trabalho. Portanto, é comum encontrar na jurisprudência decisões reconhecendo o vínculo de emprego do

6 Importante salientar a diferença entre o contrato de parceria rural e o de arrendamento rural, em que neste, diferentemente daquele, o arrendante, proprietário da terra, permite sua utilização pelo arrendatário mediante preço fixo, sem assumir os riscos do negócio.

parceiro outorgado (produtor) com o parceiro outorgante (proprietário ou possuidor da terra), quando o contrato é utilizado para mascarar a existência da relação de emprego.[7]

Por outro lado, o Judiciário trabalhista também possui decisões privilegiando a parceria rural, quando presentes os requisitos da avença e ausentes os requisitos do art. 3º da CLT.[8]

Trata-se, portanto, de autêntica relação de colaboração de indivíduos para o bem comum no meio rural, que há mais de meio século possui regramento próprio. Até o início da presente década, inexistiu legislação regulamentando contratos de parceria nas relações de trabalho urbanas, sendo talvez esse um dos motivos principais pelos quais esse tipo de relação fora subutilizado.

É certo que, não havendo regramento proibindo a relação de parceria, nenhuma ilegalidade há em se firmar tais contratos. Assim é que em determinadas atividades, primeiramente no ramo de serviços de beleza e, após, em serviços médicos e odontológicos e de reabilitação, começou-se a se observar a pactuação de contratos de parceria.

No âmbito dos salões de beleza, barbeiros e afins, é comum o estabelecimento e o profissional dividirem, muitas vezes em partes

---

7 "TRABALHADOR RURAL – VÍNCULO DE EMPREGO – REUNIÃO DOS REQUISITOS DOS ARTIGOS 2º E 3º DA LEI 5889/73 – AUSÊNCIA DE PROVAS QUANTO À EXISTÊNCIA DE CONTRATO DE PARCERIA RURAL NOS MOLDES DA LEI 4.504/64 – Não comprovada a existência, ainda que verbal, do contrato de parceria rural, nos moldes previstos na Lei 4.504/64. No entanto, a prova testemunhal comprovou a reunião dos requisitos dos artigos 2º e 3º da Lei 5889/73, já que informado trabalho não eventual, com pessoalidade e com pagamento de salário fixo em favor do mesmo empregador. Configurada, portanto, a dependência econômica e a subordinação necessárias para o reconhecimento do vínculo de emprego. Recurso ordinário do espólio reclamado que se nega provimento na questão" (TRT 9ª Região. Processo nº 00100-2011-669-09-00-8-ACO-18195-2012. Rel. Des. Cássio Colombo Filho, 1ª Turma. *DETJ*, 24 abr. 2012).

8 "[...] Nesse sentido, como bem ressaltou o Juízo de piso, o caso dos autos 'caracteriza, na realidade, a existência de regime de parceria entre os reclamados, à luz do Estatuto da Terra e de seu Decreto Regulamentador (nº 59.566/66), ou seja, espécie de contrato de sociedade, regido subsidiariamente pelo Código Civil, pois ambos, arrendante e arrendatário, usufruíam do produto do trabalho do reclamante' (fls. 314vº). Em relação à responsabilidade pelos créditos trabalhistas, a Lei n. 5.889/73, que disciplina o trabalho rural, estabelece em seu art. 3º, §2º que 'sempre que uma ou mais empresas, embora tendo cada uma delas personalidade jurídica própria, estiverem sob direção, controle ou administração de outra, ou ainda quando, mesmo guardando cada uma sua autonomia, integrem grupo econômico ou financeiro rural, serão responsáveis, solidariamente nas obrigações decorrentes da relação de emprego'. Assim, tendo o conjunto probatório comprovado a relação de coordenação/direção entre o 1º reclamado e o 2º réu que atuavam em parceria na exploração da atividade econômica para a qual trabalhou o reclamante, deve ser mantida a decisão que, com amparo nos preceitos legais referidos, reconheceu a responsabilidade solidária do recorrente, pelo que decido negar provimento, nesses termos consignando as razões de decidir para fins de prequestionamento" (TRT 15ª Região. Processo nº 0019900-46.2009.5.15.0119. Rel. Des. Tereza Aparecida Asta Gemignani, 1ª Turma. *DEJT*, 19 abr. 2013).

iguais, o valor pago pelo cliente por cada serviço. Em muitos casos, o estabelecimento oferta um significativo valor, a título de luvas, para que determinado profissional passe a prestar serviços no local e traga sua fiel clientela, aumentando assim os ganhos do empreendimento.

Em nossa vida prática, nos idos dos anos 2000, fomos procurados por um famoso salão de beleza. À época, os proprietários da empresa estavam assustados com a quantidade de processos trabalhistas que estavam sofrendo dos ex-empregados e se sentiam indignados por tal fato, haja visto que os profissionais que lá prestavam serviços recebiam 50% e, por vezes 60% do valor pago por cada cliente e, ainda assim, ao saírem, buscavam a integração da parte que lhes cabia (e que era paga diretamente pelo cliente ao profissional) no salário. Além disso, disseram-nos que os profissionais tinham liberdade para definir suas agendas de atendimento, seus períodos de férias e poderiam até recusar o atendimento a determinado cliente com que não mantinham uma boa relação pessoal.

Diante da situação relatada pelo cliente e ao nos aprofundarmos na relação, orientamos o cliente a rescindir o contrato de trabalho dos empregados, a solicitar que estes providenciassem a abertura de empresas, individuais ou em conjunto, cuja atividade fosse a prática dos serviços inerentes às suas atividades e que a relação passasse a ser de parceria com a elaboração de um contrato de parceria comercial. Pelo contrato, o salão fornecia espaço físico, utensílios, assessoria de imprensa, recepção, *marketing*, entre outros, e o profissional prestaria os serviços aos seus clientes e aos clientes do salão, com as partes dividindo o valor pago por cada serviço. Reproduzimos a seguir o objeto que inserimos no contrato de parceria:

> O objeto do presente contrato é a efetivação de parceria comercial, onde o profissional poderá utilizar o espaço compreendido por 01 (uma) cadeira de cabeleireiro e os equipamentos que a compõe, tais como espelhos, mesas, armários e gavetas, todos já devidamente conhecidos pelo profissional, assim como se valer da clientela, notoriedade da marca e ações de marketing promovidas pelo SALÃO.

A parceria funcionou da seguinte forma. Ao realizar um serviço, o cliente fazia o pagamento diretamente ao salão. Ao final de uma quinzena ou mês, as partes realizavam o encontro de contas e a empresa do profissional emitia a nota fiscal referente ao valor de 50% do valor líquido pago por cada cliente.

É importante salientar que, na época, alertamos nossa então cliente de que a mudança radical que estávamos propondo trazia riscos, pois poderíamos enfrentar reclamações trabalhistas dos profissionais solicitando o reconhecimento do vínculo de emprego e fiscalização por parte do Ministério do Trabalho ou do Ministério Público do Trabalho.

Felizmente, o resultado da mudança foi o melhor possível. O salão reduziu significativamente sua contingência trabalhista, os profissionais passaram a ter renda declarada compatível com seus ganhos e tinham, agora, reconhecida por contrato, a liberdade que tanto almejavam. Além disso, a arrecadação de impostos aumentou e os clientes passaram a contar com mais opções de serviços, ou seja, todos ganharam. Enquanto patrocinamos os interesses desse cliente, tivemos dois processos de profissionais-parceiros requerendo o reconhecimento do liame empregatício, tendo o salão-parceiro se sagrado vencedor em ambos.

Ao longo do tempo, a relação de parceria nos salões de beleza ganhou corpo, foi admitida primeiramente pelos sindicatos, que passaram a prever a relação em suas convenções coletivas,[9] pela jurisprudência e, finalmente, pela legislação, ao regulamentar o contrato de parceria e definir sua legalidade com a edição da Lei nº 13.352/2016.

A regra é que, se celebrado o contrato de parceria entre o salão e o profissional parceiro, não há vínculo trabalhista.[10] No entanto, excepcionam-se as hipóteses em que não há contrato de parceria escrito formalizado nos termos a seguir, bem como quando o profissional-parceiro desempenha funções diversas das estipuladas no contrato. O salão-parceiro é o responsável pela centralização dos pagamentos e recebimentos decorrentes das atividades de prestação de serviços de beleza realizadas pelos profissionais-parceiros, bem como deve fazer os recolhimentos de tributos e contribuições sociais e previdenciárias. O profissional-parceiro não pode assumir responsabilidades contábeis, fiscais, trabalhistas e previdenciárias do salão, logo, não pode o parceiro ser o responsável pelo pagamento e/ou recolhimentos de tributos.

A lei, portanto, positiva o que muitos salões pelo país já praticavam e o que já estava previsto em muitas convenções coletivas. Antes mesmo

---

9 "CLÁUSULA DÉCIMA OITAVA - DO CONTRATO DE PARCEIRA: Os contratos de parceria firmados entre SALÕES PARCEIROS e PROFISSIONAIS PARCEIROS, nos moldes da lei 13.352/2016, e que desempenham as atividades previstas na aludida lei, serão homologados nos sindicatos da categoria Profissional/Laboral e Econômica/Patronal" (trecho da Convenção Coletiva da categoria no Município do Rio de Janeiro – Disponível em: https://sempribel-rj.org.br/cct-2019).

10 Além de contrato de parceria, há contratos de arrendamento ou de locação e uso de espaço. Todos, no entanto, com o mesmo objetivo.

da edição da Lei nº 13.352/2016, as convenções coletivas exigiam a homologação dos contratos de parceria junto aos sindicatos, com pagamento de taxas das partes, sob pena de invalidade dos contratos. Sempre defendemos a ilegalidade dessas cláusulas, visto que a relação de parceria nos salões é, via de regra, entre duas pessoas jurídicas pela própria redação legal,[11] ou seja, fora das atribuições legalmente conferidas aos sindicatos pelo art. 8º, III da CRFB/88.[12] Infelizmente, a redação da Lei nº 13.352/16, atendendo aos anseios dos movimentos sindicais, reproduziu as cláusulas existentes nas normas coletivas, exigindo a outorga sindical para validade dos contratos.[13]

Assim, é desnecessária a homologação sindical nos contratos de parceria de salões de beleza ou em qualquer outra atividade. Antes da Lei nº 13.352/16, por falta de amparo legal e, após a lei, por absoluta inconstitucionalidade do §8º do art. 1º-A da referida lei.

Portanto, em nosso sentir, eventual descumprimento da Lei nº 13.352/2016, como ausência de contrato escrito ou de homologação sindical, não tem o condão de, automaticamente, se formar o vínculo de emprego. Para tanto, é imprescindível que estejam presentes os requisitos do art. 3º da CLT. Nesse mesmo sentido, a jurisprudência:

> AGRAVO. RECURSO DE REVISTA. RECLAMANTE. LEI Nº 13.015/2014. INSTRUÇÃO NORMATIVA Nº 40 DO TST. TRANSCENDÊNCIA. VÍNCULO DE EMPREGO. SALÃO DE BELEZA. CONTRATO DE PARCERIA. Mantém-se a decisão monocrática na qual não foi reconhecida a transcendência, especialmente por não haver matéria de direito a ser uniformizada no caso concreto, mas matéria probatória que não pode ser revisada no TST. Exame de ofício do acórdão recorrido: "Não ficou comprovada subordinação do reclamante à gerência do salão reclamado, certo que a própria testemunha ouvida a rogo do autor, declarou que o gerenciamento é apenas para evitar conflito de horários

---

[11] Lei nº 13.352/16: "Art. 1-A: Os salões de beleza poderão celebrar contratos de parceria, por escrito, nos termos definidos nesta Lei, com os profissionais que desempenham as atividades de Cabeleireiro, Barbeiro, Esteticista, Manicure, Pedicure, Depilador e Maquiador. [...] §7º Os profissionais-parceiros poderão ser qualificados, perante as autoridades fazendárias, como pequenos empresários, microempresários ou microempreendedores individuais".

[12] "Art. 8º É livre a associação profissional ou sindical, observado o seguinte: [...] III - ao sindicato cabe a defesa dos direitos e interesses coletivos ou individuais da categoria, inclusive em questões judiciais ou administrativas; [...]".

[13] Lei nº 13.352/16: "Art. 1º-A: Os salões de beleza poderão celebrar contratos de parceria, por escrito, nos termos definidos nesta Lei, com os profissionais que desempenham as atividades de Cabeleireiro, Barbeiro, Esteticista, Manicure, Pedicure, Depilador e Maquiador. [...] §8º O contrato de parceria de que trata esta Lei será firmado entre as partes, mediante ato escrito, homologado pelo sindicato da categoria profissional e laboral e, na ausência desses, pelo órgão local competente do Ministério do Trabalho e Emprego, perante duas testemunhas".

entre os profissionais; que os profissionais podiam bloquear a agenda, sem justificativas; que se não tivesse cliente, eles permaneciam no salão se quisessem e que o profissional poderia cobrar do cliente o valor que quisesse pelo serviço prestado, certo que estabelecido apenas um valor mínimo entre os profissionais parceiros. *A inexistência do contrato por escrito, conforme previsto no art. 1º da Lei 12.592/2012, por si só, não invalida uma parceria.* Outrossim, o empenho da reclamada na inscrição do reclamante como microempreendedor não representa forma de mascarar a relação empregatícia, certo que era do interesse de ambas as partes a formalização da parceria, para obtenção de vantagens recíprocas. Dessarte, do entendimento originário, e data vênia conjunto probatório não evidencia relação de emprego, certo que o reclamante auferia significativa participação sobre o serviço realizado (45%), bem como que arcava com os custos do material utilizado". Não há transcendência política, pois não constatado o desrespeito à jurisprudência sumulada do Tribunal Superior do Trabalho ou do Supremo Tribunal Federal. Não há transcendência social, pois não se trata de postulação, por reclamante-recorrente, de direito social constitucionalmente assegurado. O que se discute nos autos, do ponto de vista probatório, é o preenchimento ou não dos requisitos do art. 3º da CLT. Não há transcendência jurídica, pois não é possível analisar questão nova em torno de interpretação da legislação trabalhista. A Lei nº 13.352/16 teve vigência a partir de 2017 e o contrato de trabalho foi extinto em 2015. Não há transcendência econômica quando, embora o reclamante seja beneficiário da justiça gratuita e o valor da causa seja de R$ 80.000,00, constata-se que o caso concreto não é relevante (a critério do relator nos termos do art. 896-A, §1º, parte final, da CLT), na medida em que a matéria discutida tem contornos eminentemente probatórios, uma vez que o acórdão do TRT consigna, de forma expressa, a ausência de subordinação, elemento essencial para a configuração da relação de emprego, e o TST somente pode examinar matéria de direito (art. 896 da CLT).
Não há outros indicadores de relevância no caso concreto (art. 896-A, §1º, parte final, da CLT). Agravo a que se nega provimento. (Ag-RR nº 10862-64.2017.5.03.0183. Rel. Min. Kátia Magalhães Arruda, 6ª Turma, j. 27.2.2019, *DEJT*, 1º mar. 2019) (Grifos nossos)[14]

A experiência vivenciada nos salões de beleza já é vista em outras atividades, notadamente nos setores de serviços médicos, odontológicos, de estética e reabilitação. Portanto, é cada vez mais comum as clínicas disponibilizarem seu espaço físico e seus equipamentos para que os

[14] Disponível em: www.tst.jus.br.

profissionais possam atender a seus clientes, com as partes dividindo o valor dos honorários pagos.

3 Legalidade dos contratos de parceria

Como visto acima, somente os contatos de parceria rural e dos salões de beleza foram objeto de tratamento legislativo. Essa questão, no entanto, não impede que as parcerias se oficializem nas mais variadas atividades, dentro da lei.

Primeiramente, em razão do princípio da legalidade.[15] Se não há lei que proíba a realização dos contratos de parceria, não há nenhum problema em fazê-lo.

A Lei nº 13.467/17, conhecida como Reforma Trabalhista, trouxe ainda mais luz à questão ao inserir o art. 442-B[16] no texto consolidado, prevendo que é lícita a contratação de profissionais autônomos, desde que não estejam presentes os requisitos do art. 3º da CLT. Posteriormente, a Medida Provisória nº 808/2017 inseriu parágrafo ao texto, aumentando ainda mais o rol de profissionais que também não seriam considerados empregados, estendendo a qualidade de autônomos aos motoristas, representantes comerciais, corretores de imóveis, *parceiros* e trabalhadores de outras categorias profissionais reguladas por leis específicas relacionadas a atividades compatíveis com o contrato autônomo.

Infelizmente, a referida medida provisória teve seu prazo de validade expirado, sendo retirado do texto consolidado esse importante dispositivo. Nada, no entanto, que retire do parceiro, seja pessoa física seja quem trabalha e fatura através de uma pessoa jurídica, a qualidade de parceiro não empregado.

Tem-se, portanto, que o que definirá se o parceiro é ou não empregado sempre será a presença dos requisitos do art. 3º da CLT, cumulativamente ou não. Somente o exame agudo do caso concreto poderá definir se o contrato é de fato de parceria, visto que é provável a existência de um ou mais dos requisitos do vínculo de emprego nas parcerias e, mesmo assim, ele não seja configurado.

---

[15] CRFB/88: "Art. 5º [...] II - ninguém será obrigado a fazer ou deixar de fazer alguma coisa senão em virtude de lei.

[16] CLT: "Art. 442-B. A contratação do autônomo, cumpridas por este todas as formalidades legais, de forma contínua ou não, afasta a qualidade de empregado prevista no art. 3º desta Consolidação".

A habitualidade normalmente estará presente, pois se tratam de serviços contínuos e que somente propiciarão ganhos significativos para ambas as partes se forem realizados em profusão, como nos salões de beleza e nas clínicas médicas, odontológicas e de estética.

A pessoalidade poderá estar ou não configurada. Não raro, um parceiro poderá fazer-se substituir por um colega de profissão em determinado dia, ou durante suas férias. Tal circunstância poderá, inclusive, ter previsão contratual. Ainda que não seja possível fazer a substituição, estando presente a pessoalidade nas relações, em princípio não por esse motivo estará desnaturado o contrato de parceria.

A grande diferença entre o parceiro não empregado e o empregado reside na subordinação. Para que a parceria esteja configurada, o parceiro precisa ter a liberdade de prestar ou não os serviços em determinado dia,[17] de definir quando poderá tirar suas férias, de flexibilizar sua agenda de atendimentos de acordo com seu alvedrio, ou seja, precisa ter o comando de sua vida profissional. Não estando presente essa liberdade nas relações, tendo o parceiro obrigação de cumprir horário, recebendo ordens diretas e punições do outro parceiro, poderá o vínculo de emprego ser reconhecido.

Em relação à remuneração, há muitos julgados definindo como fundamento da ausência de vínculo o fato de o parceiro prestador dos serviços receber percentual igual e por vezes superior ao parceiro dono do estabelecimento, sob a alegação da ausência da mais valia na relação. Em nosso entendimento, a fixação de percentuais menores não tem o condão de desconstituir o contrato de parceria, sendo, novamente, a existência ou não da subordinação, a linha tênue que definirá se o contrato é de parceria ou de emprego.

A Reforma Trabalhista, ao definir a possibilidade de se admitir a terceirização na atividade-fim da empresa, traz ainda mais legalidade à questão, visto que encerra qualquer discussão existente sobre a impossibilidade de se utilizar do trabalho de terceiros nas atividades-fim das empresas. Adotando-se o atual critério legal, a terceirização, como prestação de serviços a terceiros, é a transferência feita pela contratante (tomadora) da execução de quaisquer de suas atividades, inclusive sua atividade principal, à pessoa jurídica de direito privado prestadora

---

[17] É importante ressaltar que é comum os contratos de parceria possuírem cláusulas prevendo um prazo para que o parceiro prestador dos serviços possa avisar o parceiro proprietário do estabelecimento sobre eventual ausência. Tal fato, em nosso entendimento, não desnatura o contrato de parceria. No mesmo sentido, o fato de o estabelecimento possuir horário de funcionamento e o parceiro estar obrigado a fazer os atendimentos dentro daquele tempo, também, não desconfigura a avença de parceria.

de serviços que possua capacidade econômica compatível com a sua execução.[18]

Nesse caminho, o Supremo Tribunal Federal fixou a seguinte tese de repercussão geral: "É lícita a terceirização ou qualquer outra forma de divisão do trabalho entre pessoas jurídicas distintas, independentemente do objeto social das empresas envolvidas, mantida a responsabilidade subsidiária da empresa contratante".[19]

Além disso, o STF também julgou procedente a arguição de descumprimento de preceito fundamental (ADPF) em que se questionou a constitucionalidade da interpretação adotada em reiteradas decisões da Justiça do Trabalho que restringiam a terceirização com base na Súmula nº 331 do Tribunal Superior do Trabalho. Fixou-se o entendimento de que a decisão desse julgamento não afeta os processos em relação aos quais tenha havido coisa julgada.[20]

Portanto, não há mais como sobreviver o argumento, utilizado em reclamações trabalhistas em que se pretendia o reconhecimento do vínculo de emprego decorrentes de contrato de parceria, de que a pactuação desses contratos seria ilegal por envolver as atividades-fim da empresa.

4 Visão do futuro

Olhando para frente, pensamos que a realização cada vez mais de contratos de parceria é um caminho a ser seguido pelos sujeitos das relações de trabalho e uma saída para a redução das contingências processuais, para a regularização de atividades informais e consequente arrecadação de impostos.

Parcerias poderão ocorrer nas mais diversas atividades. Um restaurante que deseja abrir sua cozinha a um renomado chefe de cozinha, por determinado período, para atrair clientes e ambos dividirem os ganhos auferidos com a parceria. Escritórios que fornecem os mais variados tipos de serviços, como arquitetos, engenheiros, advogados, entre outros e não desejam firmar sociedade ou vínculo de emprego.

Recentemente, com a profusão de aplicativos de conexão de prestadores de serviços de transporte de pessoas e entregas de mercadorias, uma nova e importante modalidade de parceria surgiu.

---

[18] Art. 4º-A da Lei nº 6.019/1974, com redação dada pela Lei nº 13.467/2017.

[19] STF, Pleno. RE nº 958.252/MG. Rel. Min. Luiz Fux, 30.8.2018.

[20] STF, Pleno. ADPF nº 324/DF. Rel. Min. Roberto Barroso, 30.8.2018.

Empresas desenvolveram inúmeros aplicativos que conectam clientes com os prestadores de serviço. Do preço pago pelo cliente, um pequeno percentual é recebido pela empresa desenvolvedora do aplicativo, ficando o prestador de serviço com a maior parte.[21] Nada mais moderno e eficaz para atrair pessoas à formalidade e desenvolver a economia.

Com ressalvas a algumas decisões contrárias, a Justiça do Trabalho tem decidido frequentemente que não há vinculo de emprego entre os motoristas e as empresas de aplicativo, ante a inexistência de pessoalidade (o veículo pode ser dirigido por terceiros) e subordinação (não há obrigação de cumprimento de horário, de aceitação de corridas etc.).[22]

Para a valorização das parcerias, é preciso que o Judiciário trabalhista, fiscalização do trabalho e Ministério Público do Trabalho estejam abertos a entender e aceitar as peculiaridades dessa relação, pois, caso contrário, não haverá qualquer segurança jurídica em firmá-la. De nada adiantará parcerias serem firmadas e a fiscalização do trabalho reconhecer o vínculo de emprego, no exame raso da relação, ou a Justiça do Trabalho fechar os olhos para as modernas maneiras de as pessoas se relacionarem no mundo do trabalho. É preciso, acima de tudo, que os operadores do direito do trabalho estejam cientes de que a sociedade demanda outras formas de contratação, fora da chamada "carteira assinada", e que isso não significa precarização do trabalho ou sonegação fiscal.

---

[21] Somente a Uber tem hoje cerca de 150.000 motoristas cadastrados somente na cidade do Rio de Janeiro (Disponível em: www.globo.com).

[22] Em recente decisão, a 9ª Turma do TRT da 3ª Região reformou decisão de primeira instância que havia reconhecido o vínculo de emprego entre motorista e a Uber. No acórdão, a Desembargadora Maria Estella Campos asseverou: "Todavia, não é possível se esconder da realidade, ou dela se escapar. Havendo novas possibilidades de negócios e de atividades pelo desenvolvimento da tecnologia, das comunicações, das transferências de dados e informações, haverá uso delas, que servirão como ferramentas, inclusive em oferta de bens e serviços de natureza antes impensáveis ou inviáveis de serem colocados em prática, gerando novo conceito de negócio ou novo objeto de negócio. Neste cenário é que surgem novos objetos de negócios e uso e ampliação de utilização de aplicativos como o Uber e o Airbnb (na área de hospedagem), por exemplo, que estabelecem contato direto entre consumidores e fornecedores. E, também, não se pode olvidar que conseguem fomentar ganhos expressivos em eficiência, custo e comodidade nas transações para seus usuários [...] O fato da empresa reclamada orientar os motoristas sobre a forma de atendimento aos clientes não autoriza concluir pela existência de subordinação [...] Dificilmente, em uma economia capitalista e em que as atividades econômicas se interligam, uma não se insere ou se interliga com outra - ainda que presente uma rede de interesses e atividades, é necessário ir muito mais além para se poder concluir por existência de relação de emprego" (Processo nº 0011359-34.2016.5.03.0112 (RO), 9º Turma. Disponível em: www.trt3.jus.br).

Informação bibliográfica deste texto, conforme a NBR 6023:2018 da Associação Brasileira de Normas Técnicas (ABNT):

MANSUR, Juliano Martins. Contratos de parceria – Legalidade, modernidade e liberdade nas relações de trabalho. *In*: TUPINAMBÁ, Carolina (Coord.). *As novas relações trabalhistas e o futuro do Direito do Trabalho*: as novidades provenientes das novas possibilidades de interações humanas e de novos modelos de solução de conflitos. Belo Horizonte: Fórum, 2022. (Coleção Fórum As novas relações trabalhistas e o futuro do direito do trabalho. Tomo V.) p. 161-175. ISBN 978-65-5518-224-8.

PODER DE NEGOCIAÇÃO E RESPONSABILIZAÇÃO DOS EMPREGADOS: ESCALONAMENTOS A SEREM OBSERVADOS E CLÁUSULA DE *CLAWBACK*

PRISCILA MATHIAS DE MORAIS FICHTNER

1 Introdução

Como já pontuado por diversos autores, a Lei nº 13.467/2017, mais conhecida como Reforma Trabalhista, ampliou o poder de negociação dos empregados, especialmente daqueles dotados de padrão intelectual e remuneratório diferenciado, à luz do parágrafo único do art. 444 da CLT.

Na realidade, a legislação trabalhista já realizava tímidas distinções em relação aos empregados e executivos, criando alguns escalonamentos legais, a exemplo do cargo de confiança médio bancário (art. 224, §2º da CLT) e do cargo de confiança geral (art. 62, II da CLT). A jurisprudência pátria contribuiu nesse âmbito ao fixar entendimento acerca da suspensão do contrato de trabalho dos executivos eleitos para cargos que integram a diretoria estatutária das sociedades anônimas (Súmula nº 269, do TST).

A realidade prática, entretanto, traz situações diversas e mais dinâmicas no sentido de requerer a aplicação do princípio protetor não por funções estáticas ou nomenclaturas, mas pelo efetivo poder de se autodeterminar na relação de emprego ou trabalho do profissional ante a empresa. Por essa razão, importante se faz observar o escalonamento de poder do empregado na estrutura empresarial, inclusive relacionado aos desenhos dos sistemas de remuneração praticados, além dos contratos de incentivo e participação em resultados, a fim de sopesar elementos essenciais da relação, que diretamente influenciarão a necessidade de proteção ou, mesmo, na ponta inversa, de responsabilização do empregado, a saber: existência de subordinação e capacidade de negociação e decisão.

O princípio de proteção do empregado, base do direito do trabalho, deve necessariamente acompanhar a evolução das transformações sociais, em especial as decorrentes das relações de trabalho. Dúvidas não há de que o modo de relacionamento interpessoal tem sofrido profundas alterações neste século XXI, seja no âmbito familiar, com a criação das novas famílias, seja no âmbito civil, com a criação de contratos eletrônicos, plataformas de vendas, *start-ups*, entre vários outros. Não seria diferente a transformação da realidade nas relações de trabalho, com a criação de ambientes compartilhados, sistemas de trabalho remotos, ambientes mais informais e, especialmente, novas formas de trabalho.

A legislação até então existente e datada dos anos 40 era por demais rígida e com pouco espaço para negociação e acomodação desses novos arranjos relacionais, criando ambiente desfavorável aos negócios, ao empreendedorismo, à segurança jurídica e até mesmo ao emprego, de forma geral.

A reforma trabalhista iniciou, em verdade, um processo de adaptação e desenvolvimento de quebra da relação estática até então aplicada nos tribunais pátrios entre empregado hipossuficiente e empregador. Avançou, dando alguns largos passos, em direção à necessidade da análise efetiva da *causa*[1] do contrato, ou seja, a sua real função[2] dentro do contexto empresarial aplicável, alinhada à boa-fé entre as partes.

Nesse contexto, é importante verificar a existência de novos "escalonamentos" do nível de subordinação e, por consequência, da relação de emprego, situados entre o tradicional empregado subordinado que, em 1943, ensejou a criação da Consolidação das Leis do Trabalho e os empregados de confiança, com poderes de mando e gestão, tal como conceituado no art. 62, II da CLT. Algumas lacunas, entretanto, permaneceram sem regulamentação, o que ocorre, por exemplo, com os especialistas ou técnicos superespecializados que, muito embora não possuam (nem queiram ou pretendam possuir) gestão de equipe, auferem padrão remuneratório, benefícios e poderes de ingerência negocial equiparados aos gerentes e diretores, enquadrados na exceção do cargo de confiança. De fato, ainda resta insegurança em relação à falta de tratamento e posicionamento jurisprudencial firme em relação, por exemplo, à chamada "carreira Y" e aos altos empregados, o que será abordado a seguir.

2 O escalonamento antes e após a Reforma Trabalhista

A legislação trabalhista, antes do advento da Lei nº 13.467/2017, já fazia distinção entre os empregados em geral e os empregados de confiança. Segundo Vólia Bonfim Cassar, "o grau de confiança pode ter diversos matizes",[3] a justificar tratamento legal diferenciado em três

---

1 *"a causa ou a razão do negócio se identifica com a função econômico-social de todo o negócio, considerado despojado da tutela jurídica, na síntese dos seus elementos essenciais,* como totalidade e unidade funcional, em que se manifesta a autonomia privada. A causa é, em resumo, a função de interesse social da autonomia privada. Os elementos necessários para a existência do negócio, são também elementos indispensáveis da função típica que é sua característica. A sua síntese, assim como representa o tipo do negócio, na medida em que é negócio causal, também lhe representa igualmente, a função típica" (BETTI, Emílio. *Teoria geral do negócio jurídico*. Tradução de Ricardo Rodrigues Gama. Campinas: LZN, 2003. t. 1. p. 248; 260).

2 Sobre o assunto, vale destacar: "O princípio da função social, como se vê, também funcionará como ferramenta para a substituição do foco nesse novo ordenamento jurídico trabalhista, que retira seus holofotes do trabalhador isoladamente considerado, passando a lança-lo sobre uma dimensão solidarista e universalista antes relegada a segundo plano pelo Direito do Trabalho tradicional, mas que, agora, descortina uma nova perspectiva para a leitura e aplicação da disciplina trabalhista, consentânea com as novas escolhas valorativas feitas pelo nosso ordenamento" (GOÍS, Luiz Marcelo Figueiras de. *A caminho de um direito trabalhista-constitucional*. São Paulo: LTr, 2010. p. 83).

3 CASSAR, Vólia Bonfim. *Direito do trabalho*. De acordo com a Reforma Trabalhista (Lei 13.467/2017). 14. ed. rev. e atual. São Paulo: Gen/ Método, [s.d.]. p. 307-310.

espécies/grupos, a saber: gerente, "gerentão" e diretor de sociedade anônima (S.A.).

No primeiro grupo, estariam incluídos aqueles empregados que podem reunir poderes de mando, gestão, contratação, representação, entre outros. Esses poderes, entretanto, seriam sempre supervisionados, necessitando – via de regra – de vistos e prévias autorizações, além de sofrerem limitações de valores, alcance e alçadas. Segundo a mesma autora, eles poderiam causar "enormes prejuízos, mas jamais colocariam em risco a atividade fim do empregador e a sua existência". Nessa classe estariam inseridos, por exemplo, os gerentes normais de banco, conforme preceituado no art. 224, §2º da CLT,[4] sujeitos à jornada de 8 (oito) horas, ao invés da jornada especial de 6 (seis) horas, aplicável aos demais integrantes da categoria.

No segundo grupo, estariam incluídos os "gerentões", aqueles que detêm poderes ainda mais amplos, que chegam a confundi-los com a figura do empregador. Trata-se, muitas vezes, da autoridade máxima no local de trabalho, com poder de atuação mais autônomo, sem as limitações de valores e autorizações prévias para o exercício de suas atividades e tomadas de decisões. Como contraponto de todo esse poder, está o risco de afetar o negócio em si e a própria existência da empresa, em virtude de sua (má) atuação. Esses empregados não estariam sujeitos à jornada de horário, pois, além de terem franca liberdade de atuação e presença, fiscalizam o negócio em si, constituindo, muitas vezes, a representação local do empregador. Estão, portanto, inseridos na exceção do art. 62, II da CLT, a exemplo do gerente geral de agência, conforme entendimento consolidado na Súmula nº 287 do TST.[5]

Cumpre mencionar que o art. 499 da CLT, ao excepcionar o direito à estabilidade, elenca os cargos de diretoria e gerência como cargos de confiança, mas deixa aberta a possibilidade da existência de outros com nomenclaturas diferentes.

No terceiro grupo, estariam os profissionais que, uma vez eleitos em assembleia-geral, passam a exercer função no órgão social da companhia, condição essa que traz como consequência a suspensão do

---

[4] "§2º As disposições deste artigo não se aplicam aos que exercem funções de direção, gerência, fiscalização, chefia e equivalentes ou que desempenhem outros cargos de confiança desde que o valor da gratificação não seja inferior a um terço do salário do cargo efetivo".

[5] Súmula nº 287: "*JORNADA DE TRABALHO. GERENTE BANCÁRIO* - A jornada de trabalho do empregado de banco gerente de agência é regida pelo art. 224, §2º, da CLT. Quanto ao gerente-geral de agência bancária, presume-se o exercício de encargo de gestão, aplicando-se-lhe o art. 62 da CLT".

seu contrato de trabalho, segundo a Súmula nº 269 do TST.[6] Referido profissional passaria, assim, a integrar a figura do empregador, confundindo-se, portanto, com este último.

Note-se que, antes da reforma trabalhista, o tratamento legislativo destinado ao primeiro grupo, via de regra, era o mesmo destinado ao empregado "chão de fábrica", com exceção da categoria dos bancários, que permitia a adoção do escalonamento da figura do gerente de área. Essa tipificação rígida, como se vê, não atendia às novas formas relacionais, criando-se verdadeiro descompasso entre os vínculos de emprego estabelecidos e gerados com a revolução tecnológica, os quais apresentavam graus de subordinação diversos.

De fato, o engessamento das categorias de empregados pela legislação de 43 traz uma visão precária e insuficiente para os novos arranjos de trabalho surgidos paulatinamente no mercado, urgindo-se uma análise efetiva e dinâmica da relação de emprego estabelecida, a fim de dar a resposta adequada às demandas daí advindas. Isso porque nem todo trabalhador, na prática, se assemelha à figura do hipossuficiente, tratado quase como um relativamente incapaz, ensejando uma proteção tão exacerbada em que, na análise jurídica e judicial da relação de emprego, por vezes, se verificava a presunção da existência de vício de consentimento e fraude. Existia uma lacuna enorme entre o empregado que, realmente, necessita de todo o aparato da proteção celetista e aquele que ocupava função de destaque e confiança na estrutura empresarial.

Voltando-se aos escalonamentos previstos na legislação trabalhista, não há como negar-se a existência de diferentes graus de subordinação e poder de negociação entre, por exemplo, o gerente normal e o trabalhador comum. Sensível a essa realidade, a Lei nº 13.467/2017 inseriu o parágrafo único no art. 444 da CLT para instituir e regulamentar a figura do empregado "hipersuficiente".

3 O empregado hipersuficiente: art. 444, parágrafo único da CLT

Essa nova categoria de empregados pode negociar alguns direitos, em especial relacionados à forma de prestação de serviços

---

6 Súmula nº 269 do TST: "*DIRETOR ELEITO. CÔMPUTO DO PERÍODO COMO TEMPO DE SERVIÇO* - O empregado eleito para ocupar cargo de diretor tem o respectivo contrato de trabalho suspenso, não se computando o tempo de serviço desse período, salvo se permanecer a subordinação jurídica inerente à relação de emprego".

(jornada, banco de horas, troca de dia de feriado, entre outros), desde que cumpra os requisitos do parágrafo único do art. 444 da CLT, a saber: (i) ter formação em curso superior e (ii) possuir padrão salarial igual ou superior a duas vezes o limite máximo da Previdência Social.

Outros direitos elencados no art. 611-B da CLT e que, via de regra, representam direitos e garantias constitucionais seriam inegociáveis, constituindo o núcleo duro sobre o qual nem o empregado hipersuficiente poderia negociar, pois nem mesmo a entidade sindical poderia transacionar tais direitos em norma coletiva.

Vale ressaltar que foram disparadas diversas críticas à figura do empregado "hipersuficiente", especialmente pelo fato de o contrato de trabalho inserir-se na modalidade de contrato de adesão.[7]

Todavia, o reconhecimento da possibilidade de o empregado (com formação superior e salário destacado em relação à média nacional) negociar determinados benefícios vinculados à forma de prestação de trabalho, além de poder significar relevante melhoria à dinâmica da relação, assemelha o trabalhador pátrio aos empregados de diversos outros países, a exemplo de Portugal e Espanha, o que será abordado mais à frente.

A possibilidade de transacionar determinadas condições de trabalho não significa, necessariamente, prejuízo. Ao contrário: respeita-se um espaço de liberdade de negociação do empregado, que era tolhido pela proteção excessiva, e cuja validade será aferida no caso concreto, quando da análise do benefício efetivo à relação de trabalho, bem como diante da possibilidade de acomodação de determinadas situações no ambiente de trabalho e empresarial.

Cabe destacar que negar irrestritamente o poder de negociar individualmente as suas condições de trabalho ao empregado, sem observar os seus anseios e desejos e a sua posição na relação, em nome de uma suposta "proteção legal", pode significar verdadeira opressão

---

7 "Para o novo diploma normativo, esse segmento estratificado de trabalho de trabalhadores pode ser submetido, pelo empregador, à estipulação de cláusulas contratuais menos favoráveis do que os demais empregados da mesma empresa e estabelecimento, contratados pelo idêntico empregador. Ou seja, no mesmo dispositivo que determina a validade de concessões feitas pelo empregador, desde que mais favoráveis ao empregado (*caput* do art. 444 da CLT), o legislador da reforma trabalhista inseriu preceito em sentido diametralmente oposto. Isto é, a possibilidade de o empregador estipular cláusulas contratuais de seu regramento interno gravemente desfavoráveis a um segmento estratificado de seus empregados. É desnecessário relembrar que a regra legal está se reportando ao contrato empregatício, que é um típico contrato de adesão – provavelmente o mais impressionante contrato de adesão que se conhece no sistema econômico e social contemporâneo" (DELGADO, Mauricio Godinho; DELGADO, Gabriela Neves. *A Reforma Trabalhista no Brasil*: com comentários à Lei n. 13.467/2017. São Paulo: LTr, 2017. p. 158).

e violação à dignidade da pessoa humana.[8] Em alguns setores da economia era, e continua sendo, comum o recebimento de pleitos por parte dos empregados, especialmente mais jovens, acerca da isenção do controle de jornada para atividades realizadas parcialmente fora da empresa, seja em *home office* ou em clientes. Ainda que fosse formalizado o pedido escrito por parte dos empregados, mesmo com curso superior e padrão salarial alto, não se admitia, antes da Lei nº 13.467/2017, a falta de controle, pois esse acordo de não registro de horário ou mesmo de registro apenas do labor extraordinário era facilmente invalidado pelos tribunais do trabalho. Ou seja, ambas as partes desejavam acordar uma forma específica de controle de jornada por exceção, por exemplo, e, ainda que previsto em norma coletiva e validado pela interveniência e chancela sindical, não tinham as partes a segurança jurídica acerca do reconhecimento da validade do pactuado, caso fosse analisado pelo Judiciário trabalhista.[9] Isso porque o intervencionismo em excesso tolhe, de certa forma, a própria liberdade, ainda que limitada, do empregado, além de gerar certa insegurança jurídica ao rejeitar pactuações individuais e até mesmo coletivas.

Destarte, importante verificar o real poder de negociação do empregado ante seu empregador, especialmente levando em consideração o grau de subordinação existente, a função do contrato de trabalho, os princípios da razoabilidade e da boa-fé e o equilíbrio da pactuação entabulada entre as partes.[10]

---

[8] "O problema maior do Direito na atualidade tem sido exatamente o de estabelecer um compromisso aceitável entre os valores fundamentais comuns, capazes de fornecer os enquadramentos éticos nos quais as leis se inspirem, e espaços de liberdade, os mais amplos possíveis, de modo a permitir a cada um a escolha de seus atos e o direcionamento de sua vida particular, de sua trajetória individual" (MORAES, Maria Celina Bodin de. *Danos à pessoa humana*: uma leitura civil-constitucional dos danos morais. Rio de Janeiro: Renovar, 2003. p. 71).

[9] Citem-se alguns julgados nesse sentido: "*REGISTRO DE PONTO POR EXCEÇÃO. INVALIDADE*. A despeito da existência de autorização normativa para adoção do regime, os controles de ponto contendo somente o horário de trabalho extraordinário não servem como meio de prova idôneo acerca da jornada de trabalho. Sobre o controle por exceção, o TST vem se posicionando pela sua ilegalidade. Por decorrência, cabe à ré comprovar a jornada por ela alegada, sob pena de reconhecimento dos horários declinados pelo obreiro, na inicial, conforme entendimento contido na Súmula n. 338, C. TST" (TRT 2ª R. RO nº 1000205-56.2017.5.02.0027. Rel. Des. Wilma Gomes da Silva Hernandes, Décima Primeira Turma. *DEJTSP*, 15 mar. 2019. p. 16613); "*REGISTRO DE JORNADA. PONTO POR EXCEÇÃO. INVALIDADE*. É inválido o sistema de registro de ponto por exceção, por violarem normas concernentes à fiscalização do trabalho, em especial o art. 74, §2º, da CLT" (TRT 12ª R. RO nº 0000788-10.2017.5.12.0050. Rel. Des. Wanderley Godoy Junior, Primeira Câmara, j. 13.3.2019. *DEJTSC*, 28 mar. 2019. p. 11).

[10] "Então, se a lei, agora, reconhece que determinados níveis de empregados possuem mais envergadura e potencial para negociar, ainda, é preciso criar o hábito e, de parte a

A Lei nº 13.467/2017, a fim de afastar discussões acerca da subjetividade daí advinda, elegeu o critério econômico/intelectual para sopesar o princípio da proteção e evitar incertezas. Buscou, assim, fixar um critério objetivo como reconhecimento da autonomia e capacidade para se autodeterminar e negociar aos empregados que auferirem remuneração igual ou superior a duas vezes o valor do limite máximo da Previdência Social e que, ainda, possuam nível superior.

Estabeleceu-se, pois, a presunção legal de que determinados níveis de empregados têm um maior poder de barganha e um potencial para negociação de cláusulas e condições contratuais diretamente com o empregador, sem a necessidade de uma "supervisão" sindical ou judicial, desde que observado o núcleo duro previsto no art. 611-B da CLT. Como já observado por Plá Rodrigues: "No campo do Direito do Trabalho existem normas imperativas que não excluem a vontade privada, mas a cercam de garantias para assegurar sua livre formação e manifestação".[11] As garantias, entretanto, podem ser escalonadas em diversos graus, tantos quantos necessários ao fim colimado de manter incólume a livre manifestação e formação da vontade das partes.

Essa possibilidade de negociação para certos empregados, sem dúvidas, é um mecanismo que, se bem utilizado, dá uma elasticidade maior às relações de emprego.

Destaque-se, por exemplo, a situação de alguns empregados, altamente gabaritados, com conhecimento técnico especializado e padrão de remuneração bastante elevado, que, mesmo exercendo funções estratégicas na empresa e com grande autonomia técnica de atuação, não poderiam ser dispensados da marcação de ponto, por encontrar forte resistência no seu enquadramento na exceção do cargo de confiança, apenas por não possuírem equipe ou poderes de mando e gestão, tal como estabelecido no art. 62, II da CLT.[12] Esses empregados, que ocupam

---

parte, negociar com foco no ponto de equilíbrio, que nem sempre poderá ser objeto de contraprestação pecuniária" (ALMEIDA, Alexandre Albuquerque; MELLO, Simone Barbosa de Martins. Negociação individual e o equilíbrio no contrato de trabalho. *In*: ZAVANELLA, Fábio; ROCHA, Marcelo Oliveira (Org.). *O primeiro ano de vigência da Lei n. 13.467/2017 (Reforma Trabalhista)*: reflexões e aspectos práticos. São Paulo: Ltr, 2018. p. 37).

[11] PLÁ ROGRIGUEZ, Américo. *Princípios de direito do trabalho*. 3. ed. São Paulo: LTr, 2000. p. 151.

[12] "HORAS EXTRAS. CARGO DE CONFIANÇA. Não ficou comprovado que a reclamante possuía, efetivamente, subordinados ou o desempenho de funções de direção, gerência, fiscalização, chefia ou equivalentes. Estas circunstâncias comprovam o exercício do 'cargo de confiança', ou seja, típico cargo da especial confiança do empregador. É de se esperar a comprovação de alguma fidúcia peculiar a revelar que a função exercida é de confiança, o que não se verifica no caso dos autos. Apelo da reclamada a que se dá parcial provimento"

os chamados "cargos de gestão técnica" ou "carreira Y" – sem gestão de pessoas, muito embora possam se reportar diretamente a diretores, presidente ou mesmo ao conselho de administração da empresa e detenham poderes para desenvolver projetos e negócios essenciais ao seu empregador, ou seja, poderes de colocar em risco o negócio/a operação da empresa em virtude da sua opinião técnica e atuação, só podem, atualmente, ser enquadrados em cargo de confiança justamente pelo parágrafo único do art. 444 da CLT.

A sua condição de hipersuficiente permite ao empregador negociar e estabelecer individualmente com o alto empregado de carreira técnica pactuação e benefícios típicos do cargo de confiança, bem como enquadrá-lo nessa situação excepcional (art. 611-A, inc. V da CLT).

Antes da reforma trabalhista, nem todos os tribunais pátrios eram sensíveis a essa nova realidade. É certo que alguns já vinham timidamente ampliando o significado do cargo de confiança, excepcionalmente, para alguns altos empregados que, mesmo ocupando funções sem gestão de pessoas, tinham grau de autonomia relevante e poderes de colocar em risco o próprio negócio do empregador. A ocupação de posição estratégica na estrutura empresarial passou a ser um indicativo do exercício do cargo de confiança, mas sem uma uniformização de entendimento, gerando verdadeira insegurança jurídica nesse campo.[13]

(TRT 1ª Região. Proc. nº 00112016120135010072. Rel. Des. Antonio Cesar Coutinho Daiha, 3ª Turma, j. 28.4.2016. Disponível em: www.trt1.jus.br).

13 Para algumas decisões, bastaria o padrão remuneratório maior e a possibilidade de colocar efetivamente em risco o negócio: "[...] Diante disso, não se evidencia ter o reclamante exercido função de confiança que o dispensasse do registro da jornada de trabalho. *São considerados de confiança apenas aqueles cargos cujo exercício coloque em risco a existência da empresa, seus interesses fundamentais, sua segurança e a ordem essencial ao desenvolvimento de sua atividade.* Em outras palavras, substituindo o empregador, total ou parcialmente, nas funções de mando, o empregado comissionado tem intensificada a fidelidade e diminuída a subordinação, o que o faz diferente do empregado comum. [...]" (TST, 7ª Turma. Processo RR nº 1305-71.2011.5.04.0333. Rel. Min. Luiz Philippe Vieira de Mello Filho, j. 17.2.2016. *DEJT*, 19 fev. 2016). Já outras decisões entendiam pela necessidade de destaque de gratificação de função de 40%, exigindo o atendimento de parte do art. 62, II da CLT: "*RECURSO ORDINÁRIO DO RECLAMADO. DIFERENÇAS SALARIAIS. REAJUSTES PREVISTOS EM NORMAS COLETIVAS.* Extrai-se da análise da prova pericial e demais documentos trazidos aos autos que o PCS vigente desde 2010 prevê que os aumentos salariais coletivos no contexto dos acordos coletivos do trabalho não são aplicáveis aos níveis da Carreira Y e Gestores, sendo que o reclamante foi promovido a Gestor Operacional em maio de 2009, inserindo-se na faixa de Carreira Y e Gestores, de forma que não tem direito às diferenças salariais decorrentes dos reajustes previstos nos acordos coletivos de trabalho. RECURSO ADESIVO DO RECLAMANTE. HORAS EXTRAS. GESTOR OPERACIONAL. ART. 62, II, e seu §único, da CLT. NÃO INCIDÊNCIA. *Para o empregado se inserir na exceção do art. 62, inciso II, e seu §único, da CLT ele deve atender aos seguintes requisitos: ocupar cargo que detenha poderes de mando ou gestão, estar liberado de controle de horário e receber uma remuneração superior em 40% ao salário básico.* O reclamante, ao exercer o cargo de Gestor Operacional, detinha

A doutrina também defendia o avanço na análise dos critérios até então adotados para o enquadramento do empregado como "cargo de confiança". Basta citar o mestre Délio Maranhão:

> Nem todo cargo de direção será necessariamente de confiança. Mas, igualmente, *não basta tratar-se de função técnica para que se considere, desde logo, afastada a hipótese de cargo dessa natureza*. Não é certo, por igual, que o fato de o empregado ter poderes de representação o classifique só por isso, como exercente de uma função de confiança [...].[14]

A figura do hipersuficiente, nos moldes do parágrafo único do art. 444 da CLT, traz, desse modo, uma maior maleabilidade, não apenas na negociação de pacotes de benefícios diferenciados, mas também facilita o correto enquadramento desses empregados especiais. Ganham as duas partes: o empregador ganha segurança jurídica e amparo legal para que o alto técnico especializado possa galgar níveis elevados dentro da estrutura, sem subsunção a controle de jornada, podendo – assim – reter talento; e o empregado poderá negociar e auferir benefícios típicos dos cargos de confiança (pacotes de remuneração diferenciados, poderes para definir a forma de prestação de trabalho e atuação, entre outros).

A inclusão do parágrafo único no art. 444 da CLT para prever a possibilidade de livre estipulação entre o trabalhador hipersuficiente e o empregador, como já adiantado acima, aproximou a legislação brasileira das previsões normativas de outros países, especialmente no tocante ao afastamento da hipossuficiência presumida do empregado, independente do grau hierárquico, salarial ou de formação, e a maior valorização da autonomia privada das partes.

Em Portugal, por exemplo, é possível a negociação entre as partes sobre condições de trabalho, desde que respeitados preceitos legais, em regra, vinculados à garantia da igualdade e não discriminação, proteção dos menores, nascituros, proteção de dados, entre outros, além da observância das normas coletivas.

---

amplo poder de gestão e não era submetido a controle de horário, porém, como se verifica da prova produzida, a promoção do autor para Gestor Operacional não representou nenhum acréscimo salarial para o reclamante, de forma que não foi atendido o requisito pertinente à percepção de uma remuneração superior em 40% ao salário básico. Portanto, o reclamante não se insere na exceção do art. 62, inciso II, e seu §único, da CLT, sendo devidas as horas extras trabalhadas. 1" (TRT 17ª R. Rec. nº 0000559-81.2016.5.17.0006. Rel. Des. José Carlos Rizk, Primeira Turma. *DOES*, 5 jun. 2018. p. 244).

14 SUSSEKIND, Arnaldo *et al. Instituições de direito do trabalho*. 22. ed. Atualização de Arnaldo Sussekind e João de Lima Teixeira Filho. São Paulo: LTr, 2005. v. I. p. 313.

Aliás, insta chamar a atenção que, tal como autorizado no art. 611-A, V, da CLT, também o art. 161[15] do Código de Trabalho português dispõe que a regulamentação coletiva possa definir o cargo de confiança, ali denominado como "comissão de serviço".

4 Os altos empregados

Não há definição legal nem qualquer regulamentação na legislação pátria acerca dos altos empregados. Algumas menções são realizadas em legislações esparsas, a exemplo da letra "d", do §1º do art. 157 da Lei nº 6.404/1976 (também conhecida como Lei das Sociedades Anônimas), que impõe a obrigação de o administrador da companhia aberta revelar aos acionistas minoritários, entre outras coisas, "as condições dos contratos de trabalho que tenham sido firmados pela companhia com os *diretores* e *empregados de alto nível*". Também o §4º do art. 4º da Lei nº 13.129, de 26.5.2015 (Lei de Arbitragem), que acabou, ao final, sofrendo veto presidencial, dispunha:

> desde que o empregado ocupe ou venha a ocupar *cargo ou função de administrador ou de diretor estatutário*, nos contratos individuais de trabalho poderá ser pactuada cláusula compromissória, que só terá eficácia se o empregado tomar a iniciativa de instituir a arbitragem ou se concordar expressamente com a sua instituição.

Dessa forma, muito embora inexista definição legal, é certo que os altos empregados estão por vezes identificados com diretores, administradores e representantes do empregador, ou seja, os componentes da cúpula de direção e comando da empresa.

Os diretores podem ou não deter a condição de empregado. Dependerá da forma organizacional da empresa que os contratarem. Assim, convivem a figura do diretor-empregado e do diretor estatutário, ou seja, aquele diretor eleito pela assembleia-geral para assumir a posição que integra a própria formação da sociedade, constituindo verdadeiro "órgão social". Délio Maranhão bem esclarece:

---

15 "Art. 161. Pode ser exercido, em comissão de serviço, cargo de administração ou equivalente, de direção ou chefia diretamente dependente da administração ou de diretor-geral ou equivalente, funções de secretariado pessoal de titular de qualquer desses cargos, ou ainda, *desde que instrumento de regulamentação coletiva de trabalho o preveja*, funções cuja natureza também suponha especial relação de confiança em relação a titular daqueles cargos e funções de chefia".

> Os diretores da sociedade anônima representam a sociedade, não, porém, como *mandatários*. Como diz Valverde, o mandato pressupõe dois sujeitos, mas as sociedades "nascem com os órgãos indispensáveis à sua vida de relação. São partes integrantes dela. O funcionamento desses órgãos é que depende de pessoas naturais".[16]

Na linha dessa orientação, firmou-se a jurisprudência pátria, ao consignar na Súmula nº 269 do TST: "O empregado eleito para ocupar cargo de diretor tem o respectivo contrato de trabalho suspenso, não se computando o tempo de serviço desse período, salvo se permanecer a subordinação jurídica inerente à relação de emprego".

Note-se que a subordinação será sempre a pedra de toque para a identificação da relação de emprego. Todavia, quanto maior a posição dentro da estrutura organizacional da empresa e mais forte o feixe de poderes do alto empregado, mais diluída e tênue será a subordinação e, em alguns casos, até possível a configuração de uma "subordinação invertida".

Outro aspecto que merece atenção para a configuração da condição de "alto empregado" é o recebimento de um pacote de remuneração diferenciado, destacado do caráter alimentar do salário, distinguindo-se com peso dos valores percebidos pelos demais empregados dessa mesma organização. Na realidade, boa parte da remuneração da chamada "alta cúpula" vincula-se ao próprio resultado da empresa, daí passam a integrar uma zona fronteiriça, na qual o risco e o sucesso do negócio estão diretamente vinculados à contraprestação pactuada, aproximando-os da figura do empregador.

Em decorrência da particular natureza do cargo ocupado pelo alto empregado, será difícil traçar contornos mais firmes acerca da forma de atuação, até porque esse aspecto muitas vezes é negociado de forma individualizada e até mesmo customizado e adequado à realidade empresarial de cada instituição e de cada empregado.

Algumas legislações mencionam a existência e traçam algumas diretrizes para a configuração da condição de alto empregado. É o que se infere, por exemplo, da legislação espanhola.

O estatuto dos trabalhadores espanhol prevê, em seu art. 1.3, letra "c", que são excluídos da citada lei os trabalhadores que desempenham cargo de conselheiro ou membro de órgãos de administração das empresas.

---

[16] SUSSEKIND, Arnaldo *et al. Instituições de direito do trabalho*. 22. ed. Atualização de Arnaldo Sussekind e João de Lima Teixeira Filho. São Paulo: LTr, 2005. v. I. p. 327.

Já o art. 2º do mesmo diploma legal assevera que deverão ser consideradas relações laborais de caráter especial aquelas dos trabalhadores de alta direção não inseridos na previsão do art. 1.3, resguardados os direitos básicos reconhecidos pela Constituição espanhola.

O item 2[17] do art. 1º do Real Decreto nº 1.382/1985, por sua vez, define os empregados de "alta direção" como os trabalhadores que exercem poderes inerentes ao proprietário da empresa e relacionados aos objetivos gerais desta, com autonomia e responsabilidade limitada apenas pelos critérios e instruções diretamente emitidos por pessoas ou órgãos superiores de governo e da administração da entidade que, respectivamente, ocupem/exerçam essa propriedade.

Preceitua, ainda, o real decreto que os direitos e obrigações dos trabalhadores de alta direção serão regulados pela vontade das partes e estarão sujeitos às regras desse decreto especial e das demais leis que lhes forem aplicáveis, sendo evidente a preocupação legislativa com os problemas derivados da não concorrência e possibilidade de coibir abusos e punir faltas, bem como o de vincular proporcionalmente os direitos do Executivo aos seus anos de trabalho, compensando-o – de certa forma – pelos anos de dedicação à empresa.

A regulamentação, entretanto, não é extensa, devendo ser redigido o contrato de trabalho, de forma geral, observando as tratativas entre as partes. O Estatuto dos Trabalhadores somente é aplicado para esse tipo especial de trabalhador quando expressamente mencionado pela lei ou pelo contrato pactuado entre as partes.[18]

Percebe-se, portanto, que os altos empregados são apontados na legislação espanhola de forma não taxativa, englobando trabalhadores que participam das decisões gerenciais e estruturais da empresa, recebendo poderes expressos de representação, com autonomia e plena responsabilidade, limitadas apenas pelas instruções diretas dos

---

17 "2. Se considera personal de alta dirección a aquellos trabajadores que ejercitan poderes inherentes a la titularidad jurídica de la Empresa, y relativos a los objetivos generales de la misma, con autonomía y plena responsabilidad sólo limitadas por los criterios e instrucciones directas emanadas de la persona o de los órganos superiores de gobierno y administración de la Entidad que respectivamente ocupe aquella titularidade".

18 "*Artículo 3 Fuentes y criterios reguladores* 1. Los derechos y obligaciones concernientes a la relación laboral del personal de alta dirección se regularán por la voluntad de las partes, con sujeción a las normas de este Real Decreto y a las demás que sean de aplicación. 2. Las demás normas de la legislación laboral común, incluido el Estatuto de los Trabajadores, sólo serán aplicables en los casos en que se produzca remisión expresa en este Real Decreto o así se haga constar específicamente en el contrato. 3. En lo no regulado por este Real Decreto o por pacto entre las partes, se estará a lo dispuesto en la legislación civil o mercantil y a sus principios generales".

titulares ou do conselho da empresa, atuando – via de regra – como *alter ego* do empresário.

Portanto, estes empregados de alta direção, executivos ou mesmo empregados *C-level*,[19] por possuírem maior poder de autodeterminação (com menor hipossuficiência), são capazes de estabelecer tratativas com maior liberdade e podem regular boa parte dos direitos e obrigações contratuais através da autonomia privada das partes (empregado e empregador), respeitadas as normas legais e demais normas aplicadas ao contrato especial.

Segundo Erick de Paula Carmo, no direito alemão:

> a concepção de altos empregados está associada à posição especial que ocupam nas negociações, participando no trabalho próprio do empresário, seja porque contribuíram para impulsionar o empreendimento econômico, seja pela função de direção e vigilância que exercem sobre os demais empregados da mesma empresa.[20]

Percebem-se, portanto, alguns traços característicos em algumas legislações da figura do alto empregado. São eles: (i) forte ligação com o empregador, muitas vezes até se confundindo com a figura do empregador; (ii) poderes de representação da empresa e de tomada de decisões estratégicas; (iii) acúmulo de grandes responsabilidades decorrentes dos poderes que lhes são atribuídos; (iv) autonomia na condução de grande parte do seu trabalho e (v) pacote remuneratório diferenciado e, por vezes, vinculado ao resultado da empresa.

Os altos empregados, por ocuparem posição estratégica dentro da estrutura empresarial, seja pelo cargo de direção (administrativa, financeira ou operacional), seja pelo conhecimento técnico altamente especializado, conhecem a fundo projetos e negócios do seu empregador. Esse contexto pode gerar, inclusive, uma situação de subordinação invertida: o empregador, muitas vezes, precisa do conhecimento daquele alto empregado para dar continuidade a certo planejamento, projeto, desenvolvimento de produto, entre outros. Tanto assim que, nas hipóteses de rescisão do contrato de trabalho desses profissionais, as partes, em geral, negociam um período de transição para que o alto

---

19 Os chamados profissionais *C-level* são os executivos com cargos elevados, que exercem funções, por exemplo de CEOs (*chief executive office*), CFOs (*chief financial officer*), COO (*chief operational officer*), CIO etc.

20 CARMO, Erick de Paula. Cargo de confiança e altos empregados. *Anamatra*, 15 jun. 2005. Disponível em: www.anamatra.org.br/artigos/767-cargo-de-confianca-e-altos-empregados.

empregado que se desliga possa repassar os detalhes e conhecimentos necessários àquele que passará a ocupar o seu lugar.

Firma-se a preocupação em preservar a manutenção do conhecimento estratégico internamente e, em alguns casos, de barrar a sua exploração externa. É, portanto, comum a negociação de pactos de não concorrência e de sigilo, a fim de evitar que o conhecimento prático especializado empresarial possa ser utilizado pela concorrência.

Em outras situações, já vivenciadas com alguma frequência no mercado, o próprio alto empregado pode optar por não mais deter a condição de empregado e, dada a experiência adquirida, se lançar no mercado como consultor, profissional autônomo, não obstante o respeito ao pacto de não concorrência. Considerando-se a subordinação invertida, o próprio ex-empregado poderia ter interesse em, de forma autônoma, prestar seus serviços ao antigo empregador para, por exemplo, finalizar um projeto e paralelamente passar a atuar como consultor junto a outras empresas.

Note-se, entretanto, que, por maior autonomia e qualificação deste profissional, tal hipótese esbarraria na proibição legal contida no art. 5º-C da Lei nº 6.019/74:

> Não pode figurar como contratada, nos termos do art. 4º-A desta Lei, a pessoa jurídica cujos titulares ou sócios tenham, nos últimos dezoito meses, prestado serviços à contratante na qualidade de empregado ou trabalhador sem vínculo empregatício, exceto se os referidos titulares ou sócios forem aposentados.

Na realidade, referida previsão perde o sentido original de evitar a precarização do contrato de trabalho, quando se tratar de alto empregado e a iniciativa efetiva de alteração da sua condição dele partir e lhe for mais benéfica. Logo, a presunção legal de fraude seria *juris tantum*, elidida por prova contrária.

A subordinação invertida também pode ocasionar outros fenômenos que interessam ao meio jurídico, especialmente pelo poder derivado de informações estratégicas e financeiras que os altos empregados passam a deter pela função e posição que ocupam. Paralelamente, vale lembrar que parte do pacote remuneratório desses profissionais, muitas vezes, está vinculado ao resultado da empresa.

Assim, considerando os poderes de direcionamento do negócio e o interesse no melhor resultado possível, é importante que o empregador se cerque de mecanismos de proteção contra atos de má gestão ou até fraudulentos que possam maquiar resultados, no intuito de garantir o aumento do bônus pactuado, o que já ocorreu por algumas vezes no mercado. Para ilustrar, basta citar o caso emblemático da Enron, que originou um colapso na economia americana, provocando verdadeira revisão dos mecanismos de controle do mercado mobiliário e financeiro e governança coorporativa.

5 Responsabilidades e penalidades decorrentes dos poderes dos altos empregados: cláusula de *clawback*

Em virtude da concentração de poderes pelos altos *empregados*, passam eles a possuir, de forma correspectiva, o dever de bem aplicá-los, sempre direcionando a sua atuação ao alcance do objetivo social da empresa e dos contratos de trabalho ali celebrados.

O empregador, por sua vez, com receio do uso abusivo desses poderes, passou a se cercar de mecanismos de defesa da empresa e, consequentemente, dos postos de trabalho por ela gerados. O alto empregado, nessa mesma linha, buscou resguardar o seu patrimônio contra atos de gestão capazes de gerar contra si alguma responsabilização e respectivos custos. Nessa linha, é cada vez mais corrente a contratação de seguros de D&O (*directors and officers*) e pactuação de cláusulas de *clawback*.

A contratação do seguro D&O[21] com o objetivo de garantir, mediante transferência para a seguradora, o risco de eventuais prejuízos causados por atos de gestão de diretores, administradores e altos empregados que, na atividade profissional, agiram com culpa, aliado ao risco financeiro derivado dos custos de defesa, torna-se quase que imprescindível ao executivo que aceite ocupar posição com tantos poderes e atribuições numa estrutura societária. Torna-se meio necessário à tranquilidade e à garantia de preservação futura do patrimônio desses profissionais.

Paralelamente à segurança destinada à preservação do patrimônio do alto empregado, importante também cercar a empresa (e os postos de trabalho por ela gerados) contra eventuais abusos que possam vir a

---

[21] Sobre o assunto, vale a leitura da tese de doutoramento de Ilan Goldberg acerca do contrato de seguro D&O (GOLDBERG, Ilan. *O contrato de seguro D&O*. 2019. 504 f. Tese (Doutorado em Direito Civil) – Faculdade de Direito, Universidade do Estado do Rio de Janeiro, Rio de Janeiro, 2019).

ser por eles cometidos. Daí porque também foi iniciada, ainda de forma tímida no mercado brasileiro, a pactuação de cláusula de *clawback*.[22]

A ideia de que a remuneração dos altos empregados deva estar atrelada aos resultados por eles entregues aos sócios e acionistas desenvolveu-se ao longo das últimas décadas e espraiou-se pelo mundo capitalista. O Brasil, como já adiantado no item anterior, não constituiu exceção.

No plano internacional, entretanto, dois episódios marcaram profundamente esse sistema e levantaram um alerta no sentido de que tais incentivos, sem a necessária regulação, poderiam levar a nefastas consequências.

Assim é que a crise da empresa Enron, em 2001, e a crise dos *subprime*, no final da mesma década, mostraram que as regras de governança corporativa careciam de melhor regulação. Ou, em outros termos, que os incentivos econômicos e financeiros estabelecidos nos planos de remuneração dos altos empregados, especialmente executivos de companhias abertas, em algumas situações, poderiam levar a resultados "maquiados", em benefício de um provento mais vantajoso para o administrador.

Como as duas experiências citadas decorriam de uma realidade americana, apesar da sua repercussão internacional, o legislador americano, em resposta, editou o *Sarbanes-Oxley Act*, em 2002, e um conjunto de normas, entre 2008 e 2010, entre as quais vale citar o *Dood-Frank Wakk Street Reform and Consumer Protection Act* (*Dood-Frank Act*).

A nova legislação tornava obrigatória a devolução, pelos altos empregados e executivos aquinhoados, de quaisquer bônus e/ou compensações financeiras recebidos, quando da ocorrência de ajustes contábeis derivados de fraudes ou equívocos nas demonstrações financeiras das companhias.

Cunhou-se para a hipótese a denominada *clawback clause*, uma regra contratual inserida em contratos de emprego de altos executivos que os obriga a devolver remuneração atrelada ao resultado já recebido, nas hipóteses de "misconduct, scandals, poor performance, or a drop in company profits".

---

[22] Sobre o assunto, vale a leitura de BRAGA, Julia de Castro; TEIXEIRA, Pedro Freitas. A cláusula clawback e os contratos de trabalho de executivos de companhias abertas no Brasil. *Revista de Direito do Trabalho*, v. 184, p. 145-180, dez. 2017.

A cláusula deve ser devidamente negociada pelas partes e, em algumas situações, pode vir a ser aplicada agregando-se a ela outra penalidade.

A nova regulamentação do setor em muito contribuiu para aprimorar o sistema de governança corporativa das empresas norte-americanas e, com o bom exemplo, passou a ser replicada em outras jurisdições.

No Brasil, o Banco Central editou a Resolução nº 3.921, de 25.11.2010 e a CVM expediu a Instrução Normativa nº 480/09, com idênticos objetivos.

A cláusula de *clawback*, inserida em contrato de trabalho de altos executivos de empresas abertas, estabelece direito potestativo para estas últimas de recuperar, no patrimônio do executivo, os resultados de performance que este tenha recebido injustamente. Como já se aludiu acima, tal restituição se dará tanto quando a situação injusta deriva de mero equívoco que exige correção nas demonstrações financeiras da companhia, quanto nas hipóteses de dolo ou culpa, nas quais a devolução pode vir acompanhada de multa.

O instituto desenvolveu-se com conteúdo diferentes ao longo do tempo, desde a sua instituição, com a entrada em vigor do *Sarbane-Oxley* (*Sox*) *Act*.

Na sua versão original, a lei americana previa o confisco de bônus e vantagens de *chief executive officers* (CEOs) e *chief financial officers* (CFOs) na hipótese de a companhia ser obrigada a modificar suas demonstrações financeiras em decorrência de descumprimento/erros materiais ou em virtude de má conduta ou má gestão. A lei aplicava aos administradores o conhecido conceito de *disgorgement of profits* que já era largamente utilizado no regime de aplicações em valores mobiliários pela SEC (*Securities and Exchange Comission*), notadamente nas hipóteses de *insider trading*.

Perceba-se que, em sua primeira acepção, havia uma limitação subjetiva no instituto, aliada ao fato de as condições vinculadas à má gestão e/ou má conduta precisarem ser demonstradas, além de a eficácia do instituto restar limitada aos 12 meses imediatamente pretéritos.

Some-se a isso a circunstância de que, na vigência do referido aparato legislativo, apenas a SEC tinha legitimidade para aplicar o art. 304 do *Sox Act*, elemento que evidenciou que, na sua primeira concepção, o instituto mais tinha uma função pública de preservação do mercado de capitais de uma forma geral do que a finalidade de proteger os patrimônios das companhias individualmente consideradas e dos seus acionistas.

A SEC estabeleceu, ainda, certa presunção de "culpa *in vigilando*" aos principais administradores das companhias – CEOs e CFOs –, porquanto suas respectivas remunerações eram afetadas, mesmo nas hipóteses em que os danos à companhia e ao mercado tivessem sido praticados por outros empregados da companhia e sem o conhecimento dos principais administradores.

Quando o *Dodd-Frank Act* entrou em vigor, anos mais tarde, o conceito do instituto foi ampliado.

Com efeito, a então nova legislação abandonou o conceito de má conduta/gestão, de prova difícil e natureza indeterminada, ampliou as hipóteses de aplicação da cláusula, alargando sua eficácia objetiva e, do ponto de vista subjetivo, estendeu a sua hipótese de incidência a todos e quaisquer *executive officers*.

Sob o ângulo temporal, com a nova legislação, tanto executivos atuais, quanto ex-executivos passaram a ser responsabilizáveis, retroagindo a aplicação da penalidade ou da restituição a três anos anteriores à requisição para efetivação dos ajustes contábeis devidos.

A generalização do novo regramento estimulou as companhias abertas a adotarem contratos de emprego com cláusulas de *clawback* com variados tipos de rigor, mas todas apontando na direção de um maior controle e apenamento de atos temerários de gestão.

A contratação de cláusula de *clawback* em instrumentos de regulação de trabalho, com ou sem relação de emprego, parece estar situada no espectro de autonomia de vontade das partes, com objeto absolutamente lícito, preenchendo os requisitos de validade dos atos jurídicos em geral, previstos no art. 104 do Código Civil brasileiro.

Como restou abordado no item anterior, os altos empregados possuem – via de regra – amplos poderes de negociação ante o empregador, inexistindo qualquer óbice à validade da cláusula de *clawback*, que versa sobre a possibilidade de responsabilização financeira do alto empregado. Nesse ponto, vale chamar a atenção para o fato de o ordenamento jurídico entender válido o pacto de não concorrência, o qual restringe de certa forma a liberdade de trabalho do empregado, bem como a possibilidade de responsabilização financeira.

Aliás, aqui vale, ainda e por oportuno, lembrar que uma das características do alto empregado consiste justamente no recebimento de pacote remuneratório diferenciado, destacado do caráter alimentar do salário e vinculado ao resultado da empresa, sendo certo que a cláusula de *clawback* atingiria justamente esse excesso, a parte auferida desvinculada do salário, que mais se aproxima da "participação nos resultados" especial dos executivos. A possibilidade de devolução de gratificações antecipadas aos altos empregados já é admitida em determinadas situações, a exemplo da pactuação da "cláusula de permanência", quando o empregado se obriga – mediante previsão contratual – a devolver bonificações e valores recebidos de forma antecipada e condicionados à sua permanência na empresa, quando resolve dela se desligar. Também se admite que parte da remuneração variável esteja sujeita a mecanismos de redução, quando verificadas grandes perdas decorrentes da má performance e gestão do empregado (tais cláusulas são mais conhecidas no meio jurídico como *malus*),[23] desde que ele não tenha ainda adquirido o direito ao recebimento da verba. Ora, permitida tal pactuação, com maior razão restaria a validade da cláusula de *clawback* vinculada à recuperação de perdas, à devolução de valores recebidos em decorrência de resultados "maquiados".

Há de se ressaltar, por fim, a importância do instituto sob o ângulo da sua função social, porquanto ele não só protege os investidores, a salubridade do mercado de capitais, como ainda os demais empregados que também participam, em menor escala, dos resultados da empresa em longo prazo.

6 Conclusão

Antes mesmo da reforma trabalhista, a Consolidação das Leis do Trabalho já destinava formas diferenciadas de tratamento para alguns empregados, tendo em vista os feixes de poder e gestão encetados na função por eles ocupada. Referida previsão legislativa, entretanto, estava aquém das novas formas relacionais surgidas especialmente

---

[23] Sara Carpinteiro, em dissertação de mestrado em Direito e Gestão, defendida na Universidade Católica Portuguesa, ao explorar o tema "Os mecanismos de redução ou devolução de remunerações indevidamente recebidas em instituições de crédito e os incentivos ligados à remuneração", menciona a aplicação do Decreto-Lei nº 157/2014 e o Regime Geral das Instituições de Crédito e Sociedades Financeiras (RGICSF) em Portugal, tecendo a seguinte diferenciação entre a cláusula *malus* e a *clawback*: "Nos termos do disposto nos nºs 9 e 10 do Art. 115-E do RGICSF, a totalidade da componente variável da remuneração deve estar sujeita a mecanismos de redução ('malus', isto é o regime através do qual a instituição poderá reduzir total ou parcialmente montante da remuneração variável que haja sido objeto de diferimento e cujo pagamento ainda não constitua um direito adquirido) e de recuperação ('clawback', quando a instituição retém o montante da remuneração variável cujo pagamento já constitui direito adquirido), devendo ser consideradas, em especial as situações em que o colaborador participou ou foi responsável por uma atuação que resultou perdas significativas para a instituição de crédito ou em que aquele deixou de cumprir critérios de adequação e idoneidade" (CARPINTEIRO, Sara. *Os mecanismos de redução ou devolução de remunerações indevidamente recebidas em instituições de crédito e os incentivos ligados à remuneração*. 2015. 41 f. Dissertação (Mestrado em Direito e Gestão) – Faculdade de Direito, Universidade Católica Portuguesa, Escola de Lisboa, Lisboa, 2015).

após a revolução tecnológica, bem como dos anseios de parte dos empregados, que não mais pretendem se sujeitar ao poder diretivo como outrora fora instituído.

A necessidade de dar uma maior maleabilidade à relação de trabalho e emprego, observando-se a sua estrutura funcional real, com graus de escalonamento na relação empregado x empregador, já vinha sendo reclamada há muito pelo mercado, de forma geral, até mesmo para evitar que o ordenamento jurídico pátrio tutelasse situações manifestamente contrárias ao princípio da boa-fé e que davam ensejo ao enriquecimento sem causa.

Não há como negar que a proteção de empregados esclarecidos, com qualificação intelectual e remuneratória diferenciada, por vezes, gerava prejuízo aos demais empregados da empresa, menos esclarecidos, que se viam retirados do bolo do resultado a ser partilhado, grandes somas para fazer frente ao pagamento de condenações trabalhistas tantas vezes reputadas injustas por terem sido regularmente pactuadas e, posteriormente, invalidadas pelo Judiciário,[24] situação comum nos planos de demissão voluntária (PDVs) até o julgamento do Recurso Extraordinário nº 590.415/SC pelo Supremo Tribunal Federal (STF), que privilegiou a pactuação das partes, via adesão do trabalhador ao plano estabelecido, com base na norma coletiva que instituiu o PDV.

Nessa esteira e na busca de reforçar o princípio da segurança jurídica e da boa-fé, bem como de melhorar a dinâmica da relação de emprego, a Lei nº 13.467/2017 ("reforma trabalhista") trouxe interessantes novidades, a exemplo do empregado hipersuficiente, figura capaz de transacionar alguns direitos e especialmente a forma de prestação da sua força de trabalho, respeitando-se os direitos e garantias constitucionais. Essa nova modalidade de empregado, além de aproximar o trabalhador pátrio aos empregados de outras legislações, representa valorização da palavra, da confiança das pactuações de quem tem autonomia para negociar e autodeterminar-se, o que será analisado caso a caso. Permite, ainda, a acomodação de certas situações, a exemplo de "profissionistas" mais qualificados, que se enquadrariam na chamada "carreira Y", com grandes poderes de decisão acerca do negócio empresarial, mas sem deter os poderes tipificados no art. 62, II da CLT.

---

24 Nesse contexto, vale citar a Orientação Jurisprudencial nº 270 da SBDI-1 do TST: "*PROGRAMA DE INCENTIVO À DEMISSÃO VOLUNTÁRIA. TRANSAÇÃO EXTRAJUDICIAL. PARCELAS ORIUNDAS DO EXTINTO CONTRATO DE TRABALHO. EFEITOS.* A transação extrajudicial que importa rescisão do contrato de trabalho ante a adesão do empregado a plano de demissão voluntária implica quitação exclusivamente das parcelas e valores constantes do recibo".

A legislação pátria, assim, abriu espaços para o ajustamento de algumas relações de trabalho e, muito embora não tenha destinado qualquer regulamentação aos altos empregados, passou a permitir – com essa nova previsão – a pactuação de pacotes de benefícios e remuneração com desenhos diferenciados. Nesse particular, vale destacar que, pelos grandes poderes e conhecimentos que alguns altos empregados concentram, pode ocorrer a chamada "subordinação invertida", no sentido de o empregador necessitar (ainda que temporariamente) do conhecimento técnico e estratégico daquele profissional altamente gabaritado. Profissional este que, pelos poderes ímpares por ele recebidos, pode utilizá-los de forma abusiva, no intuito (claro ou disfarçado) de se beneficiar financeiramente, até mesmo porque a maior parte dos altos empregados possui boa parte da sua remuneração vinculada ao resultado da empresa.

A fim de coibir tais situações, garantir um ambiente empresarial e de mercado saudável e na linha de observância ao princípio da legalidade,[25] pode ser pactuada cláusula de *clawback* entre o empregador e o alto executivo. Do ponto de vista legislativo, existem normas sobre o instituto no ambiente das instituições financeiras, a partir da edição pelo Banco Central da Resolução Bacen nº 3.921/2010 e da expedição pela CVM da Instrução Normativa nº 480, de 7.11.2009.

Do ponto de vista material, não se trata da transferência de risco do empregador para o alto empregado, nem de redução salarial, haja vista que a restituição do valor deverá estar vinculada não ao salário *stricto sensu*, mas à bonificação, à participação do executivo nos resultados, ou seja, ao *plus* indevidamente recebido por uma demonstração financeira equivocada, por resultados não atingidos, pela maquiagem ou uso abusivo da empresa, ou seja, quando presente o nexo de causalidade entre o resultado equivocado e os valores injustamente recebidos, sujeitos, portanto, à perda superveniente.

Referências

ALMEIDA, Alexandre Albuquerque; MELLO, Simone Barbosa de Martins. Negociação individual e o equilíbrio no contrato de trabalho. *In*: ZAVANELLA, Fábio; ROCHA, Marcelo Oliveira (Org.). *O primeiro ano de vigência da Lei n. 13.467/2017 (Reforma Trabalhista)*: reflexões e aspectos práticos. São Paulo: Ltr, 2018.

BETTI, Emílio. *Teoria geral do negócio jurídico*. Tradução de Ricardo Rodrigues Gama. Campinas: LZN, 2003.

---

[25] O que não está proibido, juridicamente, está permitido.

BRAGA, Julia de Castro; TEIXEIRA, Pedro Freitas. A cláusula clawback e os contratos de trabalho de executivos de companhias abertas no Brasil. *Revista de Direito do Trabalho*, v. 184, p. 145-180, dez. 2017.

CARMO, Erick de Paula. Cargo de confiança e altos empregados. *Anamatra*, 15 jun. 2005. Disponível em: www.anamatra.org.br/artigos/767-cargo-de-confianca-e-altos-empregados.

CARPINTEIRO, Sara. *Os mecanismos de redução ou devolução de remunerações indevidamente recebidas em instituições de crédito e os incentivos ligados à remuneração*. 2015. 41 f. Dissertação (Mestrado em Direito e Gestão) – Faculdade de Direito, Universidade Católica Portuguesa, Escola de Lisboa, Lisboa, 2015.

CASSAR, Vólia Bonfim. *Direito do trabalho*. De acordo com a Reforma Trabalhista (Lei 13.467/2017). 14. ed. rev. e atual. São Paulo: Gen/ Método, [s.d.].

DELGADO, Mauricio Godinho; DELGADO, Gabriela Neves. *A Reforma Trabalhista no Brasil*: com comentários à Lei n. 13.467/2017. São Paulo: LTr, 2017.

GOÍS, Luiz Marcelo Figueiras de. *A caminho de um direito trabalhista-constitucional*. São Paulo: LTr, 2010.

GOLDBERG, Ilan. *O contrato de seguro D&O*. 2019. 504 f. Tese (Doutorado em Direito Civil) – Faculdade de Direito, Universidade do Estado do Rio de Janeiro, Rio de Janeiro, 2019.

MORAES, Maria Celina Bodin de. *Danos à pessoa humana*: uma leitura civil-constitucional dos danos morais. Rio de Janeiro: Renovar, 2003.

PLÁ ROGRIGUEZ, Américo. *Princípios de direito do trabalho*. 3. ed. São Paulo: LTr, 2000.

SUSSEKIND, Arnaldo *et al*. *Instituições de direito do trabalho*. 22. ed. Atualização de Arnaldo Sussekind e João de Lima Teixeira Filho. São Paulo: LTr, 2005. v. I.

YOSHIDA, Márcio. A arbitragem e a Reforma Trabalhista. *Revista de Arbitragem e Mediação*, São Paulo, v. 55, p. 57-71, out./dez. 2017.

Informação bibliográfica deste texto, conforme a NBR 6023:2018 da Associação Brasileira de Normas Técnicas (ABNT):

FICHTNER, Priscila Mathias de Morais. Poder de negociação e responsabilização dos empregados: escalonamentos a serem observados e cláusula de clawback. *In*: TUPINAMBÁ, Carolina (Coord.). *As novas relações trabalhistas e o futuro do Direito do Trabalho*: as novidades provenientes das novas possibilidades de interações humanas e de novos modelos de solução de conflitos. Belo Horizonte: Fórum, 2022. (Coleção Fórum As novas relações trabalhistas e o futuro do direito do trabalho. Tomo V.) p. 177-199. ISBN 978-65-5518-224-8.

OS PROCESSOS SELETIVOS DOS NOVOS TEMPOS: LIMITES DO PODER DIRETIVO

CAROLINA TUPINAMBÁ

1 Poder diretivo do empregador e os direitos da personalidade em jogo a serem ponderados

Se o empregador assume os riscos da atividade econômica, e sendo o empregado um trabalhador subordinado, o empregador terá o poder de direção, também referido como poder de comando ou poder hierárquico, o qual se subdivide em (i) poder de organização, (ii) poder fiscalizatório e (iii) poder disciplinar.

Ao que toca especialmente às questões objeto de reflexão, o poder de controle ou poder fiscalizatório consiste na faculdade que o empregador possui de utilizar meios proporcionais e adequados, seja para fiscalizar o cumprimento da prestação de trabalho conforme pactuado, seja para resguardar o patrimônio empresarial de eventuais condutas de seus empregados. Em outras palavras, seria o conjunto de prerrogativas dirigidas a propiciar o acompanhamento contínuo da prestação de trabalho e a própria vigilância efetivada ao longo do espaço empresarial interno. O poder de fiscalização do empregador, especificamente no que tange à vigilância do patrimônio empresarial, pode ser visto, inclusive, como um exercício do direito de propriedade que se encontra constitucionalmente protegido pelos arts. 5º, XXII, e 170, II, da Constituição Federal.

Assim, sob o aspecto dos limites do exercício do poder de fiscalização e controle do empregador que caberá refletir sobre temas como revistas, circuito interno de televisão, monitoramento de *e-mails*, pesquisa de dados do empregado, controle de horário e frequência, entre outras diversas possibilidades e aspectos que tangenciam a discussão.

Conceito-chave para construção do raciocínio que se pretende desenvolver perpassa o chamado *jus variandi*, ou seja, a parcela do poder diretivo do empregador a qual autoriza de forma discricionária a ingerência, unilateral e a qualquer tempo, sobre aspectos e questões não essenciais do contrato de trabalho, o que permitiria, por exemplo, a implementação de práticas periódicas de consultas a dados pessoais de trabalhadores. O *jus variandi* não é ilimitado, devendo obedecer a certas restrições.

Isto porque os direitos fundamentais são plenamente exigíveis no âmago das relações de trabalho, entre outras razões, por força da eficácia horizontal de tais garantias.[1]

A Constituição, em seu art. 5º, inc. X, assegura como *direito fundamental do ser humano a privacidade*, que ilustra, nada mais nada menos, que o poder da própria pessoa sobre o conjunto de elementos e ações que formam o seu círculo íntimo. Em outras palavras, ao tutelar a intimidade, o diploma constitucional protege o cidadão, incluindo os trabalhadores, essencialmente, da ingerência de terceiros em sua esfera privada.

Délio Maranhão faz ressalva interessante a respeito dos limites de avanço dos poderes do empregador na esfera da individualidade do empregado:

---

[1] Ver Recurso Extraordinário nº 201.819/RJ e também RE nº 158.215/RS e RE nº 161.243/DF.

> A subordinação do empregado é *jurídica*, porque resulta de um *contrato*: nele encontra seu fundamento e seus *limites*. O conteúdo desse elemento caracterizador do contrato de trabalho não pode assimilar-se ao sentido predominantemente na Idade Média: o empregado não é 'servo' e o empregador não é 'senhor'. Há de partir-se do pressuposto da liberdade individual e da dignidade da pessoa do trabalhador. [...] Tem razão, portanto, *Sanseverino*, quando frisa que a subordinação própria do contrato de trabalho não sujeita ao empregador toda a pessoa do empregado, sendo, como é limitada ao âmbito da execução do trabalho contratado. A subordinação não cria um *status subjectionis*; é, apenas, uma situação jurídica.[2]

A Constituição de 1988 assegura a inviolabilidade da vida privada. Segundo Maria Helena Diniz,[3] a privacidade volta-se "a aspectos externos da existência humana como o recolhimento em sua residência, sem ser molestado, escolha do modo de viver, hábitos, comunicação via epistolar ou telefônica".

O direito à privacidade, em resumo, portanto, é a possibilidade de escolha do titular em divulgar ou não o que é íntimo e, assim, poder construir a própria imagem.

Enquanto a privacidade parece ser um direito natural, a intimidade decorre de relações subjetivas, com caráter íntimo *da pessoa*, isto é, suas relações familiares e de amizade, envolvendo também as relações de trabalho. Pode-se dizer que íntimo é aquilo que seria ligado ao interior ou simplesmente pessoal. Já o privado seria o caráter de não acessibilidade às particularidades contra a vontade do seu titular.[4]

Diferentemente do caso brasileiro, mas valendo a referência como inspiração, na medida em que o art. 8º da CLT qualifica como fonte de direito a ser observada na falta de disposições legais ou contratuais, o direito comparado, em Portugal, permite o colhimento de dados relativos à vida extraprofissional do trabalhador se tais informações estiverem estritamente vinculadas ao serviço exercido ou, ainda, caso possam causar prejuízos ao empregador ou a terceiros. Nesse sentido, dispõe o Código do Trabalho, com destaques:

---

2 MARANHÃO, Délio. *Instituições de direito do trabalho*. 21. ed. São Paulo: LTr, 2003. v. 1. p. 242.

3 DINIZ, Maria Helena. *Curso de direito civil brasileiro*. 19. ed. São Paulo: Saraiva, 2005. v. 7. p. 154.

4 CALVO, Adriana. O conflito entre o poder do empregador e a privacidade do empregado no ambiente de trabalho. *Revista LTr*, v. 73, n. 1, jan. 2009.

> Artigo 16º
> Reserva da intimidade da vida privada
> 1 – O empregador e o trabalhador devem respeitar os direitos de personalidade da contraparte, cabendo-lhes, designadamente, guardar reserva quanto à intimidade da vida privada.
> 2 – O direito à reserva da intimidade da vida privada abrange quer o acesso, quer a divulgação de aspetos atinentes à esfera íntima e pessoal das partes, nomeadamente relacionados com a vida familiar, afetiva e sexual, com o estado de saúde e com as convicções políticas e religiosas.
> Artigo 17º
> Proteção de dados pessoais
> *1 – O empregador não pode exigir a candidato a emprego ou a trabalhador que preste informações relativas:*
> *a) À sua vida privada, salvo quando estas sejam estritamente necessárias e relevantes para avaliar da respetiva aptidão no que respeita à execução do contrato de trabalho e seja fornecida por escrito a respetiva fundamentação;*
> *b) À sua saúde ou estado de gravidez, salvo quando particulares exigências inerentes à natureza da atividade profissional o justifiquem e seja fornecida por escrito a respetiva fundamentação.*
> *2 – As informações previstas na alínea b) do número anterior são prestadas a médico, que só pode comunicar ao empregador se o trabalhador está ou não apto a desempenhar a atividade.*
> *3 – O candidato a emprego ou o trabalhador que haja fornecido informações de* índole *pessoal goza do direito ao controlo dos respetivos dados pessoais, podendo tomar conhecimento do seu teor e dos fins a que se destinam, bem como exigir a sua retificação e atualização.*
> 4 – Os ficheiros e acessos informáticos utilizados pelo empregador para tratamento de dados pessoais do candidato a emprego ou trabalhador ficam sujeitos à legislação em vigor relativa à proteção de dados pessoais.
> 5 – Constitui contraordenação muito grave a violação do disposto nos nºs 1 ou 2.[5]

Enfim, o desafio será ponderar (i) de um lado, o *jus variandi*, exercido nos processos seletivos e nas práticas de fiscalização durante o vínculo de emprego, o qual se justifica pelo exercício do direito de propriedade e da proteção à livre iniciativa, constitucionalmente protegidos pelos arts. 5º, XXII, e 170, II, da Constituição Federal; e (ii) de outro lado, as garantias individuais dos trabalhadores, potencialmente colocadas em xeque, como a vida privada, a intimidade e a privacidade

---

[5] PORTUGAL. Lei nº 7/2009, de 12 de fevereiro, com as alterações introduzidas pelas leis nºs 105/2009, de 14 de setembro, 53/2011, de 14 de outubro, 23/2012, de 25 de junho, 47/2012, de 29 de agosto, 69/2013, de 30 de agosto, e 27/2014, de 8 de maio.

do indivíduo, assegurando *tratamento digno e isonômico aos empregados ou pretendentes à formalização de vínculo.*

O desequilíbrio desses valores poderá ser classificado como dano extrapatrimonial ao trabalhador, ferindo direitos personalíssimos, já que no âmbito das relações trabalhistas a simbiose entre direitos fundamentais e princípio da dignidade ganha destaque e relevância para doutrina e jurisprudência que enfrentam o tema. Em outras palavras, o respeito aos atributos do trabalhador, atendida sua condição de pessoa humana, tem sido tomado como elemento fundamental para que aquele não seja visto apenas como mera peça da engrenagem e passe a ser reconhecido como homem, valorizando-se sua integridade física, psíquica e moral. Isso porque o direito fundamental ao trabalho digno e decente[6] compreende a consciência do trabalho como fonte de rendimentos e de sustento, conservadas as condições dignas de labor, que preservem a higidez física e mental dos trabalhadores.

2 A fase pré-contratual: as práticas mais corriqueiras e a análise da doutrina e dos tribunais sobre os fatores de desigualação

A fase pré-contratual abrange todas as tratativas que ocorrem entre o candidato em sua busca por colocação e a empresa interessada em sua contratação, podendo envolver nesse processo a perquirição sobre o passado funcional ou experiência do trabalhador, sua capacitação profissional, condições de saúde e outras peculiaridades ligadas à função pretendida pelo trabalhador.

Sobre as condições e os ajustes havidos na fase pré-contratual, discorre Maria Aparecida Alckmin:

> [...] criam expectativas de direito, ocasião na qual poderá ocorrer a violação da personalidade do trabalhador através de atos discriminatórios (idade, sexo, religião, opção sexual, exigência de exames e atestados etc.), questionamentos acerca da vida privada e opiniões pessoais,

---

[6] O conceito de trabalho decente expressa a síntese do mandato histórico e dos objetivos estratégicos da Organização Internacional do Trabalho (OIT): a promoção das normas internacionais do trabalho, a geração de empregos produtivos e de qualidade para homens e mulheres, a extensão da proteção social e a promoção do tripartismo e do diálogo social.

> enfim, qualquer ato abusivo e ofensivo à personalidade e dignidade do candidato à vaga no emprego.[7]

São técnicas consagradas na fase pré-contratual, ou nos chamados processos seletivos, o exame de *curriculum*, dinâmicas de grupo, provas laboratoriais, como digitação, manuseio de computadores, exibição de habilidades alegadas etc.

Em verdade, o ordenamento jurídico brasileiro não possui norma específica dispondo sobre a (i)licitude de métodos utilizados na seleção de pessoal, pelo que é mister verificar, para quaisquer que sejam as práticas adotadas, respectiva aceitação ética, bem como a adstrição ao objetivo de avaliação da aptidão profissional do candidato, sem exorbitar os poderes legítimos do empregador.

Nesse contexto, regra geral, a análise de informações pertinentes à esfera da vida privada do trabalhador tem sido permitida apenas excepcionalmente, cumprido o ônus argumentativo de demonstração de sua relevância nas circunstâncias da relação de trabalho a ser inaugurada, considerando as funções inerentes ao futuro contrato. A referência a contrato futuro tem razão de ser. É que, dentro do gênero "fase pré-contratual", o processo de seleção se coloca como uma espécie, tal qual a chamada "fase de pontuação", esta última, sim, mais ligada ao conceito de contrato preliminar.

Na puntuação, os sujeitos travam negociações preliminares sobre as condições e pretensões apresentadas por ambas as partes. É dizer, o contrato de trabalho nem sempre tem formação instantânea, embora a sua formação progressiva constitua uma exceção.

Igualmente, a fase da puntuação exige critérios e cautelas para que não haja formação ou quebra de expectativas protegidas pelo ordenamento, com destaques:

> [...] se as partes se encontram ainda na fase de negociações preliminares por definição mesmo não contrataram, não se havendo estabelecido, entre elas, desse modo, qualquer laço convencional. Pois, se lançaram mão de tais discussões vestibulares, foi justamente para decidir se lhes convinha, ou não, contratar [...]. *O início da fase de pontuação revela o propósito de contratar e cria, naturalmente, no espírito dos futuros contratantes, uma expectativa legitima de vir a concluir o negócio.* Tal expectativa poderá conduzir, e no mais das vezes conduz, uma das partes a realizar despesas, a abrir mão de outros negócios, a alterar planos de sua atividade imediata.

---

7 ALCKMIN, Maria Aparecida. *Violência na relação de trabalho e a proteção à personalidade do trabalhador*. Curitiba: Juruá, 2008.

> Ora, tal expectativa não pode ser frustrada pelo mero capricho de um dos contratantes, sem que incorra ela no dever de reparar os prejuízos porventura resultantes [...]. Tal responsabilidade só se caracteriza se houver comportamento censurável daquele que abandonou as negociações; pois se não houve dolo, negligência ou imprudência de sua parte, sua atitude é inatacável, visto que constitui o exercício regular do direito de se recusar a contratar [...]. O rompimento injustificado do debate preliminar não dá, ao prejudicado, o direito de exigir o cumprimento da futura convenção, mas tão só de exigir reparação do prejuízo experimentado.[8]

O destaque acima tem apenas o condão de esclarecer que, no período pré-contratual, a fase em que o empregador entrevista, submete a testes e, finalmente, seleciona o candidato à vaga disponível vincula e compromete de forma mais arrefecida do que aquela que se segue a partir do momento em que se divulga o resultado positivo da seleção, com abertura de negociação de cláusulas contratuais em aberto, quando eventual desistência injustificada pelo empregador poderá causar prejuízos àquele que porventura tenha deixado outro emprego diante de promessa não concretizada, ou mesmo desprezado oferta de igual nível.

Certamente que a fase da puntuação não implica necessariamente a obrigação de contratar. Ela poderá ser interrompida a partir do momento em que se evidencie que o acordo de vontades não seja possível. Se, todavia, os entendimentos atingirem um ponto em que se faça prever a celebração do contrato, a partir desse momento, nenhuma das partes poderá romper o pacto sem motivo justo.

De todo modo, *o recorte teórico dirá respeito tão somente* às *possibilidades e responsabilidades do processo seletivo*, primeiríssimo momento da fase pré-contratual.

É nesse estágio em que, por exemplo, podem vazar informações do empregado protegidas pelo dever do sigilo, ser exigidos testes psicotécnicos ou procedimentos ligados à psicologia potencialmente questionáveis quando abusivos, ou restar evidenciada alguma prática discriminatória.

Em obra que trata justamente da responsabilidade civil pré-contratual no direito do trabalho, Luciano Augusto de Toledo Coelho em suas conclusões assevera sobre a responsabilidade do possível empregador:

---

8 RODRIGUES, Silvio. *Direito civil* – Parte geral. [s.l.]: [s.n.], [s.d.]. p. 61-62.

é aplicável segundo os critérios os quais devem adaptar-se ao caso concreto. Neste prisma, destacam-se a natureza profissional e as características pessoais de quem abre o processo negociatório, a eventual existência de relações contratuais anteriores, o tipo de contrato, sua natureza e importância econômica assim como o comportamento concludente da parte e a responsabilidade gerada pela conduta e grau de qualificação do contrato entre sujeitos.[9]

Doutrina e jurisprudência têm enfrentado hipóteses diversas, considerando critérios mais comuns, os quais tentaremos organizar e criticar a seguir.

2.1 Sobre a aplicação de questionários prévios

A mera requisição de preenchimento de questionários pode ser considerada invasiva e ensejadora de danos extrapatrimoniais.

A advertência se exacerba pela promulgação da recente Lei nº 13.709, referida como Lei Geral de Proteção de Dados Pessoais (LGDP), reflexo das novas políticas de proteção de dados em contexto internacional, máxime da *General Protection Regulation* (GDPR) da União Europeia, que entrou em vigor em maio de 2018.

Nesse contexto, a referida lei regulamentou o "tratamento de dados pessoais", entendido esse como toda e qualquer operação realizada com determinadas informações relacionadas a uma pessoa natural, podendo ser, exemplificativamente, o nome, RG, CPF, profissão, estado civil, grau de escolaridade etc. O "tratamento de dados", portanto, inclui toda e qualquer conduta realizada com dados, como exemplo, coleta, produção, recepção, classificação, utilização, acesso, reprodução, transmissão, distribuição, processamento, arquivamento, armazenamento, eliminação, avaliação, controle, modificação, comunicação, transferência, difusão e extração.

Em suma, o grande objetivo da Lei nº 13.709/2018 foi estabelecer regras sobre como as empresas e o Poder Público deverão tratar os dados pessoais, fixando limites para que isso ocorra, os quais deverão ser aplicados a quaisquer operações de tratamento de dados pessoais realizada por pessoa jurídica de direito privado, tendo estes sido coletados ou tratados no Brasil.

---

9 COELHO, Luciano Augusto de Toledo. *Responsabilidade civil pré-contratual em direito do trabalho*. São Paulo: LTr, 2008. p. 137.

Na obtenção de dados pessoais via questionários aplicados em processos seletivos, ou mesmo no curso das relações de emprego, é recomendada a criação de um guia orientador para os agentes de tratamento, a partir de perguntas reflexivas que avaliem a necessidade de coleta daquelas informações. Por exemplo: (i) quais informações são de fato necessárias para o cumprimento de determinada obrigação legal ou para a execução do contrato de trabalho?; (ii) quais desses dados necessitam do consentimento do candidato para posterior e eventual tratamento?; (iii) as informações podem causar algum tipo de lesão ao titular se disseminadas ou modificadas e como impedir essas lesões?; (iv) as informações eventualmente coletadas se referem a dados sensíveis e seria adequada uma proteção mais incisiva?

Nesse contexto, por exemplo, adverte Mauro Schiavi: "Não são pertinentes perguntas sobre hábitos sexuais, motivo de desligamento da empresa em que trabalhava, situação familiar, orientação sexual, preferências política e religiosa, filiação sindical e origem étnica, sob pena de violação da intimidade do candidato".[10]

Em hipóteses de realização de entrevistas pessoais, sem coleta formalizada de dados pessoais ou necessidade de preenchimento de questionários, vale apresentar julgado acerca de cautela necessária para possível uso de detector de mentiras. Perceba-se quão interessante o julgado a seguir, o qual pontuou o uso da prática por conta justamente da prevenção de atos terroristas:

> INDENIZAÇÃO POR DANO MORAL. SUBMISSÃO A TESTE COM POLÍGRAFO. Diante dos atos de terrorismo, perpetrados no país sede da segunda reclamada, que são de conhecimento público e notório, *as providências adotadas pelas companhias aéreas e suas terceirizadas, no sentido de resguardar a segurança e incolumidade dos trabalhadores e usuários, se utilizadas sem desvio de finalidade, não atentam contra a esfera de direitos extrapatrimoniais dos empregados. Assim, a par de toda a controvérsia sobre a idoneidade científica deste instrumento, a utilização do polígrafo, na forma retratada nos autos, NÃO CONFIGURA AFRONTA À INTIMIDADE OU À DIGNIDADE DA RECLAMANTE, hábil a configurar ato ilícito passível de indenização*. Recursos ordinários das reclamadas providos, no aspecto. (TRT-4. RO nº 00210133420155040021, 11ª Turma, j. 25.11.2016. Disponível em: https://trt-4.jusbrasil.com.br/jurisprudencia/430963327/recurso-ordinario-ro-210133420155040021/inteiro-teor-430963340?ref=serp)

10 SCHIAVI, Mauro. *Ações de reparação por danos morais decorrentes da relação de trabalho*. 3. ed. São Paulo: LTr, 2009. p. 122.

Nesse contexto, a referida lei, ou a LGPD, como vem sendo apelidada, trouxe regras para disciplinar a forma como os dados pessoais dos indivíduos podem ser armazenados por empresas ou mesmo por outras pessoas físicas, com objetivo básico de proteger direitos fundamentais da personalidade da pessoa natural.

Em verdade, a lei teve por preocupação principal os serviços atualmente oferecidos, especialmente por meio de empresas que trabalham com novas tecnologias, voltados à constante coleta de dados pessoais de usuários, os quais ganham valor econômico na medida em que revelam tendências de consumo, políticas, religiosas, comportamentais etc. podendo servir como direcionamento de estratégias no mercado.

Nesse sentido, o empregador, enquanto exercente do papel que a lei faz referência como "controlador de dados", deverá adotar mecanismos de informação e de observância aos direitos dos titulares dos dados, ou seja, de seus empregados, candidatos a emprego ou mesmo terceirizados.

Quanto à utilização dos dados pessoais protegidos, a Lei nº 13.709/2018 determina:

> Art. 6º As atividades de tratamento de dados pessoais deverão observar a boa-fé e os seguintes princípios: [...]
> IX - não discriminação: impossibilidade de realização do tratamento para fins discriminatórios ilícitos ou abusivos; [...].

Aplicando a referida lei à realidade prática das relações de trabalho, no mínimo, caberá aos empregadores, no que diga respeito ao tratamento de dados pessoais de empregados ou candidatos a emprego:

(i) formalizar a plena ciência e consentimento do titular quanto à colheita, ao registro ou ao armazenamento de seus dados;
(ii) colher dados com a plena ciência de seu titular, no exercício do poder diretivo imanente ao contrato de trabalho e respectivos procedimentos preliminares, com o propósito de monitorar ou garantir a segurança do meio ambiente de trabalho, bem como de ter ciência de informações sobre empregados, atuais ou futuros, que possibilitem o cumprimento integral de obrigações trabalhistas, previdenciárias e tributárias;
(iii) garantir livre acesso aos respectivos titulares aos seus dados pessoais enquanto estes estiverem armazenados;
(iv) comunicar imediatamente à autoridade nacional e ao titular a ocorrência de qualquer incidente de segurança que possa acarretar risco ou dano relevante aos titulares de dados;

(v) em hipótese alguma compartilhar dados de empregados ou terceiros candidatos a emprego, com objetivo de obter vantagem econômica.

Seja durante o processo seletivo ou no curso da relação de emprego, o armazenamento de qualquer informação ou de dados, de empregados ou terceiros candidatos a emprego, limitar-se-á ao mínimo necessário ao cumprimento integral de obrigações trabalhistas, previdenciárias e tributárias.

Ademais, com exceção daqueles tornados manifestamente públicos pelo titular, o armazenamento de informação ou de dados dos empregados estará restrito ao período de até seis anos após a extinção do vínculo de emprego ou finalização do processo seletivo, quando deverão ser inexoravelmente eliminados.

Destaque-se que para o armazenamento de qualquer informação ou de dados, de empregados ou terceiros candidatos a emprego, os tomadores de serviços deverão utilizar e investir em medidas técnicas e administrativas aptas a proteger os dados pessoais de acessos não autorizados e de situações acidentais ou ilícitas de destruição, perda, alteração, comunicação ou difusão, adotando todas as medidas possíveis para prevenir a ocorrência de danos em virtude do tratamento de dados pessoais.

Em resumo, em razão do cargo e função a serem contratados, bem como do nível de interação com terceiros integrantes da comunidade externa à relação empregatícia, parece razoável o desenvolvimento de questionário-padrão com perguntas que revelem dados pessoais sensíveis, desde que: (i) haja comunicação escrita ao candidato de modo a que este expresse o seu consentimento igualmente escrito para eventual conservação de seus dados na base, com indicação temporal da prática; (ii) que as informações a serem colhidas tenham pertinência em relação ao cargo, bem como a valores ligados à segurança e (iii) que, em caso de uso de detectores de mentiras, haja prévia advertência justificada aos candidatos.

2.2 Sobre o uso de ferramentas para detecção de inverdades e a aplicação de exames ou testes psicotécnicos

Outra prática comumente utilizada diz respeito aos exames psicotécnicos.

Tal qual o método referido anteriormente, o exame psicotécnico, via de regra, é condenado por doutrina e jurisprudência, com raras exceções. Para se ter uma ideia das críticas formuladas no que diga respeito à referida ferramenta, Sandra Negri Cogo afirma:

> [...] diante da diversidade de suas técnicas, *são capazes de revelar as mais* íntimas *informações* sobre as feridas morais e mais grave, as informações, invariavelmente, são sonegadas ao trabalhador. De posse desses dados o empregador saberá, perfeitamente, a localização da pedra de toque capaz de dirigir a conduta do subordinado.

E ainda acrescenta com veemência:

> [...] não há a menor possibilidade de aceitar-se que o trabalhador possa, de forma livre e independente, consentir com a aplicação dos testes psicológicos. Nem mesmo se pode reconhecer que possa ocorrer esclarecimento capaz de retirar a turbação causada pela coação moral, bem como pelo comprometimento do trabalhador com sua própria sobrevivência. Não há mecanismo de esclarecimento capaz de vencer a barreira da necessidade e da sedução do emprego formal. [...] Todo consentimento oferecido pelo trabalhador no sentido de permitir a aplicação dos testes psicológicos será condicionado pela necessidade de sobrevivência. Porque a coação moral exercida pelo empregador macula a manifestação de vontade e, consequentemente, nulifica o negócio jurídico realizado pelo trabalhador. Toda a intervenção no patrimônio moral do trabalhador, causada pela prática dos testes psicológicos, é agressiva e ilegal.[11]

Versão específica de análise psicológica, a prova grafológica é ferramenta um tanto quanto comum em processos seletivos, muito utilizada pelas empresas no Brasil.

João de Lima Teixeira Filho, referindo-se à prática da análise, afirma:

> [...] ela é, em tese, demolidora da tutela à intimidade. Partindo da escrita do candidato, visa desnudar seus recatos, revelar, por uma fórmula matriz, o caráter, a personalidade da pessoa. Sua invasividade é evidente. E a lesão ao direito não está no vazamento do resultado da prova, mas na aplicação do teste em si, já que a recusa do pretendente a emprego

---

[11] COGO, Sandra Negri. *Gestão de pessoas e a integridade psicológica do trabalhador*: a dignidade humana como limite aos poderes da empresa em face do contrato de trabalho. São Paulo: LTr, 2006. p. 156.

de submeter-se aos desígnios da grafologia tolherá a possibilidade de sua contratação.[12]

A doutrina ilustrada por ambos os autores retrata espécie de linha de pensamento comum na seara... Em outras palavras: eventual aplicação de exames psicológicos deverá ser excepcional, em hipótese em que a aplicação da técnica se mostre *verdadeiramente* útil *e necessária*.

Outra cautela a ser observada diz respeito aos critérios de exames psicotécnicos eventualmente aplicados. Isso porque, por analogia e ainda a esse respeito, o Supremo Tribunal Federal, com repercussão geral, já teve a oportunidade de se manifestar assegurando que os critérios para admissão de testes psicotécnicos realizados em concursos públicos devem ser *objetivos, permitindo-se o controle judicial de sua precisão, legalidade e proporcionalidade*. Trata-se do Tema nº 338 da Corte:

> Questão de ordem. Agravo de Instrumento. Conversão em recurso extraordinário (CPC, art. 544, §§3º e 4º).2. Exame psicotécnico. Previsão em lei em sentido material. Indispensabilidade. Critérios objetivos. Obrigatoriedade. 3. Jurisprudência pacificada na Corte. Repercussão Geral. Aplicabilidade. 4. Questão de ordem acolhida para reconhecer a repercussão geral, reafirmar a jurisprudência do Tribunal, negar provimento ao recurso e autorizar a adoção dos procedimentos relacionados à repercussão geral.

2.3 Sobre a exigência de condições específicas de saúde ou aplicação de exames médicos extravagantes como condicionamento à contratação

O condicionamento de contratações por conta de aspectos relacionados à saúde é tema ainda mais complexo. As avaliações feitas do candidato a emprego para aferição ou diagnóstico de doenças, via de regra, são percebidas pelo Poder Judiciário como em atrito com a vida privada e a intimidade da pessoa humana, ensejando, inclusive, indenizações pelos danos extrapatrimoniais.

Entende, no entanto, Guilherme Guimarães Feliciano:

---

12 TEIXEIRA, J. L. F. O dano moral no direito do trabalho. *Trabalho & Doutrina*, n. 10, set. 1996, p. 33 *apud* SANTOS, Enoque Ribeiro. *O dano moral na dispensa do empregado*. 3. ed. São Paulo: LTr, [s.d.]. p. 130.

> na fase contratual, o empregador pode episodicamente solicitar os testes genéticos e, para além disso, torna-los *conditio sine qua non* no seguimento do processo seletivo, desde que razões de segurança pessoal e coletiva os recomendem (como no caso da viação aérea, operações em minas carboníferas e usinas nucleares, etc.).[13]

É possível legitimar práticas desse perfil apenas no contexto das exceções costumeiramente legitimadas, com objetivo de proteção, tanto dos próprios trabalhadores, como de eventuais pacientes em casas de saúde e hospitais, por exemplo, na função de enfermagem.

Em suma, é possível, mas extremamente excepcional se condicionar a admissão de trabalhadores em certos cargos a determinadas condições de saúde dos candidatos. Obviamente, que, em razão da excepcionalidade, a demanda, igualmente, deverá ser *necessária e pertinente*, com cumprimento de ônus argumentativo quando da publicidade do processo seletivo, de modo justificado e transparente. O próprio Tribunal Superior do Trabalho possui farta jurisprudência no sentido de que a exigência de exames médicos deve ter previsão anterior. Não obstante o contexto se referir a editais de processos seletivos a empregos públicos, *a lógica da excepcionalidade, previsibilidade e adequação deverá ser tomada por analogia* e cautela para eventual implementação da prática:

> CANDIDATO APROVADO EM CONCURSO PÚBLICO. CONVOCAÇÃO PARA EXAMES. DISCUSSÃO SOBRE O FATO DE O CHAMADO PREENCHER OS REQUISITOS PREVISTOS NO EDITAL DO CONCURSO. FASE PRÉ-CONTRATUAL DA RELAÇÃO DE EMPREGO. COMPETÊNCIA MATERIAL DA JUSTIÇA DO TRABALHO. A decisão recorrida se encontra em conformidade com a jurisprudência desta Corte, no sentido de que *os conflitos surgidos na fase pré-contratual da relação de trabalho se inserem no* âmbito *de competência da Justiça do Trabalho*. CONCURSO PÚBLICO. TESTE DE APTIDÃO FÍSICA PREVISTO NO EDITAL DO CERTAME SEM PREVISÃO LEGAL. INVALIDADE. O Tribunal Regional entendeu que somente por lei formal poderia a reclamada, empresa de economia mista, subsidiária da PETROBRAS, exigir teste de aptidão física para o preenchimento de vagas em concurso público para o cargo de técnico de operador júnior. Por se tratar de ente da administração pública indireta, por força do princípio da legalidade, *somente por lei formal poderia a reclamada estabelecer teste de aptidão física como requisito para a investidura em emprego público*. Precedentes. Agravo

---

13 FELICIANO, Guilherme Guimarães. *Direito à prova e dignidade humana*. São Paulo: LTr, 2007. p. 187.

conhecido e desprovido. (Ag-AIRR nº 258-32.2014.5.11.0052. Rel. Min. Alexandre de Souza Agra Belmonte, 3ª Turma, j. 11.4.2018. *DEJT*, 13 abr. 2018)

Perceba-se, que, não obstante intensa cizânia doutrinária e jurisprudencial a respeito, o TST reconheceu, em algumas oportunidades, a pertinência das condições de saúde dos trabalhadores para o contexto do negócio do empregador, o que remete ao julgamento de casos em que não se taxou de abusiva a exigência de controle de peso corporal de empregados da empresa Vigilantes do Peso, confira-se:

> RECURSO DE REVISTA. JUSTA CAUSA - DESCUMPRIMENTO DE CLÁUSULA CONTRATUAL - EXIGÊNCIA QUE A EMPREGADA MANTENHA PESO CORPORAL EM NÍVEL COMPATÍVEL COM OS INTERESSES DA EMPRESA. *AFIGURA-SE RAZOÁVEL* que, tratando-se a ora reclamada de uma *empresa que pretende comercializar produtos e serviços voltados ao emagrecimento*, estabeleça determinados padrões a serem observados por seus empregados, pois do contrário estará totalmente esvaziada qualquer mensagem ou discurso propagado pela -orientadora- do segmento. *Assim sendo, não se verifica a alegada ilicitude e nulidade da cláusula regulamentar que exigia a manutenção do -peso ideal- da empregada que se propôs ao exercício das FUNÇÕES INERENTES À ATIVIDADE ESSENCIAL DA EMPREGADORA*, qual seja, Vigilantes do Peso. (RR nº 2462-02.2010.5.02.0000. Red. Min. Renato de Lacerda Paiva, 2ª Turma, j. 27.2.2013. *DEJT*, 26 mar. 2013)

Portanto, atendidos os seguintes requisitos: (i) previsibilidade, é dizer, ciência prévia da análise de saúde dos concorrentes ao emprego; (ii) transparência, com divulgação pública do condicionamento da contratação à análise de determinadas condições de saúde, com indicação do respectivo motivo dos critérios adotados; (iii) razoabilidade, ostentando a discriminação justificada caráter de necessidade, adequação e proporcionalidade; (iv) consentimento específico dos candidatos ao emprego, de acordo com a Lei nº 13.709/18; (v) valorização evidente da saúde e segurança de trabalhadores e pacientes, é viável a adoção de critérios de seleção levando-se em consideração condições de saúde dos respectivos candidatos a emprego para o exercício de funções impactadas pelas características exigidas.

A não observância das cautelas elencadas *evidencia discriminação contra pessoas que não gozem de boa saúde*, prática extremamente repudiada pelos tribunais.[14]

2.4 Sobre pesquisa de antecedentes criminais ou exigência de certidões

Desde setembro de 2017, a Subseção 1 Especializada em Dissídios Individuais (SDI-1) do Tribunal Superior do Trabalho firmou posicionamento em sede de recurso repetitivo no sentido de que a exigência de certidão negativa de antecedentes criminais ensejaria dano extrapatrimonial passível de indenização, *quando caracterizar tratamento discriminatório, ou não se justificar em situações específicas. A exigência foi considerada legítima, no entanto, em atividades que envolvam, entre outros aspectos, o cuidado com idosos, crianças e incapazes, o manejo de armas ou substâncias entorpecentes, o acesso a informações sigilosas e transporte de carga.*

A decisão se deu em procedimento concentrado de formação de precedente, sendo que o entendimento adotado deverá ser aplicado a todos os casos que tratam de matéria semelhante. O acórdão é bastante longo, resumido na emenda a seguir, com destaques:

> INCIDENTE DE RECURSO DE REVISTA REPETITIVO. TEMA Nº 0001. DANO MORAL. EXIGÊNCIA DE CERTIDÃO DE ANTECEDENTES CRIMINAIS. CANDIDATO A EMPREGO

---

[14] Vale transcrição de julgados que atestam a proteção de portadores de doenças estigmatizantes: "DISPENSA DISCRIMINATÓRIA. PRESUNÇÃO. EMPREGADO PORTADOR DE DOENÇA GRAVE. ESTIGMA OU PRECONCEITO. DIREITO À REINTEGRAÇÃO. EMPREGADO PORTADOR DE CÂNCER. Esta Corte já pacificou o entendimento de que se presume discriminatória a despedida de empregado portador do vírus HIV ou de outra doença grave que suscite estigma ou preconceito, o que torna inválido o ato, ensejando ao empregado o direito à reintegração no emprego (Súmula nº 443 do TST). Também já se pacificou no sentido de que, na hipótese de empregado acometido por câncer, incide o entendimento consubstanciado no referido verbete. Precedentes. Incidem, portanto, a Súmula nº 333 desta Corte e o art. 896, §7º, da CLT como óbices ao prosseguimento do recurso. [...]" (AIRR nº 1733-74.2011.5.15.0130. Rel. Des. convocado Breno Medeiros, 8ª Turma. *DEJT*, 23 out. 2015); "DISPENSA DISCRIMINATÓRIA - DIREITO À REINTEGRAÇÃO. O direito potestativo de resilição unilateral do contrato e o poder diretivo do empregador encontram claros limites, sendo certo que a dignidade do trabalhador e o valor social do trabalho, princípios fundamentais da República, afiguram-se como balizas intransponíveis. O seu desrespeito, como na hipótese em que evidenciado o caráter discriminatório da dispensa da Laborista, em razão de doença estigmatizante que a acomete (Lúpus), causa repúdio, exsurgindo o direito à reintegração aos quadros da Reclamada (Súmulaº 443 do TST; artigos 1º, III e IV, e 170 da CF/88; Lei 9.029/95)" (TRT-3. RO nº 00112896420165030064 0011289-64.2016.5.03.0064. Rel. Denise Alves Horta, Quarta Turma).

> 1. Não é legítima e caracteriza lesão moral a exigência de Certidão de Antecedentes Criminais de candidato a emprego *quando traduzir tratamento discriminatório ou não se justificar em razão de previsão em lei, da natureza do ofício ou do grau especial de fidúcia exigido.*
> 2. A exigência de Certidão de Antecedentes Criminais de candidato a emprego é legítima e não caracteriza lesão moral *quando amparada em expressa previsão legal ou justificar-se em razão da natureza do ofício ou do grau especial de fidúcia exigido, a exemplo de empregados domésticos, cuidadores de menores, idosos ou deficientes (em creches, asilos ou instituições afins), motoristas rodoviários de carga, empregados que laboram no setor da agroindústria no manejo de ferramentas de trabalho perfurocortantes, bancários e afins, trabalhadores que atuam com substâncias tóxicas, entorpecentes e armas, trabalhadores que atuam com informações sigilosas.*
> 3. A exigência de Certidão de Antecedentes Criminais, quando ausente alguma das justificativas supra, caracteriza dano moral in re ipsa, passível de indenização, independentemente de o candidato ao emprego ter ou não sido admitido.
> Processo: RR - 243000-58.2013.5.13.0023 - Fase Atual: RR (Recurso Repetitivo - Tramitação Eletrônica)
> Número no TRT de Origem: RO-243000/2013-0023-13.
> Órgão Judicante: Subseção I Especializada em Dissídios Individuais
> Relatora: Ministra Maria Cristina Irigoyen Peduzzi
> Corre-junto: RR - 1494-05.2010.5.03.0077, RR - 39-11.2011.5.24.0004, RR - 184400-89.2013.5.13.0008 e RR - 10320-75.2015.5.03.0099

O caso formador do precedente acima trata de um ex-operador que pretendia a condenação de determinada empresa, afirmando que a exigência de sua certidão de antecedentes criminais violaria dispositivos constitucionais como o da garantia da inviolabilidade da intimidade, da vida privada, da honra e da imagem das pessoas (art. 5º, inc. X) e o da não discriminação no trabalho (art. 7º, inc. XXX). Antes da chegada ao Tribunal Superior do Trabalho, o pedido havia sido julgado improcedente nas instâncias inferiores.

A despeito de ainda não ter havido o trânsito da causa, *em julgamentos posteriores, o TST e os regionais têm se utilizado dos critérios concatenados na decisão-paradigma*, com destaques:

> EXIGÊNCIA DE APRESENTAÇÃO DE ANTECEDENTES CRIMINAIS. FASE PRÉ-CONTRATUAL. OFENSA À DIGNIDADE DA PESSOA HUMANA E AO PRINCÍPIO DA NÃO DISCRIMINAÇÃO NAS RELAÇÕES TRABALHISTAS. DANOS MORAIS IN RE IPSA. TEMA Nº 0001 DA TABELA DE INCIDENTES DE RECURSO DE REVISTA REPETITIVO. A matéria foi objeto de incidente de recurso de revista repetitivo julgado no

âmbito da SbDI-1 deste Tribunal na sua composição plena em 20/4/2017, acórdão publicado no DEJT em 22/9/2017, cujo redator designado foi o Ministro João Oreste Dalazen, referente aos processos paradigmas RR-184400-89.2013.5.13.0008 e RR-243000-58.2013.5.13.0023, ocasião em que prevaleceram as seguintes teses jurídicas sobre o tema, com efeitos vinculantes e observância obrigatória em toda a Justiça do Trabalho: "INCIDENTE DE RECURSO DE REVISTA REPETITIVO. TEMA Nº 0001. DANO MORAL. EXIGÊNCIA DE CERTIDÃO DE ANTECEDENTES CRIMINAIS. CANDIDATO A EMPREGO 1. Não é legítima e caracteriza lesão moral a exigência de Certidão de Antecedentes Criminais de candidato a emprego quando traduzir tratamento discriminatório ou não se justificar em razão de previsão em lei, da natureza do ofício ou do grau especial de fidúcia exigido. 2. A exigência de Certidão de Antecedentes Criminais de candidato a emprego é legítima e não caracteriza lesão moral quando amparada em expressa previsão legal ou justificar-se em razão da natureza do ofício ou do grau especial de fidúcia exigido, a exemplo de empregados domésticos, cuidadores de menores, idosos ou deficientes (em creches, asilos ou instituições afins), motoristas rodoviários de carga, empregados que laboram no setor da agroindústria no manejo de ferramentas de trabalho perfurocortantes, bancários e afins, trabalhadores que atuam com substâncias tóxicas, entorpecentes e armas, trabalhadores que atuam com informações sigilosas. 3. A exigência de Certidão de Antecedentes Criminais, quando ausente alguma das justificativas supra, caracteriza dano moral in re ipsa, passível de indenização, independentemente de o candidato ao emprego ter ou não sido admitido" (IRR - 243000-58.2013.5.13.0023, Redator Ministro: João Oreste Dalazen, data de julgamento: 20/4/2017, Subseção I Especializada em Dissídios Individuais, data de publicação: DEJT 22/9/2017). *Desse modo, em regra, somente será legítima a exigência de certidão de antecedentes criminais de candidato a emprego quando houver previsão em lei ou em razão da natureza do ofício ou do grau especial de fidúcia exigido para o exercício da atividade. Inserem-se na exceção consagrada no julgamento do Incidente as seguintes atividades: empregados domésticos, cuidadores de menores, idosos ou deficientes (em creches, asilos ou intuições afins), motoristas rodoviários de carga, empregados que laboram no setor da agroindústria no manejo de ferramentas de trabalho perfurocortantes, bancários e afins, empregados que trabalham com substâncias tóxicas, entorpecentes e armas, trabalhadores que atuam com informações sigilosas.* Importante registrar que o rol é meramente exemplificativo, de modo que outras atividades afins poderão também receber o tratamento excepcionado, conforme a natureza do ofício ou o grau de fidúcia da atividade, devendo ser observado, sempre, que a regra é a impossibilidade de exigência da certidão de antecedentes criminais. Fora dessas hipóteses e, ainda, quando se revelar tratamento discriminatório, não se justifica a conduta

> do empregador de exigir apresentação de certidão de antecedentes criminais para a contratação de empregado, caracterizando dano moral in re ipsa, independentemente de o candidato ter ou não sido admitido. Na hipótese dos autos, em relação às funções que os empregados exercem na empresa, foi mencionado que consta na petição inicial e é incontroverso que *os aludidos empregados desempenham atividades relacionadas à "prestação de serviços de processamento e transmissão de dados de natureza financeira, incluindo, especificamente, transações eletrônicas". Ademais, o Regional de origem consignou que "a reclamada tem sob sua responsabilidade as comunicações eletrônicas que envolvem milhões de cartões de crédito"*. Assim, verifica-se que a decisão do Regional de origem está em consonância com o entendimento que prevaleceu nesta Corte no julgamento do referido incidente de recurso de revista repetitivo. Agravo de instrumento desprovido. (AIRR nº 165-72.2013.5.02.0014. Rel. Min. José Roberto Freire Pimenta, 2ª Turma, j. 20.11.2018. *DEJT*, 23 nov. 2018)

O Superior Tribunal de Justiça tem seguido a mesma linha de raciocínio, o que se verifica quando, por exemplo, valida processo seletivo de policiais, havendo restrições dessa natureza nos respectivos editais:

> PROCESSUAL CIVIL. ADMINISTRATIVO. RECURSO ORDINÁRIO EM MANDADO DE SEGURANÇA. CONCURSO PÚBLICO PARA INGRESSO NA POLÍCIA MILITAR DO ESTADO DO ACRE. FATOS DESABONADORES APURADOS NA FASE DE INVESTIGAÇÃO SOCIAL DO CANDIDATO. NÃO RECOMENDAÇÃO PARA O CARGO. LEGALIDADE DE SUA EXCLUSÃO DO CERTAME. AUSÊNCIA DE AFRONTA AO PRINCÍPIO DA PRESUNÇÃO DE INOCÊNCIA. 1. Consoante dispõe o art. 1.º, Caput, da Lei n. 12.016/2009, a concessão da segurança - e, por extensão, o provimento do respectivo recurso ordinário - pressupõe a existência de direito líquido e certo a ser protegido diante de ilegalidade ou abuso de poder. Nesse contexto, a ilegalidade atribuível à autoridade coatora deverá residir na sua recusa em aplicar a lei nos casos em que esta deva incidir, ou na equivocada aplicação da lei a hipóteses nas quais ela não tenha incidência. O abuso de poder, por sua vez, consistirá na ação ou omissão da autoridade que, ao arrepio dos limites de competência ou das formas legalmente previstas, vier a se conduzir de modo contrário ao ordenamento jurídico. 2. O ingresso nas fileiras da Polícia Militar do Acre, por força do disposto no art. 11, V, da Lei Complementar Estadual n. 164/2006, pressupõe a idoneidade moral do candidato. 3. *No caso dos autos, o Edital nº 25/2012 fez consignar as seguintes regras*: 8.1. *O candidato será submetido à Investigação Criminal e Social, de caráter eliminatório*, considerando-se seus antecedentes criminais e sociais; 8.2.1. A Banca de Investigação Criminal e Social examinará os atos da vida civil do candidato, podendo este ser eliminado, quando

> constatada conduta desabonadora em sua vida pública ou particular, ainda que não considerada como ilícita, desde que incompatível com a natureza da função Policial Militar; 8.5. A prática de atos desabonadores no exercício da função pública, na atividade privada, ou nas relações sociais será apreciada pela banca, podendo importar em exclusão do candidato do Concurso; 8.5.1. Será eliminado, durante a realização de qualquer uma das fases do Concurso, o candidato que, após iniciada a investigação Criminal e Social, for considerado NÃO RECOMENDADO pela respectiva banca. 4. Na investigação social levada a termo pela competente comissão, *foram apurados fatos graves e desabonadores da pretérita conduta pessoal do candidato impetrante, assim indicadores de sua inaptidão e incompatibilidade para o exercício da função policial militar, por isso que sua não recomendação guardou consonância com as normas de regência do certame.* 5. *A exclusão do impetrante, no contexto em que ocorrida, não afrontou o princípio constitucional da presunção da inocência, porquanto lastreada em acontecimentos pessoais que, da forma como ocorreram e independentemente do desfecho penal que possam ter alcançado, sinalizaram para sua inaptidão para o exercício da atividade-fim da corporação policial militar.* 6. Recurso ordinário do Parquet estadual a que se nega provimento. (STJ. RMS nº 45139 AC 2014/0051646-2. Rel. Min. Sérgio Kukina, Primeira Turma, j. 24.10.2017. *DJe*, 10 nov. 2017)

Aliás, no campo das contratações públicas, o referido critério é objeto de recurso extraordinário, com repercussão geral reconhecida pelo Supremo Tribunal Federal, Tema nº 22, pendente de julgamento e sob a relatoria do Ministro Luís Roberto Barroso, confira-se:

> RE 560900 RG / DF - DISTRITO FEDERAL
> REPERCUSSÃO GERAL NO RECURSO EXTRAORDINÁRIO
> Relator(a): Min. JOAQUIM BARBOSA
> Julgamento: 08/02/2008 Órgão Julgador: Tribunal Pleno
> EMENTA: CONSTITUCIONAL. ADMINISTRATIVO. CONCURSO PÚBLICO. RESTRIÇÃO POSTA AOS CANDIDATOS QUE RESPONDEM A PROCESSO CRIMINAL (EXISTÊNCIA DE DENÚNCIA CRIMINAL). ACÓRDÃO RECORRIDO QUE AFASTA A RESTRIÇÃO, COM BASE NA PRESUNÇÃO CONSTITUCIONAL DE INOCÊNCIA. MANIFESTAÇÃO PELA CONFIGURAÇÃO DO REQUISITO DE REPERCUSSÃO GERAL, PARA CONHECIMENTO E JULGAMENTO DO RECURSO EXTRAORDINÁRIO.

Desde que exigida fidúcia especial para o exercício da atividade profissional, justifica-se, e, portanto, não gera dano extrapatrimonial, a exigência de apresentação de certidão de antecedentes criminais.

Do contrário e de acordo com diversos julgados havidos no TST, a imposição de apresentação de certidão de antecedentes criminais, *quando ausente justificativa razoável que a torne exigível, ou seja, quando arbitrária e infundada, caracterizará dano extrapatrimonial in re ipsa*, passível de indenização, independentemente de o candidato ao emprego haver, ou não, sido admitido. Ou seja, em diversos julgamentos a Corte tem se manifestado no sentido de que, ainda que o candidato tenha sido admitido no emprego, o trabalhador tem atingida ilicitamente a sua intimidade e honra, em face da exigência desnecessária da certidão de antecedentes criminais.

Em resumo, a pesquisa do nome do aspirante ao emprego em processos ou inquéritos criminais poderá ser sustentada (i) se houver lei autorizando a prática na função a ser ocupada; ou (ii) se houver justificativa para tal em razão da natureza do ofício ou do grau especial de fidúcia exigido, o que parece ser o caso na hipótese de *contratação de enfermeiros e outros profissionais que interajam com pacientes diretamente.*

2.5 Sobre investigações quanto ao retrato econômico ou situação financeira dos candidatos

A investigação de dados alheios à atividade a ser desempenhada a título de "curiosidade", ou seleção de perfis mais "confiáveis", digamos assim, revela-se preconceituosa e ilegítima, ensejando danos extrapatrimoniais.

Confira-se o exemplo abaixo sobre pesquisa do nome do empregado em Serasa e afins, *hipótese constantemente enquadrada como ilegítima e ensejadora de danos extrapatrimoniais*:

> RECURSO DE REVISTA. DANO MORAL. PESQUISA DA SITUAÇÃO FINANCEIRA DE CANDIDATO A EMPREGO - SPC E SERASA. Na hipótese dos autos, extrai-se do acórdão recorrido que é incontroversa a prática pela Ré de pesquisa nos sistemas de proteção ao crédito quando do processo de seleção de candidato ao emprego. Ora, chega a ser absurdo imaginar que o cidadão pode não ser contratado por ter seu nome registrado no SPC ou SERASA. Tais serviços devem ser utilizados para proteger o crédito e não para inviabilizar o emprego. Se o candidato a uma vaga de emprego eventualmente tem dívidas com outras pessoas, esta não pode ser a razão para impedir que o trabalhador obtenha o emprego. E isto se justifica porque para um candidato nesta situação, a recolocação no mercado de trabalho tem justamente o objetivo de saldar as dívidas do trabalhador. Nesse esteio, qualquer restrição ao acesso de

> um candidato a uma vaga de emprego em razão de seu nome constar em uma das listas de empresas de proteção ao crédito, como SERASA e SPC, é ato discriminatório e deve ser coibido por esta Justiça Especializada. *A conduta do empregador é inegavelmente discriminatória, pois visa a inibir a contratação de candidatos que figurem em listas cadastrais dos serviços de proteção ao crédito.* A prática da conduta discriminatória em apreço importa ofensa a princípios de ordem constitucional, tais como o da dignidade da pessoa humana, do valor social do trabalho, da isonomia e da não discriminação (arts. 1º, III e IV, 3º, IV, e 5º da Constituição da República). Deve ser ressaltado ainda o teor do artigo 1º, da Lei nº 9.029/95, que prevê a proibição de práticas discriminatórias nas relações de trabalho. Precedentes. Recurso de revista conhecido por violação do artigo 1º da Lei nº 9.029/95 e provido. (RR nº 209-39.2011.5.05.0027. Rel. Min. Alexandre de Souza Agra Belmonte, 3ª Turma, j. 30.11.2016. *DEJT*, 2 dez. 2016)

Via de regra, inexistem argumentos ou fundamentos jurídicos que possam validar a prática. Não é razoável supor que alguém endividado tenha o desempenho laboral comprometido de forma a legitimar a investigação da situação financeira de candidatos a emprego.

Em verdade, tal prática parte da premissa de que o candidato que, porventura, enfrente problemas financeiros na seara de consumo represente um risco ao patrimônio da empresa, em clara visão discriminatória. Ora, o trabalhador inserido nos cadastros de proteção ao crédito, taxado de mal pagador e penalizado por isso, se verá inserido em um ciclo vicioso voltado para o superendividamento.

O princípio da razoabilidade, como se observa pelas análises anteriores, em geral, consiste em critério distintivo, o qual é filtro servil à diferenciação entre a discriminação ilícita ou lícita, mesmo que sujeito a certo grau de subjetivismo. Para Luís Roberto Barroso, o princípio da razoabilidade constitui "valioso fundamento para realizar a justiça do caso concreto", consubstanciando "a superação da rigidez de nosso tradicional normativismo por um princípio que não quebra a dogmática convencional, mas que a esta oferece o temperamento da busca da melhor solução para a lide".[15] O autor aduz, primeiramente, à necessidade de existência de razoabilidade interna que, em resumo, não estará presente quando: (i) não houver adequação entre o fim perseguido e o instrumento empregado; (ii) a medida não for exigível ou necessária, havendo meio alternativo para chegar ao mesmo resultado com menor ônus a um

---

15 BARROSO, Luís Roberto. Razoabilidade e isonomia no direito brasileiro. *In*: VIANA, Márcio Túlio; RENAULT, Luiz Otávio Linhares (Coord.). *Discriminação*. São Paulo: LTr, 2000. p. 28

direito individual; (iii) não houver proporcionalidade em sentido estrito, ou seja, o que se perde com a medida é de maior relevo do que aquilo que se ganha. Além disso, deve-se averiguar a razoabilidade externa, ou seja, se o meio empregado e o fim perseguido são compatíveis com os valores constitucionais. Válido o exemplo apresentado por Luís Roberto Barroso:

> Suponha-se que uma Escola Militar de formação de oficiais constate, baseada em prova estatística, que os alunos procedentes de uma determinada região têm, ao longo dos estudos e da carreira, desempenho superior aos originários de outras partes do país. Ou, ao contrário, que os egressos de uma área específica apresentem elevado índice de repetência e desligamento. Pergunta-se: poderia a Escola, em seus critérios de admissão, favorecer o ingresso de uns e dificultar os de outros, em função de sua procedência geográfica, para assegurar sua maior eficiência? A resposta é naturalmente negativa. O ordenamento constitucional brasileiro veda que se criem distinções entre brasileiros (art. 19, III). Portanto, mesmo que se demonstrasse inequivocamente que os resultados seriam melhores, eles se atingiriam com o sacrifício de valores dos quais não é possível dispor.[16]

Com vistas a analisar a consulta a cadastros de inadimplentes como critério de contratação, portanto, *impende analisar a existência ou não de razoabilidade interna e externa. Ao que parece, dificilmente algum empregador terá* êxito *na tarefa de justificação.*

Todavia, embora tenha se revelado um verdadeiro ponto fora da curva, a decisão proferida pela Segunda Turma do Tribunal Superior do Trabalho, nos autos do Proc. nº RR 38100-27.2003.5.20.0005,[17] em fevereiro de 2012, entendeu que a utilização de consulta a serviços de proteção ao crédito em processo de contratação de empregados por uma rede de supermercados de Aracaju não caracterizaria fator de discriminação, mas "critério de seleção de pessoal" a levar em conta a conduta individual.[18]

---

16 BARROSO, Luís Roberto. Razoabilidade e isonomia no direito brasileiro. *In*: VIANA, Márcio Túlio; RENAULT, Luiz Otávio Linhares (Coord.). *Discriminação*. São Paulo: LTr, 2000. p. 35

17 Em sentido contrário, entre outros, TST. AIRR nº 9891940-02.2004.5.09.0014, 1ª Turma; TST. RR nº 9891800- 65.2004.5.09.0014, 5ª Turma; e TST. RR nº 98.921/2004-014-09-00.0, 7ª Turma.

18 O julgado impressiona pela coerente fundamentação do voto do relator, Ministro Renato de Lacerda Paiva, com destaques: "PRÁTICA DISCRIMINATÓRIA E DANO MORAL COLETIVO - Insurge-se a recorrente contra a decisão de primeiro grau que a condenou na obrigação de não fazer, consistente na abstenção de realizar pesquisa junto a entidades de proteção ao crédito e a órgãos policiais e do Poder Judiciário, com a finalidade de subsidiar processo de seleção para contratação de empregados, sob pena de multa de R$10.000,00

por cada consulta realizada e, ainda, a pagar indenização de R$200.000,00 a título de dano moral coletivo. Alega que o comportamento adotado pela empresa não se classifica como discriminação, já que não se identifica com as hipóteses previstas no art. 5º da Constituição Federal, tampouco na Lei nº 9.029/95, que trata da diferenciação das pessoas em função de sua condição pessoal. Assevera que o critério utilizado pela empresa leva em consideração a conduta do indivíduo, justificável pela natureza do cargo a ser ocupado, não se caracterizando discriminação de cunho pessoal, esta sim, vedada pelo ordenamento jurídico pátrio. Por fim, sustenta a inexistência de dano moral coletivo, ante a ausência de nexo de causalidade e repercussão na sociedade, contrapondo-se ao valor da indenização sob argumento de ausência de critério seguro para sua fixação. Considero que toda razão acompanha a recorrente. Em primeiro lugar, *a leitura dos dispositivos legais invocados pelas partes leva a concluir-se que a discriminação vedada pelo legislador é aquela decorrente de condição pessoal (sexo, origem, raça, cor, estado civil, situação familiar ou idade), vale dizer – discriminação por preconceito, e não de conduta pessoal (maneira de procedimento do indivíduo em suas relações interpessoais no seio da sociedade). Em segundo lugar, é de se observar que qualquer processo seletivo, seja na administração pública ou privada, sustenta-se exatamente na discriminação (separação e escolha), método pelo qual se apura a diferenciação de qualificação (técnica ou científica) para o cargo e de conduta pessoal (vida pregressa), além das condições de saúde dos candidatos, sendo conveniente ressaltar que a variável conduta pessoal não tem, nem precisa ter qualquer correlação lógica com as atividades a serem desenvolvidas.* Vale dizer – *selecionar significa exatamente apurar diferenças, separar e escolher (discriminar). Logo, em um universo de pessoas ou coisas iguais não pode haver processo seletivo.* A invocação, pelo autor, da norma cristalizada no art. 5º da Constituição Federal, não impressiona, porque o legislador constituinte ao deixar consignado que - *todos são iguais perante a lei,* garante apenas que a lei terá sempre caráter geral, atingindo de maneira uniforme toda a coletividade. Isso não significa dizer que *todos são iguais entre si.* O princípio da igualdade nas relações interpessoais, deve ser interpretado levando-se em conta a situação em que cada um se encontra, conforme pensamento do filósofo grego Aristóteles, adotado por Duguit e divulgado no Brasil pelo inesquecível Rui Barbosa, segundo o qual - '*A regra da igualdade não consiste senão em quinhoar desigualmente aos desiguais, na medida em que se desigualam.* [...] *Tratar com desigualdade a iguais, ou a desiguais com igualdade, seria desigualdade flagrante e não igualdade real'. A Lei nº 9.029/95, também não se presta para sustentar a pretensão do autor, eis que, assim como o texto constitucional, em seu art. 1º, proíbe tão somente - a adoção de qualquer prática discriminatória e limitativa para efeito de acesso à relação de trabalho, ou sua manutenção, por motivo de sexo, origem, raça, cor, estado civil, situação familiar ou idade* [...], *corroborando plenamente o entendimento que a discriminação vedada por lei é aquela decorrente da condição da pessoa e não da conduta da pessoa, enumerando taxativamente as condições pessoais que não podem servir de base discriminatória, isto é, os motivos que não podem ser levados em consideração como diferenciadores em um processo seletivo.* Elucidativa, neste sentido, é a lição de Emmanuel Teófilo Furtado, mestre e doutor em direito, Juiz do Trabalho Titular da 11ª Vara do Trabalho de Fortaleza, in Isonomia à Luz da Constituição e das Leis e o Trabalho da Mulher, Revista LTR, out/2004, p. 1188/1189, do seguinte teor: 'Mas há que se esclarecer que, se por um lado a primeira ideia que vem à baila é a de que o legislador lançou o seu manto protetor sobre todo e qualquer tipo de discriminação, por outro ficou evidente que os tipos de discriminação que não hão de ser tolerados são, de forma enumerativa, e não exemplificativa, as tangentes a sexo, origem, raça, cor, estado civil, situação familiar ou idade. A expressão qualquer se refere, pois, às formas, meios e métodos por meio dos quais venham a se consumar discriminações envolvendo as razões enumerativas (numerus clausus) estampadas no texto legal, a saber, enfatize-se, discriminações quanto ao sexo, origem, raça, cor, estado civil, situação familiar ou idade, e nada mais'. *A prática adota pela empresa não se identifica com as hipóteses de discriminação preconceituosa enumeradas e vedadas pelo legislador, assim como com elas também não se identificam, no âmbito da administração pública, as exigências inseridas no processo seletivo para o próprio Ministério Público do Trabalho, no qual se observa rígida perquirição sobre a conduta (vida pregressa) do candidato,* nos seguintes tópicos: [...] *A própria Constituição Federal de 1988 nos dá exemplos literais de discriminação das*

Logo após a publicação do julgado referido, sua repercussão foi tamanha que, inclusive, a Coordenadoria Nacional de Promoção de Igualdade de Oportunidades e Eliminação da Discriminação no Trabalho (Coordigualdade) do Ministério Público do Trabalho, em nota de esclarecimento veiculada, chegou a asseverar o seguinte:

---

pessoas quanto ao cabedal técnico-científico (qualificação) e reputação (conduta social) para acesso ao Supremo Tribunal Federal e Tribunais Superiores, servindo de exemplo a norma do art. 101, que tem a seguinte redação: 'O Supremo Tribunal Federal compõe-se de onze Ministros, escolhidos dentre cidadãos com mais de trinta e cinco e menos de sessenta e cinco anos de idade, de notável saber jurídico e reputação ilibada'. *Aqui, como se vê, de imediato discrimina-se (afasta-se do universo dos possíveis indicados) aqueles cidadãos que não são considerados portadores de notável saber jurídico (qualificação técnico-científica para o cargo) e reputação ilibada (conduta pessoal inatacável). Obviamente que tais exigências não são preconceituosas e se justificam na dignidade e magnitude dos cargos a serem ocupados. Mas, nem por isso deixam de ser discriminatórias. Do trabalhador comum não se há de exigir notável qualificação técnica ou reputação ilibada, mas, não se pode retirar do empresário o direito de separar e escolher para o seu serviço, dentre os candidatos que se apresentam, aqueles que são portadores das qualificações técnicas necessárias e cuja conduta pessoal não se desvia da normalidade. Por outro lado, os serviços de proteção ao crédito (SPC e SERASA), assim como os registros policiais e judiciais existem exatamente para serem consultados pelos interessados e as consultas formuladas não representam invasão da intimidade ou da vida privada.* Intimidade ou vida privada são enunciados do pensamento que traduzem a mesma realidade, isto é, *o caráter do que é íntimo, secreto, interior e profundo no próprio ser ou no recesso do seu lar.* Portanto, *no momento em que qualquer fato pertinente à conduta do cidadão encontra-se legalmente anotado por terceiro em registro do SPC, SERASA, órgão policial ou judicial, deixa tal fato de pertencer à sua intimidade ou vida privada. Se invasão de privacidade ou intimidade houve, foi perpetrada por quem procedeu à anotação e não por aquele que dela tomou conhecimento.* Finalmente, é de se observar que *a única coletividade pretensamente prejudicada pela pesquisa empresarial seria a daqueles que, desviando-se da conduta normal exigida pela coletividade maior (sociedade brasileira), deixam de cumprir as suas obrigações contratuais ou cometem algum crime.* Nesse passo, não há falar em cometimento de dano moral à coletividade dos trabalhadores, quando a empresa em seu processo seletivo afasta aqueles de conduta duvidosa, a menos que se entenda serem os trabalhadores brasileiros descumpridores de suas obrigações ou que estejam normalmente envolvidos em inquéritos policiais ou processos judiciais. *Data vênia, parece-me despropositado que o D. Ministério Público pretenda ver a empresa condenada no pagamento de indenização por dano moral decorrente de alegada ofensa à coletividade dos maus pagadores, que não cuida de manter-se dentro dos parâmetros da vida em sociedade.* A inadimplência onera os preços dos produtos, sendo certo que em toda compra parcelada (crediário) ou mesmo nos empréstimos bancários, acrescenta-se ao valor real, além dos juros e taxas, também um percentual variável a título de risco de inadimplência. Conclui-se, portanto, que toda a coletividade termina onerada pelo inadimplente, sendo certo que, sob esse aspecto, não se lhe há de dar tratamento igualitário. *Quem assume dívidas além de sua capacidade de pagamento e, por isso mesmo, descumpre o contrato e tem o seu nome inscrito no rol dos maus pagadores pelos serviços de proteção ao crédito SPC ou SERASA (esta controlada pelo próprio Banco Central) não pode sentir-se ultrajado ou invadido em sua intimidade nem pretender indenização por dano moral (diga-se moral da qual não cuidou devidamente), quando tal fato é levado em consideração em um processo seletivo.* Vencido na preliminar conheço do recurso e, no mérito dou-lhe provimento para julgar a presente Ação Civil Pública improcedente, invertendo os ônus da sucumbência para propiciar à empresa ré a reversão ao seu patrimônio dos valores relativos às custas processuais e depósito prévio".

> [...] a afirmação de que o indivíduo negativado em cadastro de inadimplente ou serviço de proteção ao crédito apresenta conduta que "se desvia da normalidade" se mostra totalmente desconectada da realidade social brasileira. Primeiro porque, num país como o Brasil, apenas uma pequena casta de privilegiados pode se dar ao luxo de manter uma vida financeira rigorosamente equilibrada. Endividamento e inadimplência consubstanciam a realidade da expressiva maioria da população nacional. Segundo porque várias são as razões que ocasionam a contração de dívidas, assim como são muitos e diversificados os motivos que podem conduzir alguém a uma situação de inadimplência. Desorganização financeira e endividamento não servem, portanto, como indicadores seguros para a aferição da integridade, da responsabilidade e da honestidade das pessoas. Terceiro porque, no Brasil, muitas vezes, não é preciso sequer estar endividado para ter o nome negativado no SPC ou SERASA, sendo alarmante a frequência com que pessoas fielmente cumpridoras de suas obrigações são injustamente incluídas nesses cadastros [...].

Aliás, a mesma percepção registrada na nota tem sido replicada pelo Ministério Público do Trabalho em procedimentos investigatórios:

> EMENTA: CONTRATAÇÃO DE TRABALHADORES. CONSULTA A CADASTROS DE PROTEÇÃO AO CRÉDITO. DISCRIMINAÇÃO. ATUAÇÃO MINISTERIAL. META PRIORITÁRIA. Não se homologa a promoção de arquivamento quando constatada a prática irregular de utilização de consulta em cadastros de proteção ao crédito quando de seleção para admissão de trabalhadores, haja vista configurar procedimento tendente à efetivação de discriminação. Necessidade de atuação extrajudicial ou judicial com o objetivo de inibir a citada conduta. Promoção de arquivamento não homologada.[19]

Em suma, os tribunais, assim como a doutrina sobre o tema, via de regra, enxergam como caracterização de discriminação ilícita por parte da empresa a prática de se exigir, previamente à contratação de futuros empregados, a apresentação de certidões de serviços de proteção ao crédito, a despeito do bem fundamentado voto havido nos autos do Proc. nº RR 38100-27.2003.5.20.0005.

---

[19] Vale a consulta ao inteiro teor, igualmente extremamente crítico da decisão havida na ACP já referida: "PROCESSO PGT/CCR/PP/N 13238/2012 1 ORIGEM: PRT DA 22ª REGIÃO ÓRGÃO OFICIANTE: Dr. José Wellington de Carvalho Soares INTERESSADO 1: Sidney de Sousa Gonçalves INTERESSADO 2: Novaterra Consórcio de Bens S/C Ltda. ASSUNTOS: Igualdade de Oportunidades e Discriminação nas Relações de Trabalho 06.01.02.01".

2.6 Sobre os fatores de diferenciação e seleção baseados em "listas negras"

A consulta do nome de candidatos em listagens específicas é outra questão interessante. No que diga respeito a consultas que visem investigar se determinado candidato seja autor de processo judicial, a prática há tempos é condenada.

Ainda em 2002, o próprio Tribunal Superior do Trabalho, inspirado pela conduta do Tribunal Regional do Trabalho do Mato Grosso do Sul, que editara norma interna impossibilitando a consulta em seu *site* de processos pelo nome das partes, e após o pedido de providências realizado pelo Ministério Público do Trabalho, emitiu, sob a presidência do Ministro Fausto Paula, ofício aos presidentes dos 24 Regionais, no sentido de que eliminassem a possibilidade de pesquisa processual pelo nome do reclamante, tendo em vista denúncias recebidas pelo MPT quanto à criação de "listas negras" por empresas voltadas à não contratação de candidatos de processos seletivos.

Além disso, Resolução nº 121 do Conselho Nacional de Justiça, alterada pela Resolução nº 143, dispõe sobre a divulgação de dados processuais eletrônicos. A norma em vigor também proíbe a busca pelo nome das partes em bases eletrônicas de decisões judiciais, principalmente na Justiça do Trabalho.

A seguir, seleção de acórdãos que repugnam a prática, sendo certo que, em alguma medida, a filtragem de empregados via "listas" toca no tema da segregação de trabalhadores por conta de exame de listagem específica, mesmo que sob critérios diferenciados. Perceba-se que os tribunais, inclusive, têm dispensado a prova de dano para indenizar os trabalhadores investigados, com destaques:

> INDENIZAÇÃO POR DANOS MORAIS. INCLUSÃO DO NOME DO AUTOR EM "LISTA SUJA" ELABORADA PELA RECLAMADA. DESNECESSIDADE DE COMPROVAÇÃO DE PREJUÍZO PARA A CARACTERIZAÇÃO DO DANO. A Constituição Brasileira de 1988, reconhecida mundialmente pelo seu caráter democrático e garantidor de direitos humanos, consagra o princípio da dignidade da pessoa humana como um fundamento da República Federativa do Brasil. No seu artigo 170, caput, erige o trabalho humano como fundamento da ordem econômica, que tem por fim assegurar a todos existência digna. Por sua vez, o Direito ao Trabalho é um direito social inerente à pessoa humana na figura do trabalhador, integrado ao princípio da dignidade humana, fundamento basilar da Constituição Federal de 1988. É o trabalho que propicia vida digna e bem estar ao homem, pois é meio

honroso de sustento seu e de sua família. Assim, o conceito de direito ao trabalho relaciona-se ao de pleno emprego, de modo que cabe ao Estado implementar políticas direcionadas à criação de oportunidades de emprego e aumento das atividades produtivas, e à sociedade exigir a consecução dessas políticas e a preservação do valor da dignidade humana. A doutrina moderna, de maneira pacífica, entende que os direitos individuais consagrados na Constituição Federal já não se limitam somente à relação entre Estado e cidadão. *Hodiernamente, os direitos fundamentais são dotados de eficácia horizontal, devendo ser observados, também, nas relações privadas*. É realidade, ainda, que os trabalhadores se submetem a condições de emprego precárias e a empregos informais por ausência de melhores opções no mercado de trabalho. A oferta de emprego é escassa e o desemprego é realidade social neste País. Dessa forma, tem-se cada vez mais firmado o entendimento, neste Tribunal Superior, de que o direito fundamental de acesso à Justiça das partes trabalhistas deve preponderar sobre qualquer tipo de represália por parte do empregador. Nesse sentido, é extremamente fácil inferir o abalo psicológico, o medo relacionado à subsistência, por não poder suprir as necessidades básicas próprias e de sua família, e o constrangimento sofrido por aquele que se vê obstado das oportunidades no mercado de trabalho porque demandou ação trabalhista contra seu ex-empregador. *Comprovado que o autor foi vítima de exclusão e discriminação, certo é que o ato da reclamada de obstar a inserção sóciolaboral do trabalhador, com a elaboração de uma lista discriminatória, caracteriza, no mínimo, ofensa aos princípios constitucionais do pleno emprego e do livre acesso à Justiça, consagrados nos artigos 170, inciso III, e 5º, inciso XXXV, da Constituição Federal, respectivamente*. Com efeito, o ato ilícito praticado pela reclamada acarreta dano moral *in re ipsa*, que dispensa comprovação da existência e da extensão, sendo presumível em razão do fato danoso - *inclusão do nome do reclamante em lista discriminatória*. Embargos conhecidos e desprovidos. (E-RR nº 169600- 51.2009.5.09.0091. Rel. Min. José Roberto Freire Pimenta, Subseção I Especializada em Dissídios Individuais. *DEJT*, 9 dez. 2016)

RECURSO DE REVISTA DO RECLAMANTE. DANO MORAL. LISTA DISCRIMINATÓRIA. ABUSO DE DIREITO. CONFIGURAÇÃO. REPARAÇÃO MORAL. CABIMENTO. Caso em que o Tribunal Regional, muito embora tenha consignado a inclusão do nome do Autor em lista discriminatória produzida com a finalidade de desestimular a contratação de ex-empregados que tenham movido ações trabalhistas contra as empresas ali mencionadas, deu provimento ao recurso ordinário patronal, a fim de excluir da condenação o pagamento de indenização por danos morais. *O entendimento desta Corte é no sentido de que caracteriza conduta ofensiva à dignidade da pessoa humana a inclusão do nome do empregado em*

> *lista discriminatória, sendo dispensada a prova do efetivo prejuízo*. Precedentes. Recurso de revista conhecido e provido. (RR nº 118900-71.2009.5.09.0091. Rel. Min. Douglas Alencar Rodrigues, 7ª Turma. *DEJT*, 10 jun. 2016)

> LISTA SUJA. DANO MORAL. CARACTERIZAÇÃO. DESNECESSIDADE DE COMPROVAÇÃO DO PREJUÍZO. O dano moral, in casu, *se efetiva no momento em que é incluído o nome do trabalhador em lista suja (PIS-MEL), independentemente do resultado*. Com efeito, levando-se em consideração que a única prova a ser produzida, em se tratando de dano moral, é a do ato ilícito, por se constituir, essencialmente, em ofensa à dignidade humana (artigo 1º, III, da CF/88), não se há falar em necessidade de comprovação do resultado, porquanto o prejuízo é mero agravante do lesionamento íntimo. *Ademais, está fora do poder diretivo e disciplinar do empregador perseguir seus ex-empregados, criando empecilhos quanto ao acesso e/ou permanência em outros postos de trabalho, porquanto o trabalho constitui um instrumento essencial à dignidade humana, resguardada constitucionalmente (artigo 1º, III), razão pela qual a CLT, sabiamente, proíbe que o empregador faça qualquer anotação na CTPS que desabone o empregado, sob pena de incorrer em multa administrativa* (artigo 29, §§4º e 5º). Precedentes desta Corte e do c. STJ. Recurso de embargos conhecido em parte e a que se nega provimento. (E-ED-RR nº 16900-32.2005.5.09.0091. Rel. Min. Horácio Raymundo de Senna Pires, Subseção I Especializada em Dissídios Individuais. *DEJT*, 10 dez. 2010)

Portanto, parece inconcebível que em processos seletivos sejam adotados fatores de desigualação que tenham por base listagem de indivíduos anotados via práticas de perseguição ou represália contra trabalhadores que tenham exercido direitos legítimos.

3 Os direitos fundamentais e o princípio da isonomia como filtros para práticas seletivas

O direito ao tratamento isonômico não discriminatório é um valor universal. No Brasil, é condecorado como objetivo da República:

> Art. 3º Constituem objetivos fundamentais da República Federativa do Brasil:
> I - construir uma sociedade livre, *justa* e solidária;
> II - garantir o desenvolvimento nacional;
> III- erradicar a pobreza e a marginalização e *reduzir as desigualdades* sociais e regionais;
> IV- promover o bem de todos, *sem preconceitos* de origem, raça, sexo, cor, idade e quaisquer outras formas de discriminação.

O estabelecimento de fatores discriminatórios como condicionantes ao sucesso ou não de contratações para estabelecimento ou manutenção do vínculo de emprego é tocada também pela legislação ordinária, com destaque para a Lei nº 9.029/95:

> Art. 1º É *proibida a adoção de qualquer prática discriminatória e limitativa* para efeito de acesso à relação de trabalho, ou de sua manutenção, por motivo de sexo, origem, raça, cor, estado civil, situação familiar, deficiência, reabilitação profissional, idade, entre outros, ressalvadas, nesse caso, as hipóteses de proteção à criança e ao adolescente previstas no inciso XXXIII do art. 7º da Constituição Federal. (Redação dada pela Lei nº 13.146, de 2015)

O cuidado sobre a adoção de critérios discriminatórios, como filtro de seleção para formação de contratos de emprego, ou mesmo de sua manutenção, tem eco, inclusive, na Organização Internacional do Trabalho:

> Convenção nº 111 da OIT:
> ARTIGO 1º
> 1. Para fins da presente convenção, o termo "discriminação" compreende:
> a) Toda distinção, exclusão ou preferência fundada na raça, cor, sexo, religião, opinião política, ascendência nacional ou origem social, que tenha por efeito destruir ou alterar a igualdade de oportunidades ou de tratamento em matéria de emprego ou profissão;
> b) Qualquer outra distinção, exclusão ou preferência que tenha por efeito destruir ou alterar a igualdade de oportunidades ou tratamento em matéria de emprego ou profissão, que poderá ser especificada pelo Membro Interessado depois de consultadas as organizações representativas de empregadores e trabalhadores, quando estas existam, e outros organismos adequados.
> 2. As distinções, exclusões ou preferências fundadas em qualificações exigidas para um determinado emprego não são consideradas como discriminação.
> 3. Para os fins da presente convenção as palavras "emprego" e "profissão" incluem o acesso à formação profissional, ao emprego e às diferentes profissões, bem como as condições de emprego.

Também os tribunais trabalhistas, como já visto, costumam reprimir práticas que promovam discriminação entre trabalhadores, destacando-se, apenas como ilustração abstrata, os fundamentos trazidos em julgado mais recente:

> INDENIZAÇÃO POR DANO MORAL. RECONTRATAÇÃO. FASE PRÉ-CONTRATUAL. TESTEMUNHO DO AUTOR EM DESFAVOR DA EMPRESA RÉ. Caracterizada a conduta ilícita da reclamada, consubstanciada na frustração gerada na parte autora diante da não contratação, está configurado o dano moral passível de indenização. Os artigos 421, 422 e 427 do Código Civil *impõem aos contratantes a observância de um padrão de conduta* ético, orientado pelos valores da lealdade, probidade e honestidade mesmo na fase pré-contratual. Indenização por danos morais arbitrada na origem majorada, *levando em consideração que a conduta de não recontratar o autor, outrora seu empregado, devido a ter testemunhado em desfavor da empresa, não pode ser confundida com o poder diretivo do empregador, pois consistiu sim em conduta discriminatória*, a qual teve o intuito de retaliar e punir o empregado, além de, revestida de aspecto dissuasório, servir de demonstração de força e "orientação pedagógica" àqueles que pretendem ajuizar ação ou testemunhar em face da ré. (TRT-4. RO nº 00204700820165040664, 8ª Turma, j. 23.11.2018)

Em verdade, a discriminação afronta o princípio da igualdade, tido como ferramenta de realização dos direitos fundamentais, consubstanciando aspecto qualificado do direito ao tratamento isonômico.

Entretanto, *o dever de não discriminação não impede boa margem de concretização dos poderes discricionários do empregador, integrantes de seu jus variandi, e tampouco supõe uniformidade de tratamento de forma absoluta.*

A não discriminação resulta em tratamento igual que se estende tanto às questões pertinentes ao recrutamento, como também às relações de trabalho. Porém, há que se ressaltar que o princípio da igualdade não poderá excluir o *intuitu personae* do contrato de trabalho, permitido o tratamento diferenciado, desde que não haja a intenção de discriminar.

Pinho Pedreira, por exemplo, ressalta que não há que se falar em discriminação quando a empregadora seja uma organização de tendência e, assim, exija que no momento da contratação seus colaboradores compartilhem dos mesmos ideais.[20] [21]

Portanto, admitindo-se que as mais diversas práticas de fiscalização e seleção de pessoas poderão ser fundamentadas juridicamente,

---

20 SILVA, Luiz de Pinho Pedreira da. *A reparação do dano moral*. [s.l.]: [s.n.], [s.d.].

21 "É mister salientar que nem toda distinção pode ser considerada discriminatória. Tratamento diferenciado embasado em inerentes requisitos para o emprego é um procedimento plenamente legítimo. Ora, a prática de uma fé particular é frequentemente vista como pré-requisito para lecionar religião em estabelecimento educacional, pois opinião política ou religiosa pode, dentro de certos parâmetros, ser qualificação fidedigna para determinados postos" (HEMETÉRIO, Rilma Aparecida. *Proibição da discriminação nas relações de trabalho. Juris Síntese IOB*, São Paulo, maio/jun. 2005).

excepcionando uma espécie de "presunção geral de discriminação", o desafio será o estabelecimento estratégico de critérios, fazendo com que a empresa suporte os menores riscos trabalhistas possíveis.

O ponto de partida é: não se pode vedar o tratamento desigual que porventura possa ser empregado a determinada parcela de trabalhadores, máxime em situações específicas e absolutamente justificáveis. Inexorável o reconhecimento de que não discriminar não se resume à imposição de tratamento igualitário, se faz impositivo em toda e qualquer situação. É dizer, há, sim, espaço para tratamento diferenciado entre indivíduos diante da particularidade de situações, *desde que o critério distintivo seja pautado por uma justificativa lógica, objetiva e razoável.* Sobre o tema, Manoel Gonçalves:

> O princípio da igualdade não proíbe de modo absoluto as diferenciações de tratamento. Veda apenas aquelas diferenciações arbitrárias. Assim, o princípio da igualdade no fundo comanda que só se façam distinções com critérios objetivos e racionais adequados ao fim visado pela diferenciação.[22]

Em outras palavras, o tratamento diferenciado será justificável *quando destinado a alcançar determinados objetivos legítimos, hipótese em que se poderá sustentar que a desigualação milita em prol da própria isonomia.* O Supremo Tribunal Federal tem contundentes julgados consignando essa tese. Confira-se excerto do julgamento havido no julgamento do Recurso Extraordinário nº 898.450, sob a relatoria do Ministro Luiz Fux, precedente mais recente entre os que reconhecem a possibilidade aventada, com destaques:

> É o caso, *exempli gratia,* da controvérsia jurídica acerca da constitucionalidade de restrições de idade ou de altura mínima de candidatos que concorrem a determinados cargos, empregos ou funções públicas – especialmente daqueles ligados a atividades de segurança pública e militar. A *uníssona jurisprudência dessa Corte, recentemente reafirmada no Plenário Virtual, firmou-se no sentido de que, desde que previsto em lei, o estabelecimento de limite de idade para inscrição em concurso público é constitucional quando manifestamente justificado pela natureza das atribuições do cargo.*

---

[22] FERREIRA FILHO, Manoel Gonçalves. *Curso de direito constitucional.* [s.l.]: [s.n.], 2001. p. 277.

Aliás, no mesmo sentido, o teor do Enunciado nº 683 da súmula da jurisprudência dominante da Corte reza que "O limite de idade para a inscrição em concurso público só se legitima em face do art. 7º, XXX, da Constituição, quando possa ser justificado pela natureza das atribuições do cargo a ser preenchido". A tese é extraída da ementa do julgamento de repercussão geral sobre o tema, *verbis*:

> RECURSO EXTRAORDINÁRIO COM AGRAVO. CONSTITUCIONAL E ADMINISTRATIVO. CONCURSO PÚBLICO. LIMITAÇÃO DE IDADE FIXADA EM EDITAL. POLICIAL CIVIL. ART. 7º, XXX, DA CONSTITUIÇÃO FEDERAL. AGRAVO CONHECIDO PARA NEGAR PROVIMENTO AO RECURSO EXTRAORDINÁRIO. REPERCUSSÃO GERAL RECONHECIDA. REAFIRMAÇÃO DE JURISPRUDÊNCIA. (ARE 678112 RG, Relator(a): Min. LUIZ FUX, julgado em 25/04/2013, ACÓRDÃO ELETRÔNICO REPERCUSSÃO GERAL - MÉRITO DJe 17-05-2013)

Inclusive a doutrina, em hipóteses que se deparam, via de regra, com restrições de acesso em carreiras públicas por conta de critérios taxados por discriminatórios, tem feito referência à teoria da *desigualdade justificada*. Para simplificar essa análise, vale tomar por empréstimo os critérios adotados por Celso Antônio Bandeira de Mello:

> Tem-se que investigar, de um lado, aquilo que é adotado como critério discriminatório; de outro lado, cumpre verificar se há justificativa racional, isto é, fundamento lógico, para, à vista do traço desigualador acolhido, atribuir o específico tratamento jurídico construído em função da desigualdade proclamada. Finalmente, impende analisar se a correlação e o fundamento racional abstratamente existente é, in concreto, afinado com os valores prestigiados no sistema normativo constitucional. A dizer: se guarda ou não harmonia com eles.[23]

No já referido REXT nº 898.450, o Supremo Tribunal Federal, por maioria e nos termos do voto do relator Luiz Fux, apreciou o Tema nº 838 de repercussão geral, fixando a tese enunciada como "Editais de concurso público não podem estabelecer restrição a pessoas com tatuagem, salvo situações excepcionais em razão de conteúdo que viole valores constitucionais". Em determinado trecho do longo e curioso acórdão, ilustrado por práticas comuns de processos seletivos

---

[23] BANDEIRA DE MELLO, Celso Antônio. *Conteúdo jurídico do princípio da igualdade*. 3. ed. São Paulo: Malheiros, 2001. p. 21.

para cargos públicos em diversos países, se consignam filtros servis à arquitetura de tese protetiva dos interesses legítimos.[24]

[24] Confira-se, com destaques: "[...] cumpre aferir, em primeiro lugar, o denominado *fator de desigualação. Esse elemento deve ser passível de reproduzir-se em indivíduos diferentes, ou seja, não pode ser característica que singularize perpetuamente seu destinatário.* Quanto mais singularizado, mais próximo à irreprodutividade estará o citado fator. O primordial deste ponto é que a norma não pode ser específica de forma a direcionar-se a pessoa certa e determinada. Ainda que trate de característica não generalizada, ou seja, voltada a um número inferior de destinatários, é necessário que ostente, de certa forma, uma generalidade, podendo ser atribuída a sujeitos da mesma classe, ainda, desconhecidos. Impende destacar que o princípio da isonomia veda tanto a perseguição, com a imposição de gravame injustificável a um indivíduo ou grupo determinado, quanto o favorecimento de alguém nessas mesmas circunstâncias. Outro aspecto relativo ao fator de desigualação é a inadmissibilidade de que este não se encontre na própria pessoa. *O objeto do discrímen deve, necessariamente, residir em circunstância fática objetiva alvo da norma. Isso ocorre pelo seguinte motivo: um fator que não acarrete alterações significativas para a situação fática do objeto da diferenciação é incapaz de atrair a necessidade de uma norma diferente das demais. Características tais como o sexo, localização espacial, idade, raça, etc., quando não relacionados diretamente com a razão da distinção, não podem justificar a aplicação de norma específica.* O acima exposto atrai a análise da denominada *correlação lógica entre fator de discrímen e a desequiparação procedida.* Este ponto é, talvez, o mais importante para a análise de afronta ou não à isonomia. Para a verificação da validade da norma, o relevante é perquirir a *justificativa plausível para o regime de tratamento diverso em situações com aparente condições de igualdade. O tratamento desigual empregado deve estar diretamente associado ao motivo de sua necessidade, sendo certo que sua utilização injustificada é vedada.* Neste contexto, trago a colação as diretrizes de Celso Antônio Bandeira de Mello (*Conteúdo jurídico do princípio da igualdade.* 3. ed. São Paulo: Malheiros, 2001. p. 38), quando afirma que: [...] *no que atina ao ponto central da matéria abordada procede afirmar: é agredida a igualdade quando o fator diferencial adotado para qualificar os atingidos pela regra não guarda relação de pertinência lógica com a inclusão ou exclusão no benefício deferido ou com a inserção ou arredamento do gravame imposto.* Na sequência, quanto à *consonância da discriminação com os interesses protegidos na Constituição* se faz necessário compreender que, tendo em vista que nossa Carta Magna tutela a igualdade dos indivíduos, é imprescindível que, nos casos em que incidente a diferenciação dos mesmos, haja uma justificativa, também, acobertada pela Constituição. *A legitimidade de diferenciações jurídicas não exige propriamente uma correlação lógico-formal entre o critério de diferenciação e o tratamento díspar estabelecido, o que se quer, na verdade, é uma adequada correlação valorativa acerca da razoabilidade da medida (substantive due process of law). Ao fim e ao cabo, serão inconstitucionais as discriminações injustificadas, o que se verifica pela presença de elementos arbitrários no conteúdo intrínseco da norma analisada.* Sobre o tema, atualíssima a doutrina de Hans Kelsen (*Teoria pura do Direito.* Tradução Ch. Einsenmann. 2ª ed, Paris, 1962, p. 190): *A igualdade dos sujeitos na ordenação jurídica, garantida pela Constituição, não significa que estes devem ser tratados de maneira idêntica nas normas e em particular nas leis expedidas com base na Constituição. A igualdade assim entendida não é concebível: seria absurdo impor a todos os indivíduos exatamente as mesmas obrigações ou lhes conferir exatamente os mesmos direitos sem fazer distinção alguma entre eles* [...] Leciona a Min. Cármen Lúcia (*Princípio constitucional da igualdade.* Belo Horizonte: Jurídicos Lê, 1990. p. 118), em sede doutrinária, que: *O que se quer é a igualdade jurídica que embase a realização de todas as desigualdades humanas e as faça suprimento ético de valores poéticos que o homem possa desenvolver. As desigualdades naturais são saudáveis, como são doentes aquelas sociais e econômicas, que não deixam alternativas de caminhos singulares a cada ser humano único. In casu,* evidencia-se a ausência de razoabilidade da restrição dirigida ao candidato de uma função pública pelo simples fato de possuir tatuagem, posto medida flagrantemente discriminatória e carente de qualquer justificativa racional que a ampare. Assim, o fato de uma pessoa possuir tatuagens, visíveis ou não, não pode ser tratado

Portanto, no caso acima, o Supremo destacou a inexistência de correlação entre a hipótese de diferenciação e os ditames constitucionais para a hipótese em concreto. Entendeu que o condicionamento do ingresso no cargo ao fato de o candidato ter ou não tatuagem pelo corpo não teria respaldo em qualquer razão lógica ou necessária, afigurando-se mera arbitrariedade administrativa sem imbricação com as funções a serem desempenhadas. Em suma, a Corte consignou inexistir relação de pertinência no critério utilizado pelo processo seletivo, pela simples e singela razão de que ninguém seria melhor ou pior nos seus afazeres públicos por ser tatuado.

Passagem certeira do filósofo italiano Norberto Bobbio pode sintetizar a visão do STF em poucas linhas:

> O processo de justiça é um processo ora de diversificação do diferente, ora de unificação do idêntico. A igualdade entre todos os seres humanos em relação aos direitos fundamentais é o resultado de um processo de gradual eliminação de discriminações, e portanto de unificação daquilo que ia sendo reconhecido como idêntico: uma natureza comum do homem acima de qualquer diferença de sexo, raça, religião, etc.[25]

Finalmente, vale o destaque de que a Corte, ao fixar a tese nos seguintes termos: "Editais de concurso público não podem estabelecer restrição a pessoas com tatuagem, salvo situações excepcionais em razão de conteúdo que viole valores constitucionais", admitiu que, *em determinados casos a tatuagem poderá ser, sim, um critério válido de aferição para processos seletivos*. Em outras palavras, tudo e sempre dependerá de ponderação. Se a tatuagem exteriorizar valores excessivamente ofensivos à dignidade dos seres humanos, como exemplo, no caso de um candidato ao cargo policial possuir tatuagem simbolizando uma facção criminosa, certamente que o critério de segregação será válido e legítimo.

Elaborados os critérios que permeiam as decisões do Supremo Tribunal Federal sobre o tema, bem como das cortes trabalhistas em segundo e terceiro graus, restou possível arquitetar os seguintes fundamentos jurídicos a serem tomados como aportes para defesa de práticas que eventualmente toquem nos direitos à intimidade e privacidade de trabalhadores:

---

pelo Estado como parâmetro discriminatório quando do deferimento de participação em concursos de provas e títulos para ingresso em uma carreira pública".

25 BOBBIO, Norberto. *O terceiro ausente*. Tradução de Daniela Beccaccia Versiani. Barueri: [s.n.], 2009. p. 93.

(i) regras de fiscalização e critérios de seleção deverão ser transparentes, claros, pertinentes e justificados em relação às funções inerentes ao cargo pretendido ou exercido via fatores de desigualação que guardem correlação lógico-formal com os objetivos do contrato de trabalho;
(ii) o critério de seleção deverá ser genérico e abstrato, com objetos de discrímen, podendo ser reproduzidos e superados por candidatos de distintos perfis, sem que se singularize perpetuamente eventuais excluídos, ou seja, importando na menor medida possível uma seleção segregadora de determinado estrato social;
(iii) filtros mais polêmicos de seleção ou exigíveis para manutenção do contrato deverão ser aplicados apenas para funções de alto grau de fidúcia, ou de intensa convivência com a saúde e bem-estar de menores, idosos e/ou deficientes;
(iv) o critério de seleção e de eventual acompanhamento das relações estabelecidas entre empregados e terceiros deverá ser adequado e justificável, sendo o tratamento díspar estabelecido identificado como ferramenta racional e sindicável para realização dos objetivos do contrato de trabalho, cumprimento de dever legal ou mesmo concretização de funções sociais da empresa;
(v) em casos de impactos em esferas de direitos da personalidade, como intimidade e privacidade, mister que o grau da ferida ou abalo do respectivo direito seja menor do que o ganho conquistado com a concretização do valor inerente à saúde e segurança no ambiente de trabalho, assegurando-se, em quaisquer casos, tratamento digno aos agentes.

Reveladas as práticas recomendáveis, vale mensurar o risco trabalhista envolvido nas hipóteses.

A Constituição, em seu art. 5º, inc. X, assegura como direito fundamental do ser humano a privacidade, que, se violada, enseja a reparação por danos extrapatrimoniais. A privacidade ilustra, nada mais nada menos, que o poder da própria pessoa sobre o conjunto de elementos e ações que formam o seu círculo íntimo. Em outras palavras, ao tutelar a intimidade, o diploma constitucional protege o cidadão, incluindo os trabalhadores, essencialmente da ingerência de terceiros em sua esfera privada.

Com a Reforma Trabalhista, implementada pela Lei nº 13.467/2017, foram acrescidos à CLT diversos dispositivos que tratam o dano extrapatrimonial na seara do direito do trabalho, arts. 223-A a 223-G.[26]

A relação de bens imateriais trazida no art. 223-C não tem sido sequer considerada exaustiva.[27] Nesse sentido, foi aprovado o Enunciado nº 19 da 2ª Jornada de Direito Material e Processual do Trabalho:

> Enunciado 19. Danos extrapatrimoniais: é de natureza exemplificativa a enumeração dos direitos personalíssimos dos trabalhadores constante do novo artigo 223-C da CLT, considerando a plenitude da tutela jurídica à dignidade da pessoa humana, como assegurada pela Constituição Federal (artigos 1º, III; 3º, IV, 5º, caput, e §2º)

Não se pode afirmar ao certo se eventual violação das garantias constitucionais em jogo ensejará ofensa de natureza leve, média, grave ou gravíssima.

Referências

ALCKMIN, Maria Aparecida. *Violência na relação de trabalho e a proteção à personalidade do trabalhador*. Curitiba: Juruá, 2008.

BANDEIRA DE MELLO, Celso Antônio. *Conteúdo jurídico do princípio da igualdade*. 3. ed. São Paulo: Malheiros, 2001.

BARROSO, Luís Roberto. Razoabilidade e isonomia no direito brasileiro. *In*: VIANA, Márcio Túlio; RENAULT, Luiz Otávio Linhares (Coord.). *Discriminação*. São Paulo: LTr, 2000.

BOBBIO, Norberto. *O terceiro ausente*. Tradução de Daniela Beccaccia Versiani. Barueri: [s.n.], 2009.

CALVO, Adriana. O conflito entre o poder do empregador e a privacidade do empregado no ambiente de trabalho. *Revista LTr*, v. 73, n. 1, jan. 2009.

---

26 Sem prejuízo das críticas doutrinárias, a Associação Nacional dos Magistrados da Justiça do Trabalho ajuizou a Ação Direta de Inconstitucionalidade nº 5.870, alegando violação do inc. XXVIII do art. 7º e dos arts. 170 e 225 da Constituição Federal, pelos incs. I, II, III e IV do §1º do art. 223-G da CLT.

27 "Entendemos que os dispositivos mencionados pecaram ao pretender elaborar uma lista exaustiva e, ainda assim, bem limitada. Pela leitura estrita do artigo 223-C não seriam indenizáveis, por exemplo, a integridade psíquica, o nome do trabalhador, a integridade funcional, sem contar o direito de não ser discriminado por fatores como a idade, a etnia, a cor, a descendência, o gênero etc., o que fere a lógica do conceito amplo de dano extrapatrimonial e toda a doutrina dos direitos da personalidade" (OLIVEIRA, Sebastião Geraldo de. O dano extrapatrimonial trabalhista após a lei nº 13.467/2017, modificada pela MP nº 808, de 14 novembro de 2017. *Rev. Trib. Reg. Trab. 3ª Reg.*, Belo Horizonte, nov. 2017. Edição Especial. p. 342).

COELHO, Luciano Augusto de Toledo. *Responsabilidade civil pré-contratual em direito do trabalho*. São Paulo: LTr, 2008.

COGO, Sandra Negri. *Gestão de pessoas e a integridade psicológica do trabalhador*: a dignidade humana como limite aos poderes da empresa em face do contrato de trabalho. São Paulo: LTr, 2006.

DINIZ, Maria Helena. *Curso de direito civil brasileiro*. 19. ed. São Paulo: Saraiva, 2005. v. 7.

FELICIANO, Guilherme Guimarães. *Direito à prova e dignidade humana*. São Paulo: LTr, 2007.

FERREIRA FILHO, Manoel Gonçalves. *Curso de direito constitucional*. [s.l.]: [s.n.], 2001.

MARANHÃO, Délio. *Instituições de direito do trabalho*. 21. ed. São Paulo: LTr, 2003. v. 1.

RODRIGUES, Silvio. *Direito civil* – Parte geral. [s.l.]: [s.n.], [s.d.].

SCHIAVI, Mauro. *Ações de reparação por danos morais decorrentes da relação de trabalho*. 3. ed. São Paulo: LTr, 2009.

SILVA, Luiz de Pinho Pedreira da. *A reparação do dano moral*. [s.l.]: [s.n.], [s.d.].

TEIXEIRA, J. L. F. O dano moral no direito do trabalho. *Trabalho & Doutrina*, n. 10, set. 1996, p. 33 *apud* SANTOS, Enoque Ribeiro. *O dano moral na dispensa do empregado*. 3. ed. São Paulo: LTr, [s.d.].

Informação bibliográfica deste texto, conforme a NBR 6023:2018 da Associação Brasileira de Normas Técnicas (ABNT):

TUPINAMBÁ, Carolina. Os processos seletivos dos novos tempos: limites do poder diretivo. *In*: TUPINAMBÁ, Carolina (Coord.). *As novas relações trabalhistas e o futuro do Direito do Trabalho*: as novidades provenientes das novas possibilidades de interações humanas e de novos modelos de solução de conflitos. Belo Horizonte: Fórum, 2022. (Coleção Fórum As novas relações trabalhistas e o futuro do direito do trabalho. Tomo V.) p. 201-238. ISBN 978-65-5518-224-8.

COMPLIANCE TRABALHISTA

MARINA NOVELLINO VALVERDE

1 Introdução

A palavra *compliance* tem sido cada vez mais ouvida nos ambientes jurídicos, mas seu significado, por outro lado, nem tanto. Não é todo estrangeirismo que se populariza com facilidade e quando seu uso se restringe a determinados grupos de pessoas, profissionais ou setores, a sua difusão fica ainda mais difícil. Antes de tudo, portanto, precisamos fazer com que essa palavra se torne mais acessível, como *okay*, *delivery*, *show*, *fashion*, entre outros vocábulos de origem na língua inglesa que importamos.

Nosso objetivo, ao definir a palavra *compliance*, vai além da intenção de puramente desmitificá-la. Tendo em vista que o tema do presente artigo é o *compliance* trabalhista, a compreensão de seu significado é obrigatória. Isso porque, no âmbito da relação de trabalho, temos dois atores, o trabalhador e o tomador de serviços, mas o que se observa é que somente o segundo deles domina a acepção do referido termo.

A questão é que, como se pretende demonstrar, um programa de *compliance* somente consegue ser efetivo e eficiente se ambos os atores acima mencionados dele participarem. Além disso, o programa beneficia os dois, mas isso ainda não parece ter ficado claro.

Tendo em vista as premissas acima colocadas, estruturou-se o presente artigo da seguinte forma: (i) inicialmente, busca-se definir *compliance*; (ii) em seguida, abordam-se as duas vertentes do *compliance*: a que busca prevenir problemas e a que objetiva repará-los. A partir disso, pretende-se refletir acerca do melhor caminho a ser seguido; (iii) em um terceiro momento, expõe-se a importância do *compliance* trabalhista; (iv) tudo isso para que se tente responder ao seguinte questionamento: como implantar um bom programa de *compliance* trabalhista? Por fim, para que se possa sintetizar todos os principais pontos abordados neste trabalho, apresenta-se a conclusão.

2 O que é *compliance*?

Quando buscamos *compliance* em dicionários bilíngues, de tradução da língua inglesa para a portuguesa, encontramos a seguinte definição: "*compliance*: conformidade/de acordo com...". Assim, a indagação que surge em seguida é: este programa tem pretensão de conformidade com o quê? Seria um programa destinado ao cumprimento da lei? Parece uma interpretação muito aquém da realidade.

O *compliance* é mais amplo, não se limita a ser um programa de integridade em que somente se objetiva respeitar as leis, como exemplo, a Lei Anticorrupção (Lei nº 12.846/13).

Luís Roberto Barroso, no prefácio da obra coletiva *Compliance: perspectivas e desafios dos programas de conformidade*, apresenta a seguinte definição: "em sua essência, *compliance* significa a observância das normas legais e regulamentares aplicáveis, bem como dos valores éticos gerais, dos códigos de conduta específicos de determinado ramo de atividade e das expectativas legítimas da sociedade".[1]

---

[1] BARROSO, Luís Roberto. Prefácio. *In*: CUEVA, Ricardo Villas Bôas; FRASÃO, Ana (Coord.) *Compliance*: perspectivas e desafios dos programas de conformidade. Belo Horizonte: Fórum, 2018. p. 19.

De forma complementar, explica Henrique Correia que *compliance*:

> compreende uma prática empresarial que consiste na criação de um sistema de controle e fiscalização interno na empresa para reduzir os riscos à imagem do negócio por meio do correto cumprimento das normas aplicáveis à instituição. Assegura-se, portanto, a transparência da empresa em relação à sociedade.[2]

Portanto, o programa de *compliance* é mais abrangente que um programa de integridade, visto que não trata só da prevenção, detecção e remediação de atos lesivos previstos na Lei nº 12.846/13, mas engloba ética, questões trabalhistas, tributárias, entre outras.

Interessante a divisão em fases do programa de *compliance*, proposta por André Castro Carvalho e Valdir Moysés Simão. Para estes, no Brasil, seria possível falar em três fases de evolução dos programas de *compliance*: (i) a formalista; (ii) a de efetividade; e (iii) a cultural.[3] As definições de cada uma delas são apresentadas da seguinte forma:

(i) Fase formalista: teve início, com a publicação da Lei Anticorrupção (Lei nº 12.846/13) e do Decreto nº 8.420/2015. As empresas, de pronto, buscaram se adaptar ao art. 42 do decreto. O objetivo neste momento é, sobretudo, formalista: código de ética e conduta e políticas muito extensas, em linguajar técnico e muito similar ao das leis vigentes, procedimentos burocráticos de controle que mais parecem ser um *compliance* contábil e de exercício *ticking box* etc.;

(ii) Fase de efetividade: passou-se, então, a um segundo momento, o de buscar a efetividade dos mecanismos de *compliance*, justamente para se evitar novos episódios de corrupção nas empresas. As empresas passam a simplificar documentos, trazer versões resumidas e interativas dos códigos de ética, em linguagem acessível aos colaboradores, as burocracias são suavizadas etc.;

(iii) Fase cultural:

> Aqui, os códigos de ética e conduta são interativos, por vezes no formato de FAQs (Frequently Asked Questions), ou veiculam exemplos

---

[2] CORREIA, Henrique. Compliance e sua aplicação no direito do trabalho. *Revista LTr: legislação do trabalho*, v. 83, n. 1, p. 51-58, jan. 2019. p. 51.

[3] CARVALHO, André Castro; SIMÃO, Valdir Moysés. As três fases dos programas de compliance no Brasil. *Conjur*, 30 ago. 2018. Disponível em: https://www.conjur.com.br/2018-ago-30/opiniao-tres-fases-programas-compliance-brasil.

reais de dilemas éticos passados pela empresa — algumas até mesmo estabeleceram código em formato de aplicativo de celular. As políticas e procedimentos passam a ter como foco a intenção da conduta do agente: por exemplo, o que importa não é o valor de uma refeição de negócios, mas, sim, a intenção de obter alguma vantagem indevida. Os colaboradores entendem a importância dos conceitos e cumprem as regras por acreditarem nelas, e não porque são impostas pela organização. Em outras palavras, as políticas têm como objetivo empoderar a primeira linha de defesa a tomar as decisões adequadas baseadas na sua própria percepção. A ética é internalizada como valor genuíno que estimula o cumprimento espontâneo das obrigações legais e normativas.[4]

Partindo das definições supramencionadas, há de se reconhecer que a fase cultural, que tem como foco as pessoas, tem especial relevância quando se fala em *compliance* trabalhista. Isso porque somente se tem um programa verdadeiramente implantado de *compliance*, quando os colaboradores entendem a importância dos conceitos, princípios internos, parâmetros éticos e regras, passando a cumpri-los porque neles acreditam, e não só porque temem as consequências individuais de desrespeita-los.

Importante ainda ressaltar três pontos dentro do tema em análise: (i) o *compliance* é interdisciplinar, ou seja, tem aplicações em várias áreas; (ii) não existe um modelo único de *compliance* aplicável a toda e qualquer empresa; e (iii) o *compliance* não é um programa estático, ele deve se moldar às circunstâncias da empresa a todo tempo. A partir disso, concluímos que não existe uma receita pronta para implantação deste programa.

O programa de *compliance* pode ser dividido em dois tipos: o preventivo e o de reparação.

Transpondo essa subdivisão para o âmbito trabalhista, o *compliance* abrange dois aspectos, respectivamente: (i) do momento pré-contratual ao de desligamento do empregado; bem como, (ii) das ações judiciais e autuações administrativas sofridas pela empresa decorrentes de violações às normas trabalhistas.

No próximo capítulo, aprofundam-se as duas vertentes abrangidas pelo programa de *compliance*.

---

[4] CARVALHO, André Castro; SIMÃO, Valdir Moysés. As três fases dos programas de compliance no Brasil. *Conjur*, 30 ago. 2018. Disponível em: https://www.conjur.com.br/2018-ago-30/opiniao-tres-fases-programas-compliance-brasil.

3 Prevenir ou remediar?

Intuitivamente, se nos perguntassem o que é melhor: saber como prevenir os problemas ou como repará-los, o que responderíamos? Parece indiscutível que o melhor caminho seria o da prevenção. No entanto, a nossa prática, historicamente, aponta para a direção oposta.

Roberto Damatta, em *Carnavais, malandros e heróis*, muito bem aborda o famoso rito brasileiro do "sabe com quem está falando?", que revela um aspecto comum e conhecido da nossa cultura: o de descumprir as leis. A seguir, transcreve-se parte de sua interpretação da nossa sociedade:

> Como diz o velho e querido ditado brasileiro: "Aos inimigos a lei, aos amigos, tudo!" Ou seja, para os adversários, basta o tratamento generalizante e impessoal da lei, a eles aplicada sem nenhuma distinção e consideração, isto é, sem atenuantes. Mas para os amigos, tudo, inclusive a possibilidade de tornar a lei irracional por não se aplicar evidentemente a eles. [...]
> O que vemos é uma situação em que se deseja, pelo uso do "sabe com quem está falando?" passar por cima (ou por baixo) de uma lei (ou regra universal do sistema).[5]

Damatta capta exatamente esse nosso traço cultural de subestimar a lei, de vê-la como algo ruim, desejável aos nossos inimigos. Além disso, por meio da frase "sabe com quem está falando?", revela o sociólogo outro problema: no Brasil, quanto mais influente a pessoa é, menos ela acha que tem que cumprir a lei.

A partir deste retrato social, entende-se o porquê da afirmação anterior, no sentido de que prevalece ainda, na nossa cultura, a preferência pela reparação à prevenção. Partindo do pressuposto de que há um desprestígio ao cumprimento da lei, naturalmente se opta por a ignorar e, se isso resultar em prejuízos, o advogado ou defensor público resolve.

Este cenário trágico explica o porquê de termos que falar em programas de *compliance* no Brasil. E, felizmente, o programa abarca as duas vertentes: da prevenção e do remédio.

Há de se destacar, entretanto, que o maior enfoque do programa será na prevenção. Por uma questão lógica: ao se minimizar o surgimento de problemas, a reparação será cada vez menos necessária.

---

5 DAMATTA, Roberto. *Carnavais, malandros e heróis*. Para uma sociologia do dilema brasileiro. 6. ed. Rio de Janeiro. Rocco, 1997. p. 217.

No contexto trabalhista, conforme apontado anteriormente, há duas vertentes do *compliance*.

Em um primeiro momento, temos a prevenção, que se verifica desde o momento das entrevistas aos candidatos até o momento em que os empregados saem da empresa.

Para citarmos alguns exemplos: as entrevistas e exigências documentais aos candidatos a emprego devem seguir os parâmetros normativos adequados; devem-se elaborar códigos de ética e de comportamento a serem seguidos pelos colaboradores; e, em relação ao momento de desligamento, todas os direitos rescisórios do ex-empregado deverão ser garantidos.

Ressalte-se que as peculiaridades no processo seletivo devem ser estudadas para cada cargo que se pretende preencher. Existem algumas exigências que não podem ser feitas para determinado cargo, porém para outros são aceitas. Um exemplo disso é a certidão de antecedentes criminais.[6]

A respeito da primeira vertente, Juliane Caravieri Martins e Zélia Maria Cardoso Montal esclarecem:

> O *compliance* trabalhista de cunho preventivo, adaptado ao ambiente empresarial-laboral, objetiva a implantação de códigos de ética nas organizações e nas relações empregatícias a partir da análise dos contratos de trabalho, da mobilização de empregados e diretores no intuito de minimizar as ações judiciais trabalhistas e as penalidades impostas pelo Estado às empresas pelos descumprimentos da legislação laboral e previdenciária.[7]

Em relação à segunda vertente, da reparação de problemas, a empresa deve lidar com as demandas judiciais e autuações administrativas decorrentes das violações trabalhistas que não conseguiu prevenir.

Portanto, apesar de abranger as duas vertentes comentadas, a ideia central do *compliance* é prevenir para sequer ter que remediar.

---

[6] Em 2017, a Subseção 1 Especializada em Dissídios Individuais (SDI-1) do Tribunal Superior do Trabalho decidiu, por maioria, no julgamento de incidente de recurso repetitivo, que a exigência de certidão de antecedentes criminais ao candidato a emprego configura um dano moral quando caracterizar tratamento discriminatório ou não se justificar em situações específicas (Processo: IRR-243000-58.2013.5.13.0023).

[7] MARTINS, Juliane Caravieri; MONTAL, Zélia Maria Cardoso. Compliance trabalhista e o direito à educação para o trabalho: desafios em face da responsabilidade social da empresa. *Revista de Direito do Trabalho*, São Paulo, v. 45, n. 199, p. 59-80, mar. 2019. p. 61.

4 A importância dos programas de *compliance* trabalhista

Os programas de *compliance* foram implantados, inicialmente, com o intuito de que as empresas cumprissem com a legislação. Isso aconteceu, no Brasil, principalmente após a entrada em vigor da Lei Anticorrupção (Lei nº 12.846/13), que passou a prever a responsabilização objetiva das empresas que praticam atos contra a Administração Pública nacional ou estrangeira, e do Decreto nº 8.420 de 2015, que a regulamentou.

Existe uma tendência legislativa no sentido de incentivar esses programas, estabelecendo vantagens às empresas que os adotam:

> A perspectiva promocional passa por pela criação de normas que incentivam condutas, estabelecendo vantagens para aqueles que implementam o comportamento desejado. Desse modo, afigura-se como positiva a tendência contemporânea de absorção cada vez maior do compliance, pelo direito positivo, como ponto de referência para o estímulo à adoção de programas destinados à consolidação de uma cultura corporativa de respeito à legalidade.[8]

Seguindo essa tendência, no contexto dos negócios corporativos, a existência de um programa de *compliance* também passou a ser valorizada. Muitas empresas, então, passaram a exigir da outra parte, como condição para iniciar as tratativas, um programa estruturado de *compliance*, abrangente e completo, que incluísse também o controle das questões trabalhistas.

É possível notar que a implantação do programa de *compliance* oferece vantagens sob o ponto de vista externo e interno da empresa.

A vantagem externa fica muito clara, considerando o que se comentou anteriormente: a credibilidade da corporação, tanto no mercado, ante os outros negociantes, quanto perante as autoridades.

Em relação à vantagem interna, esta seria justamente a obtenção de um controle maior sobre o que acontece em seus corredores e o aumento da credibilidade da empresa na visão dos empregados.

Quando os colaboradores sabem que a empresa em que trabalham é comprometida com o cumprimento das leis, regulamentos administrativos, regulamentos internos, princípios e com uma ética própria, eles se sentem estimulados a seguir essa lógica, ou pelo menos desestimulados a

---

8 OLIVA, Milena Donato; SILVA, Rodrigo da Guia. Origem e evolução histórica do compliance no direito brasileiro. *In*: CUEVA, Ricardo Villas Bôas; FRASÃO, Ana (Coord.) *Compliance*: perspectivas e desafios dos programas de conformidade. Belo Horizonte: Fórum, 2018. p. 47.

fraudar o sistema. Isso, por dois motivos: (i) a seriedade do programa de *compliance* é tamanha, que o empregado teme ser facilmente descoberto, caso tente alguma manobra desonesta; e (ii) quando o empregado acredita na empresa e se enxerga como parte integrante dela, ele passa a agir sob a lógica de que, se a empresa cresce, ele cresce com ela, e, da mesma forma, se a empresa é prejudicada, ele também o será.

A importância de um programa de *compliance* trabalhista bem estruturado se revela sobretudo em contexto de alterações legislativas. A título de exemplo, em 2017, a Consolidação das Leis do Trabalho (CLT) sofreu profundas alterações, ficando conhecida como Reforma Trabalhista (Lei nº 13.467/17). Mais de cem artigos da CLT foram alterados e, por essa razão, o mundo corporativo, os trabalhadores e os órgãos reguladores tiveram de se adaptar à nova realidade.

Nesses momentos, destacam-se as empresas que procuram sempre se atualizar, que buscam consultoria externa para os assuntos que não dominam, que se preocupam em cumprir a lei e em transmitir aos seus empregados as mudanças pelas quais estamos passando. Ao se antecipar a adaptação às novas leis, ou seja, ao buscar conhecê-las profundamente antes mesmo de entrarem em vigor, os riscos de possíveis descumprimentos são minimizados.

Outro aspecto a se destacar neste capítulo é que, em nossa visão, o *compliance* passará a ser cada vez mais valorizado não só pela lei e pelas empresas que negociam no mercado, mas também pelos julgadores. Se uma empresa possui um programa sério e efetivo de *compliance* e baseia a sua atuação nele, naturalmente ela será analisada de outra forma pelo julgador trabalhista, sobretudo quando a empresa estiver sendo acusada de fraude, de desrespeito à legislação etc. Isso porque ela terá uma facilidade ainda maior de provar o seu comprometimento com programas de integridade e com a ética.

Infelizmente, a jurisprudência dos tribunais trabalhistas ainda é tímida em relação à temática do *compliance*, no entanto, já é possível encontrar referência ao termo. Trabalhemos aqui com dois exemplos: (i) a decisão proferida no julgamento do Recurso Ordinário autuado sob o nº 0010131-86.2016.5.03.0156,[9] pelo Tribunal Regional do Trabalho

---

[9] "RESPONSABILIDADE SUBSIDIÁRIA. COMPLIANCE TRABALHISTA. TOMADOR DOS SERVIÇOS. APTIDÃO PARA PROVA DO TRABALHO DE EMPREGADO DE EMPRESA TERCEIRIZADA. Evidenciada a coincidência do período e função relativos ao contrato de prestação de serviços firmado pelas reclamadas, torna-se razoável presumir que a contratação do reclamante visou atender à demanda específica referente a tal contratação havida entre as empresas. A tomadora de serviço não pode comodamente negar a prestação do trabalho, sem comprovar quais os trabalhadores terceirizados laboravam a seu benefício por

da Terceira Região; e (ii) a decisão proferida no julgamento do Recurso Ordinário autuado sob o nº 0021194-58.2016.5.04.0002,[10] pelo Tribunal Regional do Trabalho da Quarta Região.

No primeiro exemplo, analisava-se o recurso ordinário interposto pela segunda reclamada, Biosev, inconformada com a sua condenação em responsabilidade subsidiária, naquela ação, pelos débitos trabalhistas da empresa que lhe prestou serviço de transporte de pessoas, a MTL Transportes. Em síntese, a recorrente argumentava que cabia ao autor comprovar que havia prestado serviços para esta e que ele não teria se desincumbido desse ônus.

A Primeira Turma do Tribunal Regional do Trabalho da Terceira Região negou provimento ao recurso ordinário, sob o fundamento de que, com a prova documental, restou incontroverso que o autor trabalhou para a primeira reclamada justamente durante o período em que o contrato de prestação de serviços entre a primeira e a segunda rés estava em vigor. O segundo argumento utilizado para negar provimento, no

---

intermédio de empresa interposta. O princípio ético de integridade empresarial e as práticas de compliance trabalhista impõem, como decorrência lógica do princípio da legalidade, que a empresa zele pelo rigoroso cumprimento da legislação trabalhista em relação a todos os trabalhadores que laborem a seu benefício, registrando com transparência os dados desses trabalhadores para a facilitação da auditoria do trabalho, porquanto constitui ato lesivo à Administração Pública dificultar atividade de investigação ou fiscalização pelos órgãos estatais. Inteligência dos art. 5º, II da Constituição, art. 5º, V da Lei 12.846/2013 e arts. 41 e 42 do Decreto 8.420/2015" (TRT-3. RO nº 0010131-86.2016.5.03.0156. Rel. Jose Eduardo Resende Chaves Jr., Primeira Turma. *DJe*, 10 maio 2018).

10 "COMPLIANCE TRABALHISTA. DECRETO 9571/18. TERCEIRIZAÇÃO. BANCO DO ESTADO DO RIO GRANDE DO SUL SA E BEM PROMOTORA DE VENDAS E SERVIÇOS S.A. SERVIÇOS LIGADOS À ATIVIDADE-FIM DA INSTITUIÇÃO BANCÁRIA. TERCEIRIZAÇÃO ILÍCITA. Decreto 9571/18 que institui as Diretrizes Nacionais sobre Empresas e Direitos Humanos, para médias e grandes empresas e multinacionais que operem no território nacional. Redução drástica de estrutura das empresas decorrente de novas tecnologias e a busca incessante por lucros, mantendo em seus quadros apenas empregados inseridos em atividades consideradas essenciais. Tentativa de manutenção do padrão de direitos sociais pelos países ditos desenvolvidos, os quais vêm adotando sistemas de Compliance, buscando uma forma de incentivar o cumprimento de leis e regulamentos que protejam os direitos dos trabalhadores, com valorização da ética e da transparência na cultura organizacional. Tarefas realizadas pela autora de atendimento e cobrança de clientes que constituem atividade finalística bancária, perfeitamente inserida no objetivo nuclear do empreendimento negocial do banco, cuja terceirização é ilícita, por desvirtuar, impedir e fraudar a aplicação de direitos trabalhistas próprios da categoria dos bancários. Processo de intermediação ocorrido que implicou flagrante desigualdade entre a autora e os funcionários diretamente contratados pelo banco réu, tratando-se de clara violação não só às Diretrizes Nacionais sobre Empresas e Direitos Humanos, como também diretamente aos Tratados Internacionais firmados pelo Brasil sobre o tema. Recurso provido" (TRT-4 – RO nº 00211945820165040002. Rel. Marcelo Jose Ferlin D'Ambroso, Segunda Turma. *DJe*, 22 abr. 2019).

entanto, é o que nos interessa, motivo pelo qual se transcreve a seguir o trecho em que é suscitado (com destaques):

> Além disso, a recorrente não pode comodamente negar a prestação de serviço do trabalhador sem ao menos indicar quais os empregados terceirizados atuaram em seu benefício. Diante do princípio da aptidão para a prova, cabia-lhe apresentar a relação dos trabalhadores admitidos em suas dependências conforme previsão contratual específica, qual seja, "4.4. A Contratada providenciará a identificação de seus prepostos e/ou empregados, para que a Contratante franqueie-lhe acesso às suas dependências" (fl. 160).
> *O princípio* ético *de integridade empresarial e as práticas de compliance trabalhista impõem, como decorrência lógica do princípio da legalidade, que a empresa zele pelo rigoroso cumprimento da legislação trabalhista em relação a todos os trabalhadores que laborem a seu benefício, registrando com transparência os dados desses trabalhadores para a facilitação da auditoria do trabalho, porquanto constitui ato lesivo à Administração Pública dificultar atividade de investigação ou fiscalização pelos* órgãos *estatais. Inteligência dos art. 5º, II da Constituição, art. 5º, V da Lei 12.846/2013 e arts. 41 e 42 do Decreto 8.420/2015.*[11]

O segundo argumento, portanto, evidencia a atual preocupação com a implantação de programas de *compliance* trabalhista. Para o julgador, estes abarcariam a obrigação de registro, com transparência, dos dados referentes aos empregados que na empresa trabalham, facilitando a auditoria por parte dos órgãos de fiscalização do trabalho.

Nessa lógica, a empresa que possui um programa de *compliance* bem estruturado tem maior aptidão para produzir provas relacionadas aos seus empregados.

Importante ressaltar que a nossa intenção ao citar este e o próximo exemplos se limita a demonstrar como o uso do *compliance* trabalhista já começou a ser utilizado pela jurisprudência. Portanto, não entraremos no mérito das decisões, ou seja, se o instituto foi bem ou mal utilizado como premissa para os julgamentos.

No segundo julgado, o relator tratou do *compliance* ao expressar o seu voto no sentido de que a terceirização ocorrida seria ilícita. Antes de explicarmos melhor como isso se deu, precisamos entender um pouco sobre o caso analisado.

Trata-se de reclamação trabalhista em que a autora pedia, em síntese, a responsabilidade solidária das duas reclamadas (no caso,

---

[11] Trecho retirado do Acórdão TRT-3 – RO nº 00101318620165030156, p. 4.

eram dois bancos), bem como seu enquadramento como bancária (e as suas respectivas consequências).

Em sede de sentença, o juízo entendeu pela solidariedade das reclamadas, tendo em vista que a primeira reclamada era uma das sócias da segunda e, por essa razão, o magistrado reconheceu a formação de grupo econômico entre os reclamados, na forma do art. 2º, §2º, da CLT. Além disso, entendeu pelo enquadramento da autora como financiária e condenou as reclamadas ao pagamento de horas extras, gratificações semestrais, diferenças de comissões, entre outras verbas. Todas as partes recorreram da sentença.

No julgamento dos recursos, o Tribunal Regional do Trabalho da Quarta Região expressou seu entendimento de forma não unânime.

O relator, em seu voto, entendeu incontroversas a terceirização e a existência de contrato de serviços entre os réus, bem como que a autora, na qualidade de empregada formalmente contratada pela segunda reclamada, havia prestado serviços em favor da primeira.

Quanto à interpretação do caso, o relator entendeu que as atividades realizadas pela autora estavam relacionadas à atividade-fim dos bancos e que restou comprovado que ela atuava exclusivamente em benefício da primeira reclamada, tendo esta terceirizado serviços relacionados à sua atividade-fim para a segunda reclamada. Portanto, embora formalmente contratada pela segunda reclamada, a força de trabalho da autora teria se revertido totalmente em proveito da primeira. Assim, ao analisar a terceirização que entendeu ocorrida, o relator comentou sobre o que compreendeu como consequência: a precarização das condições de trabalho. Observe o trecho da decisão em que isso fica claro (com destaques):

> Nessa linha, importante ressaltar que as novas tecnologias e a busca incessante por lucros, têm levado as empresas a enxugar drasticamente suas estruturas, mantendo em seus quadros apenas empregados inseridos em atividades que consideram essenciais, sendo a grande maioria dos obreiros contratadas como" temporários "ou 'terceirizados" em diversas áreas operacionais. *Na busca incessante pela máxima lucratividade e menor custo os sindicatos ficam alheios* às *terceirizações e mudanças de condições de trabalhos dos empregados, gerando uma crescente precarização das condições de trabalho, além de evidente diminuição do acesso aos direitos e ao sistema de proteção social.*
> *Na tentativa de manter o padrão de direitos sociais, países ditos desenvolvidos, vêm adotando sistemas de Compliance, buscando uma forma de incentivar o cumprimento de leis e regulamentos que protejam os direitos dos trabalhadores, com valorização da* ética *e da transparência na cultura organizacional.*

> Neste sentido, que em novembro de 2018 foi editado no Brasil o Decreto 9571/18 que institui as Diretrizes Nacionais sobre Empresas e Direitos Humanos, para médias e grandes empresas e multinacionais que operem no território nacional. Tal documento que adquire status de norma constitucional e deve ser respeitado, inclusive, pela Lei 13.429/17 [...].[12]

Portanto, o relator invocou o *compliance* como fenômeno contrário à precarização das condições trabalhistas, já que este seria uma forma de incentivar o cumprimento de leis e regulamentos que protegem os trabalhadores, bem como promover a valorização da ética e transparência na atividade empresarial.

Observa-se que, em ambos os casos, a referência ao *compliance* se deu de forma secundária, ou seja, jamais se utilizou do termo na perspectiva de condenar ou absolver uma empresa, até porque não cabe ao juízo trabalhista essa aferição. O que inferimos é que o *compliance* é entendido nos dois casos como um programa necessário às empresas.

Na visão dos julgadores que analisamos, uma empresa que tem programa de *compliance* (efetivo) é uma empresa que se compromete com a legislação trabalhista, com os regulamentos administrativos, com princípios e com a ética. Além disso, essa empresa terá maior facilidade de produzir provas em juízo, dada a sua organização e seriedade no tratamento das questões trabalhistas. Apesar de ainda ser difícil encontrar julgados tratando deste tema, a visão dos relatores que retratamos parece ser um grande indício de um entendimento que está em vias de se difundir.

Por último, ressalta-se a importância atribuída por Juliane Caravieri Martins e Zélia Maria Cardoso Montal ao *compliance*, sob a perspectiva do direito à educação para o trabalho. As autoras entendem que, embasado na responsabilidade social das empresas, o *compliance* trabalhista será importante instrumento para a concretização do direito à educação para o trabalho, enquanto direito social fundamental do cidadão trabalhador (arts. 6º e 205 da Constituição), impulsionando a adoção de condutas mais éticas nas organizações empresariais com o fortalecimento do espírito da solidariedade humana.[13]

---

12 Trecho retirado do Acórdão TRT-4 - RO nº 00211945820165040002, p. 7.

13 MARTINS, Juliane Caravieri; MONTAL, Zélia Maria Cardoso. Compliance trabalhista e o direito à educação para o trabalho: desafios em face da responsabilidade social da empresa. *Revista de Direito do Trabalho*, São Paulo, v. 45, n. 199, p. 59-80, mar. 2019.

O direito à educação para o trabalho seria, para as autoras, não só um direito social fundamental, previsto no art. 6º[14] da Constituição Federal vigente, como também um direito subjetivo público do trabalhador. O Estado teria o dever de promover, em colaboração com as empresas, o pleno desenvolvimento da pessoa e sua qualificação para o trabalho, conforme art. 205[15] da Constituição Federal de 1988.

5 Como implantar um bom programa de *compliance* trabalhista?

Antes de tentarmos responder a esse questionamento, optamos por elencar alguns exemplos de equívocos cometidos na tentativa de se implantar um programa de *compliance* trabalhista: (i) não exigir o cumprimento do código de ética e conduta pelos ocupantes de cargos de chefia; (ii) formular um programa somente com base em regras; (iii) criar bônus agressivos e metas inatingíveis para estimular os empregados; (iv) ignorar denúncias internas pelos empregados; e (v) manter um programa de *compliance* no papel, sem o aplicar efetivamente.

Um equívoco ainda mais grave seria considerar o programa de *compliance* trabalhista como uma forma de retirar direitos ou controlar abusivamente os empregados, violando a privacidade destes.

Um bom programa de *compliance* aposta na advocacia preventiva. Conforme esclarecido anteriormente, deve-se preferir a prevenção à remediação.

O programa deve tratar, primeiramente, do processo seletivo para contratação de empregados. O processo deve ser pautado na legalidade, ética e transparência. A empresa deve saber exatamente os limites no que diz respeito: (i) à exigência de documentação de cada candidato; (ii) às perguntas feitas a cada candidato, no momento de entrevista; e (iii) ao tratamento de dados de cada possível empregado. Os mencionados limites não estão só na legislação e regulamentos de proteção ao trabalhador, mas também na jurisprudência dos nossos tribunais.

---

14 "Art. 6º São direitos sociais a educação, a saúde, a alimentação, o trabalho, a moradia, o transporte, o lazer, a segurança, a previdência social, a proteção à maternidade e à infância, a assistência aos desamparados, na forma desta Constituição".

15 "Art. 205. A educação, direito de todos e dever do Estado e da família, será promovida e incentivada com a colaboração da sociedade, visando ao pleno desenvolvimento da pessoa, seu preparo para o exercício da cidadania e sua qualificação para o trabalho".

Em relação aos empregados, terceirizados e prestadores de serviços em geral, a empresa deve dispensar tratamento igualmente cuidadoso. A empresa deve garantir sempre a redução dos riscos ambientais, a tranquilidade de um ambiente de trabalho livre de discriminação, preconceito ou assédio e a transparência e clareza de suas normas internas.

Lembrando que não existe uma fórmula única aplicável a todas as empresas quando se fala em programa de *compliance*. A criatividade é sempre bem-vinda. Pensemos, por exemplo, em uma empresa que responde judicialmente por muitos casos de assédio moral e que deseja modificar o seu ambiente de trabalho. A empresa pode contratar advogados trabalhistas para palestrar sobre o que caracteriza a conduta de assédio, pode criar panfletos esclarecendo as condutas consideradas reprováveis, pode contratar uma terceirizada para entrevistar seus empregados periodicamente sobre seus relacionamentos interpessoais na empresa (sobretudo com seus chefes e subordinados), entre outras opções.

Em relação aos empregados desligados, todo cuidado é pouco. A aplicação de justa causa muito tempo após a conduta faltosa, o pagamento das verbas rescisórias em tempo superior ao prazo legal, a punição irregular de empregados etc., todas essas condutas podem prejudicar a imagem da empresa e aumentar o seu passivo trabalhista de forma considerável. Portanto, o programa de *compliance* também deve se preocupar em racionalizar o desligamento dos funcionários.

A ideia central é que a empresa faça tudo isso a partir de um código de ética próprio, bem delineado, claro e difundido entre os colaboradores.

Cabe ressaltar, ainda, que o programa de *compliance* não é estático. A empresa deve sempre estar focada em garantir um ambiente de trabalho digno, saudável e seguro, dentro dos parâmetros previstos em leis, regulamentos e na jurisprudência, parâmetros esses que não são imutáveis.

6 Conclusão

Buscou-se, com o presente artigo, abordar o que se entende por *compliance* trabalhista. Assim, esclareceu-se que o programa de *compliance* é mais amplo que um programa de integridade, vez que não se limita à prevenção, detecção e remediação de atos lesivos previstos na Lei nº

12.846/13, mas engloba ética, questões trabalhistas, tributárias, entre outras.

Trouxemos o conceito de *compliance* não só para esclarecê-lo, mas também para desmitificar esse estrangeirismo. É essencial que o seu conteúdo seja compreendido pelos empregados, visto que também os beneficia. Somente se tem um programa verdadeiramente implantado de *compliance* quando os colaboradores entendem a importância dos conceitos, princípios internos, parâmetros éticos e regras, passando a cumpri-los porque neles acreditam, e não só porque temem as consequências individuais de desrespeitá-los.

Tratamos, ainda, das duas vertentes do programa: a de prevenir e a de remediar.

Apesar de a prevenção ser o melhor caminho, há de se admitir que predomina, historicamente, na cultura brasileira uma tendência ao descumprimento da lei. Quando esse descumprimento resulta em prejuízos ou quando é descoberto, as pessoas buscam repará-lo. Essa lógica deve ser evitada quando pensamos em *compliance*.

O programa de *compliance* deve ser voltado à prevenção de problemas, não obstante abranger a vertente da reparação (para os casos em que a prevenção falhar).

No *compliance* trabalhista, a prevenção se verifica desde o momento das entrevistas aos candidatos até o momento em que os empregados saem da empresa. A reparação, por sua vez, pode ser observada no momento em que as questões já foram judicializadas ou que a empresa foi autuada administrativamente.

Observa-se uma tendência legislativa de incentivo aos programas de integridade e ética, em que o legislador atribui benefícios às empresas que os adotam. Essa tendência de valorização do *compliance* também é sentida no âmbito dos negócios, pois cada vez mais as empresas têm exigido, umas das outras, que elas tenham programas desse tipo implantados, para que gozem de credibilidade no mercado.

O *compliance* trabalhista traz também credibilidade sob o ponto de vista do empregado, que se alinha aos objetivos e princípios da empresa, passando a confiar nela.

Em termos de jurisprudência trabalhista, os nossos tribunais ainda são tímidos quanto a este tema. No entanto, já é possível encontrar decisões mencionando o *compliance*. Apresentamos dois julgados em que isso aconteceu.

Na visão dos julgadores, analisados no presente artigo, uma empresa que possui um programa de *compliance* (efetivo) é uma empresa que se compromete com a legislação trabalhista, com os regulamentos administrativos, com princípios e com a ética. Além disso, essa empresa terá maior facilidade de produzir provas em juízo, dada a sua organização e seriedade no tratamento das questões trabalhistas. Apesar de ainda ser difícil encontrar julgados tratando deste tema, a visão dos relatores que retratamos parece ser um grande indício de um entendimento que está em vias de se difundir.

Ressalte-se que o programa de *compliance* deve ser desenhado para cada empresa e deve ser revisitado periodicamente, para que se adapte às novas leis, às novas circunstâncias da empresa, aos novos princípios que deseja difundir etc. Não existe um manual de implantação único.

Por fim, sintetizando o que entendemos por um bom programa de *compliance* trabalhista, teríamos as seguintes balizas: (i) apostar na advocacia preventiva; (ii) desenvolver um código ético de conduta, claro, bem delimitado, acessível a todos os empregados; (iii) desenvolver um programa baseado não só em regras, mas sim em princípios; (iv) exigir o cumprimento das normas por todos os empregados e pelos ocupantes de cargos de chefia; e (v) empenhar-se em cumprir o que diz a lei, os regulamentos e a jurisprudência sobre os assuntos trabalhistas.

Referências

CARVALHO, André Castro; SIMÃO, Valdir Moysés. As três fases dos programas de compliance no Brasil. *Conjur*, 30 ago. 2018. Disponível em: https://www.conjur.com.br/2018-ago-30/opiniao-tres-fases-programas-compliance-brasil.

CORREIA, Henrique. Compliance e sua aplicação no direito do trabalho. *Revista LTr: legislação do trabalho*, v. 83, n. 1, p. 51-58, jan. 2019.

CUEVA, Ricardo Villas Bôas; FRASÃO, Ana (Coord.) *Compliance*: perspectivas e desafios dos programas de conformidade. Belo Horizonte: Fórum, 2018.

MARTINS, Juliane Caravieri; MONTAL, Zélia Maria Cardoso. Compliance trabalhista e o direito à educação para o trabalho: desafios em face da responsabilidade social da empresa. *Revista de Direito do Trabalho*, São Paulo, v. 45, n. 199, p. 59-80, mar. 2019.

Informação bibliográfica deste texto, conforme a NBR 6023:2018 da Associação Brasileira de Normas Técnicas (ABNT):

VALVERDE, Marina Novellino. Compliance trabalhista. *In*: TUPINAMBÁ, Carolina (Coord.). *As novas relações trabalhistas e o futuro do Direito do Trabalho*: as novidades provenientes das novas possibilidades de interações humanas e de novos modelos de solução de conflitos. Belo Horizonte: Fórum, 2022. (Coleção Fórum As novas relações trabalhistas e o futuro do direito do trabalho. Tomo V.) p. 239-254. ISBN 978-65-5518-224-8.

RELAÇÃO DE EMPREGO (TRABALHO SUBORDINADO): UM FÓSSIL VIVO DO DIREITO DO TRABALHO?

CAROLINA TUPINAMBÁ

LEONARDO STOCKER P. DA CUNHA

1 Introdução

A influência da tecnologia nas relações de trabalho já é uma constante em vários países ditos de primeiro mundo, implicando modificações não só nas relações de trabalho como nos ordenamentos jurídicos. Na Alemanha, as profundas mudanças no mundo do trabalho já vêm sendo discutidas em âmbito nacional, inclusive com a criação de um relatório, denominado Relatório Branco[1] sobre Trabalho 4.0 (*Weißbuch Arbeiten 4.0*). Conforme esclarece o Professor Georg Annuß, o documento em questão resume várias propostas de *design laboral* que têm sido objeto de discussão política há muitos anos, entre elas a reorganização do seguro-desemprego para seguro-emprego, permitindo que os trabalhadores se adaptem às novas exigências por meio de medidas preventivas de treinamento e, por corolário, evitando o desemprego.[2] Discute-se, além disso, uma lei relativa à escolha do tempo de trabalho para proporcionar aos trabalhadores uma maior liberdade de escolha entre alternativas sobre local e tempo de trabalho, assim como para estender também aos trabalhadores autônomos fundos de pensões (aposentadoria).[3]

Ainda que a ideia de uma renda mínima individual (RMI) não seja aprofundada, o Relatório Branco sobre Trabalho 4.0 considera a possibilidade de uma conta pessoal de emprego, fornecida pelo Estado a todos os jovens, independentemente de sua origem social, para o fim de qualificá-los para as novas demandas sociais.[4] O projeto constante do livro branco alemão também nos permite questionar se a nossa legislação laboral está preparada para os desafios das mudanças do mundo do trabalho, sendo imprescindível discutirmos até que ponto mudanças disruptivas na ordem econômica (economia do compartilhamento) e social (sociedade tecnológica) exigem alterações estruturais na legislação trabalhista existente.

No âmbito da discussão pública, devemos encontrar respostas para a seguinte questão: quais alterações precisam ser feitas em nossa sociedade e na legislação trabalhista existente, diante das profundas mudanças no mundo do trabalho 4.0 (moderno)? As propostas para o desenvolvimento do direito do trabalho estão essencialmente limitadas ao ajuste fino do atual sistema regulatório, cujas premissas estruturais fundamentais (básicas), mesmo com o advento da recente reforma trabalhista, permanecem inalteradas. Portanto, é necessário oportunizar um amplo discurso para saber em que medida a estrutura do direito

---

1 Em diversas nações, *white paper* é o nome informal de um documento parlamentar que anuncia uma política governamental. No Reino Unido, este é majoritariamente publicado como "documento de direção".

2 Disponível em: https://www.bmas.de/SharedDocs/Downloads/DE/PDF-Publikationen/a883-weissbuch.pdf?__blob=publicationFile. Acesso em: 2 ago. 2018. p. 345.

3 Disponível em: https://www.bmas.de/SharedDocs/Downloads/DE/PDF-Publikationen/a883-weissbuch.pdf?__blob=publicationFile. Acesso em: 2 ago. 2018. p. 345-346.

4 Disponível em: https://www.bmas.de/SharedDocs/Downloads/DE/PDF-Publikationen/a883-weissbuch.pdf?__blob=publicationFile. Acesso em: 2 ago. 2018. p. 346.

trabalhista, estabelecida para um capitalismo burocrático-latifundiário da Era Vargas, é apoiada por um consenso social e ainda reflete as premissas básicas da atual sociedade tecnológica e da nova economia do compartilhamento.

Via de regra, o debate da doutrina juslaboral gira em torno da existência ou não de subordinação nas novas formas de relação de trabalho. Alguns afirmam existir o que vem sendo referido como "subordinação estrutural", no sentido de "subordinação que se manifesta pela inserção do trabalhador na dinâmica do tomador de serviços, independentemente de receber ordens diretas, mas acolhendo, estruturalmente, sua dinâmica de organização".[5] Outros, inspirados em recentes precedentes,[6] anunciam a subordinação por algoritmos, cenário em que as empresas substituiriam ordens humanas por ordens realizadas através de algoritmos, de forma ainda mais apurada. Independentemente da conceituação de subordinação, fica o questionamento: será que as profissões do futuro, com o advento das novas tecnologias, estarão necessariamente envoltas pelo véu protetivo da relação de trabalho subordinado?

Com esse intento, o presente estudo buscará analisar, em um primeiro momento, quais as tendências digitais que importam na mudança do ambiente do trabalho para, em um segundo momento, discutir, considerando o direito comparado, de que forma as novas tendências impactam no instituto clássico da relação de emprego, a fim de concluir pela possibilidade (ou não) de manutenção da relação de emprego como meio único de proteção existente no direito laboral.

2 Tendências digitais e trabalho 4.0

Ainda que o art. 7º, inc. XXVII, da Constituição Federal preveja como direito dos trabalhadores urbanos e rurais proteção, na forma da lei, em face da automação, é indiscutível que os avanços tecnológicos alterarão a forma atual da relação de trabalho. Nesse sentido, muitos autores[7] vêm expondo as mudanças da relação de emprego diante do

---

[5] DELGADO, Maurício Godinho. *Curso de direito do trabalho*. 10. ed. São Paulo: LTr, 2011. p. 294.

[6] Processo nº 0011359-34.2016.5.03.0112 33ª Vara do Trabalho de Belo Horizonte (Disponível em: https://www.conjur.com.br/dl/juiz-reconhece-vinculo-emprego-uber.pdf).

[7] Fazemos aqui especial referência a artigo dos professores Carl Benedikt Frey e Michael A. Osborne, que calculam que, pelo menos, quarenta e sete por cento dos empregados nos Estados Unidos trabalham em profissões que serão substituídas, pelo menos em médio prazo, por máquinas, robôs e programas de computadores (FREY, Carl Benedikt; OSBORNE,

trabalho 4.0. Alguns, a bem da verdade, buscam repelir a automação, em prol da preservação de postos de trabalho. Paulo Feldmann, em recente artigo publicado na *Folha de S.Paulo*, defende, entretanto, que "uma empresa ou um país que resolver frear o desenvolvimento tecnológico para evitar uma catástrofe – tanto quanto para evitar a extinção de postos de trabalho – acabará perdendo competitividade nacional e internacional".[8] Apesar de todos os aspectos assustadores da automação, o que há de inadmissível é justamente não discutir a questão que se coloca, razão pela qual analisaremos no presente estudo seis novos elementos ou ferramentas de negócios, os quais reputamos serem as principais tendências de mudança do ambiente do trabalho:

2.1 *Blockchain*

Segundo Ole Wintermann, enquanto a criptomoeda *bitcoin* já desenvolveu certo grau de popularidade, a tecnologia por detrás da moeda, *blockchain*, ainda está avançando. Ela representa um sistema de protocolo descentralizado e sem intermediadores, para detecção de transações, comunicação e integrações, o que põe em perigo todas as ocupações essencialmente baseadas em atividades de intermediação, como exemplo, advogados, bancários e servidores públicos.[9]

Clare Sullivan e Eric Burger afirmam que, em sua aplicação mais ampla, a tecnologia objetiva fornecer um novo sistema para atestar a integridade da identidade das partes fora das estruturas governamentais, para a celebração de contratos e para novos sistemas de pagamento além do tradicional setor financeiro. A filosofia subjacente é que a identidade é estabelecida usando um livro-registro em uma plataforma global de código aberto, em vez de usar fontes de autenticação tradicionais ou governamentais.[10]

Quanto à pergunta "o que é um blockchain?", Mike Gault responde ser, essencialmente, apenas um registro ou registro de eventos digitais, distribuído ou compartilhado entre muitas partes diferentes.

Michael A. *The future of employment*: how susceptible are jobs to computerisation? [s.l.]: [s.n.], [s.d.]).

8 FELDMANN, Paulo. Seu emprego vai para um robô. *Folha de S.Paulo*, São Paulo, p. 4, 29 jul. 2018. Caderno Ilustríssima. p. 4.

9 WINTERMANN, Ole. Von der Arbeit 4.0 zur Zukunft der Arbeit. *Neue Zeitschrift für Arbeitrecht*, v. 9, p. 537-541, 2017. p. 538.

10 SULLIVAN, Clare; BURGER, Eric. E-residency and blockchain. *Computer Law & Security Review*, v. 33, p. 470-481, 2017. p. 474.

Só pode ser atualizado por consenso da maioria dos participantes do sistema. E, uma vez inserida, a informação nunca pode ser apagada. O *blockchain* do *bitcoin*, por exemplo, contém um registro certo e verificável de cada transação de *bitcoin* já feita.[11] [12]

2.2 *Drones*

Os *drones* já são muito mais difundidos, como resultado de seu fator de diversão para os consumidores, embora seu destaque inicial tenha sido na "guerra contra o terror". Atualmente, são utilizados como apoio em diversas áreas: agricultura, jornalismo, monitoramento e logística. A implementação de *drones* em cargos de vigilância, varejo e entrega de encomendas, além de implicar o fim de diversos empregos, levará à criação de ocupações completamente novas.[13]

Segundo a *Harvard Business Review*, tarefas que já são realizadas por *drones* levariam alguns dias se fossem feitas por pessoas. Eles conseguem ainda oferecer dados visuais extremamente detalhados por uma fração mínima do custo necessário à aquisição dos mesmos dados por outros meios, evitando, ainda, que pessoas desempenhem atividades arriscadas, como a inspeção de torres de telefonia móvel. Não suficiente, apresentam literalmente uma nova visão para os negócios: a perspectiva de voar em baixa altitude promove novos *insights* e capacidades para o campo e para as fábricas.[14]

---

11 GAULT, Mike. *Forget bitcoin* – What is the blockchain and why should you care. Disponível em: https://web.archive.org/web/20160130030819/http://recode.net/2015/07/05/forget-bitcoin-what-is-the-blockchain-and-why-should-you-care/. Acesso em: 18 ago. 2018.

12 No mesmo artigo, Gault traz o exemplo de um piano que cai do céu, para explicar o princípio lógico da tecnologia. Para confirmar os fatos ocorridos, todas as pessoas que testemunharam o evento são submetidas a um detector de mentiras para contar exatamente o que viram. Todas relatam a mesma versão. Assim questiona Gaut: há alguma dúvida de que o piano realmente caiu do céu? Esse seria o princípio por trás do *blockchain*. Na analogia do piano, as testemunhas que concordam com os eventos são, na realidade, diferentes camadas de computação, geograficamente isoladas umas das outras. O teste do detector de mentiras seria a prova de trabalho (*proof of work*), um processo criptográfico para provar que o computador chegou ao resultado correto pelo meio correto. Falsificar eventos no *blockchain* seria equivalente a fazer com que mais da metade das pessoas, que viram o piano cair, mentissem da mesma maneira, ao mesmo tempo e sem qualquer possibilidade de conversar previamente sobre a mentira.

13 WINTERMANN, Ole. Von der Arbeit 4.0 zur Zukunft der Arbeit. *Neue Zeitschrift für Arbeitrecht*, v. 9, p. 537-541, 2017. p. 538.

14 ANDERSON, Chris. *Os drones vão para o trabalho*. Disponível em: http://hbrbr.uol.com.br/os-drones-vao-para-o-trabalho/. Acesso em: 20 ago. 2018.

Em recente notícia divulgada em seu *site*, a AES Tietê, empresa de geração de energia elétrica, anuncia a utilização de *drones* aéreos e aquáticos para monitoramento do entorno das plantas de energia e reservatórios.[15] Em nota, o presidente da AES informou que "é muito mais barato ter drones do que ter toda uma operação de barco e carro, equipamento e pessoas", de modo que funcionários substituídos por *drones* teriam sido deslocados para exercer outras funções.[16]

2.3 Internet das coisas (IdC)

Enquanto, até agora e em geral, apenas os computadores podem ser conectados entre si, em um futuro cada vez mais próximo, mais e mais coisas serão equipadas com sensores de todos os tipos, via internet, o que permitirá controle descentralizado e coleta de dados. Por exemplo, motores de aeronaves poderão ser constantemente monitorados; análise de mercado e de seus participantes serão possíveis em tempo real; manutenção remota será realizada por empresas que terão acesso às residências. Da mesma forma, como *drones* e *blockchain*, a IdC modificará profundamente os requisitos profissionais de instaladores, analistas de mercado e engenheiros.[17]

Jeremy Rifkin, em sentido similar, estima que, nos próximos dez anos, haverá 2 trilhões de dispositivos conectados à internet, significando que cada pessoa deverá ter mil pertences seus conectados à rede. Pode parecer um número absurdamente grande, mas em economias desenvolvidas a maioria das pessoas já dispõe dentre mil a cinco mil itens conectados. Ainda assim, segundo Rifkin, há problemas até agora sem solução que estão dificultando a disseminação da IdC, entre eles: o fornecimento de identificador das coisas conectadas à internet, o local onde as informações serão disponibilizadas, os detalhes sobre segurança tanto nos *chips*, quanto nos bancos de dados.[18]

A Accenture, empresa global de consultoria de gestão, anunciou que a tecnologia da IdC pode reduzir os custos médios de reparo de

[15] Disponível em: https://www.aestiete.com.br/noticia/aes-tiete-inova-com-drone-de-monitoramento-para-areas-reflorestadas/. Acesso em: 18 ago. 2018.

[16] Disponível em: https://g1.globo.com/tecnologia/noticia/drones-ja-substituem-trabalhadores-dentro-de-empresas-no-brasil.ghtml. Acesso em: 18 ago. 2018.

[17] WINTERMANN, Ole. Von der Arbeit 4.0 zur Zukunft der Arbeit. *Neue Zeitschrift für Arbeitrecht*, v. 9, p. 537-541, 2017. p. 538-539.

[18] RIFKIN, Jeremy. *Sociedade com custo marginal zero*. São Paulo: M. Brooks do Brasil, 2016. p. 95-96.

máquinas em 12%, manutenção em 30% e tempo de inatividade em até 70%, economizando ainda muito em custo de eletricidade, através de sistemas inteligentes de gerenciamento de energia.[19] As taxas de energia são automaticamente incorporadas nos cronogramas de trabalho das máquinas, evitando os preços de pico, o que levou o presidente da General Eletric a vaticinar: "Se você foi dormir na noite passada como uma empresa industrial, vai acordar hoje de manhã como uma empresa de software e análise".[20]

2.4 Inteligência artificial

Inteligência artificial já é realidade. Citando como exemplo o caso *State v. Loomis*,[21] Isabela Ferrari, Daniel Becker e Erik Navarro Wolkart asseveram que "ferramentas de inteligência artificial têm sido cada vez mais empregadas na tomada de decisões privadas: algoritmos classificatórios definem a oferta de cartões de crédito, o valor de seguros de saúde e os escolhidos para vagas de emprego [...]".[22]

Enquanto isso, assevera Wintermann, os robôs estão tão desenvolvidos que muitas vezes é impossível dizer se alguém está se comunicando com uma inteligência artificial ou com um ser humano, dando a ideia do potencial de desenvolvimento inerente a essa tecnologia. A inteligência artificial é usada também pela primeira vez no campo criativo (propaganda) e ainda os conselhos de empresas vêm sendo substituídos pela inteligência artificial, demonstrando a incrível amplitude do potencial de emprego e o fato de que nenhum nível de qualificação formal é imune a esse desenvolvimento.[23] Até que ponto a inteligência poderá exterminar os empregos, pelo menos como atualmente são compreendidos, é uma das questões a ser respondida em futuro próximo.

---

19 SCOTT, Alec. *8 ways the Internet of things will change the way we live and work*. Disponível em: https://www.theglobeandmail.com/report-on-business/rob-magazine/the-future-is-smart/article24586994/. Acesso em: 19 ago. 2018.

20 If you went to bed last night as an industrial company you're going to wake up a software & analytics company, 9 out. 2014. Twitter: @JeffImmelt.

21 Caso judicial norte-americano em que o réu teve sua pena calculada com base em *software* denominado Compas, que funciona a partir de um algoritmo desconhecido inclusive pelos juízes do caso (*Harvard Law Review*. Disponível em: https://harvardlawreview.org/2017/03/state-v-loomis/. Acesso em: 19 ago. 2018).

22 FERRARI, Isabela; BECKER, Daniel; WOLKART, Erik Navarro. Arbitrium ex machina: panorama, riscos e a necessidade de regulação das decisões informadas por algoritmos. *Revista dos Tribunais*, v. 995, 2018. p. 2.

23 WINTERMANN, Ole. Von der Arbeit 4.0 zur Zukunft der Arbeit. *Neue Zeitschrift für Arbeitrecht*, v. 9, p. 537-541, 2017. p. 539.

A técnica de *machine learning*, ramo da inteligência artificial, tem enorme conexão com a discussão quanto ao futuro dos empregos. Tal técnica, segundo Ferrari, Becker e Wolkart, pode ser conceituada como a utilização de algoritmos para coleta e interpretação de dados com o escopo de predizer fenômenos, independentemente de novas programações, podendo implicar resultados incorretos, injustificados ou injustos, diante de (i) emprego de dados imperfeitos, (ii) opacidade (falta de transparência) das decisões dos algoritmos e (iii) discriminação (ou falta de neutralidade dos algoritmos).[24]

2.5 Impressora 3D

Durante muito tempo, a impressão 3D foi alvo de muitas críticas por muitos líderes empresariais. Atualmente, as primeiras fábricas de impressão 3D são construídas na Europa, para imprimir, por exemplo, carrocerias automotivas. Com a impressão 3D, fábricas remotas serão concebíveis e o seu *know-how* de produção poderá ser compartilhado globalmente, independentemente da localização. Em princípio, as aplicações da impressão 3D tocarão em muitas áreas, o que mudará diversas profissões: produção de próteses e implantes, fabricação de drogas, construção civil, arquitetura e produção industrial.[25]

Embora a impressão 3D ainda seja incipiente, seu futuro potencial de ruptura é imenso. Segundo Rifkin, os desenhos de produtos impressos em três dimensões serão disponibilizados por meio de arquivos digitais para *download* que poderão ser instantaneamente compartilhados *on-line* em qualquer ponto do planeta. Como acontecem com outras redes *on-line*, as comunidades de impressão 3D, como *Thingiverse* ou *Youmagine*, estão eliminando a proteção à propriedade intelectual e optando pelo compartilhamento de código aberto, disponibilizando seus produtos gratuitamente para que qualquer pessoa ou empresa os utilizem e modifiquem.[26]

Em resumo, "a democratização da manufatura significa que cada pessoa e, oportunamente todas, terá acesso aos meios de produção,

---

[24] FERRARI, Isabela; BECKER, Daniel; WOLKART, Erik Navarro. Arbitrium ex machina: panorama, riscos e a necessidade de regulação das decisões informadas por algoritmos. *Revista dos Tribunais*, v. 995, 2018. p. 9.

[25] WINTERMANN, Ole. Von der Arbeit 4.0 zur Zukunft der Arbeit. *Neue Zeitschrift für Arbeitrecht*, v. 9, p. 537-541, 2017. p. 539.

[26] RIFKIN, Jeremy. *Sociedade com custo marginal zero*. São Paulo: M. Brooks do Brasil, 2016. p. 113.

tornando irrelevante a questão de quem deva ter a posse e o controle dos mesmos e, com isso, do capitalismo".[27]

2.6 Realidade virtual e realidade aumentada

Realidade virtual é a simulação gerada por computador de uma ou de qualquer outra realidade. Um espaço virtual delimitado e predefinido é criado dentro do qual as pessoas interagem e colaboram sem ter que estar em um lugar específico no mundo *off-line*. Ao afetar todas as formas de colaboração, a realidade virtual é relevante para todas as áreas as quais envolvem a criação de espaços ou estados em que os dados devem ser interpretados e apresentados. Isso se aplica, por exemplo, à construção civil, *design*, arquitetura, infraestrutura, educação, medicina, entretenimento e publicidade.[28]

A realidade aumentada, por sua vez, é um híbrido do mundo real e da realidade virtual. Trata-se de sobrepor o mundo real (realidade *off-line*) e uma camada de dados virtual que pode servir a vários propósitos (como jogos *on-line*, *vide Pokémon GO*). Na maioria das vezes, trata-se de suplementar a realidade *off-line* com dados, dicas, descrições, gráficos ou instruções (*vide Google Glass*). Áreas de aplicação podem ser encontradas em educação, turismo, jogos, varejo, logística e publicidade.

2.7 O adorável mundo novo que se coloca

Todas as mudanças que se verificam a partir das seis novidades apresentadas são previsíveis, ou até já ocorreram. Contudo, de acordo com Wintermann, em grande parte, as novas tecnologias não são vistas como possíveis ferramentas de expansão humana, mas sim como ameaças ao *status quo* em diversos setores.[29]

Mesmo que as ferramentas do trabalho 4.0 possam estar ao alcance dos trabalhadores, é inevitável a insegurança quanto às respectivas consecuções/utilizações, isso sem falar do chamado "analfabetismo digital", ou seja, a incapacidade de compreender e usar conhecimentos, habilidades e comportamentos que envolvam o uso efetivo de dispositivos digitais para

---

27 RIFKIN, Jeremy. *Sociedade com custo marginal zero*. São Paulo: M. Brooks do Brasil, 2016. p. 115.

28 WINTERMANN, Ole. Von der Arbeit 4.0 zur Zukunft der Arbeit. *Neue Zeitschrift für Arbeitrecht*, v. 9, p. 537-541, 2017. p. 539.

29 WINTERMANN, Ole. Von der Arbeit 4.0 zur Zukunft der Arbeit. *Neue Zeitschrift für Arbeitrecht*, v. 9, p. 537-541, 2017. p. 539.

fins de comunicação, *marketing* e colaboração. Conforme Winterman, na Alemanha, estudo da Bertelsmann demonstra que 90% dos trabalhadores não usam ferramentas digitais para o trabalho, embora a comunicação via *e-mail* seja uma delas.[30] Isso coincide com um estudo da Bitkom, o qual demonstra que, para 80% das empresas alemãs, o fax continua sendo o principal meio de comunicação.[31]

A relação cada vez mais presente entre homens e máquinas – entre humanos e tecnologias – traz um cenário previsível: a criação de novos "empregos". Por exemplo: psicólogo de robôs (necessidade de profissionais capazes de entender máquinas hiperinteligentes e roblemáticas), diretor de filmes de realidade virtual (diretor especializado na tecnologia para contar as histórias em um formato totalmente novo), consultor genético (profissional geneticista para orientar pessoas sobre o impacto de alterações genéticas realizadas), piloto civil de drones (para serem usados na agricultura, comércio e esportes), planejador de velhice (especialista para auxiliar pessoas a planejarem a formação de patrimônio e programar atividades para mantê-las ativas e motivadas), *designer* de lixo (especialistas em *upcycling* – encontrar e dar novos usos para coisas jogadas no lixo), nostalgista (profissional que recria as experiências do passado para pessoas que não se adaptarem às tecnologias), fazendeiro urbano (para cultivo de vegetais em edifícios especialmente construídos para isso).[32]

3 Análise de direito comparado: a transformação da relação de emprego

A lei protetiva laboral surge a partir de uma lógica fordista de protagonistas divididos em classes, com figuras jurídicas (empregador e empregado) claramente delimitadas, com padrões preestabelecidos e sem permitir qualquer possibilidade de alteração dos polos da relação. No entanto, as características rígidas e anacrônicas nas quais o direito do trabalho foi construído não dão conta desses novos arranjos da ordem social atual. As novas tendências laborais aliadas à crescente internacionalização dos negócios não podem ser deixadas à deriva.

---

[30] WINTERMANN, Ole. Von der Arbeit 4.0 zur Zukunft der Arbeit. *Neue Zeitschrift für Arbeitrecht*, v. 9, p. 537-541, 2017. p. 538

[31] WINTERMANN, Ole. Von der Arbeit 4.0 zur Zukunft der Arbeit. *Neue Zeitschrift für Arbeitrecht*, v. 9, p. 537-541, 2017. p. 538.

[32] THOBIAS, Marino. *10 profissões que estão prestes a existir!* Disponível em: https://www.linkedin.com/pulse/10-profiss%C3%B5es-que-est%C3%A3o-prestes-existir-marino-thobias/.

Se, por um lado, é necessário garantir mecanismos de proteção ao trabalhador, por outro, a atual estrutura de proteção ao empregado não se justifica ante uma economia competitiva e globalmente conectada.

A Organização Internacional do Trabalho (OIT), em sua 104ª Conferência Internacional do Trabalho, do ano de 2015, ao expor sobre o futuro do trabalho, reconhece que a perspectiva de um único emprego para toda vida começa a ser um assunto do passado, questionando até que ponto este arquétipo deve ser substituído por formas transitórias de trabalho, cada vez mais flexíveis, de curto prazo e com aumento da mobilidade especial e funcional dos trabalhadores.[33]

No relatório sobre o futuro do trabalho, em uma de suas abordagens, a OIT enfatiza as liberdades e oportunidades, que podem surgir de mercados de trabalho dinâmicos.[34] Ousamos afirmar aqui que os indivíduos com as necessárias competências serão invariavelmente aqueles com educação digital (leia-se alfabetização digital).

O prefácio do Relatório Branco sobre Trabalho 4.0, escrito por Andrea Nahles, ministra do trabalho e assuntos sociais da Alemanha, também expõe as características do mundo do trabalho digital, em oposição às características do emprego clássico:

> A jornada diária de oito horas com intervalo semanal de trinta e seis horas, melhor higiene, medidas de proteção na fábrica e fim do labor infantil – essa uma vez foi a visão do trabalho de amanhã. Hoje em dia existem novas figuras de como gostaríamos de trabalhar: existe o trabalhador do conhecimento criativo, que trabalha em um lago com seu computador portátil no colo ou o trabalhador na linha de produção, que insere os horários do turno para as próximas duas semanas no plano organizacional do aplicativo.
> O mundo do trabalho do futuro será diferente do que é hoje. Vamos trabalhar mais autodeterminados e mais saudáveis? Estudaremos novamente aos 50 anos ou aprenderemos um novo emprego? As máquinas tirarão o trabalho ou possibilitarão inovações e ganhos de produtividade, criando novos empregos?[35]

---

33 Disponível em: https://www.ilo.org/public/portugue/region/eurpro/lisbon/pdf/cit104_relatoriodiretorfinal.pdf. p. 10.

34 Disponível em: https://www.ilo.org/public/portugue/region/eurpro/lisbon/pdf/cit104_relatoriodiretorfinal.pdf. p. 11.

35 No original: "Der Acht-Stunden-Tag bei einer ununterbrochenen Ruhepause von mindestens 36 Stunden in jeder Woche, bessere Hygiene- und Schutzmaßnahmen in der Fabrik und ein Ende der Kinderarbeit – so sah früher einmal eine Vision der Arbeit von morgen aus. Heute gibt es neue Bilder davon, wie wir gerne arbeiten möchten: Da ist der kreative Wissensarbeiter, der am See sitzt, den Laptop auf dem Schoß. Oder die Arbeiterin in der Produktion, die per App ihre gewünschten Schichtzeiten für die nächste Woche in den

Jornadas de trabalho diárias rígidas não mais representam o atual pensamento dos jovens que adentram no mercado de trabalho. Novas tecnologias permitirão, em um futuro próximo, analisar a produção dos trabalhadores, a fim de obter dados mais precisos quanto ao tempo de trabalho necessário para desempenho das funções contratadas, possibilitando maior liberdade para os trabalhadores produzirem melhor.

A relação de emprego clássica, ante o caráter extremamente subordinativo do empregado em relação ao empregador, não permite reconhecer as partes como parceiros colaborativos, inseridas em ambiente no qual os trabalhadores, com reconhecidos direitos de participação e de tomada de decisões, também conseguem ditar os rumos do empreendimento.

Nos ensinamentos de Luciano Martinez, encontramos a relação de emprego típica ou clássica sendo substituída diante da redefinição do perfil do trabalhador, que, em muitas situações, foi chamado a assumir riscos antes exclusivamente tomados pelos empresários. Assim, no lugar da subordinação jurídica típica, descortinam-se cenários de parassubordinação,[36] em que, embora presente, o poder diretivo do empregador tenha sido mitigado.[37]

Para Martinez, portanto, a parassubordinação pode ser vista em relações nas quais, ainda que esteja presente o poder diretivo, exista colaboração continuada e coordenada: "A parassubordinação é, então, visualizada em relações pessoais de colaboração continuada e coordenada, em que a direção dos serviços está presente de modo difuso e pontual".[38]

Organisationsplan einträgt. Die Arbeitswelt der Zukunft wird anders als heute sein. Wird sie auch besser sein? Werden wir selbstbestimmter und gesünder arbeiten? Werden wir mit 50 Jahren noch einmal studieren oder einen neuen Beruf lernen? Nehmen uns die Maschinen die Arbeit weg oder machen sie Innovationen und Produktivitätsgewinne möglich, die neue Arbeitsplätze schaffen?" (NAHLES, Andrea. *Relatório Branco sobre Trabalho 4.0*. Disponível em: https://www.bmas.de/SharedDocs/Downloads/DE/PDF-Publikationen/a883-weissbuch.pdf?__blob=publicationFile. Acesso em: 4 out. 2018).

36 De acordo com Lucas dos Santos Pavione, as discussões sobre a existência do trabalho parassubordinado surgiram na década de cinquenta na Itália, quando a subordinação jurídica clássica dava indícios de que passaria por uma crise iminente (PAVIONE, Lucas dos Santos. *A parassubordinação no direito do trabalho*: perspectivas de uma releitura da parassubordinação no direito brasileiro. Disponível em: http://legislacao.planalto.gov.br/legisla/legislacao.nsf/Viw_Identificacao/lei%209.609-1998?OpenDocument. Acesso em: 18 dez. 2017).

37 MARTINEZ, Luciano. *Curso de direto do trabalho*. 3. ed. São Paulo: Saraiva, 2012. p. 120-121.

38 MARTINEZ, Luciano. *Curso de direto do trabalho*. 3. ed. São Paulo: Saraiva, 2012. p. 121.

Dallegrave Neto adverte, no entanto, que a parassubordinação seria o neologismo utilizado para traduzir a subordinação mitigada, própria de empregados altamente qualificados ou controlados a distância ou, ainda, das figuras contratuais situadas na zona fronteiriça entre o trabalho autônomo e a relação de emprego, como exemplo, o representante comercial e o vendedor pracista. Registre-se que na Itália o *lavoro parasubordinato* encontra-se previsto no art. 409, item 3, do Código de Processo Civil.[39]

Assim, a parassubordinação é uma expressão cunhada na Itália, para aqueles trabalhos próximos ao subordinado, que não são protegidos pela legislação trabalhista, mas possuem algumas garantias trabalhistas mínimas. O Decreto Legislativo nº 368, de 2001, por exemplo, flexibilizou a "entrada" e a "saída" dos trabalhadores na relação de emprego via regulamentação do instituto jurídico denominado "contrato *part-time*".[40]

Krebs faz referência à experiência alemã, que é marcada pela divisão entre autônomo de um lado e empregado do outro. Lá, o reconhecimento da parassubordinação desembocou na criação da figura do "quase-assalariado" ou "pessoa semelhante ao trabalhador subordinado" (*arbeitnehmnerähnliche Person*). Trata-se de trabalhadores juridicamente autônomos, mas economicamente dependentes, daí próximos das qualidades que identificam os empregados, daí, por corolário, merecedores de proteção estatal semelhante.[41]

A moderna história do conceito de quase-assalariado ou quase-empregado começou em meio à legislação de seguridade social alemã de 1883, que impôs um avançado progresso dogmático. A partir daquele ano, a legislação passou a distinguir entre trabalhadores contratados por comerciantes fora do local tradicional de trabalho, os chamados trabalhadores externos, e os comerciantes autônomos, que eram empregados nas próprias fábricas para motivos de produção. De acordo o autor germânico Wolfgang Hromadka, a legislação social alemã de 1883 constituiu uma fase de transição entre os trabalhadores

---

39 DALLEGRAVE NETO, José Affonso. Crise do emprego, novas modalidades de trabalho e o novo conceito de subordinação. *Revista Síntese Trabalhista e Previdenciária*, v. 24, n. 295, p. 118-131, 2014. p. 127.

40 ROMEO, Carmelo. *Las controvérsias de la ley fornero em italia entre especialidad y âmbito de competência*. p. 179. Disponível em: https://juslaboris.tst.jus.br/bitstream/handle/20.500.12178/103522/2014_romeo_carmelo_controversias_fornero.pdf?sequence=1&isAllowed=y.

41 GONÇALVES, Leandro Krebs. *Fundo social do trabalhador autônomo*: proteção e regulamentação de direitos fundamentais. São Paulo: LTr, 2017. p. 127.

autônomos e os trabalhadores dependentes, estes muito diferentes em relação à sua situação econômica.[42]

Michael Wollenschläger aduz que a proteção do direito do trabalho é ao menos parcialmente aplicada sobre esse grupo de pessoas praticamente tão vulneráveis quanto os empregados. Os quase-assalariados trabalham, sob perspectiva diversa da subordinação jurídica dos empregados, com dependência econômica tão forte a ponto de serem dotados de normas de proteção próprias, como exemplo, o §12, nº 2, da Lei Federal sobre Férias (*BundesurlaubsGesetz – BUrlG*).[43] Em particular, a dependência econômica dos quase-empregados dá-se a ver na existência de vulnerabilidade social.[44]

O referido autor germânico afirma que, entre os quase-empregados, estão os trabalhadores domésticos (*Heimarbeiter*), teletrabalhadores (*Hausgewerbetreibende*), representantes comerciais com baixos rendimentos (*einkommensschwache Einfirmenvertreter*), *freelancers* permanentemente ocupados (*beschäftigte freie Mitarbeiter*) em meios de comunicação e propaganda, assim como outros *freelancers*, desde que sua relação de trabalho não esteja verdadeiramente configurada como relação de emprego.[45]

Na França, reconhecemos um tipo de relação intermediária, entre a relação de trabalho subordinado e o autônomo, daquele trabalhador que não é verdadeiramente independente e tampouco assalariado. Conforme Anne-Cécile Martin, existem situações profissionais situadas em zonas cinzentas (*zones grises*) entre trabalho assalariado e trabalho independente. As zonas cinzentas de trabalho podem ser definidas como formas de trabalho que dificilmente são reduzidas a uma lógica binária, porque apresentam objetivamente certas características específicas do trabalho assalariado e outras específicas do trabalho autônomo.[46]

Para Martin, não se trata mais de verificar se a lei é corretamente aplicada em um caso particular, mas de eliminar a incerteza quanto

---

42 HROMADKA, Wolfgang. Arbeitnehmerähnliche personen rechtsgeschichtliche, dogmatische und rechtspolitische überlegungen. *Neue Zeitschrift für Arbeitrecht*, n. 569, p. 1249-1256, 1997. p. 1249-1250.

43 A Lei Federal sobre Férias, em seu §2º, traz seu âmbito de proteção e afirma que os quase-empregados são considerados, para fins da lei, empregados em razão de sua dependência econômica, sendo-lhes aplicado o §12, o qual diz respeito a férias para trabalho realizado em casa. Portanto, os quase-empregados, para efeitos da lei, têm os mesmos direitos que um teletrabalhador, no que tange à garantia de férias anuais.

44 WOLLENSCHLÄGER, Michael. *Arbeitsrecht*. München: Heymanns, 1999. p. 4-5.

45 WOLLENSCHLÄGER, Michael. *Arbeitsrecht*. München: Heymanns, 1999. p. 5.

46 MARTIN, Anne-Cécile. *L'imputation des risques entre contractants*. Paris: LGDJ, 2009. p. 298-299.

às próprias categorias legais (trabalho subordinado *versus* trabalho autônomo) e aos critérios legais e jurisprudenciais usados para qualificá-las. Em outras palavras, as zonas cinzentas não se referem a práticas ilegais de falsos trabalhadores independentes (*faux travaileur indépendant*), mas de um modelo de trabalho que não pode ser facilmente caracterizado com base em critérios (testes) que o sistema jurídico forjou para diferenciar trabalho subordinado e autônomo.[47]

Georg Annuß aponta justamente, como marco futuro, a diferenciação da proteção no direito do trabalho. Atualmente, a legislação trabalhista protege os funcionários, independentemente de sua remuneração e de sua posição na empresa.[48] Trazendo o exemplo do direito laboral alemão, em campos importantes, existem, no entanto, distinções de proteção, na medida em que os funcionários executivos são excluídos do campo de aplicação de leis ou submetidos a outro regime. O §5 III *BetrVG*[49] não apenas marca a linha divisória entre o *BetrVG* (Lei sobre a Organização Empresarial) e *SprAuG* (Lei dos Funcionários Executivos), como também define, ao mesmo tempo, uma fronteira para a aplicabilidade da Lei sobre o Tempo de Trabalho (§18 I Nr. 1 *ArbZG*[50]) e estrutura a representação do empregado no conselho fiscal (§3 I *MitbestG*,[51] §3 I *DrittelbG*).[52] Se um empregado preenche inclusive os requisitos suplementares exigidos de um funcionário executivo na forma do §14 II 1 *KSchG*,[53] a *KSchG* (Lei de Proteção à Demissão) lhe garante, ao invés de o regular direito à estabilidade (*Bestandschutz*), apenas um direito à indenização. O conceito de funcionário executivo é interpretado conforme o estatuto, de forma que depende essencialmente

---

47 MARTIN, Anne-Cécile. *L'imputation des risques entre contractants*. Paris: LGDJ, 2009. p. 299.

48 ANNUß, George. Plädoyer für ein zukunftsfähiges Arbeitsrecht. *Neue Zeitschrift für Arbeitsrecht – NZA*, v. 6, p. 345-349, 2017. p. 348.

49 "A menos que expressamente declarado em contrário, esta lei não se aplica a funcionários executivos [...]".

50 "Esta lei não se aplica aos funcionários executivos na acepção do §5 III da Lei sobre organização empresarial [...]".

51 "Empregados, no sentido desta lei, são as pessoas referidas no §5, parágrafo 1 da Lei sobre organização empresarial, salvo os executivos mencionados no §5 (3) da Lei sobre organização empresarial [...]".

52 "Os empregados, na acepção desta Lei, são as pessoas referidas no §5 (1) da Lei sobre organização empresarial, com exceção dos executivos mencionados no §5 (3) da lei sobre organização empresarial".

53 "Aos diretores, gerentes e funcionários executivos [...] o pedido do empregador, para o término da relação de trabalho, não requer qualquer justificação".

da posição do empregado na hierarquia empresarial e sua influência sobre a organização da empresa.[54]

A compreensão estatutária de funcionário executivo implica uma diferenciação razoável da equipe em pequenas e médias empresas. Por outro lado, não reflete a situação real em grandes empresas, em que são empregados inúmeros funcionários, os quais trabalham orientados empresarialmente, ao invés de subordinados como empregados, que recebem remuneração anual de centenas de milhares de euros ou até na casa dos milhões, por vezes, mesmo sem responsabilidade pela gestão de grandes departamentos ou pessoal. Tais empregados se autopromovem no mercado de trabalho por meio de critérios corporativos e, devido ao seu poder individual de mercado decorrente da utilização de sua força de trabalho, atingem receitas que podem facilmente cobrir custos decorrentes de uma eventual perda do emprego. Desta forma, inexiste qualquer justificativa para seu amparo através de uma proteção legal contra sua dispensa. Seria totalmente absurdo submeter tais empregados à proteção sob o regime da *ArbZG* (Lei sobre a Jornada de Trabalho).[55]

Assim, para o mencionado autor alemão, haveria "muitos indícios de que a diferenciação de proteção relacionada ao *status* do trabalhador deve ser complementada por um critério de demarcação baseado em renda". A título exemplificativo, um critério baseado no dobro do valor máximo da base de cálculo da contribuição para a seguridade social possibilitaria uma diferenciação razoável.[56] De forma similar à proposta de Annuß, o novo parágrafo único do art. 444 da CLT permite a livre estipulação de cláusulas contratuais do contrato de trabalho no caso de empregador portador de diploma de nível superior e que perceba salário mensal igual ou superior a duas vezes o limite máximo dos benefícios do Regime Geral de Previdência Social.

---

54 ANNUß, George. Plädoyer für ein zukunftsfähiges Arbeitsrecht. *Neue Zeitschrift für Arbeitsrecht – NZA*, v. 6, p. 345-349, 2017. p. 349.

55 ANNUß, George. Plädoyer für ein zukunftsfähiges Arbeitsrecht. *Neue Zeitschrift für Arbeitsrecht – NZA*, v. 6, p. 345-349, 2017. p. 349.

56 ANNUß, George. Plädoyer für ein zukunftsfähiges Arbeitsrecht. *Neue Zeitschrift für Arbeitsrecht – NZA*, v. 6, p. 345-349, 2017. p. 349.

4 Globalização, tecnologia e experiências no direito estrangeiro que apontam para uma releitura da concepção de trabalho subordinado

Neste contexto, em que as tendências digitais e o trabalho 4.0 modificam a estrutura bilateral, hierárquica, consolidada pelas antigas relações laborais, dando lugar a estruturas autônomas-multilaterais organizadas por meio de projetos e redes flexíveis de trabalho, Cintia Oliveira e Leandro Dorneles identificam seis diferentes tipos de vulnerabilidade dos empregados: negocial, hierárquica, econômica, técnica, social e informacional. Pode-se, por meio da análise da vulnerabilidade, graduar níveis de trabalhadores, de modo que aquele trabalhador que preencher todos os requisitos da vulnerabilidade (como o típico empregado de chão de fábrica) terá proteção plena do ordenamento, enquanto que aquele trabalhador menos vulnerável (como o funcionário executivo do direito alemão) aportará menos mecanismos protetivos.[57]

As novas tendências (*trends*) do mundo do trabalho servem, como função crítica, para repensar o direito laboral. Conforme Katharina Uffman, essa área do direito tem historicamente focado nas necessidades de proteção do trabalhador industrial, caracterizado por um estreito e constante âmbito de funções, uma atividade de longo prazo, com o mesmo empregador, bem como uma estrutura bilateral hierárquica, aos moldes da primeira e segunda revoluções industriais. Embora a estrutura não esteja totalmente desprendida, molda-se um local de trabalho digital superveniente.[58]

Em consonância com a ideia de níveis de vulnerabilidade, Uffman aponta para a necessidade de reconfiguração do direito do trabalho, passando a ser o direito dos trabalhadores como espécie de sistema flexível para moldar diversas necessidades de proteção de cada módulo protegido correspondente.[59]

Lá na década de 80, o visionário Professor José Martins Catharino já afirmava que a rarefação da subordinação é sintomática do aumento da liberdade real do trabalhador, e que não haveria mais sujeição ou submissão do trabalhador a quem o remunera, como no passado.

---

57 DORNELES, Leandro Amaral; OLIVEIRA, Cintia Machado. *Direito do trabalho*. Porto Alegre: Verbo Jurídico, 2016. p. 80.

58 UFFMAN, Katharina. Digitalisierung der Arbeitswelt. *Neue Zeitschrift für Arbeitrecht*, Frankfurt, v. 33, p. 977-984, 2016. p. 980.

59 UFFMAN, Katharina. Digitalisierung der Arbeitswelt. *Neue Zeitschrift für Arbeitrecht*, Frankfurt, v. 33, p. 977-984, 2016.

A aludida rarefação, dizia o autor, se vier a ser democrática, transformará a subordinação em cooperação ou colaboração, de modo que, do atual contrato de trabalho, nada ou pouco restará:

> Assim como no passado ele não houve, começou a ser gerado, nasceu e ganhou autonomia, no futuro já iniciado, poderá após decrepitude, desaparecer, substituído por nova espécie. Se tal ocorrer, na linha evolutiva já observada, *o trabalhador será mais livre*. Então, *poder-se-á falar com precisão no gênero contrato de trabalho, do qual o de emprego será mera espécie decadente*.[60]

5 Considerações finais

As tendências digitais e o trabalho 4.0 estão em descompasso em relação ao trabalho subordinado: contratos de trabalho assinados por meio da tecnologia *blockchain*, que compartilha e universaliza dados do contrato, sem necessidade de um terceiro intermediador (Estado); veículos aéreos não tripulados realizando funções antes somente cumpridas por humanos; internet das coisas permitindo conexão de equipamentos sem fio para compartilhamento de informações no ambiente de trabalho, com utilização mais eficiente da energia e melhor aproveitamento dos espaços de trabalho, inclusive com interação via *homeoffice*; inteligência artificial permitindo, em um primeiro momento, funções de chão de fábrica desenvolvidas por robôs, manejando humanos para funções mais criativas; impressoras 3D determinando a ascensão do colaborativismo no ambiente de trabalho com a disponibilização de projetos gratuitos na internet; realidades virtual e aumentada possibilitando que funções antes complexas sejam realizadas por trabalhadores menos qualificados.

A realidade está deveras distante do quadro legal. Faz-se, portanto, necessário que o direito do trabalho amplie sua visão para além das normas laborais existentes e revise sua estrutura fundamental, adaptando-a às necessidades da sociedade civil moderna.

A ampliação da compreensão necessária se inicia por um processo de mudança do direito do trabalho: em um primeiro momento, buscar assegurar o papel do direito do trabalho na ordem social e, em um segundo momento, desenvolver novas propostas para proteger as

---

60 CATHARINO, José Martins. *Compêndio de direito do trabalho*. 3. ed. São Paulo: Saraiva, 1982. v. 1. p. 214.

novéis relações de trabalho que, em muito, destoam da relação de emprego clássica.

As tendências do mundo do trabalho do futuro representam uma quebra de paradigmas se comparadas às relações clássicas, o que importará inexoravelmente níveis de proteção distintos para espécies distintas de trabalhadores. Novos parâmetros se fazem necessários para estabelecer níveis distintos de proteção, como exemplo: valor da remuneração (já utilizado no Brasil – de forma incipiente – e na Alemanha), nível de especialização do trabalhador, grau de complexidade das funções desenvolvidas, local de realização das tarefas, habilitação específica para as funções, entre outros.

Com base em novos parâmetros, o direito laboral deixa de tutelar uma única espécie de relação de trabalho, passando a proteger, no mínimo, três novas relações: (i) relação de trabalho com subordinação relevante, (ii) relação de trabalho com subordinação arrefecida e (iii) relação de trabalho coordenada, erigindo, para cada modelo, níveis de proteção distintos, com preservação da autonomia das escolhas e autodeterminação dos trabalhadores.

Nesse sentido, o prenúncio da rarefação ou o adelgaçamento da subordinação jurídica (dependência pessoal – para os autores alemães), diante do aumento da liberdade real do trabalhador, já não pode mais ser tratado como uma hipótese infactível. A hierarquização das relações de trabalho (com categorias definidas de empregado e empregador) já não é, em muitas situações, uma característica bem definida, de modo que a democratização do ambiente do trabalho está transmutando a subordinação em cooperação ou colaboração, impondo o fim do contrato de trabalho subordinado.

Ainda que muitos possam considerar desvairada ou, até mesmo, ofensiva a assertiva de que a relação de emprego seria um fóssil vivo do direito do trabalho,[61] é inegável que podemos caminhar para a vivência de relações de trabalho menos hierárquicas e muito mais democráticas, ou seja, relações incompatíveis com o conceito de trabalho subordinado clássico estudado no âmbito acadêmico e aceito pela maior parte da população brasileira.

Certamente, as relações de emprego em sentido clássico permanecerão por muito tempo em diversas áreas de trabalho, mesmo com o advento de novas tecnologias. De qualquer sorte, "independentemente

[61] Alguns poderiam dizer que, com a automação e o advento das novas tecnologias, o próprio direito do trabalho seria um fóssil vivo da ciência jurídica.

de qual será a forma de proteção, o trabalhador da era digital necessita ter sua dignidade respeitada. Esse imperativo humanista não se altera, ainda que novas regulamentações surjam".[62]

Referências

ANDERSON, Chris. *Os drones vão para o trabalho*. Disponível em: http://hbrbr.uol.com.br/os-drones-vao-para-o-trabalho/. Acesso em: 20 ago. 2018.

ANNUß, George. Plädoyer für ein zukunftsfähiges Arbeitsrecht. *Neue Zeitschrift für Arbeitsrecht – NZA*, v. 6, p. 345-349, 2017.

ARIZA, John; BARA, Joseph Lluis Raymond. *Technical change and employment in Brazil, Colombia, and Mexico*. Who are the most afected workers? [s.l.]: [s.n.], [s.d.].

BARZOTTO, Luciane; CUNHA, Leonardo Stocker Pereira da. As inovações tecnológicas e o direito laboral: breves considerações. *In*: MARTINI, Sandra Regina; JAEGER JR., Augusto; REVERBEL, Carlos Eduardo Dieder (Coord.). *O movimento do saber*: uma homenagem para Claudia Lima Marques. Porto Alegre: Gráfica e Editora RJR, 2017.

CATHARINO, José Martins. *Compêndio de direito do trabalho*. 3. ed. São Paulo: Saraiva, 1982. v. 1.

DELGADO, Maurício Godinho. *Curso de direito do trabalho*. 10. ed. São Paulo: LTr, 2011.

DORNELES, Leandro Amaral; OLIVEIRA, Cintia Machado. *Direito do trabalho*. Porto Alegre: Verbo Jurídico, 2016.

FELDMANN, Paulo. Seu emprego vai para um robô. *Folha de S.Paulo*, São Paulo, p. 4, 29 jul. 2018. Caderno Ilustríssima.

FERRARI, Isabela; BECKER, Daniel; WOLKART, Erik Navarro. Arbitrium ex machina: panorama, riscos e a necessidade de regulação das decisões informadas por algoritmos. *Revista dos Tribunais*, v. 995, 2018.

GAULT, Mike. *Forget bitcoin* – What is the blockchain and why should you care. Disponível em: https://web.archive.org/web/20160130030819/http://recode.net/2015/07/05/forget-bitcoin-what-is-the-blockchain-and-why-should-you-care/. Acesso em: 18 ago. 2018.

HROMADKA, Wolfgang. Arbeitnehmerähnliche personen rechtsgeschichtliche, dogmatische und rechtspolitische überlegungen. *Neue Zeitschrift für Arbeitrecht*, n. 569, p. 1249-1256, 1997.

MARTIN, Anne-Cécile. *L'imputation des risques entre contractants*. Paris: LGDJ, 2009.

RIFKIN, Jeremy. *Sociedade com custo marginal zero*. São Paulo: M. Brooks do Brasil, 2016.

ROMEO, Carmelo. *Las controvérsias de la ley fornero em italia entre especialidad y ámbito de competência*. Disponível em: https://juslaboris.tst.jus.br/bitstream/

62 BARZOTTO, Luciane; CUNHA, Leonardo Stocker Pereira da. As inovações tecnológicas e o direito laboral: breves considerações. *In*: MARTINI, Sandra Regina; JAEGER JR., Augusto; REVERBEL, Carlos Eduardo Dieder (Coord.). *O movimento do saber*: uma homenagem para Claudia Lima Marques. Porto Alegre: Gráfica e Editora RJR, 2017. p. 284-285.

handle/20.500.12178/103522/2014_romeo_carmelo_controversias_fornero.pdf?sequence=1&isAllowed=y.

SCOTT, Alec. *8 ways the Internet of things will change the way we live and work*. Disponível em: https://www.theglobeandmail.com/report-on-business/rob-magazine/the-future-is-smart/article24586994/. Acesso em: 19 ago. 2018.

SULLIVAN, Clare; BURGER, Eric. E-residency and blockchain. *Computer Law & Security Review*, v. 33, p. 470-481, 2017.

UFFMAN, Katharina. Digitalisierung der Arbeitswelt. *Neue Zeitschrift für Arbeitrecht*, Frankfurt, v. 33, p. 977-984, 2016.

WINTERMANN, Ole. Von der Arbeit 4.0 zur Zukunft der Arbeit. *Neue Zeitschrift für Arbeitrecht*, v. 9, p. 537-541, 2017.

WOLLENSCHLÄGER, Michael. *Arbeitsrecht*. München: Heymanns, 1999.

Informação bibliográfica deste texto, conforme a NBR 6023:2018 da Associação Brasileira de Normas Técnicas (ABNT):

TUPINAMBÁ, Carolina; CUNHA, Leonardo Stocker P. da. Relação de emprego (trabalho subordinado): um fóssil vivo do direito do trabalho?. *In*: TUPINAMBÁ, Carolina (Coord.). *As novas relações trabalhistas e o futuro do Direito do Trabalho*: as novidades provenientes das novas possibilidades de interações humanas e de novos modelos de solução de conflitos. Belo Horizonte: Fórum, 2022. (Coleção Fórum As novas relações trabalhistas e o futuro do direito do trabalho. Tomo V.) p. 255-275. ISBN 978-65-5518-224-8.

A ECONOMIA COLABORATIVA E SEUS IMPACTOS NAS RELAÇÕES DE TRABALHO TRADICIONAIS

CAROLINA MONTEIRO DE CASTRO SILVEIRA

1 Introdução

A revolução tecnológica tem alterado significativamente a forma como os serviços são prestados, como empresas se relacionam com consumidores e, principalmente, como o trabalho pode ser realizado.

Com o advento da economia colaborativa, consumidores com diversos tipos de desejos e necessidades são conectados pelas plataformas *on-line*. De um lado, os usuários que precisam de todo tipo de serviço (aluguel de quarto para as férias, carona compartilhada, alguém para realizar serviços de jardinagem, entrega de comida etc.) e, de outro, pessoas dispostas a oferecer seus serviços, nos mais diversos nichos de mercado, mediante uma remuneração pelo trabalho entregue.

São diversos os motivos que atraem os prestadores de serviços. A possibilidade de uma renda extra, a flexibilidade, uma alternativa ao desemprego. Inúmeros também são os motivos que atraem os usuários (facilidade, preço, conforto). Fato é que o surgimento das plataformas *on-line* colaborativas, nos mais diversos ramos do mercado, também começaram a provocar alterações nas relações de trabalho e, principalmente, a criar formas de trabalho novas e diferentes daquelas concebidas como empregos tradicionais.

O presente trabalho, inicialmente, analisará de forma sucinta as características da relação de emprego tal como é concebida pela legislação brasileira.

Posteriormente, procurará explicitar, de forma breve, o conceito de economia colaborativa, bem como trazer os exemplos de diferentes empresas atuantes no ramo das plataformas *on-line* e os inúmeros serviços oferecidos por essas plataformas, que vão desde serviços domésticos gerais a consultorias financeiras ou projetos de arquitetura.

Após a menção à economia colaborativa e a algumas das empresas integrantes da referida economia, o presente trabalho apresentará dados divulgados pelo Centro de Estudos Políticos Europeus, que buscou responder a algumas perguntas acerca do tema, como: (i) que tipos de trabalho estão sendo criados pelas plataformas colaborativas *on-line*?; (ii) como esse novo mercado de trabalho *on-line* pode ser comparado com as relações de emprego tradicionais?; (iii) em que extensão as plataformas afetariam o mercado de trabalho tradicional?

Em seguida, o trabalho buscará fazer observações e questionamentos acerca dos dados divulgados pelo Centro de Estudos, bem como chamar a atenção para a necessidade de começar a se discutir e implementar, desde já, medidas que ajudem a evitar a precarização do trabalho.

2 A relação de emprego no Brasil

A CLT, ao definir o conceito de empregado e empregador, através de seus arts. 2º e 3º transcritos a seguir, traz as características fundamentais da relação de emprego.

> Art. 2º Considera-se empregador a empresa, individual ou coletiva, que, *assumindo os riscos da atividade econômica*, admite, *assalaria* e *dirige* a prestação *pessoal* de serviço.
> Art. 3º Considera-se empregado toda *pessoa física* que prestar serviços de natureza *não eventual* a empregador, sob a *dependência* deste e mediante *salário*. (Grifos nossos)

Como dito, pode-se extrair da referida norma os elementos caracterizadores da relação de emprego, quais sejam: (i) subordinação; (ii) onerosidade; (iii) pessoalidade; e (iv) habitualidade (não eventualidade). Além disso, define ainda a lei que o empregado deve ser pessoa física e não pode assumir os riscos do negócio.

A diferença entre uma relação de mera prestação de serviços, não empregatícia, e uma relação de emprego, isto é, com vínculo de emprego, pode ser sutil. Há uma linha muito tênue entre os dois tipos de relação e, para identificar uma relação de emprego, não basta a análise dos elementos expostos acima de forma isolada.

Em primeiro lugar, o conceito de subordinação é jurídico e não econômico ou técnico. Há uma subordinação jurídica relacionada ao poder diretivo do empregador, ou seja, o poder de comando, de controle, de punição do empregador.

De acordo com Supiot, para identificar a subordinação jurídica, o juiz conta com determinados elementos, como se o empregador impõe o local e a jornada de trabalho e se há um compromisso de exclusividade por parte do trabalhador.[1] Além disso, ele reconhece três funções do empregador que representariam o fundamento e a medida de seus poderes, quais sejam, o poder de direção, o poder regulador e o poder disciplinar do empregador.[2] O poder de direção seria aquele inerente à gestão e organização da empresa, de determinar as condições de trabalho e as técnicas de produção (respeitando, evidentemente, a lei). Já o poder regulador estaria relacionado a uma regra do direito francês, de que a empresa que possui 20 (vinte) empregados ou mais teria o dever de elaborar um regulamento interno, e a elaboração desse regulamento e suas regras, para Supiot, integraria o poder diretivo do empregador, além de também representar um dever. Por fim, o poder disciplinar

---

1 SUPIOT, Alain. *El derecho del trabajo*. 1. ed. Tradução de Patricia Rubini-Blanco. Buenos Aires: Heliasta, 2008. p. 73.

2 SUPIOT, Alain. *El derecho del trabajo*. 1. ed. Tradução de Patricia Rubini-Blanco. Buenos Aires: Heliasta, 2008. p. 78.

seria aquele que possibilitaria a aplicação de sanções, punições por parte do empregador em face das faltas cometidas pelos empregados.

Basicamente hoje se entende por subordinação jurídica a existência do poder diretivo do empregador, isto é, a possibilidade de comandar, controlar e punir o empregado, quando há cometimento de faltas.

A onerosidade, por sua vez, representa a necessidade de uma contraprestação remuneratória. É evidente que a existência da onerosidade, por si só, não é suficiente para identificar uma relação de emprego. Ora, a prestação de serviços na maioria das vezes também implica contraprestação financeira. No entanto, a demonstração da ausência de onerosidade na relação é suficiente para a desconfiguração do vínculo de emprego. É o caso, por exemplo, do trabalho voluntário ou do representante comercial que só recebe se vender e pode ficar meses sem receber nada.

A pessoalidade é também essencial para a configuração do vínculo, porque o contrato de trabalho, do ponto de vista do empregado, é personalíssimo. O trabalho deve ser prestado com pessoalidade por parte do empregado, isto é, ele não pode enviar outra pessoa para prestar os serviços em seu lugar. No entanto, assim como a onerosidade, a existência da pessoalidade, por si só, não é suficiente para identificar uma relação de emprego. Muitas vezes a mera prestação de serviços também requer uma pessoalidade. Ora, quando alguém contrata um pintor para prestar serviços eventuais em sua residência, não é raro que a pessoa escolha aquele pintor específico e não outro. Até por questões de segurança ou por já conhecer o trabalho daquele pintor, pode haver pessoalidade também na relação. No entanto, como no caso da onerosidade, a ausência de pessoalidade também é suficiente para a desconfiguração do vínculo de emprego. Se demonstrado que aquele trabalhador poderia contratar outros ou enviar outros para a execução do serviço em seu lugar, estaria ausente o requisito da pessoalidade e ausente o vínculo de emprego.

Já a habitualidade se relaciona com o trabalho permanente, mesmo que por um pequeno espaço de tempo. Não pode ser um trabalho eventual. O conceito está intimamente relacionado ao hábito, à constância daquela prestação de serviços. É diferente de um trabalho realizado por um pedreiro ou eletricista que, normalmente, é totalmente eventual, isto é, são chamados a prestar serviços apenas quando há necessidade. Em geral, a habitualidade é analisada caso a caso, sempre se observando a permanência e constância daquele serviço prestado. No entanto, cumpre observar que, em algumas hipóteses, a lei definiu o que seria a habitualidade. É o caso, por exemplo, dos empregados domésticos, em que a lei definiu que há habitualidade se o serviço for prestado mais de duas vezes por semana.[3]

Por fim, vale citarmos que o empregado não corre os riscos do negócio. Pelo contrário, estes são suportados pelo empregador. Se o empregado participa das divisões dos riscos, então não é empregado.

Feita a sucinta observação sobre as características do vínculo de emprego, vamos seguir para o conceito de economia colaborativa para analisarmos como as plataformas *on-line* criam novas relações de trabalho que, a nosso ver, não são abrangidas pelas características tradicionais da relação de emprego.

3 A economia colaborativa

A tecnologia trouxe diversas implicações para o universo do mercado de trabalho. Nos últimos vinte anos, foi responsável, inicialmente, pela alteração na forma de trabalhar, que passou a ser cada vez mais *on-line* e com o auxílio de máquinas, principalmente computadores, *tablets* e até *smartphones*. Alterou também a forma de comunicação no ambiente laboral. Mas, até pouco tempo, a forma de organização e de interação humana permanecia muito parecida com o período anterior ao advento da tecnologia e da era digital.

No entanto, a revolução digital em andamento está lentamente modificando também as relações de trabalho e a forma como o trabalho se organiza. E um dos fatores que muito contribui para essas novas formas de trabalho é o advento da economia colaborativa.

A economia colaborativa, que vem sendo considerada a principal tendência do século XXI, é um ambiente de negociação em que consumidores contam uns com os outros para encontrar seus desejos e necessidades. A economia colaborativa, também denominada economia compartilhada, consiste em dar, trocar, emprestar, negociar, alugar e compartilhar produtos e serviços entre um indivíduo que tem algo e um indivíduo que precisa de algo, geralmente com a ajuda de um agente intermediário, que pode ser um aplicativo ou uma plataforma *on-line*. "Em vez de ter um automóvel, melhor usar um aplicativo para localizar um e usar um veículo somente quando precisar; em vez de

---

3 Art. 1º da Lei Complementar nº 150/2015: "Ao empregado doméstico, assim considerado aquele que presta serviços de forma contínua, subordinada, onerosa e pessoal e de finalidade não lucrativa à pessoa ou à família, no âmbito residencial destas, *por mais de 2 (dois) dias por semana*, aplica-se o disposto nesta Lei".

investir em uma casa na praia, é melhor alugar quartos ociosos nas casas de outras pessoas".[4]

A tendência é que cresça cada vez mais o número de plataformas *on-line* ou aplicativos que realizam a intermediação entre as pessoas, e isso pode mudar fundamentalmente o mercado de trabalho. Como o foco do presente artigo está nos aspectos trabalhistas, abordaremos apenas plataformas de colaboração *on-line* em que o trabalho é um componente importante e a remuneração pelo trabalho movimenta grande quantidade de dinheiro na plataforma. Ou seja, o retorno de capital forma o componente principal do produto/serviço oferecido pela plataforma intermediária. Esse é o caso, por exemplo, de plataformas de compartilhamento de carona tipo táxi, como a Uber, diferentemente de plataformas de compartilhamento de carona que oferecem apenas o compartilhamento dos custos aos usuários, como exemplo, a BlaBlaCar.

A denominação economia colaborativa era utilizada no início do século XXI para se referir a criações colaborativas sem fins lucrativos, plataformas ou redes sociais na internet em que pessoas se reunissem e contribuíssem para gerar um produto final. Um exemplo clássico de economia colaborativa é o *GitHub*, uma rede social muito utilizada por programadores e desenvolvedores de códigos, que prega a colaboração das pessoas para criação de projetos e pode ser utilizada por todos de forma gratuita. Trata-se de um ambiente *on-line* em que profissionais da área de TI se reúnem diariamente para colaborar uns com os outros, auxiliando em projetos, dúvidas, problemas com *softwares*, ou até mesmo para editar em conjunto um mesmo projeto. Ou seja, o lucro não é a finalidade, mas sim a colaboração.

No entanto, a partir de 2008, o conceito de economia colaborativa começou a ser utilizado para se referir a empresas com fins lucrativos, que conectariam a oferta à demanda, recebendo uma porcentagem por esse serviço. Na visão de críticos, entretanto, essa nova perspectiva da economia colaborativa faz com que, na realidade, deixe de ser colaborativa. Por esse motivo, preferem a denominação plataformas com fins lucrativos, em que o trabalho e sua remuneração são componentes cruciais para o seu funcionamento, como parte da *gig economy* ou "economia de bicos".

---

[4] KRAMER, Josiane Caldas. *A economia compartilhada e a uberização do trabalho*: utopias do nosso tempo? Curitiba, 2017. p. 55. Disponível em: https://acervodigital.ufpr.br/bitstream/handle/1884/47786/R%20-%20D%20-%20JOSIANE%20CALDAS%20KRAMER.pdf?sequence=1. Acesso em: 13 out. 2018.

Para fins do presente trabalho, vamos utilizar a denominação mais conhecida, qual seja, economia colaborativa, e é válido citarmos algumas dessas plataformas *on-line* e seus nichos de mercado, que poderão ser mencionados ao longo do trabalho.

- Uber: de acordo com a descrição do *site* da empresa,[5] conecta motoristas parceiros e usuários através de seu aplicativo para ajudar a deixar cidades mais acessíveis, oferecendo mais opções para usuários e mais oportunidades de negócios para motoristas parceiros.
- Rappi: conecta usuários que precisam de algo com pessoas que se disponibilizam a entregar (de motocicleta ou bicicleta) e recebem uma remuneração por isso. A entrega pode ser de comida, de remédios, de um carregador de celular, das chaves (que a pessoa pode ter esquecido em casa, por exemplo), entre diversos outros produtos disponíveis no aplicativo.
- CoContest: plataforma dedicada ao mundo da arquitetura. O *site* une arquitetos a indivíduos que necessitam de projetos de arquitetura. Para isso, oferece a possibilidade, para aquele que precisa de novas ideias para renovar a casa/o escritório, de estabelecer um concurso aberto aos arquitetos também usuários da plataforma. Os arquitetos elaboram seus projetos para aquele local e enviam para o consumidor, o qual elege o melhor projeto e premia financeiramente o arquiteto vencedor. A plataforma é vista como útil para empresas do mercado imobiliário que precisam de projetos de baixo custo, além de oferecer oportunidades para jovens arquitetos.
- ListMinut: é uma plataforma *on-line* que conecta indivíduos em busca de serviços gerais a indivíduos que oferecem seus serviços, como jardinagem, *babysitting*, compras, tarefas domésticas, passeio com os animais etc. De acordo com a descrição da própria plataforma,[6] eles conectam as pessoas que precisam de ajuda (porque não têm tempo, disposição ou capacidade de realizar tarefas específicas) ao que eles chamam de trabalhadores, que seriam indivíduos que buscam uma renda complementar, estudantes, empregados, aposentados ou indivíduos que desejam simplesmente ser ativos e conhecer pessoas.

---

5 Disponível em: https://www.uber.com/pt-BR/newsroom/fatos-e-dados-sobre-uber/. Acesso em: 10 out. 2018.

6 Disponível em: https://listminut.be/fr. Acesso em: 15 set. 2018.

- CrowdFlower: conecta empresas em busca de especialistas a trabalhadores autônomos em todo o mundo. Empresas como eBay, Twitter e Microsoft postam tarefas de que necessitam na plataforma (como pesquisa de dados, transcrições, categorização de documentos, produção de texto para descrição de produtos), e trabalhadores autônomos usuários da plataforma realizam as tarefas solicitadas, denominadas *microtasks*, recebendo uma remuneração para isso.
- Mechanical Turk: a plataforma da Amazon busca utilizar a inteligência humana para responder a perguntas e realizar tarefas previsíveis e mecânicas (coisas dignas de robô, como analisar milhares de fotos em busca de determinada imagem). São muitas possíveis tarefas, como preencher um questionário, acessar um *site*, corrigir um texto, traduzir um texto. A remuneração varia dependendo tarefa, algumas pagam US$0,50 por resposta, outras US$0,10 por resposta, por exemplo.
- Gerson Lehrman Group (GLG): de um lado, clientes que precisam de especialistas em determinado assunto nas mais variadas indústrias (uma consultoria, uma auditoria financeira, uma aula sobre determinado tema) e, de outro, especialistas que fornecem seus serviços e são remunerados pelo trabalho entregue.
- GetNinjas: é uma plataforma brasileira, de contratação de serviços no Brasil, abrangendo basicamente todo tipo de atividade. Conecta profissionais de diferentes áreas com pessoas solicitando serviços, como assistência técnica, aulas, consultoria, *design*, reformas, serviços domésticos, moda e beleza.
- Singu: também brasileira, conecta profissionais do ramo da beleza a usuários que necessitam dos serviços estéticos. A plataforma promete entregar, através de profissionais independentes, serviços de beleza e bem-estar em qualquer lugar, com horários maleáveis e preços acessíveis.

Esses são só alguns exemplos de plataformas *on-line* integrantes da economia colaborativa. Como se pode perceber pelas descrições das empresas, não só há novos tipos de trabalho sendo criados pelas plataformas colaborativas, como as referidas plataformas afetam o mercado de trabalho tradicional e a relação de emprego da forma como atualmente é concebida.

4 Análise do impacto da economia colaborativa nas relações de trabalho

A revolução tecnológica traz mudanças cada vez mais promissoras, mas, por outro lado, cria desafios para os padrões de consumo, produção e emprego que exigem uma constante adaptação.

Ocorre que nem sempre o direito reflete e acompanha a realidade vivida pela sociedade. Sabemos que o ordenamento jurídico de determinado povo é muitas vezes norteado pelo desenvolvimento histórico, político e econômico de determinada sociedade, que está em constante evolução. Como já dizia Émile Durkheim, "a vida geral da sociedade não se pode desenvolver um pouco que seja sem que o direito se desenvolva ao mesmo tempo e na mesma relação".[7]

Não são raras as vezes, entretanto, que o direito não consegue acompanhar as transformações de determinada sociedade e, nesses casos, as leis ficam defasadas até que sejam alteradas e adequadas à realidade trazida pelas mudanças sociais, políticas ou econômicas advindas.

E esse é exatamente o que ocorre com o direito e a tecnologia. Por um lado, o avanço tecnológico é cada vez mais acelerado. Por outro, o direito não é tão flexível e não possui velocidade suficiente para regular e acompanhar as inúmeras mudanças trazidas pela tecnologia. E, no âmbito das relações de trabalho, a referida situação tem gerado uma preocupação global com a possibilidade de precarização do trabalho.

Como vimos, a CLT, ao definir os conceitos de empregado e empregador, traz os requisitos da relação de emprego e, configurado o vínculo empregatício, o trabalhador possui uma série de direitos que o resguardam, como o direito a férias, o direito a uma jornada regular, o décimo terceiro, a seguridade social, o seguro desemprego (em caso de dispensa sem justa causa por parte do empregador), enfim, o vínculo de emprego traz uma série de consequências para empregador e empregado que buscam de certa forma proteger o empregado, considerado normalmente a parte hipossuficiente da relação. Com a economia colaborativa, entretanto, surgem novas relações de trabalho que, a nosso ver, não se encaixam no conceito de relação de emprego tradicionalmente concebido e, portanto, são em grande maioria desreguladas. Há, assim, uma crescente transição para a informalidade.

A preocupação com a precarização do trabalho é global e foi discutida no Fórum Econômico Mundial, o qual elaborou um relatório

---

[7] DURKHEIM, É. *Da divisão social do trabalho*. 2. ed. São Paulo: Martins Fontes, 1999.

dedicado à questão e ao futuro dos empregos em geral.[8] De acordo com o referido relatório, indústrias inteiras têm se ajustado aos novos modelos de negócios e, com isso, a maioria das ocupações também está passando por transformações fundamentais. Enquanto alguns trabalhos são ameaçados e tendem a deixar de existir, outros crescem rapidamente. O debate sobre as transformações gera diferentes perspectivas, sendo que, enquanto alguns enxergam inúmeras novas oportunidades de trabalho, outros preveem um descolamento massivo de empregos e o aumento na taxa de desemprego ao redor do mundo. Segundo o relatório, em muitos países as ocupações ou especialidades mais procuradas não existiam há dez anos e o ritmo só tende a acelerar. De acordo com os dados levantados pelo Fórum, 65% das crianças que hoje estão entrando na escola primária trabalharão em tipos de trabalho que hoje sequer existem.

Em que pese haver discussões acerca da natureza da relação jurídica entre as plataformas colaborativas e os trabalhadores que prestam serviços através delas e se haveria vínculo de emprego nessa relação, o foco do presente trabalho é chamar a atenção para as transformações trazidas pela economia colaborativa e seus impactos nas relações laborais e, portanto, não será abordada com profundidade essa questão. Vale citar, entretanto, a existência de inúmeros casos na Justiça espalhados pelo mundo que discutem a possibilidade de vínculo de emprego entre, por exemplo, a empresa Uber e os motoristas da plataforma. Há estudos detalhados sobre esses diversos casos levados à Justiça, trazendo alguns resultados das ações ajuizadas no Brasil (individuais e coletivas) e no restante do mundo.[9]

Apesar de o tema ser complexo e gerar diferentes posicionamentos, para nós, como explicitado, ao menos no Brasil, não há vínculo de emprego entre a empresa Uber e um motorista da plataforma. Não há exclusividade (muitos motoristas são usuários de outras plataformas, como 99, Cabify etc.), o motorista assume os riscos do negócio (se não trabalhar, nada recebe) e não há subordinação jurídica, aliás, muitos motoristas expressam que o maior benefício de trabalhar com

---

8 WORLD ECONOMIC FORUM. *The future of jobs*: employment, skills and workforce strategy for the Fourth Industrial Revolution. 2016. Disponível em: http://www3.weforum.org/docs/WEF_Future_of_Jobs.pdf. Acesso em: 12 out. 2018.

9 Para maior informação acerca do tema, ver: KRAMER, Josiane Caldas. *A economia compartilhada e a uberização do trabalho*: utopias do nosso tempo? Curitiba, 2017. Disponível em: https://acervodigital.ufpr.br/bitstream/handle/1884/47786/R%20-%20D%20-%20JOSIANE%20CALDAS%20KRAMER.pdf?sequence=1. Acesso em: 13 out. 2018.

a plataforma é a possibilidade de "tornarem-se seus próprios chefes", "donos do negócio".

De todo modo, para além da discussão acerca da existência de vínculo de emprego ou não, fato é que novas relações e formas de trabalho têm sido criadas pela economia colaborativa e, na maioria dos casos, ainda não há regulação do direito sobre o tema.

Um estudo realizado pelo Centro de Estudos Políticos Europeus[10] tentou responder algumas perguntas acerca do tema, quais sejam: que tipos de trabalho estão sendo criados pelas plataformas colaborativas *on-line*? Como esse novo mercado de trabalho *on-line* pode ser comparado com as relações de emprego tradicionais? Em que extensão as plataformas afetariam o mercado de trabalho tradicional?

Os resultados trazidos pelo estudo devem ser vistos com cautela de acordo com os próprios autores, pois ainda há certas dificuldades na obtenção de dados, principalmente porque parte desses dados depende da declaração dos usuários e, por ser ainda um ambiente que carece de controle e regulação pelo direito, muitos prestadores de serviços não declaram os ganhos totais com as plataformas, o que dificulta o recolhimento de tributos sobre esses serviços e a obtenção de dados mais claros.

Inicialmente, o estudo traçou o número de pessoas que participam da economia colaborativa em seus diferentes nichos de mercado, tanto como usuários, quanto como prestadores de serviços. A maior parte dos usuários foi identificada nas plataformas que oferecem compartilhamento de carona (como a Uber), enquanto os prestadores de serviços estavam mais concentrados nos aplicativos que fornecem serviços gerais (como a ListMinut). A tabela a seguir,[11] elaborada pelos autores do estudo, demonstra de forma mais clara a participação da população dos Estados Unidos da América na economia colaborativa.

---

10 DE GROEM, Willem Pieter; MASELLI, Ilaria. The impact of the collaborative economy on the labour market. *Centre for European Policy Studies*, 2016. Disponível em: https://ec.europa.eu/docsroom/documents/16953/attachments/1/translations/en/renditions/native. Acesso em: 14 out. 2018.

11 DE GROEM, Willem Pieter; MASELLI, Ilaria. The impact of the collaborative economy on the labour market. *Centre for European Policy Studies*, 2016. p. 5. Disponível em: https://ec.europa.eu/docsroom/documents/16953/attachments/1/translations/en/renditions/native. Acesso em: 14 out. 2018.

TABELA 1
Participação da população dos EUA na economia colaborativa

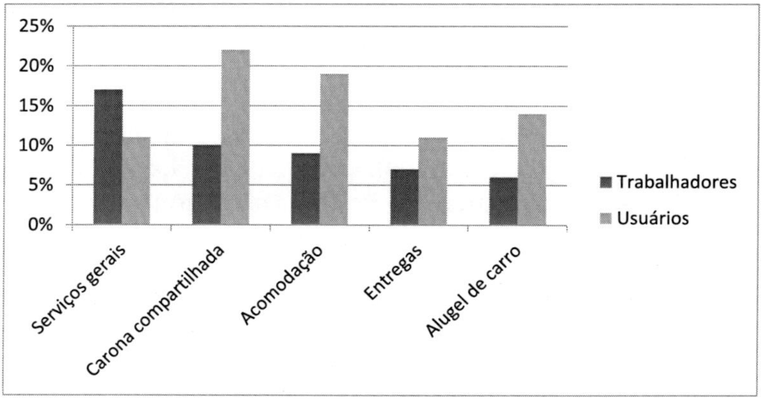

Posteriormente o estudo buscou traçar o perfil demográfico das pessoas que oferecem os serviços nas plataformas nos Estados Unidos da América e os resultados mostraram que a maior parte dos prestadores de serviços é composta por homens, abaixo de 35 anos de idade, residentes de zonas urbanas e integrantes de minorias raciais ou étnicas. Na Inglaterra, entretanto, houve pequenas diferenças em relação ao gênero predominante. Lá, a maior parte dos prestadores de serviços era composta por mulheres (54%).

TABELA 2
Perfil demográfico dos trabalhadores e usuários das plataformas colaborativas nos EUA

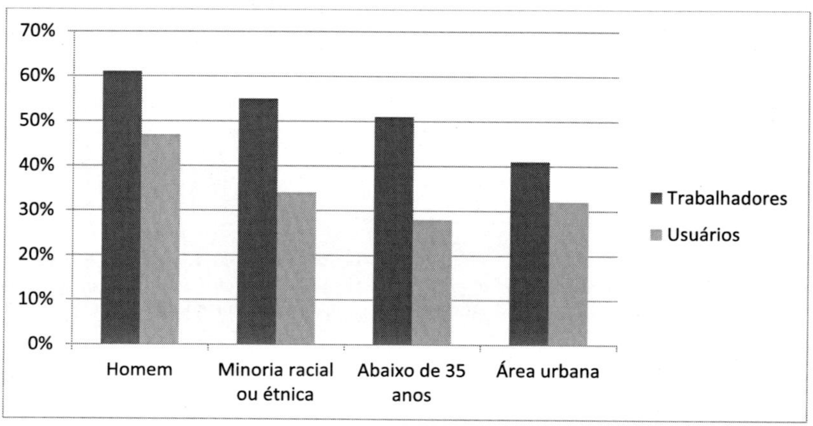

Depois de traçar o perfil demográfico, o estudo buscou analisar a remuneração dos trabalhadores nas plataformas colaborativas, quando comparada com a remuneração de trabalhadores empregados.

Em primeiro lugar, o estudo identificou que em praticamente todos os casos os prestadores de serviço não são empregados das plataformas e são remunerados através de uma taxa por tarefa ou serviço que realizam, intermediado pela plataforma. Para a comparação da remuneração, fez-se necessária a distinção, entre as plataformas colaborativas, daquelas que são totalmente virtuais, o caso da CrowdFlower, por exemplo, em que os serviços são prestados de forma *on-line*, não havendo necessidade de qualquer deslocamento físico, e aquelas que são locais, ou seja, há necessidade de a empresa realizar serviços naquela cidade específica (para realizar entregas, para conectar prestadores de serviços locais, para enviar um motorista), como o caso da GetNinjas e da Uber, por exemplo.

É necessária a distinção porque, de acordo com os resultados, as plataformas totalmente virtuais criaram uma verdadeira globalização do trabalho e, em determinados casos, se o serviço realizado é completamente *on-line*, trabalhadores norte-americanos podem competir, por exemplo, com trabalhadores da Índia pela mesma tarefa, e isso inevitavelmente pode alterar o preço do serviço e, consequentemente, a remuneração do prestador de serviços.

De acordo com os estudos, os ganhos por hora nas plataformas que intermediam serviços físicos (não são totalmente virtuais) são claramente mais altos que em plataformas que intermediam serviços virtuais. Além disso, os serviços que exigem maiores habilidades e alta qualificação (como prestar uma consultoria, dar aula) são mais bem remunerados que aqueles de média/baixa qualificação do prestador de serviços. Quando a remuneração é comparada com a renda dos trabalhadores empregados, a renda por hora nas plataformas que intermediam serviços físicos tende a ser superior que o salário mínimo nacional. Já quando é feita a análise em relação às plataformas totalmente virtuais, a remuneração em países mais ricos está, em média, abaixo do salário mínimo nacional. Já nos países mais pobres os ganhos por hora nas plataformas estão acima do salário mínimo nacional, mesmo nas plataformas totalmente virtuais.

Mais especificamente, serviços virtuais que exigem habilidades gerais como Crowdflower e Mechanical Turk são os menos recompensados. A média dos ganhos brutos nessas plataformas variou entre €1,60 por hora para os trabalhadores da Crowdflower e €5,10 para os trabalhadores da Mechanical Turk nos EUA. Olhando para os trabalhadores da Mechanical Turk, os trabalhadores nos EUA são mais bem recompensados do que os trabalhadores da Índia, que ganham €2,90 por hora.

Além disso, o estudo concluiu que a maioria das plataformas não cria trabalho suficiente para gerar um rendimento comparável ao obtido com empregos convencionais. Mais especificamente, cerca de metade dos trabalhadores da ListMinut (53%) trabalhavam até cinco horas na plataforma, quantidade esta que não seria suficiente para constituir um emprego em tempo integral.

Ao analisar os ganhos brutos de várias plataformas colaborativas em comparação com o salário mínimo e médio em diferentes países, o estudo concluiu que os ganhos por hora nos serviços intermediados pela plataforma Mechanical Turk estão abaixo do salário mínimo nos EUA (74%), mas mais de 14 vezes o salário mínimo na Índia. Além disso, os ganhos por hora são apenas um quarto do salário médio dos empregados nos EUA e mais de cinco vezes o salário médio na Índia. Assim, apenas 1% dos trabalhadores americanos indicam que o pagamento foi melhor que em outros trabalhos como a principal razão para se tornar ativo na plataforma, em comparação com 18% dos indianos.

Na realidade, a maior motivação para o trabalho nas plataformas, pelo menos em relação aos norte-americanos, seria a flexibilidade e a possibilidade de trabalhar em casa. Além disso, a maior parte dos trabalhadores utiliza a plataforma como meio de obter uma renda extra e não como o único trabalho.

Ainda sobre a análise das remunerações, o estudo observou que os *designers* e arquitetos do CoContest ganham em média menos que os arquitetos e *designers* empregados, mesmo quando excluídos os trabalhos em que os arquitetos do CoContest não ganham o concurso (e, portanto, não são remunerados pelo trabalho realizado). Os arquitetos italianos ganham em média €13,60 por hora e os *designers* de interiores ganham €20,10 por hora, enquanto os trabalhadores das plataformas virtuais altamente qualificados do CoContest ganham apenas €9,30 por hora. Por sua vez, a remuneração média por hora dos motoristas da Uber (serviço físico) está bem acima da remuneração dos taxistas e motoristas empregados, mas, por outro lado, os motoristas da Uber têm despesas adicionais (combustível, manutenção do carro etc.). De todo modo, a remuneração média dos motoristas da Uber é de US$19,19 por hora, comparado a US$12,90 por hora para motoristas empregados.

Em geral, o estudo concluiu que a maioria dos trabalhadores das plataformas colaborativas em tempo integral provavelmente ganhará menos que os empregados no mercado de trabalho, principalmente se levados em consideração os benefícios e direitos do empregado tradicional. Para comparar a renda com os ganhos por hora, o número de horas trabalhadas também deve ser levado em consideração. Algumas das plataformas permitem que os trabalhadores forneçam seus serviços quando quiserem (por exemplo, Uber), enquanto outros dependem da demanda nas plataformas (por exemplo, CoContest, Crowdflower, Mechanical Turk, ListMinut). Neste último caso, é provável que o rendimento seja mais baixo, potencialmente também abaixo do rendimento dos empregados que realizam o mesmo tipo de atividades fora das plataformas e registrados como empregados.

Por fim, em relação aos possíveis impactos nas relações de trabalho tradicionais e às crescentes preocupações de que os trabalhos por meio de plataformas colaborativas representem a extinção da relação de emprego (ao menos da forma como é concebida hoje), o estudo se mostrou um pouco cético, pelo menos no que tange ao cenário mais recente. Os dados estimam que nos EUA cerca de 6 milhões de trabalhadores compõem a economia colaborativa, o que equivale a apenas 0,4% do emprego total. Além disso, a maioria dos trabalhos estaria distribuída numa única plataforma (a Uber).

A estimativa para a União Europeia seria de que há cerca de 100.000 trabalhadores ativos na economia colaborativa europeia ou 0,05% do total de empregados existentes no ano de 2015. A maioria desses trabalhadores, aproximadamente 65.000, está ativa através da Uber. Isso sugere que a economia colaborativa europeia ainda estaria engatinhando, exceto pelo setor de táxi.

No Brasil, o cenário não seria muito diferente, e a economia colaborativa, apesar de crescer constantemente, ainda está longe de ser responsável por todos os empregos do país. No entanto, ressalta-se que, para entender completamente o impacto da economia colaborativa sobre a força de trabalho, é importante levar em conta também os empregos que são perdidos com a criação de empregos nas plataformas colaborativas, além de analisar nichos específicos de mercado e não a economia como um todo.

De todo modo, em que pese a afirmação do estudo do Centro de Estudos Políticos Europeus de que a economia colaborativa está ainda engatinhando, esse engatinhar pode se transformar mais rápido do que imaginamos, e cabe ao direito, diante da nova realidade que surge, buscar meios de regular as novas relações criadas, bem como evitar a precarização do trabalho, eis que, como ressaltam os dados, a remuneração nas plataformas colaborativas tende a ser menor que nos empregos tradicionais, além de os benefícios e direitos concernentes à relação de emprego não existirem quando se fala em economia colaborativa.

Os dados fornecidos pelo estudo também causam determinada preocupação no que tange ao perfil demográfico dos trabalhadores nas plataformas colaborativas. Por que a maior parte dos trabalhadores pertenceria a alguma minoria racial ou étnica? E, mais, o fato de parte dos trabalhadores utilizar a plataforma colaborativa como alternativa ao desemprego também pode contribuir para a precarização do trabalho?

Se formos analisar especificamente o nicho de motoristas (como táxi, Uber, Cabify e 99), dados da prefeitura do Rio de Janeiro[12] mostram que há pelo menos 150 mil motoristas que trabalham por intermédio das plataformas colaborativas, enquanto o número de taxistas é de no máximo 50 mil. Ou seja, o serviço prestado através da plataforma supera e muito o serviço tradicional de táxis. Se os outros nichos de mercado seguirem a mesma lógica no Brasil, a tendência é que haja mais trabalho prestado através das plataformas colaborativas que empregos tradicionais.

Uma das maiores vantagens para os trabalhadores que utilizam os aplicativos, como já mencionado no presente trabalho, é a flexibilidade, a possibilidade de controlar seu próprio horário ou, dependendo da plataforma, trabalhar de casa. Esse autocontrole de horário, por outro lado, é uma via de mão dupla. Da mesma forma que gera maior flexibilidade, tem causado inúmeras preocupações ao redor do mundo com jornadas exaustivas, que podem prejudicar a saúde e segurança do trabalhador. Não havendo vínculo empregatício entre a plataforma e o trabalhador, deve a empresa ainda assim zelar pela saúde e segurança do trabalho? Deve o Estado regulamentar a questão?

Nos Estados Unidos da América, a empresa Uber lançou uma versão de seu aplicativo, cuja atualização só está disponível para aquele país, que, segundo seu diretor de gerenciamento, limitará a jornada dos motoristas, que não poderão trabalhar mais de 12 horas seguidas. De acordo com informações da empresa, os motoristas receberão avisos quando o período de 12 horas se aproximar. O primeiro será quando alcançarem 10 horas seguidas, outro com 11 horas e o último faltando 30 minutos para completar as 12 horas.[13]

---

[12] Os dados foram explicitados em reportagem de *O Globo* (Disponível em: https://oglobo.globo.com/rio/rio-tem-cerca-de-150-mil-motoristas-credenciados-por-aplicativos-22584739. Acesso em: 14 out. 2018).

[13] Disponível em: https://www.jornaldocomercio.com/_conteudo/2018/02/economia/611321-uber-nos-eua-determina-descanso-a-motoristas-apos-12-horas-de-trabalho.html.

Deveria ainda o Estado se preocupar com a forma de remuneração e impor uma remuneração por hora compatível com o salário mínimo nacional? Por um lado, principalmente em se tratando de plataformas colaborativas locais, isso poderia auxiliar no problema da baixa remuneração e garantir um trabalho digno. Por outro, quando analisada a medida sob a perspectiva das plataformas totalmente virtuais, a regulação poderia interferir na globalização da plataforma e na competitividade dos prestadores de serviços. Um trabalhador norte-americano, por exemplo, teria mais dificuldade em competir com um trabalhador na Índia, pois o salário mínimo deste último é inferior.

Como regular, ainda, os trabalhos em plataformas colaborativas que, muitas vezes, sequer são remunerados? Esse é o caso da CoContest, por exemplo. Todas as vezes que determinado arquiteto decide participar do concurso e elaborar um projeto, ele trabalha e utiliza parte de seu tempo para a elaboração daquele projeto. Se o projeto for escolhido, ele terá a compensação financeira por aquele trabalho. Mas, se não for, não receberá qualquer remuneração pelo serviço.

Todas essas questões requerem uma análise mais madura, mas fato é que a ascensão da economia colaborativa tem gerado significativas alterações nas relações de trabalho e a tendência, ainda que distante, é que os empregos sejam cada vez mais substituídos por trabalhos em plataformas colaborativas. A título de exemplo, recentemente a empresa Amazon criou o programa *Delivery Service Partner*, e incentivou os seus próprios empregados a deixarem o trabalho para investir no seu próprio negócio. Os empregados trabalhariam como autônomos e realizariam as entregas para a referida empresa, ganhando um incentivo no valor de dez mil dólares para a transição. De acordo com a Amazon, quase qualquer empreendedor pode começar um negócio com um investimento inicial de dez mil dólares, suficiente para contratar motoristas e alugar até 40 vans para realizar as entregas de pacotes de um depósito da Amazon para a casa de uma pessoa.

Mas parece que a ideia de ter o próprio negócio, apesar de interessante na teoria, nem sempre tem o retorno que promete na prática. No caso da Uber, por exemplo, a realidade é de motoristas que trabalham até 18 horas por dia com remunerações suficientes apenas para a sobrevivência, arcando, ainda, com diversos custos do veículo (IPVA, seguro, manutenção etc.). Muitas vezes o veículo é alugado ou foi adquirido de forma financiada, o que gera mais custos mensais.

A busca por melhores condições fez com que, no último mês de março, motoristas das empresas Uber e Lift organizassem uma paralisação, tendo em vista recente redução das empresas no valor das taxas de pagamento aos motoristas nos principais centros urbanos. Um motorista de Los Angeles argumentou que não há vantagem na flexibilidade se você precisar trabalhar horas e horas para receber um valor mínimo, que mal dá para viver.

Ao classificar os motoristas como prestadores de serviços autônomos e não empregados, a empresa Uber não precisa pagar determinados impostos, benefícios, horas extras ou salários mínimos a milhares de motoristas. Como autônomos, os motoristas não têm o direito legal de formar sindicatos e negociar contratos. Por esse motivo, os motoristas passaram mais de seis anos lutando contra a empresa no tribunal, dizendo que foram intencionalmente classificados equivocadamente e que são verdadeiros empregados, sob o argumento de que a empresa tem controle sobre a jornada de trabalho e possui regras rígidas sobre as condições do veículo, como que viagens podem fazer e quais rotas tomar. A Uber reagiu e utilizou como principal argumento contrário ao vínculo o fato de os motoristas não definirem seus próprios horários e fornecerem seus próprios carros.

No mês passado, a empresa resolveu o principal caso judicial que tramitava na justiça norte-americana e concordou em pagar 20 milhões de dólares para 13.600 motoristas, mas sem mudar o *status* de autônomo dos referidos prestadores de serviço.

O estado da Califórnia discute atualmente um projeto de lei que poderá reescrever as regras da economia colaborativa. O projeto foi aprovado pela assembleia estadual e aguarda a aprovação do senado do estado. De acordo com o projeto de lei, para que um trabalhador seja autônomo e não empregado, a empresa deve provar que ele (i) está livre do controle da empresa; (ii) está fazendo um trabalho que não é central para os negócios da empresa (ou seja, não se insere na sua atividade-fim); e (iii) tem um negócio independente nesse setor. Se eles não atenderem a três dessas condições, eles deverão ser classificados como empregados. Se as novas regras forem aprovadas, a Uber provavelmente teria que contratar como empregados os seus motoristas.

Além disso, a conceituada analista Mary Meeker divulgou um relatório anual de tendências de internet e tecnologia[14] em que concluiu que as atividades *freelancers* estão em franca expansão e são a principal fonte da flexibilização das formas de trabalho. Entre algumas conclusões do estudo, vale destacar que os trabalhos autônomos cresceram três

---

[14] Disponível em: https://www.kleinerperkins.com/perspectives/internet-trends-report-2018/. Acesso em: 2 jun. 2019.

vezes mais que o emprego tradicional entre os anos de 2014 e 2017 e a tendência é a diferença só aumentar.

O crescimento da denominada economia colaborativa gera uma série de desafios e o direito está longe de fornecer as soluções para tantos questionamentos que surgem. No entanto, como exposto, a tendência da revolução digital é acelerar e acentuar a precarização do trabalho, motivo pelo qual se faz necessário cada vez mais estabelecer regulações sobre o tema.

5 Conclusão

A revolução tecnológica e o surgimento da economia colaborativa impactaram não só a forma de produção, de consumo e de organização empresarial, mas também a relação de trabalho.

Com o surgimento das plataformas colaborativas, aparecem novas inúmeras oportunidades de trabalho, que, por suas características peculiares, se desassociam das relações de emprego tradicionais. Para uns, as plataformas são essenciais para conectar aqueles que procuram prestar seus serviços àqueles que precisam de algo e podem significar complementos de renda ou impulsos no início da carreira profissional. Para outros, são alternativas à crise financeira e ao desemprego e podem representar trabalhos mais mal remunerados e condições de trabalho pouco dignas, quando comparados aos empregos tradicionais.

Fato é que há novos tipos de trabalho sendo criados pelas plataformas colaborativas e as referidas plataformas afetam o mercado de trabalho tradicional e a relação de emprego da forma como atualmente é concebida.

Com o surgimento das novas relações, inúmeras questões são colocadas, como se o Estado deve regular tais relações; se sim, como regulá-las; ou se as plataformas devem limitar as jornadas dos prestadores de serviços; se devem, ainda, indicar uma remuneração compatível com o salário mínimo e diversas outras questões expostas ao longo do presente trabalho que ainda necessitam de respostas. O direito, tendo em vista a menor flexibilidade e velocidade quando comparado à tecnologia, ainda está longe de fornecer as soluções para tantos questionamentos.

Em que pese a visão de alguns de que a economia colaborativa ainda engatinha e demorará a alterar significativamente o cenário do mercado de trabalho, medidas devem começar a ser discutidas e implementadas desde já, principalmente para evitar a precarização do trabalho.

Referências

DELGADO, Mauricio Godinho. *A reforma trabalhista no Brasil*: com os comentários à Lei n. 13.467/2017. 1. ed. São Paulo: LTr, 2017.

DURKHEIM, É. *Da divisão social do trabalho*. 2. ed. São Paulo: Martins Fontes, 1999.

GARCIA, Gustavo Filipe Barbosa. *Reforma trabalhista*. 2. ed. Salvador: JusPodivm, 2017.

KRAMER, Josiane Caldas. *A economia compartilhada e a uberização do trabalho*: utopias do nosso tempo? Curitiba, 2017. Disponível em: https://acervodigital.ufpr.br/bitstream/handle/1884/47786/R%20-%20D%20-%20JOSIANE%20CALDAS%20KRAMER.pdf?sequence=1. Acesso em: 13 out. 2018.

SCHIAVI, Mauro. *A reforma trabalhista e o processo do trabalho*: aspectos processuais da Lei n. 13.467/17. 1. ed. São Paulo: LTr, 2017.

SUPIOT, Alain. *El derecho del trabajo*. 1. ed. Tradução de Patricia Rubini-Blanco. Buenos Aires: Heliasta, 2008.

WORLD ECONOMIC FORUM. *The future of jobs*: employment, skills and workforce strategy for the Fourth Industrial Revolution. 2016. Disponível em: http://www3.weforum.org/docs/WEF_Future_of_Jobs.pdf. Acesso em: 12 out. 2018.

Informação bibliográfica deste texto, conforme a NBR 6023:2018 da Associação Brasileira de Normas Técnicas (ABNT):

SILVEIRA, Carolina Monteiro de Castro. A economia colaborativa e seus impactos nas relações de trabalho tradicionais. *In*: TUPINAMBÁ, Carolina (Coord.). *As novas relações trabalhistas e o futuro do Direito do Trabalho*: as novidades provenientes das novas possibilidades de interações humanas e de novos modelos de solução de conflitos. Belo Horizonte: Fórum, 2022. (Coleção Fórum As novas relações trabalhistas e o futuro do direito do trabalho. Tomo V.) p. 277-296. ISBN 978-65-5518-224-8.

ARBITRAGEM TRABALHISTA NO ÂMBITO DA *GIG ECONOMY* E DA ECONOMIA COMPARTILHADA

JULIA DE CASTRO TAVARES BRAGA

BEATRIZ AZEVEDO MARTINEZ

1 Introdução

As formas como as relações trabalhistas se desenvolveram ao longo da história e continuam a se desenvolver nos dias de hoje estão diretamente relacionadas às revoluções industriais havidas, mais especificamente: a 1ª Revolução Industrial no século XVIII, a 2ª Revolução Industrial iniciada na segunda metade do século XIX, a 3ª Revolução Industrial ocorrida em meados de 1960 e, por fim, a famigerada Indústria 4.0.

Portanto, não há como aprofundar a análise sobre as atuais e modernas formas de relacionamento entre o capital e o trabalho advindas com a Indústria 4.0, sem antes entender as transformações sociais e laborais advindas das pretéritas revoluções industriais, que refletiram na forma como empregados e empregadores se relacionavam e que, em última instância, culminaram na positivação do direito do trabalho.

Sob esse prisma, pretende-se, no Capítulo 2, apresentar ao leitor a decadência do princípio da autonomia da vontade no âmbito das relações trabalhistas e, consequentemente, a ascensão do princípio da proteção incondicionada do empregado ante o empregador, pilar de sustentação do direito do trabalho, mormente no Brasil.

No capítulo seguinte, procurar-se-á responder se a manutenção do princípio da proteção incondicionada do empregado, tal como vinha sendo aplicado pelo legislador e, principalmente, pelo Poder Judiciário, faz sentido dentro desse novo contexto de organização laboral.

Identifica-se que o mundo contemporâneo, absorvido pela Indústria 4.0, não mais demanda um direito do trabalho rígido e inflexível. Em uma sociedade cuja classe trabalhadora é tão diversificada, esse sistema de normas não logra êxito em alcançar proteção a todos os trabalhadores de forma igual.

Nessa toada, entre outras profundas alterações, o legislador brasileiro optou por ampliar as formas de acesso à justiça para determinada categoria de empregados, ao autorizar, expressamente, a possibilidade de utilização da arbitragem como método de resolução de conflitos oriundos das relações individuais de trabalho, garantindo a plena liberdade de escolha pelas partes.

O presente trabalho pretende responder, portanto, se a Lei nº 13.467/2017 (Reforma Trabalhista) buscou resgatar o princípio da autonomia da vontade nas relações de emprego, ao positivar instituto tão pautado na liberdade de escolha das partes, que é a via arbitral para litígios trabalhistas de natureza individual.

Para tanto, o Capítulo 4 irá tratar da perfeita coadunação entre a *gig economy* e economia partilhada e a arbitragem trabalhista, em razão das suas particularidades, já que as novas modalidades de trabalho e os novos perfis dos empregados demandam meios de resolução de conflitos alternativos ao Poder Judiciário e sua tradicional morosidade e conservadorismo, sobretudo na seara trabalhista. Faz-se necessário, então, pensar em métodos alternativos de resolução de conflitos, mais maleáveis às transformações do mercado de trabalho e aderentes às necessidades do mundo contemporâneo.

2 Revoluções industriais e mudanças nos paradigmas produtivos

Para melhor compreender o contexto atual em que estão inseridas as relações de trabalho no Brasil, deve-se resgatar na história as transformações advindas das revoluções industriais, que refletiram nos mais diversos setores da sociedade, desde a segunda metade do século XVIII, com a invenção da máquina a vapor, até a atual Indústria 4.0, com o advento da moderna inteligência artificial.

Na visão de Klaus Schwab, as revoluções ocorrem "quando novas tecnologias e novas formas de perceber o mundo desencadeiam uma alteração profunda nas estruturas sociais e nos sistemas econômicos".[1] Ou seja, as mudanças nos paradigmas produtivos estão atreladas às mudanças no campo da tecnologia, ocorridas ao longo da história, e que impactaram profundamente os meios de produção, a indústria, a economia e, consequentemente, as relações sociais e de trabalho ao redor do mundo.

2.1 A Primeira Revolução Industrial e a máquina a vapor

Até meados do século XVIII, os meios de produção dependiam, essencialmente, de força humana ou animal. A invenção das máquinas movidas por motores a vapor, já na segunda metade do século, trouxe novas possibilidades para o setor produtivo, com a mecanização dos processos, traçando um cenário de crescimento econômico e transformação social até então nunca experimentado. Nascia então o período da história intitulado Primeira Revolução Industrial, iniciado na Inglaterra.[2]

É sabido que o surgimento da indústria trouxe significativas modificações para a sociedade em geral, com geração de empregos, aceleração dos processos produtivos, crescimento das cidades, construção de ferrovias e aumento da circulação de mercadorias e pessoas. A produção mecanizada acelerou e reduziu os processos de produção, ditando novo ritmo ao trabalho humano, que passou a ser submetido às máquinas, tornando os trabalhadores, principalmente os rurais, operários das grandes fábricas. Não só isso, o crescimento das indústrias também

---

1 SCHWAB, Klaus. *A quarta revolução industrial*. 1. ed. São Paulo: Edipro, 2016. p. 14.

2 HOBSBAWM, Eric John Ernest. *A era das revoluções*. São Paulo: Paz e Terra, 2007.

gerou profundas transformações nas relações sociais e de trabalho, com o surgimento de novas classes sociais, entre elas a classe operária.[3]

Nesse cenário, as relações de trabalho migraram de uma realidade predominantemente rural, de trabalhos manuais e artesanais, de máquinas muito simples e processos pouco complexos, para se estabelecerem nos grandes centros urbanos, onde estavam concentradas as indústrias. Além disso, tem-se uma nova composição das relações de trabalho, na qual, de um lado, estava o representante da burguesia industrial, detentor dos meios de produção, e, de outro, o operário, que vendia sua força de trabalho nas indústrias em troca de um salário. Essa nova composição, aliada à total ausência de regulamentação, resultou em precárias condições de labor e exploração da mão de obra operária, por parte da classe burguesa.

Diante desse contexto de intensa exploração, os trabalhadores passaram a se organizar e unir para pleitear melhorias e condições mínimas de trabalho digno, surgindo, então, os sindicatos. E, mais adiante, as demandas da classe operária culminariam com a criação e leis específicas regulando as relações de trabalho. O direito do trabalho surge, então, como uma reação da sociedade, mais especificamente da classe operária, ao contexto social de irrestrita exploração da força humana que se estabeleceu com o avanço da Revolução Industrial. Nas palavras de Vólia Bomfim: "É produto da reação da classe trabalhadora ocorrida no século XIX contra a utilização sem limites do trabalho humano".[4]

Dito isso, as leis trabalhistas surgiram com o objetivo precípuo de proteger os operários e garantir condições mínimas para o exercício de seu labor, tendo em vista que, à época, não havia qualquer exigência de qualificação técnica para a atuação nas fábricas, em razão da mecanização do trabalho, circunstância que, aliada ao excesso de trabalhadores em busca de emprego, retirava qualquer poder de negociação dessa classe social ante os seus empregadores.[5] Viu-se a necessidade de que o Estado saísse de sua inércia, assumindo papel ativo, paternalista e intervencionista, visando proteger a classe trabalhadora.[6]

No Brasil, a indústria chegou um pouco mais tarde em comparação com a Europa, entre o final do século XIX e início do século XX, vindo

---

3 BARROS, Alice Monteiro de. *Curso de direito do trabalho*. São Paulo: LTr, 2016. p. 51.

4 CASSAR, Vólia Bomfim. *Direito do trabalho de acordo com a reforma trabalhista e a MP 808/2017*. São Paulo: Método, 2018. p. 11.

5 CASSAR, Vólia Bomfim. *Direito do trabalho de acordo com a reforma trabalhista e a MP 808/2017*. São Paulo: Método, 2018. p. 12.

6 MARTINS, Sergio Pinto. *Direito do trabalho*. São Paulo: Atlas, 2013. p. 17.

a ser impulsionada entre as décadas de 1930 e 1940, no governo de Getúlio Vargas, quando o país inicia, de fato, a sua Revolução Industrial.[7]

Assim, analisando-se o contexto da Primeira Revolução Industrial em nível global e local, verifica-se que a tecnologia, ainda que muito distante de como é conhecida hoje, exerceu papel essencial na mudança de paradigma produtivo, que, à época, deixou de ser a manufatura, passando para a indústria e seus maquinários. Consequentemente, os avanços tecnológicos transformaram as relações de trabalho, criando um cenário de desequilíbrio entre os sujeitos, que demandava maior intervenção do Estado, concretizada por meio da criação de um sistema legislativo protecionista.

2.2 A Segunda Revolução Industrial e a eletricidade

A Segunda Revolução Industrial é marcada por inúmeras inovações no campo da tecnologia, como a utilização de novas fontes de energia, como a eletricidade e o petróleo. Além disso, a Segunda Revolução Industrial trouxe transformações no campo da organização do trabalho, por meio da criação de sistemas de produção voltados à aceleração das cadeias produtivas industriais, visando à redução de custos com a produção e o aumento de lucro. Esses sistemas foram pautados nos ideais dos modelos de Frederick Taylor, o taylorismo, e Henry Ford, o fordismo, com a implementação de divisões de tarefas, funções repetitivas, linhas de montagem e produção em massa.

Como ensina Klaus Schwab, a Segunda Revolução Industrial "iniciada no final do século XIX, entrou no século XX e, pelo advento da eletricidade e da linha de montagem, possibilitou a produção em massa".[8]

É claro que esse novo paradigma produtivo, em que não era mais necessária qualquer qualificação dos trabalhadores, na medida em que passariam a exercer uma única etapa dentro da cadeia produtiva, trouxe consequências para as relações de trabalho, como a alienação dos trabalhadores (sistema generalizante), baixos salários e estratificação dos níveis hierárquicos.[9]

---

7 BRESSER-PEREIRA, Luiz Carlos. *Desenvolvimento e crise no Brasil*. História, economia e política de Getúlio Vargas a Lula. São Paulo: Editora 34, 2003. p. 41.

8 SCHWAB, Klaus. *A quarta revolução industrial*. 1. ed. São Paulo: Edipro, 2016. p. 14.

9 MARTINS, Sergio Pinto. *Direito do trabalho*. São Paulo: Atlas, 2013. p. 9.

No contexto político-econômico, vivia-se um dilema acerca do papel do Estado na economia, entre os ideais liberais e as ideias intervencionistas. Prevaleceu, então, o modelo pautado no pensamento de John Maynard Keynes, do bem-estar social ou *Welfare State*, no qual o Estado atuava como poder moderador das relações entre os indivíduos, para organizar a sociedade e mitigar os efeitos colaterais dos ciclos econômicos de ascensão e recessão, criando barreiras protecionistas, leis, gerando mais empregos, estimulando consumo etc.[10]

Verifica-se, nesse cenário, impulsionado pelo término da Primeira Guerra Mundial,[11] um processo de valorização do direito do trabalho e das normas de interesse social, que começaram a ser inseridas nas constituições, como na Constituição do México, de 1917 e na Constituição de Weimar, de 1919. Além disso, a criação da Organização Internacional do Trabalho, a OIT, pelo Tratado de Versalhes, também em 1919, e a proclamação da Declaração Universal dos Direitos Humanos, em 1948, foram importantes marcos para a consagração e universalização do direito dos trabalhadores.[12]

2.3 A Terceira Revolução Industrial e a computação

O término da Segunda Guerra Mundial impulsionou avanços no campo da tecnologia, os quais marcam o início da Terceira Revolução Industrial, na década de 1960, e a diferenciam das revoluções anteriores, por provocarem transformações tão diversificadas que ultrapassaram o setor da indústria. Novamente, citando o conceito de Klaus Schwab:[13]

> A terceira revolução industrial começou na década de 1960. Ela costuma ser chamada de revolução digital ou do computador, pois foi impulsionada pelo desenvolvimento dos semicondutores, da computação em *mainframe* (década de 1960), da computação pessoal (década de 1970 e 1980) e da internet (década de 1990).

---

10 CASSAR, Vólia Bomfim. *Direito do trabalho de acordo com a reforma trabalhista e a MP 808/2017*. São Paulo: Método, 2018. p. 22.

11 Nesse sentido, para Alice Monteiro de Barros "a guerra (1914-1918), cujo fim (1919) conferiu ao Direito do Trabalho posição definitiva nos ordenamentos jurídicos nacionais e internacionais" (BARROS, Alice Monteiro de. *Curso de direito do trabalho*. São Paulo: LTr, 2016. p. 54).

12 SUSSEKIND, Arnaldo; MARANHÃO, Délio; VIANNA, Segadas; TEIXEIRA, Lima. *Instituições de direito do trabalho*. São Paulo: LTr, 2000. v. I. p. 43.

13 SCHWAB, Klaus. *A quarta revolução industrial*. 1. ed. São Paulo: Edipro, 2016. p. 14.

Embora a indústria tenha exercido papel importante no cenário socioeconômico da época, destacaram-se setores inovadores e diretamente atrelados ao desenvolvimento e crescimento exponencial da tecnologia, como informática, robótica, biotecnologia, indústria química e telecomunicações.

O sistema produtivo em evidência era o toyotismo, com ênfase na produção flexível – em substituição à produção em massa do fordismo e taylorismo –, rapidez nos processos e multiplicidade de funções. E o neoliberalismo ganha força como sistema econômico, com a política do Estado mínimo, que pregava a não intervenção do Estado na economia, em oposição ao modelo de Estado intervencionista do *Welfare State*, e a regulação dos salários e contratações pelo mercado e pela lei da oferta e procura.[14]

O fenômeno da globalização – que passou a ser mais difundido nesse momento da história – foi um dos fatores que mais impactou as relações sociais e de trabalho desde a Terceira Revolução Industrial, até os dias atuais.

Como dito, com todas essas mudanças no cenário socioeconômico mundial, as relações de trabalho sofreram profundas transformações, desde a desregulamentação progressiva do trabalho até o deslocamento de trabalhadores para o setor terciário (serviços e comércio),[15] o qual se concentrou nos grandes centros urbanos, avançando sobre o espaço antes ocupado pela indústria. A mão de obra passou a ser especializada, já que os maquinários se ocuparam das funções repetitivas do processo produtivo.

Além disso, as relações de trabalho precisaram se adaptar às novas dinâmicas do mercado de trabalho, geradas por aumento da competição, busca por maior produção, volatilidade do mercado, entre outros fatores.[16] Abre-se um universo de possibilidades para as relações comerciais e trabalhistas, na medida em que os detentores de capital e investidores conseguem negociar com empresas originárias de outros países e continentes, o que enseja perda de poder de controle do Estado sobre esses setores. Por isso, começam a emergir no mundo ideias sobre desregulamentação e flexibilização de direitos, sobretudo trabalhistas.[17]

---

14 MARTINS, Sergio Pinto. *Direito do trabalho*. São Paulo: Atlas, 2013. p. 10.

15 PENA, Rodolfo F. Alves. *Sistemas de produção*. Disponível em: https://mundoeducacao.bol.uol.com.br/geografia/sistemas-producao.htm. Acesso em: 22 maio 2019.

16 CASSAR, Vólia Bomfim. *Direito do trabalho de acordo com a reforma trabalhista e a MP 808/2017*. São Paulo: Método, 2018. p. 22.

17 DELGADO, Mauricio Godinho. Origem e evolução do direito do trabalho. *In*: DELGADO, Mauricio Godinho. *Curso de direito do trabalho*. 16. ed. São Paulo: LTr, 2017. p. 105. Cap. 3.

Ora, com o surgimento de novas formas de contratação, novos modelos de trabalho, dentro do contexto de uma economia globalizada que possibilita a busca por mão de obra especializada e barata em qualquer país do mundo, passa-se a exigir um novo perfil de trabalhador, que se adapte ao novo sistema de produção e que se enquadre nas exigências do mercado. Essa mudança radical no cenário socioeconômico e nas relações de trabalho é definida por Mauricio Godinho Delgado:[18]

> De outro lado, um processo de profunda renovação tecnológica, capitaneado pela microeletrônica, robotização e microinformática. Tais avanços da tecnologia agravavam a redução dos postos de trabalho em diversos segmentos econômicos, em especial na indústria, chegando causar a ilusão de uma próxima *sociedade sem trabalho*. Além disso, criavam ou acentuavam formas de prestação laborativa (como o teletrabalho e o escritório em casa *home-office*), que pareciam estranhas ao tradicional sistema de contratação e controle empregatícios.
> Em acréscimo, essa renovação tecnológica, aplicada ao campo das comunicações, eliminava as antes impermeáveis barreiras do espaço e do tempo, extremando a competição capitalista no plano das diversas regiões do globo.

Ou seja, verifica-se que as mudanças nos paradigmas produtivos causadas pelo crescimento desenfreado da tecnologia, sobretudo a partir do último século, transformaram radicalmente a dinâmica das relações de trabalho, exigindo diferentes tipos de atuação do Estado, no decorrer da história. Essas mudanças, é importante destacar, perduram até os tempos atuais e se apresentam de forma ainda mais rápida, na medida em que os avanços tecnológicos adquiriram proporções inimagináveis.

3 Quarta Revolução Industrial – Indústria 4.0

Diz-se, então, sobre a atual conjuntura do século XXI, que a história passa pela chamada Quarta Revolução Industrial, ou Indústria 4.0. Utilizando da lição de Klaus Schwab, em sua obra *A Quarta Revolução Industrial*, extrai-se o conceito dessa fase de transformações no contexto socioeconômico mundial:[19]

---

[18] DELGADO, Mauricio Godinho. Origem e evolução do direito do trabalho. *In*: DELGADO, Mauricio Godinho. *Curso de direito do trabalho*. 16. ed. São Paulo: LTr, 2017. p. 104. Cap. 3.

[19] SCHWAB, Klaus. *A quarta revolução industrial*. 1. ed. São Paulo: Edipro, 2016. p. 14.

> Ela teve início na virada do século e baseia-se na revolução digital. É caracterizada por uma internet mais ubíqua e móvel, por sensores menores e mais poderosos que se tornaram mais baratos e pela inteligência artificial e aprendizagem automática (ou aprendizado de máquina).

Marcada pela inserção da automação e da inteligência artificial nos sistemas de produção, a indústria passa por transformações em toda a sua forma de organização e funcionamento, desde a cadeia de produção até a relação com os empregados. Surgem novos dogmas na sociedade moderna, que impactam o mercado de consumo, a economia e as relações sociais e de trabalho, como exemplo, o da sustentabilidade, influenciado pelas transformações oriundas da utilização de fontes de energia renováveis.

Segundo Klaus Schwab, a diferença entre a Quarta Revolução Industrial e as suas antecessoras reside, fundamentalmente, "na fusão dessas tecnologias e a interação entre os domínios físicos, digitas e biológicos".[20]

Nesse contexto, o futuro de inúmeras profissões resta totalmente incerto, ante as evidências cada vez mais concretas de substituição da mão de obra humana por tecnologia. Postos de trabalho e cargos desaparecem na medida em que tecnologias passam a ser mais baratas e eficientes do que os trabalhadores que antes os ocupavam. É o que se verifica, por exemplo, com os operadores dos caixas de supermercados, que estão sendo substituídos por sistemas de autoatendimento digitais.

Ora, diante de tantas mudanças, verifica-se que as relações de trabalho nos dias atuais estão inseridas em contexto econômico e social muito complexo, de um mercado de trabalho volátil, que integra questões além do conflito capital *versus* trabalho. Questões como utilização de redes sociais, ampla circulação de informações e dados em tempo real, ampliação das formas de trabalho a distância, inclusão de *softwares* para acelerar processos, entre outras, exercem influência na dinâmica das relações de trabalho e, por vezes, demandam ações ou abstenções dos sujeitos que as compõem.

Nesse cenário, o direito do trabalho, assim como as organizações e os próprios sujeitos, precisa se adaptar constantemente às transformações da sociedade, que acompanham o avanço da tecnologia. Sobre essa necessidade de adaptação do ordenamento jurídico trabalhista ao

---

20 SCHWAB, Klaus. *A quarta revolução industrial*. 1. ed. São Paulo: Edipro, 2016. p. 15.

desenvolvimento da sociedade em que está inserido, afirma Amauri Mascaro Nascimento:[21]

> Todavia, assim como toda regra tem exceção, os princípios do direito do trabalho também as têm, sendo natural que tal aconteça, mesmo porque o desenvolvimento da economia traz reflexos sobre as relações de trabalho e os modelos jurídicos em cada época, não tendo o menor fundamento a suposição de que a ordem trabalhista possa ser considerada imutável diante da mutabilidade constante dos fatos e das estruturas sociais.

No entanto, o que se verifica, na prática, é que essas mudanças advindas das transformações sociais muitas vezes ocorrem mais rapidamente do que o tempo necessário para que sejam percebidas e inseridas no ordenamento jurídico, ocasionando, assim, a formação de lacunas legislativas.

3.1 Novas formas de trabalho e a lacuna legislativa no ordenamento jurídico brasileiro

Se, por um lado, a Quarta Revolução Industrial causa medo em razão do potencial substitutivo e extintivo de atividades no mercado de trabalho, por outro lado, traz novas possibilidades de aproveitamento da força de trabalho humana e geração de renda. Surgem novos tipos de empresas, novas modalidades de trabalho, novas formas de contratação, algumas totalmente inovadoras, que há poucos anos não poderiam sequer ser previstas.

Entre esses novos tipos de empresa, surgem novos perfis de empregadores, diferentes do estereótipo até então construído. A burguesia industrial dá lugar a empresas multinacionais, a micro e pequenas empresas, às chamadas *startups*, muito impulsionadas pelo ideal do empreendedorismo, que cresceu na Quarta Revolução Industrial. O perfil do trabalhador, por sua vez, também sofre mudanças. As empresas, pautadas nas novas tecnologias e na inovação, passam a exigir cada vez mais qualificação e requalificação profissional dos seus trabalhadores, além de autonomia na realização das tarefas.[22]

---

[21] NASCIMENTO, Amauri Mascaro; NASCIMENTO, Sonia Mascaro. *Curso de direito do trabalho*. 29. ed. São Paulo: Saraiva, 2014. p. 470.

[22] ROBORTELLA, Luiz Carlos Amorim. Autonomia da vontade em debate. Exagero intervencionista nas relações de trabalho. *Revista Magister de Direito do Trabalho*, n. 78, maio/jun. 2017.

Não se pode olvidar que as inovações advindas da Quarta Revolução Industrial não impactam a todos os indivíduos de forma igual, tampouco alcançam todas as classes sociais e de trabalhadores ao redor do mundo. Há uma grande parcela da população mundial que sequer possui acesso à tecnologia, ainda que em suas primordiais formas.

Vivencia-se um conflito no qual, de um lado, deve-se conferir proteção aos trabalhadores, sobretudo àqueles que se encontram em condição de maior vulnerabilidade, para que lhes seja assegurado mínimo patamar de dignidade dentro da sociedade em que se inserem – o que demanda uma postura mais ativa do Estado –, e, de outro, surgem novas formas de trabalho, que não existiam à época do nascimento do direito do trabalho, e que apresentam peculiaridades que sequer são abarcadas pela legislação, distinguindo-se totalmente da classe operária que esse ramo do direito objetivava proteger.

Para essas novas formas de trabalho, a ideia de um Estado intervencionista representa, por vezes, um empecilho ao desenvolvimento econômico propiciado pela tecnologia, prejudicando todos os atores envolvidos, empregados e empregadores, que buscam maior liberdade e flexibilização na relação trabalhista constituída.

Nesse cenário, há um desafio – e que ainda não se encontra superado – relativo à forma de proteção de tão distintas classes de trabalhadores, que coexistem sob o mesmo arcabouço legislativo, mas são totalmente diferentes entre si e fundamentalmente diferentes do modelo de empregado que ensejou a criação do direito do trabalho, mormente no Brasil.

Ante o exposto, contata-se que há no ordenamento jurídico brasileiro uma verdadeira lacuna legislativa no que diz respeito à proteção do emprego e dos trabalhadores ante os impactos trazidos pelas novas tecnologias.

Além disso, verifica-se tal lacuna em relação às novas formas de contratação e modalidades de trabalho e, principalmente, em relação à nova categoria de trabalhadores globalizados, altamente capacitados e que almejam todo tipo de flexibilização no trabalho, diante das rápidas transformações advindas do avanço no campo das tecnologias. Segundo Luiz Carlos Amorim Robortella:[23]

---

23 ROBORTELLA, Luiz Carlos Amorim. Autonomia da vontade em debate. Exagero intervencionista nas relações de trabalho. *Revista Magister de Direito do Trabalho*, n. 78, maio/jun. 2017.

> A lei, por sua generalidade e abstração, é incapaz de atender à heterogeneidade do mercado de trabalho, às diferenças entre pequenas e grandes empresas. Daí a importância da autonomia dos parceiros sociais na negociação coletiva, complementando e adaptando o ordenamento jurídico.

Ou seja, há uma evidente incapacidade do ordenamento jurídico de acompanhar tais inovações e as transformações que as seguem – até mesmo em razão da lentidão no processo legislativo brasileiro –, o que, por consequência, gera insegurança jurídica, ante a ausência de regulamentação.

3.2 Retomada do princípio da autonomia da vontade nas relações de trabalho

Não obstante a lenta capacidade do ordenamento jurídico de absorver todas as mudanças nas relações de trabalho advindas das inovações tecnológicas, já é possível observar uma tendência à mitigação do princípio da proteção e consequente retomada do princípio da autonomia da vontade nas relações de trabalho.

Para Luiz Carlos Amorim Robortella, "Valorizar a autonomia e a independência não é ignorar os princípios do direito do trabalho, mas, sim, aplicá-los quando efetivamente garantam proteção e não signifiquem injustificável limitação à liberdade".[24]

Nesse sentido, afirma Amauri Mascaro Nascimento, ao tratar da compreensão dos princípios do direito do trabalho na época contemporânea que "o princípio protetor, antes absoluto, passa a ser relativo, na medida em que cede algumas situações nas quais a razoabilidade o excepciona".[25]

Identifica-se, portanto, que o mundo contemporâneo, absorvido pela Revolução 4.0, não mais demanda um direito do trabalho rígido, inflexível, na medida em que, em uma sociedade cuja classe trabalhadora é tão diversificada, esse sistema de normas não logra êxito em alcançar proteção a todos os trabalhadores de forma igual. Não parece razoável, no atual cenário do mercado de trabalho brasileiro, que todos os

---

24 ROBORTELLA, Luiz Carlos Amorim. Autonomia da vontade em debate. Exagero intervencionista nas relações de trabalho. *Revista Magister de Direito do Trabalho*, n. 78, maio/jun. 2017.

25 NASCIMENTO, Amauri Mascaro; NASCIMENTO, Sonia Mascaro. *Curso de direito do trabalho*. 29. ed. São Paulo: Saraiva, 2014. p. 470.

direitos trabalhistas, sem qualquer exceção e em qualquer hipótese, sejam irrenunciáveis.

Novamente, faz-se referência às palavras de Luiz Carlos Amorim Robortella: "Não mais corresponde à realidade a premissa abstrata da hipossuficiência de todo e qualquer trabalhador, ideia-matriz dos monumentais Códigos do Trabalho, da regulamentação excessiva, minuciosa e pesada da relação de emprego".[26]

Ora, não há dúvida de que o presidente de uma empresa multinacional não se encontra na mesma posição, dentro de uma relação de trabalho, que um soldador atuante na cadeia produtiva de uma indústria. José Martins Catharino afirma que "os altos empregados, fracamente subordinados e melhor remunerados, não devem ser tratados da mesma maneira que os simples empregados, intensamente subordinados e pior retribuídos".[27]

Da mesma forma, não há como tratar todos os direitos assegurados aos trabalhadores de forma isonômica. É evidente que as garantias e direitos fundamentais, inclusive aqueles constitucionalmente assegurados, como a tutela da vida, saúde e integridade física do trabalhador, devem receber maior grau de proteção, não sendo passíveis de flexibilização, em oposição aos demais direitos previstos na legislação trabalhista brasileira, de ordem indiscutivelmente patrimonial. Na sociedade moderna, o legislador "deve ser seletivo quanto às matérias que pretende disciplinar, com mais espaço para a proteção aos direitos humanos e menos excessos de regulação de aspectos econômicos da relação de trabalho".[28]

Esse movimento de adaptação do direito do trabalho foi observado, por exemplo, na Itália, no início do século XXI, com a promulgação da Lei de Biaggi, que visava garantir mais empregos, pautando-se em ideias de flexibilização de normas, para atender às novas demandas do mercado de trabalho, sem, contudo, olvidar a necessária proteção aos trabalhadores.

Movimento semelhante ocorre atualmente no Brasil, com as recentes propostas de alteração da legislação trabalhista, sobretudo com a promulgação da Lei nº 13.467/2017, a chamada Reforma Trabalhista,

---

[26] ROBORTELLA, Luiz Carlos Amorim. Autonomia da vontade em debate. Exagero intervencionista nas relações de trabalho. *Revista Magister de Direito do Trabalho*, n. 78, maio/jun. 2017.

[27] CATHARINO, José Martins. *Compêndio de direito do trabalho*. 2. ed. São Paulo: Saraiva, 1981. v. 1. p. 211.

[28] CATHARINO, José Martins. *Compêndio de direito do trabalho*. 2. ed. São Paulo: Saraiva, 1981. v. 1. p. 211.

que alterou significativamente dispositivos da Consolidação das Leis do Trabalho, a CLT, tendo como prerrogativa a flexibilização de normas e a valorização do princípio da autonomia da vontade individual e coletiva. Merece também destaque a Lei nº 13.429/2017, que alterou dispositivos da Lei nº 6.019/1974, ampliando significativamente as possibilidades de terceirização de atividades empresariais.

Ora, as recentes alterações na legislação trabalhista brasileira acompanham o movimento iniciado à época da Terceira Revolução Industrial, pautado no ideal neoliberal de crescimento econômico, segundo o qual o mercado é o principal e insubstituível mecanismo de regulação social, com a enfática defesa do Estado Mínimo.[29]

Nesse mesmo sentido, sustenta Luiz Carlos Amorim Robortella, ao comentar sobre o excesso de intervencionismo do Estado nas relações de trabalho:[30]

> Esta é a tendência nos países desenvolvidos: menos lei, mais negociação coletiva e individual – reconhecimento da diferença entre empresas grandes e pequenas, liberdade para os mais qualificados de negociar condições de trabalho, além da proteção, através da lei e da negociação coletiva, dos economicamente frágeis.

Em realidade, no Brasil, a aceitação da possibilidade de flexibilização encontra-se presente, inclusive, na Constituição Federal, que previu expressamente hipóteses de exceções aos direitos dos trabalhadores, previstos no seu art. 7º, por meio da negociação coletiva, com a assistência das entidades sindicais, a exemplo dos incs. VI, XIII e XIV do referido verbete. Para além dessas hipóteses, há outros exemplos de flexibilização amplamente aceitos pelo direito do trabalho brasileiro, como o acordo de compensação de jornada.[31]

Constata-se, portanto, que a forma encontrada pelo ordenamento jurídico para possibilitar a flexibilização no âmbito das relações de trabalho – sem que se configure abuso de direito –[32] é por meio da

---

[29] PEREIRA, Jordeana Davi; SILVA, Sheyla Suely de Sousa; PATRIOTA, Lucia Maria. Políticas sociais no contexto neoliberal: focalização e desmonte dos direitos. *Qualitas Revista Eletrônica*. Edição Especial. ISSN 1677- 4280.

[30] ROBORTELLA, Luiz Carlos Amorim. Autonomia da vontade em debate. Exagero intervencionista nas relações de trabalho. *Revista Magister de Direito do Trabalho*, n. 78, maio/jun. 2017.

[31] CASSAR, Vólia Bomfim. *Direito do trabalho de acordo com a reforma trabalhista e a MP 808/2017*. São Paulo: Método, 2018. p. 40.

[32] CASSAR, Vólia Bomfim. *Direito do trabalho de acordo com a reforma trabalhista e a MP 808/2017*. São Paulo: Método, 2018. p. 34.

valorização do princípio da autonomia da vontade individual e, sobretudo, coletiva.

Assim, não há como afastar o reconhecimento constitucional conferido ao princípio da autonomia da vontade coletiva pela Carta Magna, uma vez que expresso no art. 7º, XXVI, o qual tem sido cada vez mais disseminado no ordenamento jurídico pátrio, como possível solução para a lacuna legislativa e, sobretudo, para conferir a devida e adequada proteção ao trabalho, ante as novas demandas da sociedade moderna.

3.3 Reforma Trabalhista e a ampliação da autonomia da vontade nos contratos individuais de trabalho

A Reforma Trabalhista, acompanhando essa tendência no cenário legislativo, representa o momento ápice da valorização do princípio da autonomia da vontade nos contratos de trabalho, tanto na sua esfera coletiva quando individual, sobretudo com a inclusão, na CLT, do art. 611-A e do parágrafo único do art. 444, prestigiando e positivando, assim, a prevalência do negociado sobre o legislado.

Cabe transcrever, inicialmente, o *caput* do art. 611-A, da CLT, que ilustra a intenção do legislador de privilegiar a autonomia da vontade coletiva: "Art. 611-A. A convenção coletiva e o acordo coletivo de trabalho têm prevalência sobre a lei quando, entre outros, dispuserem sobre: [...]". O art. 611-B, por sua vez, impõe limites a esse poder conferido à negociação coletiva, ao estabelecer rol taxativo de direitos que não podem ser objeto de supressão ou redução por meio de convenções ou acordos coletivos: "Art. 611-B. Constituem objeto ilícito de convenção coletiva ou de acordo coletivo de trabalho, exclusivamente, a supressão ou a redução dos seguintes direitos: [...]".

Embora haja divergência na doutrina acerca da natureza taxativa do rol contido no referido dispositivo legal,[33] a interpretação de que essa seria mera relação exemplificativa de direitos contraria diametralmente a intenção do legislador, que, ao incluir o vocábulo "exclusivamente" no *caput* do artigo, atribuiu natureza taxativa ao rol nele apresentado. Até mesmo porque a questão deve ser analisada sob a ótica do princípio

---

[33] Vólia Bomfim, por exemplo, defende que o rol do art. 611-B é meramente exemplificativo (CASSAR, Vólia Bomfim. *Direito do trabalho de acordo com a reforma trabalhista e a MP 808/2017*. São Paulo: Método, 2018. p. 1244).

basilar de interpretação das normas jurídicas, segundo o qual *a lei não contém palavras inúteis*.

Nesse sentido, tendo em vista que não há indicação de exceções na redação do art. 611-B, imperioso concluir que o objetivo do legislador era permitir a negociação sobre qualquer direito, à exceção daqueles elencados no rol do próprio artigo, incluindo, portanto, os direitos assegurados à classe trabalhadora no art. 7º da Constituição Federal.

Referida conclusão ganha força se considerado que a própria Carta Magna autorizou a redução salarial por meio de negociação coletiva. Isso porque se tem que o salário é o bem maior do trabalhador, dentro da relação de labor, uma vez que esse vende sua força de trabalho em troca de uma contraprestação. Portanto, se se está diante da antiga máxima *in eo quod plus est semper inest et minus* ("quem pode o mais pode o menos"), ou seja, se a Lei Maior permitiu o mais, ao autorizar a redução salarial por negociação coletiva, o menos também é possível.

Em contraposição, a redação do art. 611-A não deixa margem para dúvida acerca da natureza meramente exemplificativa dos direitos ali elencados como passíveis de ampla negociação coletiva, na medida em que foi incluída pelo legislador a expressão "entre outras" no *caput* da norma.

Além do *status* supralegal conferido às negociações coletivas, a autonomia da vontade individual também ganhou nova dimensão com a Reforma Trabalhista. A Lei nº 13.467/2017 criou uma nova categoria de empregado, o chamado "hipersuficiente", com a introdução do parágrafo único do art. 444 da CLT, que conferiu aos empregados enquadrados nessa categoria a possibilidade de livre negociação das cláusulas de seus contratos de trabalho, nos limites do art. 611-A da CLT, inclusive com preponderância sobre os instrumentos coletivos e, ainda, sobre a lei.

Ana Paola Santos Machado Diniz e Maria da Graça Antunes Varela afirmam que o parágrafo único do referido dispositivo legal foi "introduzido pelo legislador como uma exceção à garantia de prevalência do regramento mínimo, fixado em lei ou negociado pelo sindicato da categoria profissional, sobre o contrato individual de trabalho".[34]

---

[34] DINIZ, Ana Paola Santos Machado; VARELA, Maria da Graça Antunes. O hipersuficiente e a presunção de invulnerabilidade (análise do parágrafo único do art. 444 à luz do princípio da igualdade). *In*: PAMPLONA FILHO, Rodolfo; LUDWIG, Guilherme Guimarães; VALE, Silvia Teixeira do (Coord.). *Interpretação e aplicação da reforma trabalhista no direito brasileiro*: homenagem a Jairo Lins de Albuquerque Sento-Sé. São Paulo: LTr, 2018. p. 85-94.

No entanto, para se enquadrar nessa hipótese legal, é necessário preencher, cumulativamente, os requisitos objetivos previstos no referido artigo, quais sejam portar diploma de nível superior e perceber salário mensal igual ou superior a duas vezes o limite máximo dos benefícios do Regime Geral de Previdência Social, o que equivale, aproximadamente, a onze mil reais no corrente ano.

Conclui-se, portanto, que o legislador buscou estabelecer tratamento dicotômico para os diferentes tipos de empregado, separando os "hipossuficientes", inseridos na relação de trabalho mediante completa dependência econômica e, portanto, vulneráveis, para os quais deve haver maior proteção do Estado, dos empregados "hipersuficientes", detentores de maior liberdade e autonomia na relação de trabalho, com amplos poderes de negociação perante seu empregador.

Imperioso destacar que o trabalhador enquadrado na categoria de empregado hipersuficiente não deixa de estar subordinado ao seu empregador, no exercício de suas atividades laborativas, na medida em que o empregador é o detentor dos meios de produção, e, por consequência, do poder de direção dos serviços executados pelos seus trabalhadores.

No entanto, isso não significa que esse mesmo empregado não tenha autonomia necessária para negociar, juntamente ao seu empregador, melhores cláusulas para o seu pacto laboral, de acordo com as peculiaridades da sua posição e preferências pessoais. Ou seja, há evidente mitigação da subordinação nesses casos, ante a posição ocupada pelo trabalhador "hipersuficiente" na relação de trabalho, que não é mais de absoluta vulnerabilidade, como antes se presumia de forma igual para todos os empregados.

Deve-se ter cautela, por óbvio, para não imprimir chancela a condutas claramente abusivas, impedindo e punindo situações em que a empresa, aproveitando-se desta hipótese legal, se utilize de expediente fraudulento para coagir seu empregado a aceitar determinada condição, que claramente lhe é prejudicial, ou seja, não apresenta nenhuma vantagem ao trabalhador.

A intenção do legislador ao criar esse permissivo é unicamente conferir maior possibilidade de flexibilização das normas à pequena parcela da classe trabalhadora – algo em torno de 2% dos empregados com vínculo formal no Brasil –[35] que se encontra em patamar de maior

[35] Disponível em: https://www.camara.leg.br/proposicoesWeb/prop_mostrarintegra?codteor=1548298&filename=SBT+2+PL678716+%253D%253E+PL+6787/2016. Acesso em: 2 jun. 2019.

equilíbrio dentro da relação de trabalho, bem como possui capacidade intelectual e remuneratória para compreender e optar pelo que lhe é mais favorável.

O que se verifica, em realidade, é uma mudança quanto à presunção de coação que pautava a análise das questões relativas às negociações dentro das relações de trabalho, baseada na existência de vício de consentimento em toda declaração de vontade do empregado. A criação da figura do empregado "hipersuficiente" não excluiu a possibilidade de combate aos abusos de direito eventualmente perpetrados, mas apenas retira a presunção de coação dos atos praticados por essa categoria de empregados no decorrer do pacto laboral, ainda que impliquem redução ou supressão de alguns direitos. Por outro lado, caso reste comprovada a ocorrência de coação ou fraude, pelo empregador, a negociação será nula.

Tanto é assim que o legislador optou por ampliar as formas de acesso à justiça para esses empregados hipersuficientes, na medida em que foi autorizada, com a inclusão do art. 507-A à CLT, a possibilidade de utilização da arbitragem como método de resolução de conflitos oriundos das relações individuais de trabalho, alternativo à jurisdição estatal. Nas palavras de Márcio Yoshida, a arbitragem "pressupõe o afastamento da atividade jurisdicional do Estado, pois submete-se a solução da controvérsia a um árbitro e não ao Poder Judiciário estatal".[36]

Ou seja, há um evidente afastamento do controle do Estado sobre as negociações dentro das relações de trabalho, consequência da retomada do princípio da autonomia da vontade, ampliando-se as possibilidades de livre estipulação seja pelos sujeitos do contrato, diretamente, seja por meio da representação pelas entidades sindicais, e, ainda, de utilização de métodos alternativos para a solução de dissídios de natureza individual, como a arbitragem.

4 Arbitragem como exemplo máximo de materialização da retomada do princípio da autonomia da vontade no Brasil

A arbitragem pode ser compreendida como uma forma heterocompositiva de resolução de conflitos, por meio da qual as partes, voluntariamente, outorgam a um terceiro o poder de decidir determinada

---

[36] YOSHIDA, Márcio. A arbitrabilidade dos direitos trabalhistas. Os novos rumos da arbitragem no Brasil. *Revista Brasileira de arbitragem – RBAr*, n. 0, jul./out. 2003.

contenda.[37] Nesse sentido, cabe fazer alusão ao conceito desenvolvido por Carlos Alberto Carmona:[38]

> A arbitragem é uma técnica para a solução de controvérsias através da intervenção de uma ou mais pessoas que recebem seus poderes de uma convenção privada, decidindo com base nesta convenção sem intervenção do Estado, sendo a decisão destinada a assumir eficácia de sentença judicial.

Extrai-se de sua conceituação que a arbitragem, primordialmente, é um instituto caracterizado pela manifestação expressa e inequívoca de vontade das partes de resolução de uma controvérsia estabelecida, que se materializa numa convenção: a convenção de arbitragem. Ou seja, verifica-se que a liberdade na autonomia da vontade é o fio condutor de todo o ajuste de arbitragem.[39]

Pode-se concluir, portanto, que a arbitragem é a expressão máxima de materialização da retomada do princípio da autonomia da vontade. Natália Lamas descreve que "a autonomia da vontade das partes – modernamente, por vezes, referida como autonomia privada – é o fundamento da vinculação das partes a um processo arbitral".[40]

Nesse sentido, a Reforma Trabalhista, incumbida de criar dispositivos que privilegiassem a autonomia da vontade, sobretudo na esfera individual, incluiu o art. 507-A na CLT, que permite a adoção da arbitragem como método de resolução de conflitos oriundos das relações individuais de trabalho e estabelece critérios objetivos para a sua validade.[41]

Assim, podem optar pela arbitragem somente os empregados com remuneração superior a duas vezes o limite máximo estabelecido para os benefícios do Regime Geral de Previdência Social. Além disso, para ser válida, a opção deve ocorrer por meio da inclusão de cláusula

---

37 LAMAS, Natália Mizrahi. Introdução e princípios aplicáveis à arbitragem. *In*: LEVY, Daniel; PEREIRA, Guilherme Setoguti J. (Coord.). *Curso de arbitragem*. São Paulo: RT, 2019. p. 28-59. cap. 1.

38 CARMONA, Carlos Alberto. *Arbitragem e processo*: um comentário à Lei nº 9.307/96. 3. ed. São Paulo: Atlas, 2009. p. 15.

39 CASSAR, Vólia Bomfim. A Reforma Trabalhista e a autonomia da vontade do empregado. *Revista Magister de Direito do Trabalho*, n. 79, jul./ago. 2017.

40 LAMAS, Natália Mizrahi. Introdução e princípios aplicáveis à arbitragem. *In*: LEVY, Daniel; PEREIRA, Guilherme Setoguti J. (Coord.). *Curso de arbitragem*. São Paulo: RT, 2019.

41 MUNIZ, Joaquim de Paiva. *Arbitragem na Reforma Trabalhista*. Disponível em: https://www.migalhas.com.br/dePeso/16,MI258392,61044-Arbitragem+na+Reforma+Trabalhista. Acesso em: 30 maio 2019.

compromissória arbitral[42] no contrato de trabalho, e deve resultar de inequívoca manifestação de vontade do empregado, seja por solicitação dele ou mediante sua concordância expressa.

Verifica-se que, mesmo após a questão ter sido pacificada com a Reforma Trabalhista, em razão da inclusão do art. 507-A da CLT, ainda persistem na doutrina muitas críticas acerca da compatibilidade da arbitragem com os dissídios individuais trabalhistas. Alguns doutrinadores[43] ainda defendem que os direitos trabalhistas são essencialmente indisponíveis, e, portanto, não poderiam ser levados à arbitragem em razão do comando contido no art. 1º da Lei nº 9.307/96, aplicável à arbitragem trabalhista, segundo o qual "As pessoas capazes de contratar poderão valer-se da arbitragem para dirimir litígios relativos a direitos patrimoniais disponíveis".[44]

No entanto, considerando todas as mudanças trazidas pela Reforma Trabalhista, sobretudo em relação à positivação da prevalência do negociado sobre o legislado, esse entendimento parece excessivamente conservador – e até mesmo conflitante com a legislação –, na medida em que a disponibilidade dos direitos trabalhistas conta com expressa previsão legal, mormente na redação do parágrafo único do art. 444 da CLT.

Compartilha-se do entendimento de Enoque Ribeiro dos Santos, que apresenta crítica à corrente que defende a indisponibilidade absoluta dos direitos individuais trabalhistas, afirmando que a manutenção desse pensamento "seria relegar todos os trabalhadores a uma situação de menoridade, de falta absoluta de discernimento quanto a seus direitos básicos, inclusive de cidadania".[45]

Aliás, a parte da doutrina que defende a compatibilidade do procedimento arbitral com as demandas advindas dos contratos de trabalho se pauta, sobretudo, na concepção de que nem todos os

---

[42] Embora o texto da norma mencione apenas a cláusula compromissória, não há qualquer impedimento para a opção pela arbitragem por meio do compromisso arbitral. Ambos podem ser entendidos como espécies do gênero "convenção de arbitragem".

[43] Mauricio Godinho Delgado defende a incompatibilidade da arbitragem com os conflitos oriundos das relações individuais de trabalho pois, em sua opinião, o princípio da indisponibilidade seria um reflexo do princípio da imperatividade das normas trabalhistas, segundo o qual as normas juslaborais são imperativas e não podem ser afastadas pela vontade das partes (DELGADO, Mauricio Godinho. *Curso de direito do trabalho*. 17. ed. São Paulo: LTr, 2018. p. 235).

[44] Disponível em: http://www.planalto.gov.br/ccivil_03/leis/l9307.htm. Acesso em: 2 jun. 2019.

[45] SANTOS, Enoque Ribeiro dos. Aplicabilidade da arbitragem nas lides individuais de trabalho. *R. TRT/RJ 1ª Região*, Rio de Janeiro, v. 26. n. 57, p. 119-133, jan./dez. 2015.

direitos trabalhistas assumem natureza absolutamente irrenunciável ou intransigível. Assim é, inclusive, a posição de Carlos Alberto Carmona:[46]

> Quanto aos conflitos individuais, embora não se deixe de reconhecer o caráter protetivo do direito laboral, é fato incontestável que nem todos os direitos inseridos na Consolidação das Leis do Trabalho assumiriam a feição irrenunciável pregada pela doutrina especializada mais conservadora: se assim não fosse, não se entenderia o estímulo sempre crescente à conciliação (e à consequente transação), de tal sorte que parece perfeitamente viável solucionar questões trabalhistas que envolvam direitos disponíveis através da instituição do juízo arbitral.

Ante o exposto, a questão acerca da disponibilidade dos direitos trabalhistas é corroborada a partir da análise dos efeitos oriundos da violação a esses direitos, os quais são, indiscutivelmente, patrimoniais. Afirma André Vasconcelos Roque que, não obstante o estabelecimento, pela CLT, da irrenunciabilidade de direitos dos trabalhadores, "seus efeitos ou consequências de ordem patrimonial são suscetíveis de apreciação econômica e plenamente disponíveis".[47]

Ou seja, quando há violação de um direito trabalhista, os efeitos desse descumprimento assumem caráter patrimonial, sendo postulados na forma de pagamento da parcela devida e não adimplida ou de indenização, revestindo-se, portanto, de plena disponibilidade.

Tanto é assim que inúmeros acordos com renúncia expressa a direitos trabalhistas, concebidos como indisponíveis, são homologados diariamente perante os órgãos do Poder Judiciário. Márcio Yoshida resume a questão da disponibilidade dos direitos individuais trabalhistas, fazendo uma comparação com o procedimento adotado pela Justiça do Trabalho para a celebração de acordos judiciais:[48]

> Diariamente têm sido firmados acordos na Justiça do Trabalho, através dos quais trabalhadores e patrões se conciliam, transacionando o objeto das reclamações trabalhistas, que abrangem, essencialmente, os referidos direitos individuais trabalhistas proclamados erroneamente, portanto, como indisponíveis.

---

[46] CARMONA, Carlos Alberto. *Arbitragem e processo*: um comentário à Lei nº 9.307/96. 3. ed. São Paulo: Atlas, 2009. p. 41-42.

[47] ROQUE, André Vasconcelos. A evolução da arbitrabilidade objetiva no Brasil: tendências e perspectivas. *Revista de Arbitragem e Mediação*, v. 33, abr./jun. 2012.

[48] YOSHIDA, Márcio. A arbitrabilidade dos direitos trabalhistas. Os novos rumos da arbitragem no Brasil. *Revista Brasileira de arbitragem – RBAr*, n. 0, jul./out. 2003.

Além disso, o próprio art. 7º, inc. XXIX, da Constituição Federal, que trata sobre o acesso à justiça trabalhista, fala, expressamente, no direito de ação em relação aos *créditos* resultantes das relações de trabalho:

> Art. 7º São direitos dos trabalhadores urbanos e rurais, além de outros que visem à melhoria de sua condição social: [...]
> XXIX - ação, quanto aos créditos resultantes das relações de trabalho, com prazo prescricional de cinco anos para os trabalhadores urbanos e rurais, até o limite de dois anos após a extinção do contrato de trabalho; (Redação dada pela Emenda Constitucional nº 28, de 2000)

Ante o exposto, superada a questão acerca da compatibilidade do instituto da arbitragem com as lides oriundas das relações individuais de trabalho, passamos à análise da sua adequação como método de resolução de conflitos no contexto de um fenômeno atual, a chamada *gig economy*,[49] que surge como a mais nova tendência transformadora das relações de trabalho.

4.1 A *gig economy* e a economia compartilhada como campo fértil para a utilização da arbitragem trabalhista

A *gig economy* nada mais é do que uma expressão originária da língua inglesa para a chamada economia sob demanda. Referida expressão é utilizada para descrever um modelo econômico cada vez mais difuso, fruto das inovações definidas como disruptivas,[50] no qual não existe prestação de trabalho contínuo, realizado de modo precário,

---

[49] "A economia de compartilhamento – também chamada de economia '*gig*' – envolve duas principais formas de trabalho: o *crowdwork* e o trabalho *on-demand* por meio de aplicativos. Enquanto a primeira envolve a realização de tarefas a partir de plataformas on-line, a segunda trata da execução de trabalhos tradicionais (como transporte e limpeza) ou de escritório, demandados em aplicativos gerenciados por empresas" (KALIL, Renan Bernardi. Direito do trabalho e economia de compartilhamento: apontamentos iniciais. *In*: ZANATTA, Rafael A. F.; PAULA, Pedro C. B. de; KIRA, Beatriz. *Economias do compartilhamento e o direito*. Curitiba: Juruá, 2017. p. 237-257).

[50] "Que provoca ou pode causar disrupção; que acaba por interromper o seguimento normal de um processo. Tecnologia Disruptiva. Designação atribuída a uma inovação tecnológica (produto ou serviço) capaz de derrubar uma tecnologia já preestabelecida no mercado" (DISRUPTIVO. *In*: *DICIO* – Dicionário Online de Português. Porto: 7Graus, 2018. Disponível em: https://www.dicio.com.br/disruptivo/. Acesso em: 30 maio 2019).

na medida em que o labor se dá sob demanda. Esse modo de trabalho tem sido alavancado através das plataformas digitais (*crowdwork*).[51]

Trata-se, portanto, das relações de trabalho estabelecidas entre os trabalhadores sem vínculo empregatício (conhecidos como *freelancers*) e as empresas que os contratam para oportunidades pontuais – garantindo flexibilidade tanto para a organização quanto para o profissional.[52]

Por outro lado, a economia compartilhada, que muitas vezes é concebida como sinônimo da *gig economy*, trata das plataformas desenvolvidas para intermediação e compartilhamento de produtos e serviços. Ou seja, há uma diferença tênue entre elas. No entanto, para esta análise, consideraremos ambos, economia compartilhada e economia sob demanda, em conjunto, como aspectos de um mesmo fenômeno, a *gig economy*.

Diz-se que a *gig economy* é um fenômeno da Quarta Revolução Industrial, desencadeado pelo aceleradíssimo desenvolvimento de novas tecnologias, que redefinem as relações de trabalho, constituídas entre empresas com necessidade de contratação de serviços por demanda e trabalhadores sem vínculo empregatício, como os autônomos. Os maiores exemplos de *gig economy* no Brasil são as plataformas digitais (aplicativos) de fornecimento de serviços de transporte e mobilidade urbana, como o Uber.

Trata-se de tendência surgida como resposta às necessidades da sociedade por produtos e serviços mais baratos, rápidos, simples e conectados com o universo digital, e, por isso, revoluciona não só os modelos tradicionais dos mais diversos setores da economia, mas também a interação pessoal e a vida humana como um todo.[53]

Assim, esse fenômeno e seus impactos demandam nova regulação, orientada para os riscos decorrentes desses modelos de negócio disruptivos, sobretudo para proteger o que é relevante e privilegiar a liberdade onde sua limitação em nada prejudica a finalidade da regulação.[54]

---

51 NOGUEIRA, Eliana dos Santos Alves. O contrato de trabalho intermitente na reforma trabalhista brasileira: contraponto com o modelo italiano. *Revista do Tribunal Regional do Trabalho da 15ª Região*, n. 51, p. 127-148, 2017.

52 BRAGA NETO, José Alves. *Você já ouviu falar do conceito "gig economy"?* Disponível em: http://www.mundodigital.net.br/index.php/noticias/ti/10257-voce-ja-ouviu-falar-do-conceito-gig-economy. Acesso em: 30 maio 2019.

53 GUIDI, Guilherme. *Uber e a regulação dos novos modelos de negócios*. Disponível em: http://www.franciscorezek.adv.br/2016/04/26/uber-e-a-regulacao-dos-novos-modelos-de-negocios-parte-3/. Acesso em: 30 maio 2019.

54 GUIDI, Guilherme. *Uber e a regulação dos novos modelos de negócios*. Disponível em: http://www.franciscorezek.adv.br/2016/04/26/uber-e-a-regulacao-dos-novos-modelos-de-negocios-parte-3/. Acesso em: 30 maio 2019.

Portanto, a regulação desses novos modelos é imprescindível, sobretudo sob a ótica do direito do trabalho, para se evitar lacunas legislativas que geram insegurança e excluam da proteção da lei os indivíduos e as empresas que atuam nessas atividades. No entanto, é fundamental que essa regulação se dê considerando as peculiaridades e o contexto das relações na *gig economy*, que devem pautar a atuação do legislador, de modo a impedir a criação de normas com claro intuito de retrocesso, que vão na contramão dos avanços tecnológicos, impedindo o desenvolvimento desses novos modelos de negócio.[55]

Especificamente do ponto de vista das relações de trabalho, a transformação observada é ainda mais radical. No contexto da *gig economy*, a interação entre trabalhador e empresa passa a ser pautada nas ideias de flexibilidade, colaboração, compartilhamento e oportunidade. Surgem novas configurações de relações de trabalho, distintas da tradicional estrutura de inferioridade hierárquica e dependência do trabalhador, nas quais não é mais possível enxergar, com absoluta clareza, a presença ou não do elemento da subordinação, como tradicionalmente concebido.

No Brasil, a Reforma Trabalhista buscou instituir regras voltadas ao fomento de algumas dessas formas de trabalho típicas da *gig economy*, como exemplo, ao regulamentar o trabalho intermitente, por meio da inclusão dos arts. 443, *caput* e §3º, e 452-A da CLT, e o teletrabalho, com a inclusão dos arts. 75-A e seguintes ao diploma legal. Além disso, a previsão da arbitragem individual trabalhista, por meio da inclusão do art. 507-A da CLT, também representa a intenção do legislador de adequação do ordenamento jurídico ao fenômeno da *gig economy*.

Isso porque as novas modalidades de trabalho e os novos perfis dos sujeitos que as compõem demandam meios de resolução de conflitos que sirvam de alternativa ao Poder Judiciário e sua tradicional morosidade e conservadorismo, sobretudo na seara trabalhista. Faz-se necessário, então, pensar em métodos alternativos de resolução de conflitos, mais maleáveis às transformações do mercado de trabalho e aderentes às necessidades do mundo contemporâneo.[56]

---

[55] OLIVEIRA, Caio César de; RAVAGNANI, Giovani dos Santos. *Precisamos falar sobre a economia compartilhada*: a importância da regulamentação. Disponível em: https://www.migalhas.com.br/dePeso/16,MI263109,71043-Precisamos+falar+sobre+a+economia+compartilhada+a+importancia+da. Acesso em: 28 maio 2019.

[56] AMARAL, Guilherme Rizzo. *Arbitragem nos conflitos trabalhistas individuais*. Disponível em: https://www.conjur.com.br/2018-jan-23/guilherme-amaral-arbitragem-conflitos-trabalhistas-individuais? Acesso em: 30 maio 2019.

A arbitragem, inserida nesse contexto, surge como uma interessante alternativa para resolução de conflitos oriundos das relações individuais de trabalho, sendo importante ferramenta para uma economia globalizada, posto que compatível e adequado aos novos modelos de negócios desenvolvidos na *gig economy*.

Ressalta-se, no entanto, que o procedimento arbitral não será adequado para toda e qualquer disputa versando sobre direitos trabalhistas, sendo necessário identificar, além da presença dos requisitos legais instituídos no art. 507-A da CLT, se a submissão de determinada demanda ao juízo arbitral configurará forma mais vantajosa de resolução do conflito às partes, em comparação à jurisdição estatal.

4.2 Vantagens da arbitragem como método de resolução de conflitos oriundos das relações de trabalho

Verificada a adequação da arbitragem como método alternativo de resolução de conflitos decorrentes das relações individuais de trabalho, sobretudo no cenário econômico de transformações oriundas da *gig economy*, importante destacar as vantagens desse instituto em relação à jurisdição estatal, para, em seguida, identificar as modalidades de relação de trabalho para as quais o procedimento arbitral se mostra ideal.

Carlos Alberto Carmona, ao analisar a adoção da arbitragem nos Estados Unidos, para resolução de conflitos individuais de trabalho, afirma:[57]

> Nos Estados Unidos da América o instituto é de larguíssima utilização, sendo por todos reconhecida sua vantagem em relação à solução judicial dos conflitos. Chega-se mesmo a constatar que a arbitragem é o meio de solução de conflitos individuais de trabalho mais utilizado entre empregados sindicalizados e empregadores, tudo graças à tradição norte-americana que estimulou intervenção apenas subsidiária do governo nas relações trabalhistas.

A primeira grande vantagem da arbitragem em relação ao Poder Judiciário é a celeridade do procedimento. Os processos arbitrais costumam ser muito mais céleres que os judiciais, sendo inclusive fixado

---

[57] CARMONA, Carlos Alberto. *Arbitragem e processo*: um comentário à Lei nº 9.307/96. 3. ed. São Paulo: Atlas, 2009. p. 43-44.

no art. 23 da Lei de Arbitragem[58] um prazo de 6 (seis) meses para que seja proferida a sentença arbitral, contado da instituição da arbitragem ou da substituição do árbitro, caso não tenha sido fixado prazo diverso pelas partes em disputa.

Ademais, o caráter definitivo da sentença arbitral, que é irrecorrível por expressa previsão do art. 18 da lei, é fator essencial para a celeridade do procedimento. Ora, enquanto o processo do trabalho comporta inúmeros recursos, que postergam muito a solução das demandas pelo Poder Judiciário, a decisão tomada pelos árbitros não fica sujeita a recurso, a não ser que as partes, na convenção de arbitragem, estabeleçam uma modalidade interna de revisão do laudo.[59]

Embora a celeridade na prestação jurisdicional, no âmbito do Poder Judiciário, tenha expressa previsão constitucional (art. 5º, LXXVIII da Carta Magna), essa não se verifica na prática. Pelo contrário, talvez a maior crítica ao sistema judicial brasileiro atual seja a sua excessiva morosidade. Como bem defendia Rui Barbosa: "justiça atrasada não é justiça, senão injustiça qualificada e manifesta".[60] Portanto, a arbitragem assume posição vantajosa como mecanismo de solução de lides, mais célere[61] do que o Poder Judiciário. Enoque Ribeiro dos Santos, ao analisar os efeitos da morosidade dos processos trabalhistas, afirma:[62]

> [...] Daí a imperativa necessidade de se criarem meios alternativos, inovadores, ousados, de resolução de conflitos individuais e coletivos que provoquem uma mudança no presente estado de coisas na seara processual trabalhista, de modo a promover uma espécie de *turning point* (ponto de inflexão) no sistema atualmente vigente, no sentido de dar-lhe maior celeridade e eficácia.

---

58 "Art. 23. A sentença arbitral será proferida no prazo estipulado pelas partes. Nada tendo sido convencionado, o prazo para a apresentação da sentença é de seis meses, contado da instituição da arbitragem ou da substituição do árbitro".

59 CARMONA, Carlos Alberto. *Arbitragem e processo*: um comentário à Lei nº 9.307/96. 3. ed. São Paulo: Atlas, 2009. p. 270.

60 BARBOSA, Rui. *Oração aos moços*. São Paulo: Hedra, 2009. p. 62.

61 "A arbitragem mostra já ter conquistado espaço definitivo como forma de solução de conflitos em contratos comerciais, no Brasil. Algumas variáveis importantes conduziram a essa resultante, dentre elas – e inegavelmente – a morosidade do Judiciário, seu despreparo para o trato com negócios mais sofisticados, bem como a possibilidade de sigilo no processo arbitral" (HUCK, Hermes Marcelo; AMADEO, Rodolfo da Costa Manso Real. Árbitro: juiz de fato e de direito. *Revista de Arbitragem e Mediação*, v. 40, p. 181-192, jan./mar. 2014).

62 SANTOS, Enoque Ribeiro dos. Aplicabilidade da arbitragem nas lides individuais de trabalho. *R. TRT/RJ 1ª Região*, Rio de Janeiro, v. 26. n. 57, p. 119-133, jan./dez. 2015.

No contexto das relações individuais de trabalho, a opção por um instituto mais célere para resolução de controvérsias se mostra benéfica tanto para o trabalhador, que consegue obter mais rapidamente a satisfação de eventual crédito reconhecido em seu favor, quanto para a empresa, com a possibilidade de liberação do provisionamento do valor em disputa.

Ademais, outra vantagem da arbitragem, a qual também está atrelada à questão da celeridade, é a flexibilidade do procedimento, que permite às partes escolherem regras que sejam mais adequadas ao perfil da disputa, simplificando formalidades, por vezes, desnecessárias, existentes nos processos judiciais.[63]

Ademais, a especialidade do julgador é outra característica do procedimento arbitral que o coloca em vantagem sobre o processo judicial, uma vez que as partes podem escolher árbitros que tenham expertise na matéria objeto da controvérsia.[64] Isso significa que os sujeitos da demanda podem escolher os julgadores, com base na sua maior experiência em determinada matéria e qualificação técnica, o que tende a resultar na elaboração de sentenças mais técnicas e justas.

Nesse sentido, embora muitos dos pleitos presentes nas lides trabalhistas tratem de matérias pouco complexas, como verbas rescisórias inadimplidas, as atuais configurações das relações de trabalho apresentam peculiaridades que elevam a complexidade das discussões, e que, por vezes, demandam análises muito detalhadas das questões fáticas, o que nem sempre é satisfeito pelos juízes do trabalho, sobretudo em razão do exorbitante número de processos distribuídos para cada uma das varas do trabalho pelo país. Nos Estados Unidos, um estudo de 2013 apontou que para casos com discussão sobre discriminação no ambiente do trabalho, o índice de êxito no Judiciário é de 14,9%, enquanto na arbitragem é de 63%.[65]

Relevante mencionar, ainda, a confidencialidade como importante benefício das arbitragens individuais trabalhistas. Em que pese não ser um requisito obrigatório, basta ser ajustado pelas partes para que seja atribuído sigilo ao procedimento arbitral. Em contraposição, o processo

---

63 LAMAS, Natália Mizrahi. Introdução e princípios aplicáveis à arbitragem. *In*: LEVY, Daniel; PEREIRA, Guilherme Setoguti J. (Coord.). *Curso de arbitragem*. São Paulo: RT, 2019. p. 28-59. cap. 1.

64 LAMAS, Natália Mizrahi. Introdução e princípios aplicáveis à arbitragem. *In*: LEVY, Daniel; PEREIRA, Guilherme Setoguti J. (Coord.). *Curso de arbitragem*. São Paulo: RT, 2019. p. 28-59. cap. 1.

65 PADIS, George. Arbitration under siege: reforming consumer and employment arbitration and class actions. *Texas Law Review*, Austin, v. 91, issue 3, p. 665-710, 2013.

judicial é, via de regra, público, podendo ser atribuído segredo de justiça, desde que nas hipóteses legalmente previstas no Código de Processo Civil, em seu art. 189. A confidencialidade constitui benefício sobretudo aos trabalhadores, que não precisarão ter receio de sofrer retaliações e discriminação no mercado de trabalho, ao pleitear direitos na jurisdição arbitral.

Ainda em relação às características da arbitragem, muito se discute acerca dos custos decorrentes do procedimento da arbitragem, que frequentemente são expostos como suposta desvantagem para a adoção da arbitragem como método de resolução de conflitos individuais trabalhistas. No entanto, referida premissa não se reputa verdadeira. Em realidade, o argumento de que a arbitragem seria muito onerosa para as demandas trabalhistas, mormente para o trabalhador, cai por terra ao se analisar os regulamentos específicos para arbitragem individual trabalhista, editados por algumas das câmaras de arbitragem brasileiras, os quais incluem tabelas de custas razoáveis e proporcionais.

Apenas a título de exemplo, o Centro Brasileiro de Mediação e Arbitragem – CBMA elaborou um protocolo de arbitragem trabalhista,[66] aplicável para causas cujo valor seja inferior a R$6 milhões (seis milhões de reais), o qual, além de fixar prazos curtos para a prática de todos os atos do procedimento, prevê isenção da taxa de instituição,[67] bem como, taxa de administração correspondente a 1% do valor da causa, limitada a R$5.000,00 (cinco mil reais).[68] Ainda, resta fixado também um valor máximo para os honorários do árbitro, conforme art. 4.2 do regulamento.[69]

Ante o exposto, ainda que haja incidência de custos iniciais para instauração da arbitragem, em atenção a todas as vantagens já enumeradas, deve-se analisar a sua viabilidade pensando na relação entre custo e benefício, que certamente aponta para a arbitragem como método adequado de resolução de conflitos individuais trabalhistas. Além disso, importante considerar que, após a entrada em vigor da Lei nº 13.467/2017, o processo judicial ficou muito mais oneroso para o trabalhador, que pode suportar o pagamento de honorários sucumbenciais, custas, honorários de perito etc., o que não acontecia

---

[66] Disponível em: http://www.cbma.com.br/protocolo_arbitragem_trabalhista. Acesso em: 31 maio 20119.

[67] "4.3. Não será cobrada em arbitragens sujeitas a este Protocolo taxa de instituição".

[68] "4.1. A taxa de administração do procedimento arbitral devida ao CBMA corresponde a 1% (um por cento) do valor da causa, obedecido o piso de R$ 5 mil (cinco mil reais)".

[69] "4.2. Os honorários do árbitro correspondem a 3% (três por cento) do valor da causa, obedecido o piso de R$9 mil (nove mil reais) e o teto de R$120 mil (cento e vinte mil reais)".

sob o abrigo da antiga CLT. Portanto, a avaliação acerca do custo/benefício da arbitragem deve considerar também essa mudança nas regras aplicáveis ao processo judicial trabalhista.

Traçado esse panorama acerca das inúmeras vantagens da arbitragem como método de resolução de conflitos oriundos das relações individuais de trabalho, imperioso analisar as novas espécies de empregado e as novas modalidades de trabalho, surgidas no contexto socioeconômico da Indústria 4.0 e da *gig economy*, e sua adequação com o procedimento arbitral.

4.3 Novos empregados e arbitragem – Exemplos de relações de trabalho adequadas ao procedimento arbitral

O mercado de trabalho experimenta transformações decorrentes do acelerado desenvolvimento da tecnologia, com o surgimento de novos modelos de negócio que revolucionaram a estrutura tradicional das relações, sobretudo as relações entre indivíduo e empresa, seja na esfera do consumo seja na esfera do trabalho, exigindo um novo olhar sobre essas relações.[70] Assim, verifica-se que o principal elemento caracterizador do vínculo de emprego, a subordinação, já não se encontra mais tão presente nas relações de trabalho ou, ainda, quando presente, já não se apresenta em seu formato tradicional, facilmente identificável.

Nesse cenário, as *startups* se apresentam como nova modalidade de organização empresarial, oriundas da revolução digital e adequadas às demandas da *gig economy* e aos seus novos contornos. Essas empresas e seus trabalhadores não almejam vínculos de emprego duradouros, e, em razão das peculiaridades do negócio, alteram o conceito da subordinação jurídica do empregado ante o empregador.[71] Assim, faz-se necessário refletir sobre dois aspectos dessa modalidade de empresa que são essenciais para a compreensão da sua adequação à arbitragem.

A primeira reflexão necessária é no sentido de que, se a subordinação clássica não é, *a priori*, identificada nesses modelos de negócio,

---

[70] AMARAL, Guilherme Rizzo. *Arbitragem nos conflitos trabalhistas individuais*. Disponível em: https://www.conjur.com.br/2018-jan-23/guilherme-amaral-arbitragem-conflitos-trabalhistas-individuais? Acesso em: 30 maio 2019.

[71] CUNHA, Leonardo Stocker Pereira da. *Empresas embrionárias (startups) e as modificações das relações de emprego e societárias*. Dissertação (Mestrado) – Faculdade de Direito, Programa de Pós-Graduação em Direito, Universidade Federal do Rio Grande do Sul, Porto Alegre, 2017.

não se verifica a presença do desequilíbrio apto a ensejar discussão sobre a compatibilidade da arbitragem para dirimir conflitos oriundos das relações celebradas por essas empresas.

Por outro lado, a segunda reflexão necessária advém da própria essência das *startups*, que é de profunda conexão com o mundo digital, com as transformações e inovações da tecnologia e seus efeitos nas mais diversas esferas da sociedade. A própria definição de uma *startup*[72] tem como elemento fundamental a inovação. Nesse sentido, parece absolutamente incompatível a submissão de um conflito decorrente de uma relação de trabalho inserida na estrutura das *startups* a um processo judicial, sobretudo em razão da morosidade excessiva e formalismo do Poder Judiciário.

Assim, como alternativa de mecanismo de solução de conflitos, observa-se um crescimento do uso da cláusula de arbitragem pelo ecossistema nacional de *startups* como forma de evitar a morosidade e imprevisibilidade das cortes brasileiras.[73] Tanto é assim que a Uber, hoje uma empresa multinacional, mas que teve início como uma *startup* de serviços de transporte privado urbano, submete seus dissídios individuais trabalhistas – nos Estados Unidos – à resolução por meio de métodos alternativos ao Judiciário, como conciliação, mediação e arbitragem.[74]

Além das *startups*, a arbitragem também figura como método adequado para resolução de conflitos trabalhistas oriundos de contratos de trabalho de empregados ocupantes de altos cargos de gestão dentro da sua empresa, como executivos, diretores etc. Isso porque esses trabalhadores, muitas vezes, desejam perseguir algum direito decorrente da relação empregatícia, mas não o fazem, para não tornar a disputa pública, e por diversos fatores, mormente receio de sofrer retaliação do mercado de trabalho.

Relevante notar que nessa disputa não há partes hipossuficientes, estando o empregado no mesmo patamar – ou até mesmo em patamar

---

[72] De acordo com vários estudiosos e empreendedores, o conceito desenvolvido por Eric Ries, considerado um dos maiores expoentes do mundo sobre o tema, basta para compreensão da definição de *startups*, segundo o qual: "Uma Startup é um grupo de pessoas à procura de um modelo de negócios repetível e escalável, trabalhando em condições de extrema incerteza" (PERIN, Bruno. *A revolução das startups*: o novo mundo do empreendedorismo de alto impacto. Rio de Janeiro: Alta Books, 2015. p. 10).

[73] FALCÃO, João Pontual de Arruda. *Startup law Brasil*: o direito brasileiro rege mas desconhece as startups. Dissertação (Mestrado) – Escola de Direito do Rio de Janeiro, Fundação Getulio Vargas, Rio de Janeiro, 2017.

[74] Disponível em: https://www.reuters.com/article/uber-lawsuits/uber-can-force-drivers-into-arbitration-u-s-appeals-court-idUSL2N1WB102. Acesso em: 30 maio 2019.

superior – ao do seu empregador. Trata-se de situação excepcional, em que o verdadeiro hipossuficiente é a parte empregadora. Até mesmo a jurisprudência de alguns tribunais regionais já decidiu pela validade da cláusula arbitral quando se está diante de um alto empregado.[75]

Assim como os altos empregados, outra categoria que pode se beneficiar da possibilidade de adoção do procedimento de arbitragem é a dos advogados, membros do mercado financeiro e médicos. Isso porque persiste até os dias atuais uma cultura de represália destes profissionais que ingressam com reclamações trabalhistas para pleitear seus direitos perante o Poder Judiciário, que se materializa no receio de não mais conseguir se inserir no mercado de trabalho.

Portanto, defende-se que, para essas espécies de empregados, em razão das peculiaridades das relações de trabalho estabelecidas, bem como do contexto em que se inserem, a arbitragem como nova alternativa de resolução de conflitos individuais do trabalho não só é cabível como benéfica e vantajosa, ensejando verdadeira ampliação do acesso à justiça desses trabalhadores.

5 Conclusão

O desenvolvimento de novas tecnologias está diretamente relacionado às transformações ocorridas nas relações sociais e de trabalho ao longo da história. Desde a sua criação, o direito do trabalho buscou acompanhar essas transformações, visando impor limites à exploração da força de trabalho humana e adequar os modelos de produção às necessidades do mercado. No entanto, conforme a tecnologia avança, surgem novas demandas de todas as classes, inclusive dos trabalhadores, que não são automaticamente incorporadas pela legislação, ensejando um descompasso entre as normas e os interesses da sociedade.

Nesse sentido, a sociedade moderna experimenta novos contornos trazidos pela *gig economy* às relações de trabalho, que cada vez mais se afastam da concepção clássica de subordinação do trabalhador, sendo compostas por atores muito diferentes daqueles inicialmente desenhados pelo direito do trabalho. Esse cenário, aliado ao contexto socioeconômico da época, ocasiona uma mudança no paradigma das relações de trabalho, com a mitigação do princípio da proteção – e o

---

75 A exemplo da recente sentença proferida pelo juízo da 23ª Vara do Trabalho de São Paulo, na Reclamação Trabalhista nº 1000856-03.2017.5.02.0023, na qual foi reconhecida a ausência de hipossuficiência do empregado e indeferido o pleito de reconhecimento de vínculo empregatício com uma *startup*.

afastamento do modelo de Estado intervencionista – e a retomada do princípio da autonomia da vontade.

Assim, esse movimento é observado no Brasil, sobretudo com a Reforma Trabalhista, que ampliou as possibilidades de negociação dentro das relações individuais e coletivas de trabalho e positivou novos instrumentos para solução de conflitos pautados na autonomia da vontade das partes, entre eles, a arbitragem.

A via arbitral, em razão de suas inúmeras particularidades, apresenta-se como vantajoso instrumento de resolução de disputas, posto à disposição de determinada categoria de trabalhadores que, como dito, não se enquadram no conceito clássico de empregado subordinado inserido em uma relação de total dependência e vulnerabilidade perante seu empregador.

Conclui-se, portanto, que a arbitragem individual trabalhista – para além de um método alternativo de resolução de conflitos – é, em realidade, instrumento adequado para determinada categoria de trabalhadores e empresas, bem como para determinados tipos de conflito oriundos da relação individual de trabalho, ampliando o acesso à justiça para esses sujeitos. Ao final, resta aos operadores do direito o desafio de valorizar e consagrar o instituto, reconhecendo sua validade e impedindo abusos que possam macular sua confiabilidade perante o ordenamento jurídico.

Informação bibliográfica deste texto, conforme a NBR 6023:2018 da Associação Brasileira de Normas Técnicas (ABNT):

BRAGA, Julia de Castro Tavares; MARTINEZ, Beatriz Azevedo. Arbitragem trabalhista no âmbito da gig economy e da economia compartilhada. *In*: TUPINAMBÁ, Carolina (Coord.). *As novas relações trabalhistas e o futuro do Direito do Trabalho*: as novidades provenientes das novas possibilidades de interações humanas e de novos modelos de solução de conflitos. Belo Horizonte: Fórum, 2022. (Coleção Fórum As novas relações trabalhistas e o futuro do direito do trabalho. Tomo V.) p. 297-328. ISBN 978-65-5518-224-8.

EL DERECHO DE HUELGA EN LA INDUSTRIA 4.0[1]

DJAMIL TONY KAHALE CARRILLO

1 Introducción

Antes de comenzar el estudio es de obligado cumplimiento advertir y, a su vez, resaltar al lector que los convenios y recomendaciones de la Organización Internacional del Trabajo (OIT) no contienen de forma

1 Esta obra queda enmarcada dentro de los trabajos de investigación desarrollados por el autor en el Proyecto financiado por la Comunidad Autónoma de la Región de Murcia a través de la convocatoria de Ayudas a proyectos para el desarrollo de investigación científica y técnica por grupos competitivos, incluida en el Programa Regional de Fomento de la Investigación Científica y Técnica (Plan de Actuación 2018) de la Fundación Séneca-Agencia de Ciencia y Tecnología de la Región de Murcia: 20976/PI/18: El impacto de la Industria 4.0 en el trabajo: Una visión interdisciplinar.

expresa el derecho de huelga, como una institución a regular. Empero, sí se ha discutido en un sin fin de veces en el seno de la Conferencia Internacional del Trabajo durante las labores preparatorias de instrumentos relacionados con aquella institución, en que, lamentablemente, no ha dado nacimiento a normas internacionales reguladoras de este derecho.[2]

Sin embargo, sí se hace mención de manera somera al derecho de huelga en un convenio y en una recomendación. Por ejemplo, en el Convenio sobre la abolición del trabajo forzoso, 1957 (núm. 105), se prohíbe hacer uso del trabajo forzoso u obligatorio «como castigo por haber participado en huelgas»;[3] y la Recomendación sobre la conciliación y el arbitraje voluntarios, 1951 (núm. 92), tras mencionar las huelgas en los párrafos 4 y 6, señala en el párrafo 7 que ninguna de sus disposiciones «podrá interpretarse en modo alguno en menoscabo del derecho de huelga».[4]

La inexistencia de convenios o recomendaciones expresas, no debe llevar a concluir que la OIT excluya el derecho de huelga o se exima de garantizar un ámbito de protección a su ejercicio.[5] En este sentido, dos resoluciones de la Conferencia Internacional del Trabajo, han reconocido el derecho de huelga en los Estados miembros. Por una parte, la Resolución sobre la abolición de la legislación antisindical en los Estados Miembros de la OIT, adoptada en 1957, reclamaba a la adopción de una «legislación que asegure el ejercicio efectivo y sin restricción alguna de los derechos sindicales por parte de los trabajadores, con inclusión del derecho de huelga».[6] Por otra parte, la Resolución sobre los derechos sindicales y su relación con las libertades civiles, adoptada en 1970, atrajo al Consejo de Administración a que encomendara al Director General una serie de iniciativas «con miras a considerar nuevas medidas destinadas a lograr el respeto pleno y universal de los derechos sindicales en su sentido más amplio», dedicando atención especial, entre otras cuestiones, al «derecho de huelga».[7]

Por último, se destaca que el Convenio sobre la libertad sindical y la protección del derecho de sindicación, 1948 (núm. 87), aunque

---

2 GERNIGON, B, ODERO, A. y GUIDO, H., *Principios de la OIT sobre el principio de huelga*, OIT, Ginebra, 1998, pág. 7.

3 Apartado d) del artículo 1.

4 OIT, 1985, págs. 954 y 859, respectivamente.

5 GERNIGON, B, ODERO, A. y GUIDO, H., *Principios de la OIT sobre el principio de huelga*, OIT, *op. cit.*, pág. 8.

6 OIT, 1957, pág. 780.

7 OIT, 1970, pág. 764.

no menciona de manera expresa el derecho de huelga, establece, en el artículo 3, el derecho de las organizaciones de trabajadores y de empleadores «de organizar su administración y sus actividades y el de formular su programa de acción», y establece, en el artículo 10, como objeto de dichas organizaciones «fomentar y defender los intereses de los trabajadores o de los empleadores».[8]

Lo anterior no es óbice para analizar el impacto de la tecnología en el derecho de huelga en España. El estudio se centra en analizar el polémico asunto del esquirolaje tecnológico, a consecuencia de la implantación de la Industria 4.0, como medio empresarial para desactivar la efectividad de una huelga legítimamente convocada y ejercitada. Bajo este contexto, se hará, por una parte, un análisis del impacto de las nuevas tecnologías en el derecho de huelga, mediante las nuevas formas de conflicto y las nuevas manifestaciones del esquirolaje. Por otra, la sustitución de huelguistas por medios tecnológicos, en que se analizarán algunos de los supuestos que se han ido planteando. Todo a través de un recorrido jurisprudencial español, concretamente mediante sentencias del Tribunal Supremo y Tribunal Constitucional.

Dicho en otras palabras, la cuestión concreta a tratar se centra en analizar, entre otras cosas, el impacto de las nuevas tecnologías en el derecho de huelga, en especial a la sustitución de huelguistas por medios tecnológicos, a través del estudio de la última doctrina del Tribunal Constitucional (STC 17/2017, de 2 de febrero) que aborda el esquirolaje tecnológico como medio empresarial para desactivar la efectividad de una huelga legítimamente convocada y ejercitada. La metodología de investigación que se ha llevado a cabo para materializar este estudio se ha basado, fundamentalmente, en una revisión bibliográfica y en el análisis de artículos de revistas jurídicas especializadas, libros e internet; así como el estudio de la jurisprudencia existente en la materia.

2 Las nuevas formas de conflicto y nuevas manifestaciones del esquirolaje

2.1 El derecho a la huelga

La doctrina ha definido la huelga como «la cesación temporal del trabajo decidida por una colectividad de trabajadores, con abandono del centro de trabajo, con motivo de un conflicto y con el fin de presionar

[8] OIT, 1985, págs. 708 y 709.

en la defensa de sus intereses».[9] Dicho de otra manera, es «en su raíz un puro hecho «natural», basado en la reacción instintiva del hombre frente a determinados comportamientos que reputa injustos o adversos». Por tanto, es «un medio de presión laboral con cuto ejercicio se requiere, más que exteriorizar o dar formalidad jurídica a una controversia de hecho, forzar al antagonista laboral –la asociación patronal, el empresario o empresarios afectados por la contienda- a adoptar un comportamiento con el que satisfaga el interés de los trabajadores y, al hacerlo, se dé solución al conflicto colectivo».[10]

Es decir, es la «medida de autotutela básica de los trabajadores que consiste en la perturbación del proceso productivo del empresario para el que se presta el trabajo, a través de la realización de diversos comportamientos posibles y, principalmente, de la abstención o cesación del trabajo, decididos de forma concertada y ejercidos colectivamente por los trabajadores para la defensa de sus intereses en el seno de un conflicto colectivo de trabajo».[11]

Bajo este contexto, el Tribunal Constitucional ha definido aquella institución como «una perturbación que se produce en el normal desenvolvimiento de la vida social y en particular en el proceso de producción de bienes y servicios que se lleva a cabo en forma pacífica y no violenta, mediante un concierto de los trabajadores y de los demás intervinientes en dicho proceso, [que] puede tener por objeto reivindicar mejoras en las condiciones económicas o en general en las condiciones de trabajo, y puede suponer también una protesta con repercusión en otras esferas o ámbitos».[12] Dicho en otras palabras, «la huelga produce, durante su ejercicio, el efecto de reducir u en cierto modo anestesiar, paralizar o mantener en una vida vegetativa, latente, otros derechos que en situación normal pueden y deben desplegar toda su capacidad potencial».[13]

Por tanto, consiste en «subvertir la normalidad productiva a partir del rechazo del trabajo como instrumento de dominación ejercido por

---

9 SALA FRANCO, T., *Derecho Sindical*, Tirant lo Blanch, 2017, pág. 305.

10 MONTOYA MELGAR, A., *Derecho del Trabajo*, Tecnos, Madrid, 2018, págs. 729-730.

11 PALOMEQUE LÓPEZ, C., *Manual de Derecho Sindical*, CEF, Madrid, 2018.

12 STC 11/1981. La doctrina, señala que «casi treinta años después de la STC 11/1981 la falta de desarrollo legislativo del art. 28.2 de la Constitución se ha convertido en uno de los rasgos singulares de nuestro sistema regulador del derecho de la huelga, en un problema crónico con el que hemos aprendido a convivir con la ayuda destacada de la jurisprudencia del Tribunal Constitucional». CASAS BAAMONDE, M., "25 años de jurisprudencia constitucional social: huelga en servicios esenciales y responsabilidad política", *Relaciones Laborales*, núm. 23, 2010, pág. 8.

13 STC 123/1992.

un poder privado sobre las personas porque revoca temporalmente el consentimiento voluntario del trabajador en la producción dirigida y controlada por el empresario y, por ello, despliega sus efectos en términos suspensivos de la relación obligatoria reciproca del contrato laboral».[14]

La Constitución Española de 1978 (CE),[15] en el segundo apartado del artículo 28 «reconoce el derecho a la huelga de los trabajadores para la defensa de sus intereses. La ley que regule el ejercicio de este derecho establecerá las garantías precisas para asegurar el mantenimiento de los servicios esenciales de la comunidad». La doctrina, bajo este contexto, establece que de aquel precepto se desprenden los elementos básicos que califican el sistema constitucional español de huelga-derecho:

- «La huelga es un derecho de los trabajadores, lo que supone, ante todo, que no se trata tan solo de establecer, frente a anteriores normas prohibitivas del hecho huelguístico, un marco de libertad de huelga, sino que determinadas medidas de presión de los trabajadores frente a los empresarios merecen decididamente la protección y tutela del ordenamiento jurídico. El sistema que nace del artículo 28.2 de la CE es, así pues, un verdadero sistema de derecho de huelga y no de mera libertad de acudir a la misma.
- La huelga es, además, un derecho constitucional de los trabajadores, esto es, que su fuente de reconocimiento normativo merece la más alta expresión legislativa, cual es la propia Constitución como piedra angular del ordena- miento jurídico del Estado. La Constitución lleva a cabo así, históricamente, la incorporación del derecho de huelga al cuadro de los derechos que proclama, en coherencia con los valores y principios que el propio texto constitucional garantiza: la cláusula de Estado social y democrático de derecho (art. 1.1 de la CE), el reconocimiento del papel institucional de los sindicatos de trabajadores (art. 7 de la CE) y, en fin, la efectividad de la libertad y la igualdad de los individuos y de los grupos sociales (art. 9.2 de la CE).
- La huelga es, finalmente, un derecho constitucional fundamental de los trabajadores, que, reconocido dentro de la sección «de los derechos fundamentales y de las libertades públicas» de la CE, recibe por tanto el cuadro reforzado de

[14] BAYLOS GRAU, A., "Huelga y conflicto en una nueva transición constituyente", *Gaceta Sindical*, núm. 23, 2014, pág. 287.

[15] BOE núm. 311, de 29 de diciembre de 1978.

protección constitucional previsto por el artículo 53.2 de la CE para aquellos derechos [...]».[16]

La regulación legal del derecho de huelga se señala en el Real Decreto-ley 17/1977, de 4 de marzo, sobre relaciones de trabajo (DLRT).[17] Como puede observarse antes de la promulgación de la actual CE. En el que la doctrina ha denominado como una anomalía, tanto «histórica»[18] como «permanente».[19] A pesar de lo antiguo de la norma, es la que los operadores jurídicos deben utilizar para resolver las cuestiones que se les planteen. Hay reconocer, no obstante, que las nuevas tecnologías han llegado y han llegado para quedarse. Por tanto, las formas de manifestación de huelga o de esquirolaje puede ir acompañado con aquellas, como más adelante se comentará, a consecuencia de la implantación de la cuarta revolución industrial.

2.2 El esquirolaje tradicional y el esquirolaje tecnológico

La Real Academia Española define esquirol como la persona que sustituye en el trabajo a un huelguista.[20] Dicho en otros términos, el esquirolaje es «la sustitución de los trabajadores huelguistas, bien por trabajadores no vinculados a la empresa al tiempo de ser comunicada la huelga (esquirolaje externo), bien por trabajadores de la propia empresa, no huelguistas, a los que se les modifica las condiciones de lugar, tiempo y/o modo del trabajo (esquirolaje interno)».[21]

En tanto dure la huelga, «el empresario no podrá sustituir a los huelguistas por trabajadores que no estuviesen vinculados a la empresa al tiempo de ser comunicada la misma» (sustitución externa de trabajadores), salvo incumplimiento de las obligaciones de garantía de los servicios necesarios para la seguridad de las personas y de las cosas.[22] No podrá, por consiguiente, contratar esquiroles, esto es, trabajadores

---

16 PALOMEQUE LÓPEZ, C., *Manual de Derecho Sindical*, CEF, Madrid, 2018.

17 BOE núm. 58, de 9 de marzo de 1977.

18 BAYLOS GRAU, A., "Huelga y conflicto en una nueva transición constituyente", *op. cit.*, pág. 286.

19 PÉREZ REY, J., "Tertulias, reportajes y esquirolaje tecnológico en la huelga general (a propósito de la STS de 11 de junio de 2012)", *Revista de Derecho Social*, núm. 59, 2012, pág. 198.

20 www.rae.es.

21 LÓPEZ LLUCH, M.ª I. "El derecho de huelga: nueva doctrina sobre el "esquirolaje tecnológico" en la Sentencia del Tribunal Supremo de fecha 5 de diciembre de 2012", *Revista Doctrinal Aranzadi Social*, núm. 5, 2013, pág. 1.

22 Art. 6.5 del DLRT.

que se prestan a realizar el trabajo abandonado por los huelguistas. De este modo, la libertad de contratación del empresario resulta contraria al artículo 28.2 de la CE, «de utilizarse como instrumento para privar de efectividad a la huelga, mediante la colocación de personal no como medida objetivamente necesaria para la buena marcha de la empresa, sino para desactivar la presión producida por el paro en el trabajo».[23] La sustitución interna de trabajadores en caso de huelga (trabajadores de la propia empresa), permitida, como regla general, puede resultar abusiva desde el momento en que el poder de dirección del empresario se maneja con «fines distintos a los previstos en el ordenamiento jurídico y en una situación conflictiva».[24]

Dicho de otra manera, existe, por una parte, el esquirolaje externo y, por otra, el esquirolake interno. El primero, regulado en el ya señalado art. 6.5 del DLRT, al señalar que «el empresario no podrá sustituir a los huelguistas por trabajadores que no estuviesen vinculados a la empresa al tiempo de ser comunicada la misma». El segundo, es el que se lleva a cabo a través de trabajadores que se encuentran vinculados a la empresa al tiempo de comunicación de la huelga.

En cuanto a la segunda forma de esquirloje, el Tribunal Constitucional ha dispuesto que tal sustitución, «puede constituir un ejercicio abusivo de las facultades directivas empresariales. Así ocurrirá cuando, sea de forma intencional, o sea de forma objetiva, dicha sustitución produzca un vaciamiento del contenido del derecho de huelga, o una desactivación o aminoración de la presión asociada a su ejercicio».[25]

Hay que tener en cuenta que «la emergencia de nuevas formas de organización del trabajo y la creciente tecnificación de los procesos productivos, hacen posible que, en la actualidad, el impacto económico negativo de las huelgas pueda ser desvirtuado o reducido mediante el empleo de otro tipo de fórmulas, desconocidas hasta fechas recientes o escasamente utilizadas en el pasado. Estas nuevas maneras vaciar de contenido el derecho de huelga dan cuenta, a partir de principios de la década pasada, de un empleo cada vez más intenso de las mismas por parte del sector empresarial seguramente motivado porque los hace más vulnerables frente a los efectos del ejercicio del derecho de huelga. El resultado de todo ello es el más absoluto desbordamiento de la prohibición de esquirolaje, que se ha visto ampliamente rebasada

---

[23] STC 66/2002.

[24] SSTC 123/1992 y 18/2007.

[25] STC 33/2011.

por un catálogo cada vez más extenso de formas inéditas de suplir la ausencia de la prestación de trabajo de quienes participan en las huelgas, no encuadrables dentro de los precisos márgenes acotados por su redacción original».[26]

Bajo esta nueva forma de organización, se encuentra la Industria 4.0.[27] El informe «Industria conectada 4.0: La transformación digital de la industria española», del Ministerio de Industria, Energía y Turismo,[28] define Industria 4.0 como «la cuarta revolución industrial, que se basa en la disponibilidad en tiempo real de toda la información relevante al producto, proporcionada por una red accesible en toda la cadena de valor, así como la capacidad para modificar el flujo de valor óptimo en cualquier momento. Esto se logra a través de la digitalización y la unión de todas las unidades productivas de una economía. Para ello es necesaria la fusión de tecnologías tales como Internet de las Cosas (IoT), computación y cloud, big data y ciberseguridad, así como las complementarias: móvil, analytics, M2M (Machine to Machine), impresión 3D, robótica y comunidad/compartición».[29] El estudio, bajo este contexto, como ya se ha adelantado, pretende analizar si por la implantación de la Industria 4.0, el derecho de huelga se ve cercenada por la digitalización de los puestos de trabajo.

No hay que desconocer que la implantación de la Industria 4.0, ha provocado la sustitución de trabajadores por máquinas capaces de realizar de manera total o parcial las funciones de aquellos, lo que conduce en el ejercicio del derecho de huelga que los trabajadores huelguistas puedan ser sustituidos por los robots. Ello conduce a reflexionar sobre el papel que debe ocupar el derecho de huelga.

El avance técnico y científico que se está viviendo en la actualidad, como ya se ha comentado, hace prever que la sustitución de la fuerza

---

[26] GRAU PINEDA, C., "El impacto de las nuevas tecnologías en el derecho de huelga: a propósito de la sustitución de huelguistas por medios tecnológicos", *Revista Española de Derecho del Trabajo*, num.206, 2018.

[27] *Vid.* KAHALE CARRILLO, D., "La Industria 4.0: los retos para el empleo español", en AA.VV., *Los actuales cambios sociales y laborales: nuevos retos para el mundo del trabajo*, Peter Lang, Bern, Suiza, 2017, págs. 75-93; "El papel de la Administración Pública en la implantación de la Industria 4.0", *Revista Internacional y Comparada de Relaciones Laborales y Derecho del Empleo*, Volumen 6, núm. 1, 2018, págs. 138-163; y, "La formación (española e italiana) en la Industria 4.0", *Labour & Law Issues*, Vol. 2, núm. 2, 2016, págs. 42-71.

[28] En su entonces, era el Ministerio de Industria, Energía y Turismo. Actualmente, Ministerio de Energía, Turismo y Agenda Digital, antes de esta denominación Ministerio de Economía y Competitividad. http://www.minetad.gob.es/es-es/Paginas/index.aspx.

[29] MINISTERIO DE INDUSTRIA, ENERGÍA Y TURISMO, *Industria conectada 4.0: La transformación digital de la industria española*, Ministerio de Industria, Energía y Turismo, Madrid, 2015, pág. 114.

productiva de los huelguistas puede ser desarrollada, no por los propios trabajadores, sino por máquinas, herramientas o instrumentos programados por las empresas; es decir, la unidad productiva. Es lo que se llama esquirolaje tecnológico, la «sustitución de medios humanos por medios mecánicos o automáticos durante la huelga».[30] Situaciones que se están dando, como no puede ser de otra manera, por la celeridad con la que va el desarrollo de las tecnologías actuales; como, por ejemplo, la robótica[31] y la inteligencia artificial,[32] que serán los instrumentos que hacen que desaparezcan o sustituyan a los trabajadores.

Bajo esta premisa, la doctrina ha dado voces al manifestar, por una parte, que «programar los sistemas informáticos con antelación al inicio de la huelga para que se pongan en funcionamiento en coincidencia con los días y horas en las que está convocado el paro, de forma que la actividad de la empresa pueda mantenerse con bastante normalidad».[33] Situación que entra en conflicto o colinda con el derecho fundamental de derecho de huelga, al sustituir los trabajadores de la empresa con medios tecnológicos. No hay que desconocer que, «en ciertos sectores, como los relacionados con los medios de comunicación no escritos, el alto nivel de tecnificación permite reducir al mínimo la necesidad de la mano de obra en determinados momentos del proceso productivo, pudiendo incluso llegar a suprimirse íntegramente la participación de los trabajadores».[34]

Por otra, «en muchos casos de uso de herramientas tecnológicas durante la huelga, no hay tanto una sustitución material del esfuerzo productivo de los huelguistas, como un intento de mantener la producción dentro de parámetros aceptables, en cuyo caso, en sentido propio, no estaríamos hablando de sustitución, no, por tanto, de esquiroloje; lo cual no es óbice para considerar que, aun así, tal conducta

---

30 STS de 5 de diciembre de 2012.

31 La RAE define robótica como la técnica que aplica la informática al diseño y empleo de aparatos que, en sustitución de personas, realizan operaciones o trabajos, por lo general en instalaciones industriales. www.rae.es.

32 La RAE define inteligencia artificial como aquella disciplina científica que se ocupa de crear programas informáticos que ejecutan operaciones comparables a las que realiza la mente humana, como el aprendizaje o el razonamiento lógico. www.rae.es.

33 LÓPEZ LLUCH, M., "El derecho de huelga: nueva doctrina sobre esquirolaje tecnológico en la STS de fecha 5 de diciembre de 2012", *Revista Aranzadi Doctrinal*, núm. 5, 2013, pág. 157.

34 *Idem*.

empresarial puede llegar en ocasiones a resultar lesiva del derecho de huelga por vaciarlo de su contenido mínimo esencial».[35]

La implantación de la Industria 4.0 hace que la clasificación clásica del esquirolaje, antes mencionada, cambie por las siguientes modalidades:[36]

a) Esquirolaje tecnológico externo: Consiste en la sustitución de los trabajadores huelguistas por medios técnicos de los que la empresa no disponía al tiempo de la convocatoria de la huelga, que son adquiridos para contrapesar los efectos de la falta de actividad de la huelga.
b) Esquirolaje tecnológico interno: Se utilizan los medios técnicos con los que la empresa ya cuenta al tiempo de la convocatoria de la huelga para sustituir a los huelguistas, aunque intensifica su uso para frenar la falta de actividad de la huelga.
c) Esquirolaje mixto: Es cuando el esquirolaje tecnológico va unido al esquirolaje interno, en el que se debe requerir a un trabajador para activar los medios técnicos para suplir a los huelguistas.
d) Esquirolaje automático: La sustitución tecnológica se lleva a cabo sin la utilización de ningún trabajador.
e) Esquirolaje previo o diferido: La empresa, anterior a la huelga, concierta a ciertos trabajadores, no huelguistas, para que adopten las medidas técnicas oportunas con el propósito que los medios de producción estén en las condiciones óptimas para el día de la huelga.
f) Esquirolaje posterior para ponerse al día: La empresa refuerza los medios técnicos en los días siguientes a la huelga para recuperar la pérdida durante el tiempo que haya durado la huelga.

Un sector de la doctrina, sin embargo, es del criterio que la «utilización por la empresa de sus medios técnicos es contraria a derecho cuando se hace un uso de los mismos diferente al que ordinaria y habitualmente se realiza, alterando con ocasión de la huelga y de

---

[35] TASCÓN LÓPEZ, R., *El esquirolaje tecnológico*, Thomson Reuters Aranzadi, Cizur Menor, 2018, pág. 63. Otro sector de la doctrina señala la siguiente clasificación: a) Activación/desactivación, b) Supervisión humana, c) Anticipación del trabajo. *Vid.* TODOLI SIGNES, A., "El esquirolaje tecnológico como método de defensa ante una huelga", *Actualidad Laboral*, núm. 7-8, 2014, págs. 4-5; "Acerca del esquirolaje tecnológico", AA.VV., *Jurisprudencia Social a debate*, Tirant lo Blanch, 2015, págs. 103 y ss.

[36] *Ibidem*, págs. 64-68.

forma drástica la finalidad, el objeto y el modo de funcionamiento de toda esta infraestructura para vaciar de contenido la huelga y tratar de ofrecer una apariencia de normalidad que haga ineficaz el ejercicio del derecho».[37]

3 La respuesta judicial al esquirolaje tecnológico

3.1 Tribunal Supremo

El Alto Tribunal ha venido aceptando, en sus primeros pronunciamientos, la posibilidad de sustitución de la actividad de los huelguistas por los medios técnicos utilizados habitualmente por la empresa; al permitir una cierta capacidad luchadora del empresario en relación a la huelga. Dicho en otras palabras, «no se impone al empresario el deber o la obligación de colaboración con los huelguistas en el logro de sus propósitos [...] La Ley veta la sustitución de los huelguistas por trabajadores externos [...] y la jurisprudencia constitucional restringe el uso de las facultades de organización que le son propias [...].

Pero no hay precepto alguno que prohíba al empresario usar los medios técnicos de los que habitualmente dispone la empresa para atenuar las consecuencias de la huelga. Si, a pasar de haberse efectuado, con los paros de los trabajadores que participaron en ella, la actividad productiva no fue interrumpida, sin que los huelguistas fueran sustituidos por otros trabajadores, ni extraños a la empresa, ni de la propia plantilla, el derecho fundamental no se ha vulnerado. Este derecho garantiza que los huelguistas puedan realizar los paros sin ser sancionados en modo alguno por ello. No asegura su éxito, ni el logro de los objetivos pretendidos, entre ellos el de conseguir el cese total de la actividad empresarial».[38]

Empero, el Alto Tribunal, posteriormente, da un giro a su criterio al considerar el esquirolaje tecnológico como un comportamiento lesivo al derecho de huelga en dos sentencias. Postura que adopta en dos supuestos similares con relación al derecho de huelga y la emisión automática de publicidad preprogramada por empresas de radiotelevisión. Hay que destacar que ambos pronunciamientos

[37] MORALO GALLEGO, S., "El ejercicio de la huelga y el impacto de las nuevas y el impacto de las nuevas tecnologías y la descentralización productiva", en AA.VV., *Derecho Colectivo*, Consejo General del Poder Judicial, Madrid, 2003, págs. 233 y ss.

[38] SSTS de 27 de septiembre de 1999, 4 de julio de 2000, 9 de diciembre de 2003 y 15 de abril de 2015.

citan la doctrina del Tribunal Constitucional al manifestar que las emisiones pregrabadas «persiguen la la no interrupción del servicio de la radiofusión sonora y de la televisión, con los que se priva de repercusión apreciable a la huelga, sustrayéndole su virtualidad como medio de presión [...] El derecho de huelga no se vulnera solamente por la utilización de los medios personales en sustitución de las personas en huelga, sino también por la realización de actividades que exceden de los servicios decretados como esenciales».[39]

En la primera sentencia, el Tribunal Supremo señala que «no hay que incurrir en confusión sobre el alcance y función de los servicios mínimos y su proyección sobre el ejercicio del derecho de huelga. Esta garantía opera, precisamente para establecer un mínimo de prestación en los servicios que se califican como esenciales, de forma que impone un límite al ejercicio del derecho de huelga [...] Pero no se puede convertir esos servicios mínimos en máximos, entendiendo que se lesiona el derecho de huelga por la realización de actividades que exceden de los mismo [...] si la empresa emplea para desarrollar esas actividades a trabajadores no huelguistas o sus propios medios técnicos sin aplicación de trabajo humano, no se lesiona el derecho de huelga. Ese derecho solo se vulnera si los trabajadores asignados a la prestación de servicios mínimos se utilizan para cumplir servicios no esenciales, pero no si los servicios esenciales se ejecutan por trabajadores no huelguistas o por medios automáticos».[40]

Por consiguiente, «no existe ningún precepto que prohíba al empresario usar de los medios técnicos de los que habitualmente dispone la empresa para atenuar las consecuencias de la huelga y que si las emisiones preprogramadas se realizaron sin ser interrumpidas, pero sin que los huelguistas fueran sustituidos por otros trabajadores, ni extraños a la empresa, ni de su propia plantilla, el derecho fundamental no se ha vulnerado, y ello porque el derecho de huelga garantiza que los huelguistas puedan realizar los paros sin ser sancionados por ello, pero no asegura su éxito, ni el logro de los objetivos pretendido, ni el de conseguir el cese toral de la actividad empresarial».[41]

Como puede observarse, el Alto Tribunal se aleja del criterio del Tribunal Constitucional al destacar que «lo que veda la doctrina del Tribunal Constitucional mencionada es que se califique como servicio esencial y que, por tanto, pueda ser atendida por trabajadores

---

39 STC 183/2006.

40 STS de 11 de junio de 2012.

41 *Idem.*

asignados a estos servicios (por ejemplo, en labores de control, conexión y supervisión) la gestión de una programación pregrabada que no tiene valor informativo alguno y que, sin embargo, al emitirse, creando la imagen de una continuidad del servicio, puede perjudicar los objetivos de la huelga». En este sentido, se señala que no existe ningún precepto que prohíba al empresario usar los medios técnicos de los que habitualmente dispone para continuar con las emisiones durante la huelga y que la actividad, en este caso publicitaria, «podría realizarse como cualquier otra, siempre que no se asignen a ella trabajadores encargados de los servicios mínimos, es decir, si se realiza con personal no huelguista y sin utilizar personal incluido en la prohibición de sustitución del art. 6.5 del Real Decreto-Ley 17/1977, o si se realiza de forma totalmente automática».[42]

En el segundo pronunciamiento, el Alto Tribunal realiza otro giro -al ponderar el esquirolaje tecnológico al destacar las limitaciones señaladas al esquirolaje interno y la no viabilidad de considerar los espacios pregrabados como servicios mínimos- al considerar que la conducta empresarial consistente en la emisión de publicidad pregrabada durante la huelga «choca frontalmente con el derecho que el artículo 28.2 CE proclama y garantiza [...] pues de lo contrario quedaría legitimada una actuación en la que se emitiera también todos los programas de entretenimiento (películas, concurso, reportajes...) que constituyen el mayor porcentaje de la parrilla de programas de cualquier televisión y que están, en su inmensa mayoría, pregrabados. Si a ello le añadimos la emisión en directo de los informativos de los informativos (que siempre estará justificada por el debido respeto al derecho de comunicación e información) el resultado práctico no puede ser más evidente: se consigue ofrecer una apariencia de normalidad con lo que la realización de la huelga en este tipo de empresa puede llegar a tener una transcendencia social prácticamente nula y, consiguientemente, el ejercicio de ese derecho puede quedar prácticamente vaciado de contenido real, lo que no es admisible».[43]

Asimismo, manifiesta «no solo en el supuesto de que se utilicen medios humanos (trabajadores asignados a la prestación de servicios mínimos) para la realización de actividades que exceden de los servicios decretados como esenciales se lesiona el derecho de huelga, sino que también se lesiona este derecho cuando una empresa del sector de la

---

[42] *Idem.*

[43] STS de 5 de diciembre de 2012.

radiodifusión sonora y televisión emite programación o publicidad por medios automáticos, en el caso de que dicha actividad empresarial, aun cuando sea mediante la utilización de medios mecánicos o tecnológicos, priva materialmente a los trabajadores de su derecho fundamental vaciando su contenido esencial de manera que no cabe el uso de la prerrogativas empresariales, aún amparadas en la liberta de empresa, para impedir la eficacia del derecho de huelga, y ello por la propia naturaleza de este derecho y también del de la libertad de empresa, que no incorpora a su contenido facultades de reacción frente al paro».[44]

Empero, hay que destacar que en ambas sentencias ha habido votos particulares. En cuanto al primer fallo comentado, se funda en el que sí se debería aplicar la doctrina del Tribunal Constitucional sobre espacios pregrabados, dado que «pese a las diferencias entre uno y otro caso, tiene algunos elementos que van más allá del caso concreto de los servicios mínimos que resuelve [...] pues la emisión de una programación previamente grabada persigue la no interrupción del servicio de readifusión sonora y de la televisión, lo que priva de repercusión apreciable a la huelga, sustrayéndole su virtualidad como medio de presión y de inequívoca exteriorización de los efectos del paro [...] No es que se ponga esa ininterruptividad como servicio mínimo (lo que es abiertamente inconstitucional) sino que se permite que el empresario la imponga, en virtud de sus facultades organizativas dimanantes de la libertad de empresa [...] pero no es menos claro que el argumento central para oponerse a aquello es el sustraer virtualidad a la huelga como medio de presión, lo que debe ser interpretado restrictivamente conforme a la doctrina constitucional, haciendo prevalecer el criterio de la máxima eficacia del derecho fundamental en juego [...] de igual modo que la legitimidad del esquirolaje interno no puede extraerse, sin más, a partir de una interpretación *a contrario sensu* de la prohibición explícita del esquirolaje externo [...] [Motivos por los cuales cabe entender que la sentencia dictada por la mayoría] ni respeta esa preeminencia del derecho fundamental de huelga ni limita adecuadamente las potestades empresariales en un contexto de no normalidad como el que deriva del ejercicio del derecho de huelga».[45]

En relación a la segunda sentencia comentada, cuenta con dos votos particulares. Por una parte, se señala que «para apreciar la existencia de lesión del derecho de huelga es conceptualmente necesaria

---

[44] *Idem*.

[45] Voto particular formulado por el Magistrado Excmo. Sr. D. Manuel Ramón Alarcón Caracuel a la STS de 11 de junio de 2012.

la sustitución de los huelguistas y ello, incluso, cuando se trata de esquirolaje tecnológico, porque sin esa sustitución no se está privando de eficacia conflictiva al derecho del trabajador que se ha declarado en huelga [...] y no hay sustitución cuando el trabajo sigue desarrollándose por los mismos trabajadores que no se unen a la huelga o cuando la actividad productiva se realiza de forma automática sin intervención de trabajo humano y, por tanto, sin necesidad de reemplazo de la fuerza de trabajo, es decir, cuando los huelguistas no han sido sustituidos [...].

Es plausible que algún trabajador al menos tenga que hacerlos funcionar (los medios mecánicos) o controlar y vigilar su funcionamiento [...] pero no se acredita que ese trabajador hipotético exista o que, de existir, proceda de los designados para cumplir los servicios mínimo, o del esquirolaje externo o interno [...] Evidentemente, el reconocimiento del derecho de huelga implica el establecimiento de una serie de garantías para evitar que ese derecho sea restringido o inquietado [...] pero no puede servir como argumento que mediante el empleo de los medios técnicos se consigue una apariencia de normalidad que hace que la trascendencia social sea prácticamente nula [...] porque, de esta forma, la garantía ya no afecta a la sustitución de los huleguistas, sino al resultado de la huelga, convirtiéndose en una garantía de éxito de ésta, para lo que se impone al empresario una obligación de colaborar con el resultado, absteniéndose de realizar su actividad por medios que no se ha acreditado que supongan una sustitución de los huelguistas».[46]

Por otra, el segundo vota particular manifiesta que «el derecho de huelga es un derecho individual de los trabajadores, los cuales no pueden pretender ni que se sumen a su ejercicio los no huelguistas, ni que el empresario al que va dirigida la presión huelguistas colabore por inacción u omisión al éxito de la medida singular de conflicto colectivo en que la huelga consiste. A ello hay que añadir que la huelga es un derecho instrumental, no un derecho absoluto, que ha de convivir en el ordenamiento de los conflictos colectivos de trabajo con el derecho del empresario a adoptar medidas efectivas de un conflicto colectivo [...] La determinación de los servicios mínimos es una garantía del mantenimiento de los servicios esenciales para la comunidad [...] y no es un límite a la propia actividad empresarial, la cual puede desarrollarse más allá del cumplimiento de dichos servicios mínimos, bien por los trabajadores no huelguistas, bien por medios automáticos».

---

46 Voto particular formulado por el Magistrado Excmo. Sr. D. Aureilo Desdentado Bonete a la STS de 5 de diciembre de 2012, al que se le adhieren dos Magistrados más.

Sin embargo, «se ha planteado a veces la posición preeminente del derecho de huelga respecto a otros derechos e intereses [...] pero se trata de un argumento desenfocado. Es verdad que el art. 53 CE[47] lo otorga una protección jurisdiccional forzada [...] pero la disposición de vías jurídicas de defensa de especial efectividad no quiere decir que los intereses jurídicos protegidos de los huelguistas tengan mayor consideración o dignidad sustantiva que los de los demás afectados, sino que las especiales características del ejercicio de la huelga han aconsejado una protección dotada de la mayor eficacia procesal posible. En todo caso, la fragilidad predicable con carácter general. En las huelgas político-económicas de protesta puede y suele ser más frágil o vulnerable el ejercicio de la libertad de trabajo. Por consiguiente, el DLRT «ni obliga a los restantes trabajadores a contribuir al éxito de la reivindicación o de la protesta: (art. 6.4 RDLRT: se respetará la libertad de trabajo de aquellos trabajadores que no quieran sumarse a la huelga), ni con mayor razón obliga al empresario a reducir la actividad empresarial más allá del seguimiento que la declaración de huelga haya podido tener en el colectivo afectado, Y, por otra parte, la sustitución de trabajadores huelguistas que prohíbe el art. 6.5 RDLRT se refiere al empleo de los recursos humanos de la empresa, y no a la utilización de sus recursos materiales tecnológicos».[48]

3.2 Tribunal Constitucional

Antes del pronunciamiento del Tribunal Constitucional de la sentencia 17/2017, su criterio, en el tema estudio, era previsible. Al señalar, en su entonces, la prohibición de que los trabajadores de la empresa realicen durante la huelga funciones distintas a las que

[47] Art. 53 CE: «1. Los derechos y libertades reconocidos en el Capítulo segundo del presente Título vinculan a todos los poderes públicos. Sólo por ley, que en todo caso deberá respetar su contenido esencial, podrá regularse el ejercicio de tales derechos y libertades, que se tutelarán de acuerdo con lo previsto en el artículo 161, 1, a). 2. Cualquier ciudadano podrá recabar la tutela de las libertades y derechos reconocidos en el artículo 14 y la Sección primera del Capítulo segundo ante los Tribunales ordinarios por un procedimiento basado en los principios de preferencia y sumariedad y, en su caso, a través del recurso de amparo ante el Tribunal Constitucional. Este último recurso será aplicable a la objeción de conciencia reconocida en el artículo 30. 3. El reconocimiento, el respeto y la protección de los principios reconocidos en el Capítulo tercero informarán la legislación positiva, la práctica judicial y la actuación de los poderes públicos. Sólo podrán ser alegados ante la Jurisdicción ordinaria de acuerdo con lo que dispongan las leyes que los desarrollen».

[48] Voto particular formulado por el Magistrado Excmo. Sr. D. Antonio Martín Valverde a la STS de 5 de diciembre de 2012.

normalmente desempeñan,[49] aunque no sobre la utilización durante la huelga de medios técnicos de uso no habitual en la empresa.

El objeto del proceso de amparo, en relación a la sentencia 17/2017, consiste en resolver si se vulneró el artículo 28.2 de la CE por haber sido sustituidos los trabajadores huelguistas por trabajadores no huelguistas que realizaron funciones que no le son propias; y por utilizar medios técnicos de uso no habitual en la empresa para retransmitir el partido de Champions el día de huelga.

El artículo 6.5 del DLRT, como ya se ha comentado, establece que «en tanto dure la huelga, el empresario no podrá sustituir a los huelguistas por trabajadores que no estuviesen vinculados a la empresa al tiempo de ser comunicada la misma, salvo caso de incumplimiento de las obligaciones contenidas en el apartado número siete de este artículo». Se prohíbe, por tanto, la contratación de trabajadores que pasen a desempeñar las tareas dejadas de realizar por los huelguistas, lesionando, de tal manera los efectos de la medida adoptada por aquéllos, lo que se conoce con el nombre de esquirolaje externo.

El Tribunal Constitucional ha abordado el problema de la lesión del derecho de huelga por la sustitución de los trabajadores en huelga por otros de nivel superior que no la habían secundado, al manifestar que «la preeminencia de este derecho produce, durante su ejercicio, el efecto de reducir y en cierto modo anestesiar, paralizar o mantener en una vida vegetativa, latente, otros derechos que en situaciones de normalidad pueden y deben desplegar toda su capacidad potencial. Tal sucede con la potestad directiva del empresario, regulada en el art. 20 del Estatuto de los Trabajadores,[50] de la cual son emanación las facultades que le permiten una movilidad del personal, ascensional

---

49 SSTC 123/1992 y 33/2011.

50 Art. 20 Estatuto de los Trabajadores. Dirección y control de la actividad laboral: «1. El trabajador estará obligado a realizar el trabajo convenido bajo la dirección del empresario o persona en quien este delegue. 2. En el cumplimiento de la obligación de trabajar asumida en el contrato, el trabajador debe al empresario la diligencia y la colaboración en el trabajo que marquen las disposiciones legales, los convenios colectivos y las órdenes o instrucciones adoptadas por aquel en el ejercicio regular de sus facultades de dirección y, en su defecto, por los usos y costumbres. En cualquier caso, el trabajador y el empresario se someterán en sus prestaciones recíprocas a las exigencias de la buena fe. 3. El empresario podrá adoptar las medidas que estime más oportunas de vigilancia y control para verificar el cumplimiento por el trabajador de sus obligaciones y deberes laborales, guardando en su adopción y aplicación la consideración debida a su dignidad y teniendo en cuenta, en su caso, la capacidad real de los trabajadores con discapacidad. 4. El empresario podrá verificar el estado de salud del trabajador que sea alegado por este para justificar sus faltas de asistencia al trabajo, mediante reconocimiento a cargo de personal médico. La negativa del trabajador a dichos reconocimientos podrá determinar la suspensión de los derechos económicos que pudieran existir a cargo del empresario por dichas situaciones».

e incluso peyorativa en su dimensión vertical y temporal como regla en la horizontal, en caso de necesidad y como medidas de carácter excepcional casi siempre. Ahora bien, el ejercicio de tal facultad cuando se utiliza como instrumento para privar de efectividad a la huelga, mediante la colocación de personal cualificado (en algún caso, con título universitario) en puestos de trabajo con una calificación mínima, deja inermes a los trabajadores manuales, cuya sustitución es fácil y puede privarles materialmente de un derecho fundamental, vaciando su contenido esencial. Aquí entra en juego el concepto de lo 'social' que significa una acción tuitiva del más débil o desvalido cuando surge un conflicto en el cual la prepotencia del contrario le haría siempre ser el perdedor, para conseguir así la igualdad real y efectiva de individuos y grupos, a la cual encamina el art. 9 de la Constitución[51] y, con ella, la justicia. En definitiva, la sustitución interna, en el supuesto que ahora y aquí nos ocupa, constituye el ejercicio abusivo de un derecho que en principio corresponde al empresario, el ius variandi, con una posibilidad de novación contractual, desde el momento en que su potestad de dirección se maneja con fines distintos a los previstos en el ordenamiento jurídico y en una situación conflictiva, no como medida objetivamente necesaria para la buena marcha de la empresa sino para desactivar la presión producida por el paro en el trabajo».[52]

La anterior doctrina ha sido reiterada al declarar que «la sustitución interna de huelguistas durante la medida de conflicto constituye un ejercicio abusivo del ius variandi empresarial, derecho que, con los límites legalmente previstos, corresponde al empresario en otras situaciones. Pero en un contexto de huelga legítima el referido ius variandi no puede alcanzar a la sustitución del trabajo que debían haber desempeñado los huelguistas por parte de quien en situaciones ordinarias no tiene asignadas tales funciones; ya que, en tal caso, quedaría anulada o aminorada la presión ejercida legítimamente por los huelguistas a través de la paralización del trabajo. Por ello, ni el empresario puede imponer a los trabajadores no huelguistas

---

51 Art. 9 CE: «Art. 9 CE: «1. Los ciudadanos y los poderes públicos están sujetos a la Constitución y al resto del ordenamiento jurídico. 2. Corresponde a los poderes públicos promover las condiciones para que la libertad y la igualdad del individuo y de los grupos en que se integra sean reales y efectivas; remover los obstáculos que impidan o dificulten su plenitud y facilitar la participación de todos los ciudadanos en la vida política, económica, cultural y social. 3. La Constitución garantiza el principio de legalidad, la jerarquía normativa, la publicidad de las normas, la irretroactividad de las disposiciones sancionadoras no favorables o restrictivas de derechos individuales, la seguridad jurídica, la responsabilidad y la interdicción de la arbitrariedad de los poderes públicos».

52 STC 123/1992.

la realización de las tareas que corresponden a los que secundaron la convocatoria, ni los trabajadores que libremente decidieron no secundarla pueden sustituir el trabajo de sus compañeros. Esa regla general admite dos excepciones, conectadas a las previsiones legales sobre el aseguramiento de determinados servicios mínimos esenciales para la comunidad (art. 10 del Real Decreto-ley 17/1977),[53] y a las previsiones sobre los servicios de seguridad y de mantenimiento en la empresa (art. 6.7 del Real Decreto-ley 17/1977).[54] En estos dos supuestos, si los trabajadores designados para el mantenimiento de los referidos servicios se negaran o se resistieran a prestarlos, quedaría justificada su sustitución a tales efectos. No obstante, en la determinación de cuáles son los servicios mínimos esenciales para la comunidad, o cuáles son los servicios de seguridad y de mantenimiento requeridos, debe atenderse a ciertos límites, que impidan interpretaciones restrictivas del derecho fundamental [...].[55] Si las cautelas frente a un entendimiento restrictivo del derecho de huelga se proyectan incluso sobre la ordenación de los servicios mínimos, no puede resultar incongruente que, en el ámbito que estamos examinando, la prohibición de la sustitución interna constituya el principal límite al ius variandi empresarial en situaciones de huelga. Como ha declarado este Tribunal, y como se repite en la jurisprudencia ordinaria en numerosas resoluciones, la prohibición de la sustitución interna de los trabajadores es consecuente con la necesidad de garantizar la efectividad del derecho fundamental en juego. Por ello, en tanto resulte probado que las funciones de los huelguistas han sido desarrolladas por quienes tenían asignadas otras diferentes en la misma empresa, debe concluirse que se ha lesionado el referido derecho».[56]

---

53 Art. 10 DLRT: «El Gobierno, a propuesta del Ministerio de Trabajo, teniendo en cuenta la duración o las consecuencias de la huelga, las posiciones de las partes y el perjuicio grave de la economía nacional, podrá acordar la reanudación de la actividad laboral en el plazo que determine, por un período máximo de dos meses o, de modo definitivo, mediante el establecimiento de un arbitraje obligatorio. El incumplimiento de este acuerdo podrá dar lugar a la aplicación de lo dispuesto en los artículos 15 y 16. Cuando la huelga se declare en empresas encargadas de la prestación de cualquier género de servicios públicos o de reconocida e inaplazable necesidad y concurran circunstancias de especial gravedad, la Autoridad gubernativa podrá acordar las medidas necesarias para asegurar el funcionamiento de los servicios. El Gobierno, asimismo, podrá adoptar a tales fines las medidas de intervención adecuadas».

54 Art. 6.7 DLRT: «El Comité de huelga habrá de garantizar durante la misma la prestación de los servicios necesarios para la seguridad de las personas y de las cosas, mantenimiento de los locales, maquinaria, instalaciones, materias primas y cualquier otra atención que fuese precisa para la ulterior reanudación de las tareas de la empresa. Corresponde al empresario la designación de los trabajadores que deban efectuar dichos servicios».

55 SSTC 11/1981 y 80/2005.

56 STC 33/2011.

Por consiguiente, para apreciar la vulneración del derecho de huelga es necesaria la sustitución de los huelguistas sin causa habilitante para ello y que esa sustitución se realice recurriendo a un trabajador contratado *ex novo* o asignado de forma irregular a la tarea del huelguista.

En este caso, la empresa utilizó medios técnicos de los que disponía, de uso no habitual, para retransmitir el partido de Champions el día de la huelga, y para ello se sirvió de trabajadores no huelguistas que siguieron realizando las funciones propias de su categoría. Por tanto, no se está ante un supuesto en el que la empresa haya contratado a otros trabajadores para realizar las funciones de los huelguistas, ni en el que el empresario haya modificado las funciones que vienen realizando los no huelguistas.

Bajo este contexto, el Tribunal Constitucional ya vaticinaba, en relación al precepto en comento, que constituye un ejercicio abusivo del *ius variandi* del empresario la sustitución interna de los trabajadores no huelguistas durante la huelga.[57] Empero, en el caso que se comenta no se está ante el ejercicio del *ius variandi* que corresponde al empresario, dado que los no huelguistas no han desarrollado funciones distintas a las que tienen asignadas; sino ante el ejercicio del poder de organización de los medios de producción con los que se cuenta en la empresa.

Durante la huelga el empresario no puede sustituir a los huelguistas por otros trabajadores y tiene limitado el poder de cierre patronal, ya que «es contrario a la Constitución todo tipo de cierre que vacíe de contenido o impida el derecho de huelga».[58] Por tanto, la decisión de cierre «afecta no solo al personal conflictivo, sino también al personal pacífico, cuyos derechos y cuya libertad resultan gravemente lesionados».[59] De este modo, el mantenimiento de la actividad productiva durante la huelga, si de una parte es consustancial al ejercicio del derecho de huelga de los huelguistas, de otra es instrumental al del derecho al trabajo de los no huelguistas. Empero, la huelga, «deben adoptarse... medidas de mantenimiento y preservación de los locales, de la maquinaria, de las instalaciones o materias primas, con el fin de que el trabajo pueda reanudarse sin dificultad tan pronto como se ponga fin a la huelga».[60]

---

57 SSTC 123/1992 y 33/2011.

58 STC 11/1981.

59 Ídem.

60 Ídem.

Hay que tener en cuenta que el derecho de huelga exige «proporcionalidad y unos sacrificios mutuos»,[61] de manera que si existe una desproporción entre los daños producidos al empresario y los asumidos por los huelguistas, la huelga será calificada de abusiva. Los daños producidos por la huelga «no pueden ir más allá de lo que es razonablemente requerido por la propia actividad conflictiva y por las exigencias inherentes a la presión que la huelga necesariamente implica».[62] Y ello, porque, ciertamente «la huelga es un derecho de hacer sobre el empresario, colocándose los trabajadores fuera del contrato de trabajo, pero no es, ni debe ser en momento alguno, una vía para producir daños o deterioros en los bienes de capital».[63]

Finalmente, el Tribunal Constitucional manifiesta que no hay duda de que la libertad del empresario, por lo que respecta a sus facultades de organización y dirección de los trabajadores, queda restringida por el ejercicio del derecho de huelga, dado que no hay precepto alguno que, durante este ejercicio, prohíba al empresario usar los medios técnicos de los que habitualmente dispone en la empresa para mantener su actividad. Una actividad que es inherente a la lesividad del ejercicio de la huelga e instrumental al ejercicio del derecho al trabajo de aquellos trabajadores que han decidido no sumarse a la misma.

Por tanto, exigir al empresario que no utilice medios técnicos con los que cuenta en la empresa supone imponer al empresario una conducta de colaboración en la huelga no prevista legalmente. La utilización de medios ya existentes en la empresa es compatible con el derecho de huelga y no puede extenderse, por vía analógica, a este supuesto la prohibición prevista en el artículo 6.5 del DLRT, que se refiere al empleo de los recursos humanos en la empresa, pero no a la utilización de sus recursos materiales y tecnológicos.

El empresario tiene que soportar inevitablemente un daño como consecuencia de la huelga derivado de la interrupción de la actividad en que la misma consiste, pero sería desproporcionado exigir al empresario, en supuestos como el presente, que colabore por inacción u omisión al éxito de la huelga. El derecho de huelga aparece configurado como una presión legal al empresario que debe soportar las consecuencias naturales de su ejercicio por parte de los trabajadores que se abstienen de trabajar, pero no se impone el deber o la obligación de colaboración con los huelguistas en el logro de sus propósitos.

---

61 Ídem.

62 STC 72/1982.

63 STC 11/1981.

De igual manera, la utilización por parte de los trabajadores no huelguistas de los medios técnicos de los que dispone la empresa, sin realizar funciones de una categoría distinta, ha permitido hacer efectiva la libertad de trabajo que les reconoce el artículo 6.4 del DLRT y la jurisprudencia constitucional.[64] Por consiguiente, «en el presente supuesto no ha existido lesión del derecho de huelga. El empresario, en el ejercicio de su poder de organización, ha hecho un ejercicio regular de sus funciones. La emisión del partido fue posible porque en la empresa existían medios técnicos que permitían hacerlo y porque varios trabajadores no secundaron la huelga. Los medios técnicos ya existían –no fueron adquiridos expresamente para hacer frente a los efectos de la huelga– y los trabajadores que no secundaron la huelga no realizaron funciones distintas a las que les corresponden».[65]

Al igual que las anteriores sentencias comentadas del Alto Tribunal, en la del Tribunal Constitucional también ha habido voto particular. Como señala la doctrina, «empezamos a acostumbrarnos de forma harto peligrosa a que los pronunciamientos sobre asuntos de la máxima trascendencia de nuestros supremos órganos jurisdiccional y constitucional se acompañen de votos particulares, en ocasiones de tanta o mayor repercusión para el abordaje del problema de que se trate que el corpus principal de la resolución, ofreciendo un panorama de inseguridad e incertidumbre nada aconsejable e impropio de un Estado de Derecho con un correcto funcionamiento institucional».[66]

En este sentido, el voto particular señala que «como quiera que, según acaba de exponerse, no se trataba del asunto adecuado para abordar un tema de semejante envergadura, pues no precisaba el recurso de dicho examen tras quedar acreditada la lesión del art. 28.2 CE cometida con la sustitución interna de trabajadores, me referiré a ese grave aspecto del debate de modo muy elemental, con un propósito solo enunciativo, pues deseo sobre todo destacar la deriva hacia una jurisprudencia constitucional cada vez más indiferente con la efectividad de los derechos fundamentales. En primer lugar, reitero una vez más la creciente preocupación que me suscita la doctrina constitucional sobre derechos fundamentales en ámbitos en los que la actuación empresarial restrictiva de su eficacia pretende ampararse, y en todo caso opera, a

---

[64] STC 37/1998.

[65] STC 17/2017.

[66] MARTÍNEZ MORENO, C., "El ser o no ser de la huelga, el fútbol y el esquirolaje. A propósito de la STC 17/2017, de 2 de febrero, caso Telemadrid", *Derecho de las Relaciones Laborales*, núm. 9, 2017, pág. 2.

través de las nuevas tecnologías en el marco de las relaciones laborales. Tuve ocasión de ponerlo de manifiesto, antes que en este Voto particular, en los que formulé a las SSTC 241/2012, de 17 de diciembre, y 39/2016, de 3 de marzo, cuyos argumentos generales y la inquietud entonces expresada, más allá de los particulares del caso, pueden proyectarse sin matices a la dinámica que late en la conducta empresarial examinada en el presente asunto. En segundo lugar, aunque en íntima relación con ello, no es de recibo que la doctrina sobre los derechos fundamentales se muestre del todo insensible y ajena a los cambios tecnológicos, como si en nada estuviera comprometida la Constitución. No puede soslayarse el empleo y los efectos del uso de las nuevas tecnologías por parte del empresario para potenciar sus cauces de vigilancia y control o, como ahora, para lograr una directa repercusión en la efectividad de los derechos fundamentales, con finalidad de bloqueo de la finalidad que procura su consagración constitucional. No hay mejor prueba que la Sentencia actual de la que discrepo o aquellas otras recién citadas para ponerlo de manifiesto.

Las renovadas fuentes de incidencia empresarial en la efectividad de los derechos fundamentales, al amparo de los nuevos medios técnicos a los que recurre para hacer más penetrante su actuación limitativa e impeditiva de la tutela constitucional, requieren respuestas constitucionales también nuevas, que garanticen la protección de los derechos más esenciales de los trabajadores en un grado asimilable al que ofreció nuestra jurisprudencia en el pasado, cuando dichos medios tecnológicos carecían del desarrollo y de la potencialidad restrictiva con los que ahora cuentan. También en esto la Sentencia dictada por el Pleno da la espalda, de manera insensible, a la cobertura constitucional y a la necesidad de adaptarla a las nuevas circunstancias, a la evolución de la realidad laboral por razón de las transformaciones que se producen en el marco de las relaciones de trabajo.

Más que una nueva oportunidad perdida, advierto en estos pronunciamientos la repetida confirmación de interpretaciones que eligen la reducción progresiva de la tutela que el contratante débil en la relación laboral precisa de la norma fundamental».[67]

[67] Voto particular formulado por el Magistrado Excmo. Sr. D. Fernando Valdés Dal-Ré a la STC 17/2017.

4 Conclusiones

Del análisis del estado de la cuestión a nivel judicial, se puede señalar que el modelo legal de huelga en España «es susceptible de acabar produciendo interpretaciones, como sucede con la prohibición de esquirolaje, que están ancladas en un modelo productivo pretérito y, lo que es peor, que desafían la eficacia actual del derecho de huelga por lo que a sus repercusiones en la continuidad de la producción se refiere».[68] No sorprende, por tanto, que el Tribunal Constitucional, en cuanto al esquirolaje tecnológico, se «sitúe en una perspectiva limitativa del contenido que surge del art. 28.2 CE y suponga un retroceso respecto de las posiciones que sobre el particular venía estableciendo la propia Sala de lo Social del TS».[69]

Por lo que puede entender que aquel Tribunal ha cambiado de punto de vista «o verse influida por preocupaciones distintas, puesto que este, sin atreverse a abjurar de forma explícita de sus tesis iniciales, seguramente debido a su arraigo y solvencia, viene adoptando puntos de vista que las rectifican, incluso sustancialmente, en la práctica».[70]

En cuanto a la libertad de empresa, que consagra la CE, en el artículo 38, «no pueden oponerse derechos constitucionales del empresario que neutralicen los efectos de aquel derecho, sean "fundamentales" o "cívicos" (o infraconstitucionales). Ni el derecho de empresarial de adopción de medidas de conflicto colectivo ni el de libertad de empresa amparan tales facultades reaccionales de sus titulares».[71] Dicho en otras palabras, «no se trata de que un derecho prime sobre otro, sino de que la huelga incorpora a su contenido la capacidad de incidir restrictivamente en las facultades empresariales y que, a su vez, la libertad de empresa no ampara la capacidad del empresario de reaccionar contra el ejercicio de un derecho fundamental, en este caso el previsto en el art. 28.2 CE».[72]

No hay duda de que la libertad del empresario, por lo que respecta a sus facultades de organización y dirección de los trabajadores, queda

---

[68] PÉREZ REY, J., "Tertulias, reportajes y esquirolaje tecnológico en la huelga general (a propósito de la STS de 11 de junio de 2012)", *Revista de Derecho Social*, núm. 59, 2012, pág. 197.

[69] PÉREZ REY, J., "El Tribunal Constitucional ante el esquirolaje tecnológico (o que la huelga no impida ver el fútbol)", *Revista Derecho Social*, núm. 77, 2017, pág. 177.

[70] SANGUINETI RAYMOND, W., "¿El derecho de huelga en entredicho?", *Revista Trabajo y Derecho*, núm. 13, 2017.

[71] CASAS BAAMONDE, M., "Derecho de huelga y Constitución: ¿nuevas perspectivas?", *Relaciones Laborales*, 1994, pág. 49.

[72] PÉREZ REY, J., "El esquirolaje tecnológico: un importante cambio de rumbo de la doctrina del Tribunal Supremo", *Revista Derecho Social*, núm. 61, 2013, pág. 164.

restringida por el ejercicio del derecho de huelga, mas no hay precepto alguno que, durante este ejercicio, prohíba al empresario usar los medios técnicos de los que habitualmente dispone en la empresa para mantener su actividad. De otra parte, exigir al empresario que no utilice medios técnicos con los que cuenta en la empresa supone imponer al empresario una conducta de colaboración en la huelga no prevista legalmente. La utilización de medios ya existentes en la empresa es compatible con el derecho de huelga y no puede extenderse, por vía analógica, a este supuesto la prohibición prevista en el artículo 6.5 del RDLRT, que se refiere al empleo de los recursos humanos en la empresa; pero no a la utilización de sus recursos materiales y tecnológicos.[73]

Hay que destacar que el pronunciamiento del Tribunal Constitucional (sentencia 17/2017) no hace alusión al esquirolaje tecnológico externo, ni acepta el esquirolaje interno tradicional, el cual aparece en muchas ocasiones vinculado al tecnológico y puede suponer, por ende, una importante vía para su freno. Por lo que el esquirolaje tecnológico no está cerrado. Ello se debe «porque los casos resueltos hasta la fecha se circunscriben a un sector muy concreto (el audiovisual), pero es previsible que el número de supuestos y la variedad de empresas y sectores a los que afecte vayan en aumento exponencial en los próximos años, lo que hará, seguramente, que el máximo intérprete de la constitución deba replantearse su posición si ni para modificarla, sí, al menos, para precisarla, ampliarla y aquilatarla [...]. El esquirolaje tecnológico aún no ha hecho sino mostrar la punta del Iceberg de su capacidad de generar situaciones dudosas o problemáticas, por lo que necesita de una reflexión adicional para encontrar soluciones seguras».[74]

Finalmente, «el camino recorrido no es que haya demostrado ser insuficiente para resolver los nuevos problemas que plantea la nueva realidad y que seguirá planteando, sino que, más bien, ha sido sinuoso, tortuoso y escarpado, vistos los vaivenes judiciales analizados. Y que lejos de instalarnos en ese conformismo autocomplaciente que tanto gusta a los falsos optimistas, ha de servirnos de acicate para perseverar en la senda de incorporar, si no nuevas regulaciones –avistadas las dificultades y peligros en el horizonte político–, cuanto menos nuevas interpretaciones al albur de las situaciones emergentes siempre en

---

[73] STC 17/2017.

[74] TASCÓN LÓPEZ, R., *El esquirolaje tecnológico*, Thomson Reuters Aranzadi, Cizur Menor, 2018, págs. 88 y 89.

un contexto de respecto de los derechos fundamentales que reconoce nuestro contemporáneo Estado Social y Democrático de Derecho».[75]

Referencias bibliográficas

BAYLOS GRAU, A., "Huelga y conflicto en una nueva transición constituyente", *Gaceta Sindical*, núm. 23, 2014.

CASAS BAAMONDE, M., "25 años de jurisprudencia constitucional social: huelga en servicios esenciales y responsabilidad política", *Relaciones Laborales*, núm. 23, 2010.

CASAS BAAMONDE, M., "Derecho de huelga y Constitución: ¿nuevas perspectivas?", *Relaciones Laborales*, 1994.

ÉREZ REY, J., "El Tribunal Constitucional ante el esquirolaje tecnológico (o que la huelga no impida ver el fútbol)", *Revista Derecho Social*, núm. 77, 2017.

GERNIGON, B, ODERO, A. y GUIDO, H., *Principios de la OIT sobre el principio de huelga*, OIT, Ginebra, 1998.

GRAU PINEDA, C., "El impacto de las nuevas tecnologías en el derecho de huelga: a propósito de la sustitución de huelguistas por medios tecnológicos", *Revista Española de Derecho del Trabajo*, num.206, 2018.

KAHALE CARRILLO, D., "El papel de la Administración Pública en la implantación de la Industria 4.0", *Revista Internacional y Comparada de Relaciones Laborales y Derecho del Empleo*, Volumen 6, núm. 1, 2018.

KAHALE CARRILLO, D., "La formación (española e italiana) en la Industria 4.0", *Labour & Law Issues*, Vol. 2, núm. 2, 2016.

KAHALE CARRILLO, D., "La Industria 4.0: los retos para el empleo español", en AA.VV., *Los actuales cambios sociales y laborales: nuevos retos para el mundo del trabajo*, Peter Lang, Bern, Suiza, 2017.

LÓPEZ LLUCH, M., "El derecho de huelga: nueva doctrina sobre esquirolaje tecnológico en la STS de fecha 5 de diciembre de 2012", *Revista Aranzadi Doctrinal*, núm. 5, 2013.

MARTÍNEZ MORENO, C., "El ser o no ser de la huelga, el fútbol y el esquirolaje. A propósito de la STC 17/2017, de 2 de febrero, caso Telemadrid", *Derecho de las Relaciones Laborales*, núm. 9, 2017.

MINISTERIO DE INDUSTRIA, ENERGÍA Y TURISMO, *Industria conectada 4.0: La transformación digital de la industria española*, Ministerio de Industria, Energía y Turismo, Madrid, 2015.

MONTOYA MELGAR, A., *Derecho del Trabajo*, Tecnos, Madrid, 2018.

---

75 GRAU PINEDA, C., "El impacto de las nuevas tecnologías en el derecho de huelga: a propósito de la sustitución de huelguistas por medios tecnológicos", *Revista Española de Derecho del Trabajo*, num. 206, 2018.

MORALO GALLEGO, S., "El ejercicio de la huelga y el impacto de las nuevas y el impacto de las nuevas tecnologías y la descentralización productiva", en AA.VV., *Derecho Colectivo*, Consejo General del Poder Judicial, Madrid, 2003.

PALOMEQUE LÓPEZ, C., *Manual de Derecho Sindical*, CEF, Madrid, 2018.

PÉREZ REY, J., "El esquirolaje tecnológico: un importante cambio de rumbo de la doctrina del Tribunal Supremo", *Revista Derecho Social*, núm. 61, 2013.

PÉREZ REY, J., "Tertulias, reportajes y esquirolaje tecnológico en la huelga general (a propósito de la STS de 11 de junio de 2012)", *Revista de Derecho Social*, núm. 59, 2012.

PÉREZ REY, J., "Tertulias, reportajes y esquirolaje tecnológico en la huelga general (a propósito de la STS de 11 de junio de 2012)", *Revista de Derecho Social*, núm. 59, 2012.

SALA FRANCO, T., *Derecho Sindical*, Tirant lo Blanch, 2017.

SANGUINETI RAYMOND, W., "¿El derecho de huelga en entredicho?", *Revista Trabajo y Derecho*, núm. 13, 2017.

TASCÓN LÓPEZ, R., *El esquirolaje tecnológico*, Thomson Reuters Aranzadi, Cizur Menor, 2018.

TODOLI SIGNES, A., "Acerca del esquirolaje tecnológico", AA.VV., *Jurisprudencia Social a debate*, Tirant lo Blanch, 2015.

TODOLI SIGNES, A., "El esquirolaje tecnológico como método de defensa ante una huelga", *Actualidad Laboral*, núm. 7-8, 2014.

Informação bibliográfica deste texto, conforme a NBR 6023:2018 da Associação Brasileira de Normas Técnicas (ABNT):

KAHALE CARRILLO, Djamil Tony. El derecho de huelga en la industria 4.0. *In*: TUPINAMBÁ, Carolina (Coord.). *As novas relações trabalhistas e o futuro do Direito do Trabalho*: as novidades provenientes das novas possibilidades de interações humanas e de novos modelos de solução de conflitos. Belo Horizonte: Fórum, 2022. (Coleção Fórum As novas relações trabalhistas e o futuro do direito do trabalho. Tomo V.) p. 329-355. ISBN 978-65-5518-224-8.

DIREITO COLETIVO DO TRABALHO: NOVAS RELAÇÕES, CONSTANTES DESAFIOS

ROBERTA FERME SIVOLELLA

1 Introdução

A evolução do Estado constitucional de direito e o movimento pendular ínsito à história da sociedade trouxeram o paradoxo do *economicismo* a ramos do direito essencialmente interpretados com base em valores humanísticos,[1] culminando em debate intenso acerca

---

[1] Acerca do tema e a interdisciplinaridade entre o direito do trabalho e outros ramos do direito e da ciência social, *vide* SIVOLELLA, Roberta Ferme. *A dispensa coletiva e o direito fundamental á proteção ao emprego*: a dignidade da pessoa humana na sociedade "econômica" moderna. Rio de Janeiro: LTr, 2014.

da vedação ao retrocesso e, especificamente no direito do trabalho, em grande preocupação social para com a fragilização do trabalhador e a precarização da força de trabalho.[2]

Nesse contexto, a preocupação com a efetividade dos direitos acaba por fazer voltar o olhar atento da comunidade jurídica ao presente e futuro da organização coletiva de reivindicações, já que se mostra como um dos instrumentos mais eficazes a minorar o desequilíbrio de forças entre os sujeitos que compõem a relação trabalhista, sendo "um dos mais relevantes instrumentos de democratização de poder, no âmbito social, existente nas modernas sociedades democráticas [...]", permitindo, através de seus institutos, que os trabalhadores ganhem "corpo, estrutura e *potência* de ser coletivo".[3] Em outras palavras, a organização e a representação coletiva do obreiro funcionam como meio hábil a garantir a materialização do direito a ser aplicado em âmbito que extrapola o interesse puramente individual do empregado.

A discussão acerca da efetividade de tais direitos esbarra em desafios intensificados a partir das inovações trazidas pela Lei nº 13.467/17 e, mais recentemente, pela MP nº 873/19 que, embora não convertida em lei, deu sinais acerca das escolhas públicas sobre o futuro

---

[2] Sobre o intenso debate advindo das chamadas grandes reformas, *vide* sobre o tema, com as repercussões econômicas em cada país, SIVOLELLA, Roberta Ferme. Novas formas de contratação na Lei 13.467/17 e interpretação sistemático-constitucional: o teletrabalho em foco. *In*: TUPINAMBÁ, Carolina; Gomes, Fabio Rodrigues (Coord.). *Reforma Trabalhista* – Impactos na relação de trabalho. Belo Horizonte: Fórum, 2017; SIVOLELLA, Roberta Ferme; CLAUS, Ben-Hur. A execução de ofício na Reforma Trabalhista. *In*: SOUZA JUNIOR, Antonio Umberto de *et al*. *Reforma Trabalhista*: análise e comentários sobre a Lei n. 13.467/17. Rio de Janeiro: LTr, 2018; e SIVOLELLA, Roberta Ferme. A Justiça do Trabalho da atualidade e seus desafios "desiguais" *In*: RODRIGUES, Douglas Alencar; VEIGA, Maurício de Figueiredo Correa da; VEIGA, Matheus de Figueiredo Correa da (Coord.). *Novos rumos do direito do trabalho na atualidade*. Rio de Janeiro: LTr, 2018. Na oportunidade, ressaltamos que as chamadas reformas trabalhistas se iniciaram com a grande crise de 2008, calcadas na denominada flexibilização de direitos e nas urgências do mercado econômico. Como exemplo, citamos, na Europa, a Espanha (*Ley 36/2011* e *Real Decreto Ley 3/2012*); a Itália (onde uma série de leis denominadas *Job Acts* vem sendo aprovada desde 2012, e submetida a referendos para sua adequação – leis nºs 92/2012, 78 e 183/2014, e decretos-lei nºs 22, 23, 80, 81, 148, 149, 150 e 151/2015/2015, 185/2016 e 81/2017); Portugal (com a aprovação de diversas leis integrantes do denominado "pacote de austeridades", trazendo restrições de direitos trabalhistas entre 2011 e 2015, afetando inclusive o setor público); França (iniciando uma série de alterações e supressões de artigos do *Code du Travail*, em especial a Lei nº 2012-387, de 22.3.2012, Lei nº 2013-504 de 14.6.2013, e, recentemente, sob os primeiros anúncios da chamada "reforma Macrón" que estava por vir, a Lei nº 2016-1088); e Alemanha (em continuidade às denominadas "Leis Hartz" de 2002/2003, a Lei nº 92/2012 e, posteriormente, leis com importantes alterações previdenciárias em 2007 e 2014). Salientamos, ainda, que, no continente americano, medidas semelhantes também foram realizadas no México e no Chile, tomando por base as reformas europeias. No Brasil, a medida veio principalmente com a Lei nº 13.467/17.

[3] DELGADO, Mauricio Godinho. *Direito coletivo do trabalho*. 5. ed. São Paulo: LTr, 2014. p. 26.

do direito coletivo do trabalho. O presente artigo irá focar em dois dos inúmeros debates atuais deste ramo do direito advindos de tal cenário, quais sejam o custeio do sistema sindical e a representatividade do ente sindical sob o enfoque da reforma trabalhista brasileira.

2 Efetividade, fonte de custeio e relevância ou urgência da matéria

A figura do sindicato desponta como um dos principais legitimados a defender os interesses das categorias de trabalhadores. Tal importância assumiu *status* constitucional em 1988, por meio do art. 8º, III da CRFB/88, em expressão da relevância do papel assumido pelo direito coletivo do trabalho no Estado democrático de direito.

Importantes princípios se consagraram por meio da Carta Política de 1988, como a *liberdade sindical* (assegurando a faculdade dos empregadores e obreiros em constituírem livremente seus sindicatos, sem a intervenção do Estado na defesa dos interesses e direitos coletivos ou individuais da categoria profissional ou econômica, inclusive em questões judiciais ou administrativas – art. 8º, I e III da CRFB/88),[4] a *liberdade associativa* (assegurada a liberdade de reunião e associação pacífica de pessoas em torno de objetivos comuns – art. 5º, XVI e XVII –, bem como prevê que ninguém será obrigado a filiar-se ou a manter-se filiado em sindicatos – art. 8º, V da CRFB/88), e o princípio da *autonomia sindical* (concernente aos poderes de autogestão e autoadministração interna dos empregadores e trabalhadores nos sindicatos das categorias que compõem – art. 8º, *caput* e inc. I da CRFB/88).

Nada obstante a relevância pertinente à atuação dos sindicatos, as alterações trazidas por meio da Lei nº 13.467/17, chanceladas pela jurisprudência de controle constitucional, afetaram a estrutura administrativa e financeira de tais entes de representação coletiva, trazendo a reflexão acerca do paradoxo entre uma justificativa para tais medidas em suposto maior fortalecimento advindo da maior responsabilidade e comprometimento dos sindicatos com a prestação de bons serviços aos seus representados, e a fragilização da autonomia sindical, por meio de profundo corte em sua maior fonte de custeio.

---

4 A "personalidade sindical" decorre do competente registro, composto por duas fases: o registro no Cartório de Registro Civil de Pessoas Jurídicas (art. 45 do Código Civil brasileiro), conferindo personalidade jurídica de direito privado, autônomo e coletivo, e o registro no Ministério do Trabalho (art. 8º, I, CF).

Nesse contexto, a ADI nº 5.794 foi proposta contra o art. 1º da Lei nº 13.467/2017, no que alterou a redação dos arts. 545, 578, 579, 582, 583, 587 e 602 da CLT, e acabou por declarar a constitucionalidade da alteração legislativa que tornou facultativo o julgamento da contribuição sindical de empregadores e empregados. Naquela ação direta de inconstitucionalidade, o STF, em julgamento finalizado em 29.6.2018, "por maioria e nos termos do voto do Ministro Luiz Fux, [...], julgou improcedentes os pedidos formulados nas ações diretas de inconstitucionalidade e procedente o pedido formulado na ação declaratória de constitucionalidade".[5] Poucos meses depois e ainda sob o impacto de tal decisão, no início do ano de 2019, às vésperas de grande feriado nacional, foi aprovada a Medida Provisória nº 873/19, limitando as formas de arrecadação das já diminutas fontes de custeio sindicais.[6]

---

5 *DJe*, 31 jul. 2018.

6 A Medida Provisória nº 873/2019, editada pelo presidente Jair Bolsonaro em 1º.3.2019, promoveu as seguintes alterações nos dispositivos já afetados pela reforma trabalhista: "*Art. 545.* As contribuições facultativas ou as mensalidades devidas ao sindicato, previstas no estatuto da entidade ou em norma coletiva, independentemente de sua nomenclatura, serão recolhidas, cobradas e pagas na forma do disposto nos art. 578 e art. 579. [...] *Art. 578.* As contribuições devidas aos sindicatos pelos participantes das categorias econômicas ou profissionais ou das profissões liberais representadas pelas referidas entidades serão recolhidas, pagas e aplicadas na forma estabelecida neste Capítulo, sob a denominação de contribuição sindical, desde que prévia, voluntária, individual e expressamente autorizado pelo empregado. *Art. 579.* O requerimento de pagamento da contribuição sindical está condicionado à autorização prévia e voluntária do empregado que participar de determinada categoria econômica ou profissional ou de profissão liberal, em favor do sindicato representativo da mesma categoria ou profissão ou, na inexistência do sindicato, em conformidade o disposto no art. 591. §1º A autorização prévia do empregado a que se refere o *caput* deve ser individual, expressa e por escrito, não admitidas a autorização tácita ou a substituição dos requisitos estabelecidos neste artigo para a cobrança por requerimento de oposição. §2º É nula a regra ou a cláusula normativa que fixar a compulsoriedade ou a obrigatoriedade de recolhimento a empregados ou empregadores, sem observância do disposto neste artigo, ainda que referendada por negociação coletiva, assembleia-geral ou outro meio previsto no estatuto da entidade. *Art. 579-A.* Podem ser exigidas somente dos filiados ao sindicato: I - a contribuição confederativa de que trata o inciso IV do *caput* do art. 8º da Constituição; II - a mensalidade sindical; e III - as demais contribuições sindicais, incluídas aquelas instituídas pelo estatuto do sindicato ou por negociação coletiva. [...] *Art. 582.* A contribuição dos empregados que autorizarem, prévia e expressamente, o recolhimento da contribuição sindical será feita exclusivamente por meio de boleto bancário ou equivalente eletrônico, que será encaminhado obrigatoriamente à residência do empregado ou, na hipótese de impossibilidade de recebimento, à sede da empresa. §1º A inobservância ao disposto neste artigo ensejará a aplicação do disposto no art. 598. §2º É vedado o envio de boleto ou equivalente à residência do empregado ou à sede da empresa, na hipótese de inexistência de autorização prévia e expressa do empregado. §3º Para fins do disposto no inciso I do *caput* do art. 580, considera-se um dia de trabalho o equivalente a: I - uma jornada normal de trabalho, na hipótese de o pagamento ao empregado ser feito por unidade de tempo; ou II - 1/30 (um trinta avos) da quantia percebida no mês anterior, na hipótese de a remuneração ser paga por tarefa, empreitada ou comissão. §3º Na hipótese de pagamento do salário em utilidades, ou nos casos em que o empregado receba, habitualmente, gorjetas, a

Há, contudo, um importante ponto a ser destacado entre o entendimento acerca da ampla legitimação dos sindicatos, já assentada pelo Supremo quando do julgamento do Tema de Repercussão Geral nº 823, e os efeitos decorrentes do posicionamento do Supremo na ADI nº 5.794 e do teor da medida provisória editada no início de 2019.

Por meio do precedente consubstanciado no Tema nº 823, havia se tornado tese de repercussão geral o entendimento há tempos consolidado no próprio Supremo, no sentido de a disposição do art. 8º, III, da Constituição Federal ser autoaplicável, e, em consequência, consagrar-se como premissa constitucional a legitimidade extraordinária ampla dos sindicatos, *que não se restringe aos seus filiados*. Sob esse prisma, entendeu-se que a Constituição Federal de 1988 buscou não só harmonizar, por meio de sua organização sistemática (*caput* do art. 8º e incisos correlatos), mas *tornar efetivas* as funções do sindicato, entre as quais se encontra a função *de representação*, consagrada em sua acepção mais ampla pelo Supremo Tribunal Federal, *extensível a toda a categoria*, tal e qual a doutrina acerca da matéria tradicionalmente já o fazia.[7] A própria topografia da Constituição Federal, aliás, já revelava que o legislador constituinte, não por acaso, pretendeu agrupar os incisos do art. 8º de maneira a incutir eficácia e efetividade às funções dos sindicatos, os quais, apesar de dotados de natureza jurídica de direito privado, possuem função social intimamente ligada à efetividade e eficácia dos direitos sociais contidos no art. 7º da Constituição Federal.

Daí porque não se poderia atribuir aos entes sindicais caráter de domínio totalmente estatal, tampouco totalmente particular. Se, por um lado, a origem exacerbadamente paternalista da organização sindical não cabe mais no mundo fluido e de livre iniciativa necessária à própria sobrevivência de tal sociedade pautada na liberdade e fluidez como garantia positiva dos cidadãos, por outro, não é possível se retirar do Estado, por completo, uma intervenção mínima que garanta a consecução da finalidade social e garantista de direitos constitucionalmente assegurados. Como exemplo, a reminiscência de uma necessidade de registro sindical ainda a cargo do MTE, não de caráter intervencionista, mas organizacional-fiscalizatório da aplicação dos preceitos a que a

---

contribuição sindical corresponderá a 1/30 (um trinta avos) da importância que tiver servido de base, no mês de janeiro, para a contribuição do empregado à Previdência Social" (NR).

7 Segundo Valentin Carrion, "sindicato de empregados é o agrupamento estável de membros de uma profissão, destinado a *assegurar a defesa e representação da respectiva profissão* para melhorar as condições de trabalho" (CARRION, Valentim. *Comentários à Consolidação das Leis do Trabalho*. 23. ed. São Paulo: Saraiva, 1998. Grifos nossos).

Constituição optou por abarcar em relação à matéria, mormente para se evitar a chamada "atomização sindical" e consequente ineficácia dos direitos sociais.[8]

Assim, a ampla legitimação extraordinária para fins de consecução da função representativa efetiva do sindicato esbarraria no paradoxo do custeio facultativo, vale dizer, todos seriam beneficiados por atos sem previsão de mínimo custeio, ou, mais precisamente, no caso da norma coletiva, cuja aplicação não é restrita aos associados, a ausência de vantagens a quem permanecer filiado e contribuir representa verdadeiro estímulo à desfiliação e ao esvaziamento do sindicato, em clara violação ao art. 8º, V da Constituição Federal. Portanto, uma primeira conclusão a ser pontuada é a de que parece, *prima facie*, existir um evidente conflito em relação à disposição, autoaplicável como já dito, acerca da legitimidade extraordinária ampla dos sindicatos disposta no inc. III do art. 8º da Constituição Federal, e os preceitos da Lei nº 13.467/17, que alteraram a redação dos arts. 545, 578, 579, 582, 583, 587 e 602 da CLT.

Sob outro prisma, uma função de cunho *social* estaria sendo analisada sob o viés de *empreendimento econômico*, com assunção do risco total pelo ente sindical acerca de sua manutenção. Aliás, tal viés economicista do tratamento legislativo e jurisprudencial destinado à fonte de custeio também se revela em outra repercussão prática: a situação de evidente antinomia de tratamento em relação a entes da organização sindical de categorias econômicas, a exemplo do que ocorre com o denominado "sistema S"[9], dá ensejo à discussão acerca de incongruência constitucional em relação ao art. 5º, *caput* da Constituição Federal. A suposta quebra de isonomia entre os entes sindicais de origem patronal ou obreira, contudo, abre também respaldo finalístico para a ampliação de receitas dos sindicatos profissionais com a criação de sistema semelhante, a partir do reconhecimento do papel social das entidades componentes do sistema S de *fomento* à *profissionalização, beneficiando não só os empresários, mas também os trabalhadores*, com a possibilidade de maior capacitação e inserção no mercado de trabalho,

---

[8] Conforme Bauman, "sem os direitos políticos, as pessoas não podem ter confiança em seus direitos pessoais; mas sem direitos *sociais*, os direitos *políticos* continuarão sendo um sonho inatingível, uma ficção inútil ou uma piada cruel para grande parte daqueles a quem eles foram concedidos pela letra da lei" (BAUMAN, Zygmunt. *Tempos líquidos*. Rio de Janeiro: Jorge Zahar Ed., 2007. p. 70).

[9] Não se pode afastar a constatação de que, para determinadas categorias patronais, existe a previsão de contribuição compulsória destinada ao custeio do sistema S, para a qual o TCU já detectou a possibilidade de receita de alto vulto (Disponível em: https://www1.folha.uol.com.br/mercado/2017/07/1901639-cresce-a-arrecadacao-do-sistema-s-que-nao-passa-por-controle-do-fisco.shtml).

e a consecução do pleno emprego, como corolário do valor social do trabalho previsto como princípio do Estado democrático de direito no art. 1º, IV da Constituição Federal.

Não é demasiado citar, ainda, que um dos fundamentos utilizados quando do julgamento da ADI nº 5.794 pelo Supremo Tribunal Federal para respaldar a ausência de impacto econômico-financeiro da retirada da contribuição sindical obrigatória em virtude da existência do Fundo de Amparo ao Trabalhador mostra-se em antinomia à real situação verificada em relação aos recursos existentes. Em nota técnica, mesmo antes do dito julgamento, em parecer acolhido pelo Ministério do Planejamento, foi verificada a "necessidade de providências para manutenção do equilíbrio financeiro do FAT", inclusive com chancela do TCU (Acórdão nº 3.130/2014). Apontou também que "a continuidade das discussões no âmbito dos Poderes Executivo e Legislativo é de suma importância para a perenidade do Fundo, frente ao compromisso de honrar os pagamentos de seguro desemprego e abono salarial, em benefício aos trabalhadores com vínculo formal de trabalho", ante o grande déficit observado nos últimos anos, com a necessidade de aportes do Tesouro Nacional na ordem *de R$16,2 bilhões somente em 2017.*[10]

A citada consequência anti-isonômica poderia ser minorada em virtude do que dispõe o próprio art. 8º, IV da Constituição Federal, que permite fontes de custeio autorizadas por assembleia-geral e, considerando sua parte final, por leis infraconstitucionais, possibilitando, por tal motivo, a criação de novas receitas, com o fito de minorar os impactos financeiros em relação à necessidade de consecução finalística da organização sindical. A exemplo de receitas regulamentadas por meio de leis ordinárias (inclusive em relação à sua base de cálculo, *e.g.*, art. 28 da Lei nº 8.212/91), às demais fontes de custeio do ente sindical (demais contribuições – assistenciais, confederativas e mensalidades sindicais, por exemplo) caberia o equilíbrio e a adequação de receitas, indubitavelmente delegados ao legislador ordinário, e, em interpretação sistemática ao art. 7º, XXVI da Constituição Federal, *aos próprios sindicatos por meio de negociação coletiva* com aprovação em assembleia-geral, desde

---

[10] Trata-se da Nota Técnica nº 202/2017 – CGFAT/SPOA/SE/MTb. Outrossim, em 28.6.2018 (véspera do encerramento do julgamento da ADI nº 5.794, portanto), foi publicada a aprovação da proposta orçamentária do FAT para o exercício de 2019, em que considerado o aporte de receita decorrente da quota-parte de contribuições sindicais na ordem de, no mínimo R$200.000.000,00 (Resolução Cofedat nº 810/2018. *DOU*, 28 jun. 2018), situação que irremediavelmente sofreu grande impacto com a repercussão prática do fim da contribuição sindical compulsória.

que não impusessem o recolhimento obrigatório da contribuição sindical prevista no art. 578 da CLT.

Com efeito, o art. 578 da CLT, *na redação considerada constitucional* pelo Supremo na ADI nº 5.794 (que prevê a necessidade de autorização "prévia e expressa" do empregado para o recolhimento da contribuição sindical), e o art. 611-B, XXVI, da CLT (que dispõe sobre "o direito de não sofrer, sem sua expressa e prévia anuência", qualquer cobrança ou desconto salarial estabelecidos em convenção coletiva ou acordo coletivo de trabalho), remetem a uma interpretação sistemática em conjunto aos demais dispositivos inalterados pela reforma trabalhista, conforme a intenção do legislador. A manutenção de dispositivos pelo legislador da reforma por meio da Lei nº 13.467/17, portanto, representa disposições a que, deliberadamente, optou o ramo de poder competente para a edição de leis por não os alterar, de modo que interpretação que contrarie tais dispositivos, além de incompatível com a vontade do legislador, gera incongruência jurídica de difícil solução.[11]

Além do que, o art. 513 da CLT, inalterado em suas alíneas pela Lei nº 13.467/17, prevê entre as prerrogativas do sindicato a representação, "perante as autoridades administrativas e judiciárias os interesses gerais da respectiva categoria ou profissão liberal ou interesses individuais dos associados relativos à atividade ou profissão exercida", a celebração de contratos coletivos de trabalho e a *imposição de contribuições a todos aqueles que participam das categorias econômicas ou profissionais ou das profissões liberais representadas* (art. 513 da CLT, "a", "b" e "e").

Assim, pode-se compreender a anuência "prévia e expressa" dos empregados que compõem determinada categoria a que remete o art. 513 da CLT como aquela obtida por meio de negociação por meio do órgão deliberativo competente, visando dar validade aos dispositivos acima, considerados em conjunto. Trata-se de autorização de cada empregado *corporificado por sua categoria, tal e qual previu, ainda, o texto dado pela reforma trabalhista ao art. 579 da CLT* ("o desconto da contribuição sindical está condicionado à autorização prévia e expressa *dos que participarem de uma categoria econômica ou profissional*"). Há que se notar, aqui, que a Lei nº 13.467/17 se referiu ao empregado como participante de uma *categoria econômica ou profissional*, vale dizer, almejou a possibilidade de

---

[11] Sobre a necessidade de interpretação sistemática da CLT no contexto pós-reforma, *vide* SIVOLELLA, Roberta Ferme. Novas formas de contratação na Lei 13.467/17 e interpretação sistemático-constitucional: o teletrabalho em foco. *In*: TUPINAMBÁ, Carolina; Gomes, Fabio Rodrigues (Coord.). *Reforma Trabalhista* – Impactos na relação de trabalho. Belo Horizonte: Fórum, 2017.

tal autorização, ainda que pelos não associados, por meio do instrumento coletivo hábil a representá-lo, no esteio do art. 513, "a", "b" e "e" da CLT, em situação que se coaduna com o repisado entendimento do Supremo em relação à legitimidade ampla dos sindicatos.[12]

Não demais rememorar, a possibilidade de criação de formas de arrecadação de fontes de custeio sindical por meio das negociações coletivas reforça o amplo reconhecimento de sua validade previsto no art. 7º, XXVI da Constituição Federal, utilizado com justificativas do legislador ordinário quando da aprovação da Lei nº 13.467/17, e reafirmado pelo entendimento do Supremo, que recentemente considerou, à *unanimidade*, haver questão constitucional e repercussão geral em matéria que debate a força e o reconhecimento das normas coletivas.[13] Além do que, tais instrumentos coletivos funcionam como meios de pacificação social, no sentido de prevenir conflitos coletivos e greves que possam gerar colapso social, apresentando-se como forte instrumento garantidor e fomentador da ordem econômica e social insculpida no art. 170, incs. I a IX da Constituição Federal.

A solução de uma autorização chancelada por assembleia-geral, em instrumento coletivo, além de possivelmente minorar alguns dos argumentos consequencialistas mais fortes em favor da inconstitucionalidade material sustentada na ADI nº 5.794, não constituiria atentado ao princípio da liberdade sindical, visto que demanda voluntariedade de filiação e atende ao requisito da autorização prévia e expressa por meio do órgão deliberativo competente (art. 524 da CLT, não alterado pela reforma trabalhista, e que menciona a deliberação da assembleia-geral na forma prevista no estatuto do sindicato).

Há que se salientar, ainda, que a igualdade nas negociações coletivas alcança *status constitucional* de igualdade jurídica, cujo princípio visa

> assegurar a existência de efetiva equivalência entre os sujeitos contrapostos, evitando a negociação informal do empregador com grupos coletivos obreiros estruturados apenas de modo episódico, eventual, sem a força de uma institucionalização democrática como a propiciada pelo sindicato.[14]

---

[12] RE nº 883.642/AL. Rel. Min. Ricardo Lewandowski. *DJe*, 26 jun. 2015.

[13] Trata-se do Tema de Repercussão Geral nº 1.046 do STF, o qual, por meio do Plenário Virtual, reconheceu a repercussão geral em matéria de "validade de norma coletiva de trabalho que limita ou restringe direito trabalhista não assegurado constitucionalmente" (*DJe*, 23 maio 2019).

[14] DELGADO, Maurício Godinho. *Direito coletivo do trabalho*. 5. ed. São Paulo: LTr, 2014. p. 57.

O meio escolhido pelo legislador constituinte para viabilizar que tal igualdade material seja efetivamente concretizada, sem dúvidas, foi expressamente o da participação dos sindicatos, conforme o texto do art. 8º, VI da Constituição Federal de 1988.[15]

Tais reflexões, contudo, não foram observadas por meio da restrição desmedida imposta pela MP nº 873/19, resultando em exigência de autorização individual e por escrito do empregado não associado que acabava por gerar disposição normativa que, além de não se mostrar compatível com os demais dispositivos da CLT e mesmo com a exegese do entendimento do STF acerca da legitimidade ampla dos sindicatos, cria situação real de total ineficácia da previsão de autorização, já que, na prática, o empregado irá se beneficiar das benesses previstas em norma coletiva quer contribua, quer não (art. 611 da CLT). Assim, muito embora remanesça a obrigação de representação ampla por parte do sindicato, não haveria qualquer vantagem àquele que optar por permanecer associado e quiser contribuir. No caso específico da Medida Provisória nº 873/2019, a redação dada ao art. 579 e a inclusão do art. 579-A da CL se mostravam contrárias até mesmo à orientação expressa do Comitê de Liberdade Sindical do Conselho de Administração da OIT (§§480, 364 e 365 da Recopilação de Decisões e Princípios do Comitê de Liberdade Sindical do Conselho de Administração da OIT).[16]

Tem-se, portanto, que qualquer mecanismo de inviabilização, ainda de que forma indireta, da participação dos sindicatos em processo efetivo e democrático de representação, em paridade de armas, nas negociações coletivas (como sói ocorrer com o sindicato que, à míngua de previsão na legislação ordinária, tem por restringidos os meios de arrecadação de sua fonte de custeio por força de medida provisória), acaba por se mostrar contrário ao que a Reforma Trabalhista, por meio

---

15 "Art. 8º [...] VI - é obrigatória a participação dos sindicatos nas negociações coletivas de trabalho; [...]".

16 "Quando uma legislação aceita cláusulas de segurança sindical, *como a dedução de cotas sindicais de não filiados que se beneficiam da contratação coletiva, tais cláusulas apenas devem ser efetivas por meio de convênios coletivos*" (§480); "a admissibilidade de cláusulas de segurança sindical em acordos coletivos *foram deixadas à discrição dos Estados ratificantes*, como indicam os trabalhos preparatórios da Convenção nº 98" (§364); e "problemas relacionados com as cláusulas de segurança sindical devem ser resolvidos no âmbito nacional, em conformidade com a prática nacional e com o sistemas de relações de trabalho de cada país. Em outras palavras, ambas as situações, nas quais as cláusulas de segurança sindical são admitidas e aquelas em que são proibidas *podem ser consideradas em conformidade com os princípios da OIT e os padrões de liberdade sindical*" (§365). A contrariedade ao normativo internacional é citada por KALIL, Renan Bernardi. Avanços e perspectivas do direito constitucional do trabalho: uma análise sob a ótica do direito coletivo do trabalho. *Rev. TST*, Brasília, v. 79, n. 4, p. 183-213, out./dez. 2013.

da Lei nº 13.467/17, bem como da MP nº 873/19, indica como uma de suas finalidades precípuas: privilegiar a negociação sobre o aspecto legal,[17] resultando, na prática, em repercussão social negativa que coloca em xeque a representatividade efetiva dos sindicatos. E é sobre tal aspecto que se debruçará o próximo tópico.

3 A representatividade *efetiva* do ente coletivo

Ante o panorama legislativo recente e a necessidade de defesa dos direitos constitucionalmente assegurados por meio da via coletiva, emerge no Brasil a discussão acerca da representatividade dos trabalhadores dentro e fora do âmbito processual.

Em verdade, a maior ou menor força representativa do sindicato que atua como substituto processual ou representante dos trabalhadores em âmbito extrajudicial acaba por refletir na suposta minimização da desigualdade entre as partes por meio da coletivização dos conflitos. Certamente, um sindicato pulverizado ou com pouca representatividade não terá a mesma força em relação ao elemento detentor dos meios de produção, expresso na parte *ex- adversa*.[18]

Não irrelevante rememorar, a discussão acerca da ampla representação dos sindicatos remonta à época da edição da Súmula nº 310 do Tribunal Superior do Trabalho (aprovada pelo Tribunal Pleno do TST por meio da Resolução nº 1/93, publicada no *DJ* de 6.5.1993). Naquela ocasião, firmou-se entendimento acerca da eficácia contida no inc. III, art. 8º da Constituição Federal, como norma não autoaplicável, asseverando que o dito preceito não garantia a substituição processual

---

17 Sobre o tema, *vide* SIVOLELLA, Roberta Ferme. A Medida Provisória 873/19: a urgência e relevância de se aferir sua (in)constitucionalidade. *In*: PASSOS, André; SIMÃO, Raimundo; LUNARD, Sandro (Org.). *Financiamento sindical no Brasil*: reflexões sociojurídicas e o curioso caso da MP 873/2019. Belo Horizonte: RTM, 2019. p. 153-170.

18 Eis o trecho extraído da pesquisa apresentada por CAMPOS, André Gambier. *Sindicatos no Brasil*: o que esperar no futuro próximo? Disponível em: http://www.ipea.gov.br/portal/index.php?option=com_content&view=article&id=29187&Itemid=406. Acesso em: 5 abr. 2019: "[...] no que diz respeito aos atores do trabalho (sindicatos), que enfrentam vários dilemas no Brasil. Há milhares de sindicatos no Brasil, distribuídos por várias atividades econômicas, categorias profissionais e regiões do país. À primeira vista, isso pareceria promissor para a promoção de qualquer regulação contratual ou negociada do trabalho. No entanto, parte expressiva desses sindicatos apresenta uma constituição relativamente frágil, com poucos trabalhadores em sua base e uma reduzida filiação. Como resultado dessa fragilidade, os sindicatos reúnem poucos recursos, inclusive financeiros, para negociar coletivamente novas formas de regulação do trabalho".

pelo sindicato, estando condicionada às hipóteses legalmente previstas,[19] em interpretação descrita por diversos juristas à época como "esdrúxula situação na qual a norma inferior impõe limite à maior e não apenas a condiciona".[20]

A repercussão inafastável da construção jurisprudencial da Corte Superior foi a limitação à coletivização dos conflitos, por meio da restrição injustificada do âmbito de atuação sindical, em posicionamento que acabava conflitando, inclusive, com outros preceitos do mesmo art. 8º constitucional. Tanto assim que a celeuma chegou até o Supremo Tribunal Federal, em crescente debate que culminou no posicionamento da Corte Suprema acerca da rejeição da preliminar de ilegitimidade ativa do sindicato quando da defesa de direitos transindividuais dos trabalhadores, de maneira ampla (Mandado de Injunção nº 347-5, em 1993, em entendimento reiterado no RE nº 202063-0-PR, do mesmo ano, Agravo de Instrumento nº 153.148-8, em 1995, e diversos outros julgados que se seguiram – REs nºs 193.503, 193.579 e 208.983, por exemplo).[21] A discussão ganhou vulto no âmbito do TST, culminando no cancelamento da Súmula nº 310, por meio da Resolução nº 121 de 21.11.2003, e determinou os caminhos da jurisprudência a partir de então, que passou a trilhar posição diametralmente oposta, não só quanto ao reconhecimento da legitimação extraordinária dos sindicatos,

---

19 Súmula nº 310 do TST: "SUBSTITUIÇÃO PROCESSUAL. SINDICATO (*cancelamento mantido*) - Res. 121/2003, DJ 19, 20 e 21.11.2003 e republicada DJ 25.11.2003: I - O art. 8º, inciso III, da Constituição da República *não* assegura a substituição processual pelo sindicato. II - A substituição processual autorizada ao sindicato pelas Leis nºs 6.708, de 30.10.1979, e 7.238, de 29.10.1984, limitada aos associados, *restringe-se às demandas que visem aos reajustes salariais previstos em lei, ajuizadas até 03.07.1989*, data em que entrou em vigor a Lei nº 7.788/1989. III - A Lei nº 7.788/1989, em seu art. 8º, assegurou, *durante sua vigência*, a legitimidade do sindicato como substituto processual da categoria. IV - A substituição processual autorizada pela *Lei nº 8.073, de 30.07.1990*, ao sindicato alcança todos os integrantes da categoria e é restrita às demandas que visem à satisfação de *reajustes salariais* específicos resultantes de disposição prevista em lei de política salarial. V - *Em qualquer ação proposta pelo sindicato como substituto processual, todos os substituídos serão individualizados na petição inicial e, para o início da execução, devidamente identificados pelo número da Carteira de Trabalho e Previdência Social ou de qualquer documento de identidade.* VI - É lícito aos substituídos integrar a lide como assistente litisconsorcial, acordar, transigir e renunciar, independentemente de autorização ou anuência do substituto. VII - Na liquidação da sentença exeqüenda, promovida pelo substituto, serão individualizados os valores devidos a cada substituído, cujos depósitos para quitação serão levantados através de guias expedidas em seu nome ou de procurador com poderes especiais para esse fim, inclusive nas ações de cumprimento. VIII - Quando o sindicato for o autor da ação na condição de substituto processual, *não serão devidos honorários advocatícios*".

20 EÇA, Vitor Salino de Moura. Substituição processual sindical no processo do trabalho. *Rev. Trib. Reg. Trab. 3ª Reg.*, Belo Horizonte, v. 46, n. 76, p. 219-234, jul./dez. 2007. p. 228.

21 EÇA, Vitor Salino de Moura. Substituição processual sindical no processo do trabalho. *Rev. Trib. Reg. Trab. 3ª Reg.*, Belo Horizonte, v. 46, n. 76, p. 219-234, jul./dez. 2007. p. 229.

mas também como meio de se ampliar o próprio conceito de direitos individuais homogêneos passíveis de defesa coletiva em substituição processual.

O próprio conceito do STF acerca da "afinidade" (e não somente a restrita identidade) como elemento identificador da origem comum necessária a respaldar a identificação do direito como individual homogêneo, ampliando, portanto, a legitimidade dos entes representativos dos trabalhadores em Juízo para fins de utilização dos instrumentos de tutela coletiva propiciados pelo ordenamento jurídico.[22] Tal ampliação

---

[22] O caminho jurisprudencial que culminou no entendimento atual do STF pode ser evidenciado por meio dos seguintes arestos: "EMENTA: PROCESSO CIVIL. SINDICATO. ART. 8º, III DA CONSTITUIÇÃO FEDERAL. LEGITIMIDADE. SUBSTITUIÇÃO PROCESSUAL. DEFESA DE DIREITOS E INTERESSES COLETIVOS OU INDIVIDUAIS. RECURSO CONHECIDO E PROVIDO. O artigo 8º, III da Constituição Federal estabelece a *legitimidade extraordinária* dos sindicatos para defender em juízo os direitos e interesses coletivos ou individuais dos integrantes da categoria que representam. Essa legitimidade extraordinária é ampla, *abrangendo a liquidação e a execução dos créditos* reconhecidos aos trabalhadores. Por se tratar de típica hipótese de substituição processual, é desnecessária qualquer autorização dos substituídos. Recurso conhecido e provido" (STF. RE nº 193.503/SP – Pleno. Rel. Min. Carlos Velloso. *DJU*, 24 ago. 2007); "RECURSO EXTRAORDINÁRIO COM AGRAVO. REPERCUSSÃO GERAL NÃO EXAMINADA. OFENSA REFLEXA. INVIABILIDADE DO RECURSO. CONSTITUCIONAL. SUBSTITUIÇÃO PROCESSUAL. SINDICATO. ART. 8º, INC. III, DA CONSTITUIÇÃO FEDERAL [...] 2. 'Os sindicatos têm legitimidade processual para atuar na defesa de todos e quaisquer direitos subjetivos individuais e coletivos dos integrantes da categoria por ele representada [CB/88, art. 8º, III]'. Precedentes: AI n. 453.031-AgR/SP, Relatora Min. Cármen Lúcia, 1ª Turma, publicado no DJe de 7.12.2007, RE n. 226.205-AgR, Relator Min. Eros Grau, 2ª Turma, publicado no DJe de 22.5.2007 e AI n. 422.148-AgR, Relator Min. Ricardo Lewandowski, 1ª Turma, publicado no DJe de 14.11.2007. 3. *In casu*, o acórdão recorrido assentou: '*RECURSO DE REVISTA. 1. PRELIMINAR DE NULIDADE POR NEGATIVA DE PRESTAÇÃO JURISDICIONAL. No tópico, a reclamada não apontou violação de lei, nem da Constituição Federal. Dessa forma, está desfundamentado, a teor da determinação do artigo 896 da CLT e da OJ nº 115 da SBDI-1 do TST. Recurso de revista não conhecido. 2. LEGITIMIDADE ATIVA AD CAUSAM DO SINDICATO PARA PROPOR AÇÃO CIVIL PÚBLICA. A jurisprudência desta Corte Superior segue no sentido de reconhecer, após pronunciamento do STF a respeito do artigo 8º, III, da CF, que o sindicato profissional detém legitimidade para ajuizar ação civil pública. Conclui-se também pela análise do parágrafo 1º do artigo 129 do texto constitucional, bem como segundo Lei Orgânica do parquet, que o Ministério Público não detém exclusividade no manejo de tal remédio. Precedentes. Recurso de revista não conhecido*'" (RE nº 674.809 RJ. Rel. Min. Luiz Fux, Primeira Turma. *DJe*, 6 jun. 2012); "É prescindível a comprovação da situação funcional de cada substituído, na fase de conhecimento, nas ações em que os sindicatos agem como substituto processual" (RE nº 363.860-AgR. Rel. Min. Cezar Peluso, Segunda Turma, j. 25.9.2007. *DJ*, 19 out. 2007). No mesmo sentido: AI nº 840.917-AgR. Rel. Min. Dias Toffoli, Primeira Turma, j. 17.9.2013, *DJe*, 5 nov. 2013; "EMBARGOS DE DIVERGÊNCIA. PROCESSUAL CIVIL. AÇÃO CIVIL PÚBLICA. DEFESA DE DIREITOS INDIVIDUAIS HOMOGÊNEOS DE SERVIDORES PÚBLICOS. CABIMENTO. LEGITIMIDADE DO SINDICATO. ISENÇÃO DE CUSTAS. APLICAÇÃO DO ART. 18 DA LEI N. 7.347/85. 1. É cabível o ajuizamento de ação civil pública em defesa de direitos individuais homogêneos não relacionados a consumidores, devendo ser reconhecida a legitimidade do Sindicato recorrente para propor a presente ação em defesa de interesses individuais homogêneos da categoria que representa. Com o processamento da presente demanda na forma de ação civil pública, plenamente incidente o art. 18 da lei n. 7.347/85,

da legitimidade aludida culminou no entendimento exposto no Tema de Repercussão Geral nº 823 do STF, com repercussão geral reconhecida, no seguinte sentido:

> os sindicatos possuem ampla legitimidade extraordinária para defender em juízo os direitos e interesses coletivos ou individuais dos integrantes da categoria que representam, inclusive nas liquidações e execuções de sentença, *independentemente de autorização dos substituídos*.

Nada obstante, em relação às associações não afetas à estrutura sindical, o entendimento abarcado foi diametralmente oposto.[23]

A observância de um critério de ampla legitimação sindical contrasta com a diminuição de suas forças, a partir do enfraquecimento estrutural e desestímulo à filiação, como consequências pragmáticas dos últimos atos legislativos chancelados pelo Supremo e medidas do Executivo nessa seara, como já visto.

Certamente, é necessária uma visão em certa medida consequencialista[24] e equilibrada na ponderação de valores entre as decisões a serem tomadas pelos três poderes na construção de um novo modelo sindical.

---

com a isenção de custas. 2. Embargos de divergência não providos" (STJ. EREsp nº 1.322.166 PR 2014/0296144-0. Rel. Min. Mauro Campbell Marques, Corte Especial, j. 4.3.2015. *DJe*, 23 mar. 2015).

[23] Conforme o Tema nº 82 do ementário de temas de repercussão geral do STF, com repercussão geral reconhecida, e a seguinte tese aprovada: "I – A *previsão estatutária genérica não é suficiente* para legitimar a atuação, em Juízo, de associações na defesa de direitos dos filiados, sendo *indispensável autorização expressa, ainda que deliberada em assembleia*, nos termos do artigo 5º, inciso XXI, da Constituição Federal; II – As balizas subjetivas do título judicial, formalizado em ação proposta por associação, *são definidas pela representação no processo de conhecimento, limitada a execução aos associados apontados na inicial*".

[24] O termo "consequencialista", aqui, é mencionado como a utilização de argumentos que justificam a adoção ou a rejeição de uma decisão com base nas suas consequências desejáveis ou indesejáveis, inclusive no caso de sua omissão. Sobre o tema, *vide* MANCUSO, Rodolfo Camargo. *Acesso à justiça*: condicionantes legítimas e ilegítimas. São Paulo: Revista dos Tribunais, 2011; BRANDÃO, Rodrigo. *Supremacia judicial versus diálogos constitucionais*: a quem cabe a última palavra sobre o sentido da Constituição? Rio de Janeiro: Lumen Juris, 2012; SARLET, Ingo Wolfgang; TIMM, Luciano Benetti (Org.). *Direitos fundamentais*: orçamento e "reserva do possível". 2. ed. Porto Alegre: Livraria do Advogado, 2010; GARBOSSA, Luís Fernando. *Crítica à teoria dos custos dos direitos*: reserva do possível. Porto Alegre: Sergio Antonio Fabris Editor, 2010. v. 1; AMARAL, Gustavo. *Direito, escassez & escolha*: critérios jurídicos para lidar com a escassez de recursos e as decisões trágicas. 2. ed. Rio de Janeiro: Lumen Juris, 2010; BARCELLOS, Ana Paula de. *A eficácia jurídica dos princípios constitucionais*: o princípio da dignidade da pessoa humana. 3. ed. Rio de Janeiro: Renovar, 2011; DIAS, Jean Carlos. *O controle judicial de políticas públicas*. São Paulo: Método, 2007. v. 4. Coleção Gilmar Ferreira Mendes; GRINOVER, Ada Pellegrini; WATANABE, Kazuo (Coord.). *O controle jurisdicional de políticas públicas*. Rio de Janeiro: Forense, 2011; KRELL, Andreas J. *Direitos sociais e controle judicial no Brasil e na Alemanha*: os (des)caminhos de um direito constitucional "comparado". Porto Alegre: Sergio Antonio Fabris Editor, 2002.

Não se nega, porém, que o modelo sindical anterior à reforma apresentava seus revezes. Se, em uma análise precipitada, o extenso número de sindicatos poderia levar à conclusão de que o sistema seria exemplo de grande avanço em termos de liberdade sindical, o enfraquecimento da representatividade advinda da desmesurada pulverização das categorias já denotava um problema de grande gravidade para fins da efetividade das tutelas coletivas.[25]

Não por acaso, a doutrina[26] e a jurisprudência dos conflitos de representatividade entre os entes sindicais vinham se desenvolvendo

---

25 Conforme divulgado pelo Ministério do Trabalho e Emprego, havia até janeiro de 2017 no Brasil um total de 16.431 sindicatos, sendo 11.257 de trabalhadores e 5.174 de empregadores, além das confederações, federações e centrais sindicais. A ilustrar o panorama da intensa pulverização dos sindicatos, verifica-se a existência de entes sindicais como "Sindicato dos Empregados em Entidades Sindicais do Estado de São Paulo", o "Sindicato das Indústrias de Camisas para Homens e Roupas Brancas de Confecção e Chapéus de Senhoras do Município do Rio de Janeiro" e o "Sindicato da Indústria de Guarda Chuvas e Bengalas de São Paulo", este último posteriormente fechado por falta de associados (Disponível em: http://portal.mte.gov.br).

26 Marcus de Oliveira Kaufmann, por exemplo, propõe a adoção dos seguintes critérios cumulativos para aferição da representatividade sindical: (i) número de filiados; (ii) qualidade dos serviços sociais fundados e mantidos; (iii) valor do patrimônio da entidade; (iv) comprovação de que tem condições de manter vida associativa regular e ação sindical eficiente; (v) demonstração de que tem condições de viver sem os valores relacionados à contribuição sindical; (vi) autorização da entidade que é desmembrada ou dissociada; (vii) previsão no estatuto da prevalência dos princípios democráticos a reger as decisões da entidade; e (viii) demonstração, por meio de pesquisas, acerca da manutenção da representatividade anteriormente auferida (*apud* KALIL, Renan Bernardi. Avanços e perspectivas do direito constitucional do trabalho: uma análise sob a ótica do direito coletivo do trabalho. *Rev. TST*, Brasília, v. 79, n. 4, p. 183-213, out./dez. 2013). Citando também o problema da atomização dos sindicatos os seguintes autores: "A farra ou farsa em que se tornou a criação de sindicatos deve-se, fora de qualquer dúvida, ao estímulo dado pela contribuição sindical e ao apoio decisivo do Ministério do Trabalho dirigido pela aliança CUT/FS ou PT-PDT. No Censo do IBGE de 2001 eram 15.961 sindicatos, 11.354 de trabalhadores; em 2007 pulou para 23.726 entidades, além de 5.529 pedidos de registro em tramitação. Mas, tirando servidores públicos e trabalhadores rurais, os números não revelam a realidade político-social, nada de sindicatos verdadeiramente novos, mas apenas fragmentação com a divisão artificial de trabalhadores já organizados, fora, é claro, absurdos ou pilhérias como o sindicato dos artistas sertanejos ou dos proprietários de cavalos puro sangue de corridas. Aliás, seria um paradoxo a unidade através de sindicato único implicar em multiplicidade, inerente ao pluralismo" (AROUCA, José Carlos. *Organização sindical no Brasil*: passado – presente – futuro(?). São Paulo: LTr, 2013. p. 109); "Apesar do elevado grau de dinamismo sindical, o crescimento do número de sindicatos nos últimos anos resultou menos do avanço na organização sindical ou dos serviços prestados pelas entidades de classe e bem mais da fragmentação das já existentes, traduzindo-se numa pulverização que tem enfraquecido tanto a representação de trabalhadores quanto a de empregadores. O contraste entre o crescimento numérico de entidades e o ritmo mais lento da economia, com as já conhecidas pressões sobre o mercado formal de trabalho, indica, portanto, um certo artificialismo da vida sindical brasileira" (HORN, Carlos Henrique. A crescente atomização sindical no Brasil: continuidades e singularidades. *In*: HORN, Carlos Henrique; SILVA, Sayonara Grillo Coutinho Leonardo da (Org.). *Ensaios sobre sindicatos e reforma sindical no Brasil*. São Paulo: LTr, 2009. p. 60).

no sentido de privilegiar cada vez mais o princípio da *aglutinação* ou *agregação*, em detrimento da aplicação pura e simples dos princípios da especificidade e da territorialidade.[27]

Trata-se do problema da *atomização representativa*, que coloca em debate o critério de agregação utilizado no Brasil e em outros países para fins de se aferir a legitimidade representativa de determinado ente coletivo. Com efeito, a situação descrita em números se afasta do real escopo do critério de representação por categoria escolhido pelo legislador constituinte de 1988, que se pautou em fundamentos diversos de outros critérios de agregação, como a profissão ou a empresa, aplicados em países como o Chile e Estados Unidos, por exemplo.[28] O Supremo Tribunal Federal, aliás, em interpretação da Constituição de 1988, tinha posicionamento firme no sentido de que o critério de agregação por categoria e a interpretação constitucional da unicidade

---

[27] Por exemplo, os seguintes julgados do Tribunal Superior do Trabalho: "RECURSO DE REVISTA INTERPOSTO PELO SINDICATO-AUTOR SINTHORESP – RECURSO DE REVISTA – AÇÃO DECLARATÓRIA E DE COBRANÇA DE CONTRIBUIÇÃO SINDICAL E ASSISTENCIAL – REPRESENTAÇÃO SINDICAL – INFERÊNCIA DO SINDICATO MAIS REPRESENTATIVO E LEGÍTIMO, AFIRMATIVO DA UNICIDADE CONSTITUCIONALMENTE DETERMINADA – PRINCÍPIO DA AGREGAÇÃO SINDICAL COMO DIRETRIZ REGENTE DESSA ANÁLISE – SINDICATO OBREIRO MAIS AMPLO, ABRANGENTE, FORTE E REPRESENTATIVO, USUALMENTE MAIS ANTIGO, EM DETRIMENTO DO SINDICATO MAIS RESTRITO E DELIMITADO, USUALMENTE MAIS RECENTE – AGREGAÇÃO SINDICAL PRESTIGIADA PELA CONSTITUIÇÃO DA REPÚBLICA – Decidindo o TRT o conflito intersindical com suporte no princípio civilista da especificidade, em contraponto ao princípio da agregação, deve ser reformada a decisão regional. Isso porque deve ser identificado como mais legítimo e representativo o sindicato com categoria profissional o sindicato obreiro mais amplo, com maior número de segmentos laborativos representados, além de mais antigo, que na hipótese é o SINTHORESP, de 1941, em contraponto ao SINDIFAST, de 2000, invocado pelo Regional. Esse entendimento ajusta a interpretação ao melhor e mais consistente sentido objetivado pelo Texto Máximo de 1988 (art. 8º, I, II e III, da CF). *A diretriz da especialização pode ser útil para a análise de certos aspectos de outras relações jurídicas, sendo porém incompatível para a investigação da estrutura sindical mais legítima e representativa, apta a melhor realizar o critério da unicidade sindical determinado pela Constituição (art. 8º, I e II, da CF/1988) e concretizar a consistência representativa que tem de possuir os sindicatos (art. 8º, III e VI, da CF/1988). Para esta investigação sobre a legitimidade e representatividade dos sindicatos torna-se imprescindível, portanto, o manejo efetivo e proporcional do princípio da agregação, inerente ao Direito Coletivo do Trabalho.* Recurso de revista conhecido e provido (TST. RR nº 260400-74.2009.5.02.0074. Rel. Min. Mauricio Godinho Delgado, 3ª Turma, j. 29.5.2013. *DEJT*, 7 jun. 2013. Grifos nossos); "esta Turma orienta-se no sentido de que cabe ao sindicato que reconhece ou define a categoria de forma mais ampla e abrangente a legítima representatividade, uma vez que a existência de múltiplos sindicatos representativos de atividades específicas da mesma categoria tende a enfraquecer e a reduzir a capacidade de reivindicação do ente sindical, tornando-o mais vulnerável na defesa dos interesses da categoria" (RR nº 759-62.2011.5.20.0012. Rel. Min. Douglas Alencar Rodrigues, 7ª Turma. *DJe*, 5 mar. 2015).

[28] NASCIMENTO, Amauri Mascaro. *Compêndio de direito sindical*. São Paulo: LTr, 2012. p. 201-208.

sindical devem ter por escopo precípuo o fortalecimento dos entes de representação coletiva, consagrando o critério da *agregação como princípio inerente ao reconhecimento da representatividade do sindicato,*[29] muito embora reconheça a possibilidade de desmembramento sindical por especificidade, desde que nos limites do município, como decorrência da sinergia entre a agregação e o princípio constitucional da liberdade de associação.[30]

---

[29] Como exemplo: "CRIAÇÃO POR DESMEMBRAMENTO – CATEGORIA DIFERENCIADA. [...] No caso dos autos, a criação do Sindicato Nacional dos Pilotos de Aviação Civil conflita com a unicidade insculpida na própria Constituição. Enquanto em vigor a Lei nº 7.183/14, a definir a categoria profissional como um todo, descabe cogitar de desmembramento por simples iniciativa dos integrantes desta ou daquela função. Frise-se, por oportuno, que o preceito do inciso II do artigo 8º da Constituição Federal atribui a trabalhadores e empregadores a definição não da categoria profissional ou econômica que é inerente à atividade, mas da base territorial do sindicato, o que pressupõe o respeito à intangibilidade daquela – da categoria – mormente quando fixada por estatuto normativo especial. *Ainda que inexistisse tal legislação, o surgimento de sindicatos conforme a especificidade da função exercida acabaria por fulminar o princípio da unicidade sindical.* É significativo o exemplo referido pelo Impetrante quanto aos bancários. *A diversidade de funções levaria à criação de sindicatos diversos, com esvaziamento, até mesmo, dos predicados que tornam efetiva a representação.* Em segundo lugar, frise-se que a Constituição da República determinou a representação sindical por categoria, que possui conceito jurídico fixado pelo art. 511 da Consolidação das Leis do Trabalho e foi recepcionado pela nova Carta Constitucional e a categoria da Construção Civil abarca os trabalhadores da construção pesada. *A Constituição da República de 1988, ao limitar o sindicato a uma base territorial, teve por fim assegurar a manutenção de entidades sindicais fortes*" (STF. RMS nº 21.305/DF. Rel. Marco Aurélio, Tribunal Pleno. *DJ*, 29 nov. 1991. Grifos nossos); "Contudo, o princípio da especialidade, que também acaba por servir de fundamento ao desmembramento e ao surgimento de múltiplos sindicatos em uma mesma categoria *tem sido privilegiado pelo STF em relação aos servidores públicos*" (RE nº 1.011.875 RS. Rel. Min. Edson Fachin. *DJe*, 2 fev. 2017). Em relação a outras questões afetas aos critérios de representação sindical, o STF tem entendido que a questão não enseja análise constitucional, e que o exame da matéria demanda revolvimento de fatos e provas: ARE nº 748.371/MT. Rel. Min. Gilmar Mendes. *DJe*, 1º ago. 2013; RE nº 934.021-AgR. Rel. Min. Dias Toffoli, Segunda Turma. *DJe*, 22 jun. 2016; ARE nº 817.765-AgR. Rel. Min. Cármen Lúcia, Segunda Turma. *DJe*, 28 ago. 2014).

[30] Como exemplos: "AGRAVO REGIMENTAL EM RECURSO EXTRAORDINÁRIO. SINDICATO. DESMEMBRAMENTO. ALEGAÇÃO DE AFRONTA AO PRINCÍPIO DA UNICIDADE SINDICAL. IMPROCEDÊNCIA. 1. É firme a jurisprudência do Supremo Tribunal Federal no sentido de que não implica ofensa ao princípio da unidade sindical a criação de novo sindicato, por desdobramento de sindicato preexistente, desde que o território de ambos não se reduza a área inferior a de um município. 2. Agravo regimental desprovido" (RE nº 573.533 AgR. Rel. Min. Ayres Britto, Segunda Turma, j. 14.2.2012. *DJe*-056 divulg. 16.3.2012, public. 19.3.2012); "UNICIDADE SINDICAL MITIGADA - CATEGORIA - SEGMENTOS AGRUPADOS - DESMEMBRAMENTO - VIABILIDADE - ARTIGOS 5º, INCISO XVII, 8º, INCISO II, DA CONSTITUIÇÃO FEDERAL, 570, PARÁGRAFO ÚNICO, E 571 DA CONSOLIDAÇÃO DAS LEIS DO TRABALHO - RECEPÇÃO. A liberdade de associação, observada, relativamente às entidades sindicais, a base territorial mínima - a área de um município -, é predicado do Estado Democrático de Direito. Recepção da Consolidação das Leis do Trabalho pela Carta da República de 1988, no que viabilizados o agrupamento de atividades profissionais e a dissociação, visando a formar sindicato específico" (RMS nº 24.069. Rel. Min. Marco Aurélio, Primeira Turma. *DJ*, 24 jun. 2005);

Não há, portanto, como se privilegiar somente um dos dois mundos. Se, por um lado, o fortalecimento da estrutura sindical é essencial, ele deve ser acompanhado de medidas que viabilizem a real representatividade da categoria, sob pena de, respaldado pela falsa pecha de corrigir os antigos problemas, criar-se o esvaziamento do ser coletivo, em efeito diametralmente contrário ao pretendido.

A sinergia entre as medidas impostas no campo do direito sindical, e a interpretação criteriosa dos preceitos que visam, como sua justificativa de existência, fortalecer a estrutura sindical vigente, reveste-se de grande importância no cenário atual. Afinal, a análise isolada dos elementos que pautam a atuação do ser coletivo com a finalidade de justificar alterações legislativas restritivas não atingirá o fim colimado de verdadeiro fortalecimento da estrutura representativa dos trabalhadores, necessária à igualdade material dos sujeitos das relações coletivas.

4 Considerações finais

A necessidade de se garantir a representação *efetiva* dos trabalhadores, por meio de entes sindicais estruturados, fortalecidos, economicamente sustentáveis, identificados com seus representados e, principalmente, aptos a imbuí-los de força paritária na reinvindicação e guarnecimento de seus interesses é medida que se impõe, como vontade constitucional que embasa o Estado democrático de direito,

---

"ORGANIZAÇÃO SINDICAL – LIBERDADE – BASE TERRITORIAL – Uma vez respeitada a unicidade quanto a certa base territorial, descabe impor exigências incompatíveis com a liberdade de associação. Óptica prevalecente, a uma só voz, considerado o voto do relator, lastreado no parecer da Procuradoria Geral da República. Redação do acórdão por vogal ante a aposentadoria do Relator, Ministro Carlos Velloso" (STF. RMS nº 21.053/SP. Rel. Min. Carlos Velloso, Tribunal Pleno, j. 24.11.2010, public. 24.3.2011); "I – Sindicato: unicidade e desmembramento. 1. O princípio da unicidade sindical (CF, art. 8º, II) não garante por si só ao sindicato a intangibilidade de sua base territorial: ao contrário, a jurisprudência do STF está consolidada no sentido da legitimidade constitucional do desmembramento territorial de um sindicato para constituir outro, por deliberação dos partícipes da fundação deste, desde que o território de ambos não se reduza a área inferior à de um município (*v.g.*, MS 21.080, Rezek, DJ 01.10.1993; RE 191.231, Pertence, DJ 06.08.1999; RE 153.534; Velloso, DJ 11.06.1999; AgRg-RE 207.910, Maurício, DJ 04.12.1998; RE 207.780, Galvão, DJ 17.10.1997; RE 180222, Galvão, DJ 29.08.2000). 2. No caso, o Tribunal a quo assentou que não houve superposição sindical total, mas apenas um desmembramento que originou novas organizações sindicais regionais cuja área de atuação é menor do que a do agravante, o que não ofende a garantia constitucional da unicidade. II – Recurso extraordinário: descabimento: ausência de prequestionamento do art. 5º, XXXVI, da Constituição Federal: incidência das Súmulas nºs 282 e 356" (STF. RE nº 154.250-AgRg/SP. Rel. Min. Sepúlveda Pertence, 1ª Turma, j. 15.5.2007, public. 8.6.2007).

em conteúdo que se coaduna com o princípio constitucional do valor social do trabalho (art. 1º, IV da Constituição Federal), bem como com o objetivo da plena efetivação dos direitos sociais previstos no art. 7º do diploma constitucional.

O legislador deve atuar, neste contexto, como ator social que concretiza –[31] ainda que não de forma absoluta – a aplicação do aspecto formal da efetividade dos direitos fundamentais a que as medidas estatais visam a guarnecer.[32] Nos dizeres de Flávia Piovesan:

> Inadmissível, por consequência, a inércia do Estado quanto à concretização do direito fundamental, posto que a omissão estatal viola a ordem constitucional, tendo em vista a exigência de ação, o dever de agir no sentido de garantir direito fundamental. Implanta-se um constitucionalismo concretizador dos direitos fundamentais. Vale dizer, cabe aos Poderes Públicos conferir eficácia máxima e imediata a todo e qualquer preceito definidor de direito e garantia fundamental. Esse princípio intenta assegurar a força vinculante dos direitos e garantias de cunho fundamental, ou seja, objetiva tornar tais direitos prerrogativas diretamente aplicáveis pelos Poderes Legislativo, Executivo e Judiciário.[33]

Em relação de coordenação finalística, cabe ao Poder Executivo implementar medidas que observem em sua repercussão social os

---

31 Exemplo da mencionada atividade é a ampliação de hipóteses legais de medidas judiciais e extrajudiciais de caráter coletivo. No Brasil tais medidas foram introduzidas, inicialmente, pela Lei da Ação Civil Pública (Lei nº 7.347, de 24.7.1985) e pelo Código de Defesa do Consumidor (Lei nº 8.078, de 11.9.1990). Trata-se de mecanismos de atuação do *Parquet* – como órgão fiscalizatório da ordem jurídica dos mecanismos judiciais de tutela coletiva, conforme os institutos inspirados nas *public interest actions* e nas *class actions* norte-americanas. As ditas ações apresentam grande grau de efetividade e funcionalidade, aplicando-se a provimentos de caráter declaratório (declaração de nulidade) ou desconstitutivo (anulabilidade), inclusive em caráter preventivo. Atento a tais características, previu o legislador, por exemplo, a possibilidade de coletivização de demandas individuais pelo juiz, no projeto de lei que impulsionou a elaboração do Novo Código de Processo Civil (art. 139, X, da Lei nº 13.105/15). Tal previsão foi limitada, permanecendo na versão final aprovada tão somente a hipótese de ofício ao Ministério Público e outros legitimados previstos em lei, a fim de que promovam "se for o caso, a propositura da ação coletiva respectiva".

32 No Poder Legislativo, como já teorizava Cícero no contexto da Roma antiga, "unir-se-ão os dois grandes princípios da questão, o saber e o poder. Os membros do Congresso, das Assembléias ou das Convenções, tendo tido experiência das questões nacionais, serão conselheiros capazes e úteis, e, em termos gerais, empossados pelo povo, terão autoridade verdadeiramente legal" (CÍCERO, Marco Túlio. *Dos deveres*. Tradução de Alex Marins. São Paulo: Martin Claret, 2009. p. 61).

33 PIOVESAN, Flávia. A proteção dos direitos humanos no sistema constitucional brasileiro. *Revista de Direito Constitucional e Internacional*, São Paulo, ano 11, n. 45, out./dez. 2003. p. 222.

escopos constitucionais e corporificação destes nos preceitos ordinariamente legislados, cujo fundamento de validade também advém da Constituição.

A atuação do Judiciário, e, mais especificamente, do Supremo Tribunal Federal, como nossa Corte Suprema e guardião da consecução de tais preceitos de *status* privilegiado, funciona como amálgama essencial na união de todos esses componentes sociais, a fim de manter sua sincronicidade ao caminhar na mesma direção. Afinal,

> a visão crítica [...] em relação às normas programáticas é, por certo, influenciada pelo que elas representavam antes da ruptura com a doutrina clássica, em que figuravam como enunciados políticos, meras exortações morais, destituídas de eficácia jurídica. Modernamente, a elas é reconhecido valor jurídico idêntico ao dos restantes preceitos da Constituição, como cláusulas vinculativas, contribuindo para o sistema através dos princípios, dos fins e dos valores que incorporam. Sua dimensão prospectiva, "[...] é também uma dimensão de ordenamento jurídico, pelo menos no Estado Social", já que "a efetividade significa, portanto, a realização do Direito, o desempenho concreto de sua função social. Ela representa a materialização dos fatos, dos preceitos legais e simboliza a aproximação, tão íntima quanto possível, entre o dever-ser normativo e o ser da realidade social.[34]

Por fim, somente o ente coletivo fortalecido e dotado de sua representatividade efetiva poderá garantir que a disparidade de forças remanescente da relação originariamente desigual de natureza trabalhista seja minorada e relembrada, nessa relação de coordenação ideal, porém, por vezes, assincrônica, entre os três poderes.

Referências

AMARAL, Gustavo. *Direito, escassez & escolha*: critérios jurídicos para lidar com a escassez de recursos e as decisões trágicas. 2. ed. Rio de Janeiro: Lumen Juris, 2010.

AROUCA, José Carlos. *Organização sindical no Brasil*: passado – presente – futuro(?). São Paulo: LTr, 2013.

BARCELLOS, Ana Paula de. *A eficácia jurídica dos princípios constitucionais*: o princípio da dignidade da pessoa humana. 3. ed. Rio de Janeiro: Renovar, 2011.

BARROSO, Luís Roberto. *O direito constitucional e a efetividade de suas normas*: limites e possibilidades da constituição brasileira. 2. ed. Rio de Janeiro: Renovar, 1993.

---

34 BARROSO, Luís Roberto. *O direito constitucional e a efetividade de suas normas*: limites e possibilidades da constituição brasileira. 2. ed. Rio de Janeiro: Renovar, 1993.

BAUMAN, Zygmunt. *Tempos líquidos*. Rio de Janeiro: Jorge Zahar Ed., 2007.

BRANDÃO, Rodrigo. *Supremacia judicial versus diálogos constitucionais*: a quem cabe a última palavra sobre o sentido da Constituição? Rio de Janeiro: Lumen Juris, 2012.

CAMPOS, André Gambier. *Sindicatos no Brasil*: o que esperar no futuro próximo? Disponível em: http://www.ipea.gov.br/portal/index.php?option=com_content&view=article&id=29187&Itemid=406. Acesso em: 5 abr. 2019.

CARRION, Valentim. *Comentários à Consolidação das Leis do Trabalho*. 23. ed. São Paulo: Saraiva, 1998.

DACRUZ, E. Borrajo. *Introducción al derecho del trabajo*. Madrid: Tecnos, 2002.

DELGADO, Mauricio Godinho. *Direito coletivo do trabalho*. 5. ed. São Paulo: LTr, 2014.

DIAS, Jean Carlos. *O controle judicial de políticas públicas*. São Paulo: Método, 2007. v. 4. Coleção Gilmar Ferreira Mendes.

EÇA, Vitor Salino de Moura. Substituição processual sindical no processo do trabalho. *Rev. Trib. Reg. Trab. 3ª Reg.*, Belo Horizonte, v. 46, n. 76, p. 219-234, jul./dez. 2007.

GARBOSSA, Luís Fernando. *Crítica à teoria dos custos dos direitos*: reserva do possível. Porto Alegre: Sergio Antonio Fabris Editor, 2010. v. 1.

GRINOVER, Ada Pellegrini; WATANABE, Kazuo (Coord.). *O controle jurisdicional de políticas públicas*. Rio de Janeiro: Forense, 2011.

HORN, Carlos Henrique. A crescente atomização sindical no Brasil: continuidades e singularidades. *In*: HORN, Carlos Henrique; SILVA, Sayonara Grillo Coutinho Leonardo da (Org.). *Ensaios sobre sindicatos e reforma sindical no Brasil*. São Paulo: LTr, 2009.

KALIL, Renan Bernardi. Avanços e perspectivas do direito constitucional do trabalho: uma análise sob a ótica do direito coletivo do trabalho. *Rev. TST*, Brasília, v. 79, n. 4, p. 183-213, out./dez. 2013.

KRELL, Andreas J. *Direitos sociais e controle judicial no Brasil e na Alemanha*: os (des) caminhos de um direito constitucional "comparado". Porto Alegre: Sergio Antonio Fabris Editor, 2002.

MANCUSO, Rodolfo Camargo. *Acesso à justiça*: condicionantes legítimas e ilegítimas. São Paulo: Revista dos Tribunais, 2011.

MONEREO PÉREZ, J. L. *Los derechos de información de los representantes de los trabajadores*. Madrid: Civitas, 1992.

NASCIMENTO, Amauri Mascaro. *Compêndio de direito sindical*. São Paulo: LTr, 2012.

PIOVESAN, Flávia. A proteção dos direitos humanos no sistema constitucional brasileiro. *Revista de Direito Constitucional e Internacional*, São Paulo, ano 11, n. 45, out./dez. 2003.

POGREBINSCHI, Thamy. *O que é o pragmatismo jurídico?* Disponível em: http://www.soc.pu c-rio.br/cedes/PDF/paginateoria/pragmatismo.pdf. Acesso em: 13 maio 2019.

SARLET, Ingo Wolfgang; TIMM, Luciano Benetti (Org.). *Direitos fundamentais*: orçamento e "reserva do possível". 2. ed. Porto Alegre: Livraria do Advogado, 2010.

SIVOLELLA, Roberta Ferme. *A dispensa coletiva e o direito fundamental á proteção ao emprego*: a dignidade da pessoa humana na sociedade "econômica" moderna. Rio de Janeiro: LTr, 2014.

SIVOLELLA, Roberta Ferme. A Justiça do Trabalho da atualidade e seus desafios "desiguais" *In*: RODRIGUES, Douglas Alencar; VEIGA, Maurício de Figueiredo Correa da; VEIGA, Matheus de Figueiredo Correa da (Coord.). *Novos rumos do direito do trabalho na atualidade*. Rio de Janeiro: LTr, 2018.

SIVOLELLA, Roberta Ferme. A Medida Provisória 873/19: a urgência e relevância de se aferir sua (in)constitucionalidade. *In*: PASSOS, André; SIMÃO, Raimundo; LUNARD, Sandro (Org.). *Financiamento sindical no Brasil*: reflexões sociojurídicas e o curioso caso da MP 873/2019. Belo Horizonte: RTM, 2019.

SIVOLELLA, Roberta Ferme. Novas formas de contratação na Lei 13.467/17 e interpretação sistemático-constitucional: o teletrabalho em foco. *In*: TUPINAMBÁ, Carolina; Gomes, Fabio Rodrigues (Coord.). *Reforma Trabalhista* – Impactos na relação de trabalho. Belo Horizonte: Fórum, 2017.

SIVOLELLA, Roberta Ferme; CLAUS, Ben-Hur. A execução de ofício na Reforma Trabalhista. *In*: SOUZA JUNIOR, Antonio Umberto de *et al*. *Reforma Trabalhista*: análise e comentários sobre a Lei n. 13.467/17. Rio de Janeiro: LTr, 2018.

Informação bibliográfica deste texto, conforme a NBR 6023:2018 da Associação Brasileira de Normas Técnicas (ABNT):

SIVOLELLA, Roberta Ferme. Direito coletivo do trabalho: novas relações, constantes desafios. *In*: TUPINAMBÁ, Carolina (Coord.). *As novas relações trabalhistas e o futuro do Direito do Trabalho*: as novidades provenientes das novas possibilidades de interações humanas e de novos modelos de solução de conflitos. Belo Horizonte: Fórum, 2022. (Coleção Fórum As novas relações trabalhistas e o futuro do direito do trabalho. Tomo V.) p. 357-378. ISBN 978-65-5518-224-8.

PERFIS CONTRATUAIS DE PRESTAÇÃO DE SERVIÇOS APARTADOS DO REGIME CELETISTA

CAROLINA TUPINAMBÁ

1 Introdução

A contratação de prestador terceirizado, "pejotizado" ou trabalhador autônomo pressupõe a inexistência de vínculo empregatício e, como se sabe, para que seja caracterizada a relação de emprego é necessário que estejam presentes os requisitos essenciais elencados nos arts. 2º e 3º da CLT, sendo os principais deles pessoalidade, onerosidade, habitualidade, alteridade e subordinação.

Caso verificada a presença dos elementos acima destacados, a relação empregatícia será reconhecida, em detrimento dos modelos a seguir apresentados. É dizer, este estudo, que homenageia Armando Casimiro Costa Filho, benfeitor perpétuo do estudo e reflexões sobre o direito do trabalho, volta-se à parametrização dos perfis contratuais de gestão de pessoas distintos da relação de emprego e externos ao regramento estabelecido pela Consolidação das Leis do Trabalho mais comuns, quais sejam: (i) contratos de terceirização; (ii) contratos de prestação de serviços com tomada de serviços unipessoais, "pejotização"; e (iii) contratos de prestação de serviços com trabalhadores autônomos.

2 Contratação de empresa terceirizada – Terceirização

A ampliação do mercado de consumo e da concorrência tem exigido, ao longo dos anos, a modernização do processo produtivo; indispensável à redução dos custos e dos preços e ao aumento da qualidade dos produtos e serviços disponibilizados. Se antes as empresas tinham estrutura verticalizada, realizando, por seus sócios, dirigentes e empregados, todas as etapas do processo produtivo, bem como a totalidade das atividades necessárias à sua existência; hoje, as exigências de mercado revelam ser inexorável a arquitetura de nova organização empresarial.

No Brasil, o fenômeno que consubstancia solução comumente hábil para prover maior eficiência, produtividade e competitividade na prestação de serviços, objetivos fartamente almejados pela globalização, tem sido basicamente a terceirização derivada da desverticalização das formas de produção.

A prestação de serviços indireta por empresa terceirizada é modalidade de contrato há algum tempo prevista de forma específica em certos cenários e arranjos tais como a empreitada (art. 455 da CLT), o contrato de vigilante (Lei nº 7.102/83), a intermediação via cooperativa (art. 442 da CLT) e o contrato de trabalhador temporário (Lei nº 6.019/74).

Entretanto, foi somente a partir das leis nºs 13.429 e 13.467, ambas de 2017, que restou expressamente regulamentada a terceirização em geral, para qualquer tipo de perfil contratual, de acordo com os arts. 4º-A e 5º-A da Lei nº 6.019/74, os quais permitem a adoção do modelo terceirizado para *execução de todas as atividades desenvolvidas*, inclusive a principal, permitida, ademais, a subcontratação dos serviços, ou seja, a "quarteirização".

Em relação ao tema, a reforma havida em 2017 veio para sanar dilemas antigos... Isso porque, há quase meio século, se verificava um intenso debate na Justiça do Trabalho, máxime em razão da inexistência de legislação sobre o tema, quanto à legalidade da contratação de empresas ditas terceirizadas para prestação dos serviços necessários ou, em muitos casos, indispensáveis à consecução dos objetivos de outras empresas.

Em um primeiro estágio, a Justiça do Trabalho percebia a terceirização como hipótese inexorável de precarização das condições de trabalho, tratamento injustificadamente diferente dos empregados das prestadoras de serviço, redução salarial, ausência de garantias idôneas para o cumprimento das obrigações trabalhistas etc. Nesse quadro, delineado em inúmeras ações e recursos versando sobre o tema, o posicionamento inicialmente adotado pelo Tribunal Superior do Trabalho, há quase 30 anos, foi extremamente rígido: em 1986, o TST editava a Súmula nº 256, admitindo a terceirização apenas para os casos expressamente previstos em lei, que seriam exclusivamente as hipótese de trabalho temporário (Lei nº 6.019/74) e de vigilância (Lei nº 7.102/83).

Aliás, antes da Constituição de 1988, a referida súmula, que reconhecia o vínculo empregatício direto com a tomadora dos serviços em casos de terceirização fora das hipóteses legais, era aplicada, inclusive, em relação às empresas estatais. Foi somente após o advento da Carta, com a exigência de concurso público para o ingresso na Administração Pública, direta e indireta, consoante o comando do art. 37, referendado pelo STF em 1992, no MS nº 21.322/1, que o entendimento se alterou.

É que, como as empresas públicas e sociedades de economia mista não realizavam concursos públicos para contratar serviços de limpeza, conservação, copa, cozinha e similares, via de regra, respondiam incontáveis inquéritos civis públicos abertos pelo Ministério Público do Trabalho para o cumprimento da referida súmula do TST. Diante do quadro, o próprio MPT postulou a revisão da Súmula nº 256 do TST para equacionar o problema, provocando, em 19.12.1993, a aprovação da Súmula nº 331 pelo TST, enunciado que passou a se constituir marco regulatório por excelência da terceirização, introduzindo-se a distinção entre atividade-fim e atividade-meio para efeito de fixação da licitude da prática, já que vedada a intermediação de mão de obra no caso de atividade-fim da empresa tomadora dos serviços.

Originalmente, a Súmula nº 331 ampliou o rol das hipóteses em que a terceirização poderia ser considerada lícita, nele incluindo a prestação de serviços de conservação e limpeza e outros não específicos ligados à atividade-meio do tomador de serviços. Em setembro de 2000, o Tribunal Superior do Trabalho alterou a redação do enunciado, reconhecendo, em seu inc. IV, a responsabilidade subsidiária da Administração Pública pelos encargos trabalhistas não adimplidos por empresas terceirizadas e adotando a teoria da responsabilidade objetiva do Estado, que assumiria os encargos, independentemente da existência de culpa na contratação ou fiscalização dos serviços terceirizados.

Em suma, a corte trabalhista de terceiro grau ignorava por completo o art. 71, §1º, da Lei nº 8.666/93, postura repudiada pelo Supremo Tribunal Federal na ADC nº 16, julgada em 2010. No referido julgamento, o Supremo afastou a responsabilidade subsidiária da Administração Pública, admitindo-a apenas excepcionalmente, no caso de culpa comprovada da Administração na contratação ou fiscalização da prestação dos serviços. Assim, em maio de 2011, o TST novamente reviu a Súmula nº 331 para adequar especialmente o inc. IV do verbete, deixando explícito que a responsabilidade subsidiária da Administração Pública apenas se daria no caso de culpa *in eligendo* ou *in vigilando* da Administração.[1]

Em resumo, como se pode inferir do referido enunciado, as sociedades que contratavam serviços através de contratos de terceirização se viam sujeitas, via de regra, (i) à desconsideração dos efeitos dos contratos firmados; (ii) à proibição de contratar, em absoluto, tais serviços; (iii) à provável condenação ao pagamento de danos morais coletivos; (iv) ao reconhecimento do vínculo de emprego diretamente com o trabalhador terceirizado; (v) a responder de forma direta, solidária ou subsidiária em relação a eventuais créditos trabalhistas.

Em outubro de 2011, o TST realizou sua primeira audiência pública para coleta de elementos técnicos necessários a uma melhor

---

[1] Foi então que se chegou à redação atual do enunciado: "*Súmula nº 331 do TST. CONTRATO DE PRESTAÇÃO DE SERVIÇOS. LEGALIDADE (nova redação do item IV e inseridos os itens V e VI à redação) - Res. 174/2011, DEJT divulgado em 27, 30 e 31.05.2011.* I - A contratação de trabalhadores por empresa interposta é ilegal, formando-se o vínculo diretamente com o tomador dos serviços, salvo no caso de trabalho temporário (Lei nº 6.019, de 03.01.1974). II - A contratação irregular de trabalhador, mediante empresa interposta, não gera vínculo de emprego com os órgãos da Administração Pública direta, indireta ou fundacional (art. 37, II, da CF/1988). III - Não forma vínculo de emprego com o tomador a contratação de serviços de vigilância (Lei nº 7.102, de 20.06.1983) e de conservação e limpeza, bem como a de serviços especializados ligados à atividade-meio do tomador, desde que inexistente a pessoalidade e a subordinação direta. IV - O inadimplemento das obrigações trabalhistas, por parte do empregador, implica a responsabilidade subsidiária do tomador dos serviços quanto àquelas obrigações, desde que haja participado da relação processual e conste também do título executivo judicial. V - Os entes integrantes da Administração Pública direta e indireta respondem subsidiariamente, nas mesmas condições do item IV, caso evidenciada a sua conduta culposa no cumprimento das obrigações da Lei n.º 8.666, de 21.06.1993, especialmente na fiscalização do cumprimento das obrigações contratuais e legais da prestadora de serviço como empregadora. A aludida responsabilidade não decorre de mero inadimplemento das obrigações trabalhistas assumidas pela empresa regularmente contratada. VI - A responsabilidade subsidiária do tomador de serviços abrange todas as verbas decorrentes da condenação referentes ao período da prestação laboral".

compreensão socioeconômica do fenômeno da terceirização, oportunidade em que foram colhidos mais de 50 depoimentos de especialistas na matéria. Infelizmente, nada se alterou apesar da oportunidade de esclarecimento. Ao revés, a Súmula nº 331 continuou sendo aplicada, inclusive com maiores restrições às hipóteses de terceirização lícita, entendendo-se ilegal a terceirização de *call centers* para empresas de telecomunicações, cabeamento e manutenção de linhas telefônicas, assim como, com destaques, as hipóteses de terceirização de serviços havidas no setor bancário.[2]

A constância de tais decisões levou o STF a reconhecer a repercussão da questão constitucional nos temas nºs 725 e 739 constantes da Tabela de Temas de Repercussão Geral, definidas as seguintes teses jurídicas:

> *Acórdão:* é lícita a terceirização ou qualquer outra forma de divisão do trabalho entre pessoas jurídicas distintas, independentemente do objeto social das empresas envolvidas, mantida a responsabilidade subsidiária da empresa contratante. (STF. Tese de Repercussão Geral nº 725. RE nº 958252, 30.8.2018)

> *Acórdão:* É nula a decisão de órgão fracionário que se recusa a aplicar o art. 94, II, da Lei 9.472/1997, sem observar a cláusula de reserva de Plenário (CF, art. 97), observado o art. 949 do Código de Processo Civil. (STF. Tese de Repercussão Geral nº 739. ARE nº 791.932, 11.10.2018)

A definição das teses derivou do ajuizamento da Arguição de Descumprimento de Preceito Fundamental nº 324, distribuída para o Ministro Luís Roberto Barroso, a qual foi julgada em conjunto com

---

[2] Apesar da redação dos arts. 25 da Lei nº 8.987/95 e 94, II, da Lei nº 9.472/97, confira-se, respectivamente: "*Art. 25.* Incumbe à concessionária a execução do serviço concedido, cabendo-lhe responder por todos os prejuízos causados ao poder concedente, aos usuários ou a terceiros, sem que a fiscalização exercida pelo órgão competente exclua ou atenue essa responsabilidade. §1º Sem prejuízo da responsabilidade a que se refere este artigo, a concessionária poderá contratar com terceiros o desenvolvimento de atividades inerentes, acessórias ou complementares ao serviço concedido, bem como a implementação de projetos associados. §2º Os contratos celebrados entre a concessionária e os terceiros a que se refere o parágrafo anterior reger-se-ão pelo direito privado, não se estabelecendo qualquer relação jurídica entre os terceiros e o poder concedente. §3º A execução das atividades contratadas com terceiros pressupõe o cumprimento das normas regulamentares da modalidade do serviço concedido. [...] *Art. 94.* No cumprimento de seus deveres, a concessionária poderá, observadas as condições e limites estabelecidos pela Agência: [...] II - Contratar com terceiros o desenvolvimento de atividades inerentes, acessórias ou complementares ao serviço, bem como a implementação de projetos associados. [...]".

o Recurso Extraordinário com Agravo nº 713.211, sob a relatoria do Ministro Luiz Fux.[3] O Ministro Luís Roberto Barroso destacou em seu voto:

> Em um mundo globalizado e cada vez mais integrado tecnologicamente, os países que resistem a tal lógica de estruturação da produção e que rejeitam a terceirização encontram-se em indiscutível desvantagem competitiva. A terceirização tornou-se um fenômeno global. [...]
> A terceirização é muito mais do que uma forma de reduzir custos trabalhistas por meio de uma suposta precarização do trabalho, tal como alegado pelos que a ela se opõem. [...] constituir uma estratégia sofisticada e, eventualmente, imprescindível para aumentar a eficiência econômica, promover a competitividade das empresas brasileiras e, portanto, manter e ampliar postos de trabalho.

Barroso embasou seu voto, resumidamente, nos argumentos de que: (i) a terceirização implica muitas vezes o aumento da mão de obra, assim seria incremento para a criação de empregos e estímulo à livre iniciativa; (ii) a terceirização não significa que o trabalho do empregado será precarizado, vez que há instrumentos jurídicos específicos a coibir atos ilícitos praticados contra empregados.

Com o pronunciamento da Corte, o Tribunal Superior do Trabalho se curvou ao entendimento do STF conforme o julgado transcrito, com destaques:

> AGRAVO. AGRAVO DE INSTRUMENTO EM RECURSO DE REVISTA. ACÓRDÃO PUBLICADO NA VIGÊNCIA DA LEI Nº 13.015/2014. TERCEIRIZAÇÃO. ATIVIDADE-MEIO E ATIVIDADE-FIM. LICITUDE. DECISÃO PROFERIDA PELO SUPREMO TRIBUNAL FEDERAL NA ADPF N.º 324 E NO RE N.º 958.252, COM REPERCUSSÃO GERAL RECONHECIDA (TEMA 725). Agravo a que se dá provimento para examinar o agravo de instrumento em recurso de revista. Agravo provido. AGRAVO DE INSTRUMENTO EM RECURSO DE REVISTA. ACÓRDÃO PUBLICADO NA VIGÊNCIA DA LEI Nº 13.015/2014.

---

[3] Julgada nos seguintes termos: "*Decisão:* O Tribunal, no mérito, por maioria e nos termos do voto do Relator, julgou procedente o pedido e firmou a seguinte tese: 1. É lícita a terceirização de toda e qualquer atividade, meio ou fim, não se configurando relação de emprego entre a contratante e o empregado da contratada. 2. Na terceirização, compete à contratante: i) verificar a idoneidade e a capacidade econômica da terceirizada; e ii) responder subsidiariamente pelo descumprimento das normas trabalhistas, bem como por obrigações previdenciárias, na forma do art. 31 da Lei 8.212/1993, vencidos os Ministros Edson Fachin, Rosa Weber, Ricardo Lewandowski e Marco Aurélio. Nesta assentada, o Relator esclareceu que a presente decisão não afeta automaticamente os processos em relação aos quais tenha havido coisa julgada. Presidiu o julgamento a Ministra Cármen Lúcia. Plenário, 30.8.2018".

TERCEIRIZAÇÃO. ATIVIDADE-MEIO E ATIVIDADE-FIM. LICITUDE. DECISÃO PROFERIDA PELO SUPREMO TRIBUNAL FEDERAL NA ADPF N.º 324 E NO RE N.º 958.252, COM REPERCUSSÃO GERAL RECONHECIDA (TEMA 725). Em razão de provável caracterização de ofensa ao art. 170 da Constituição Federal (utilizado como fundamentos pelo STF) c/c o art. 25, §1.º, da Lei n.º 8.987/1995, dá-se provimento ao agravo de instrumento para determinar o prosseguimento do recurso de revista. Agravo de instrumento provido. RECURSO DE REVISTA. ACÓRDÃO PUBLICADO NA VIGÊNCIA DA LEI Nº 13.015/2014. TERCEIRIZAÇÃO. ATIVIDADE-MEIO E ATIVIDADE-FIM. LICITUDE. DECISÃO PROFERIDA PELO SUPREMO TRIBUNAL FEDERAL NA ADPF N.º 324 E NO RE N.º 958.252, COM REPERCUSSÃO GERAL RECONHECIDA (TEMA 725). O Plenário do Supremo Tribunal Federal, no dia 30/8/2018, ao julgar a Arguição de Descumprimento de Preceito Fundamental (ADPF) n.º 324 e o Recurso Extraordinário (RE) n.º 958.252, com repercussão geral reconhecida, decidiu que é lícita a terceirização em todas as etapas do processo produtivo, ou seja, na atividade-meio e na atividade-fim das empresas. A tese de repercussão geral aprovada no RE n.º 958.252 (Rel. Min. Luiz Fux), com efeito vinculante para todo o Poder Judiciário, assim restou redigida: "É licita a terceirização ou qualquer outra forma de divisão do trabalho entre pessoas jurídicas distintas, independentemente do objeto social das empresas envolvidas, mantida a responsabilidade subsidiária da empresa contratante" destacamos. Do mesmo modo, no julgamento da ADPF n.º 324, o eminente Relator, Min. Roberto Barroso, ao proceder a leitura da ementa de seu voto, assim se manifestou: "I. É lícita a terceirização de toda e qualquer atividade, meio ou fim, não se configurando relação de emprego entre a contratante e o empregado da contratada. 2. Na terceirização, compete à tomadora do serviço: I) zelar pelo cumprimento de todas as normas trabalhistas, de seguridade social e de proteção à saúde e segurança do trabalho incidentes na relação entre a empresa terceirizada e o trabalhador terceirizado; II) assumir a responsabilidade subsidiária pelo descumprimento de obrigações trabalhistas e pela indenização por acidente de trabalho, bem como a responsabilidade previdenciária, nos termos do art. 31 da Lei 8.212/1993" grifamos. Assim ficou assentado na certidão de julgamento: "Decisão: O Tribunal, no mérito, por maioria e nos termos do voto do Relator, julgou procedente a arguição de descumprimento de preceito fundamental, vencidos os Ministros Edson Fachin, Rosa Weber, Ricardo Lewandowski e Marco Aurélio" (g.n). Prevaleceu, em breve síntese, como fundamento o entendimento no sentido de que os postulados da livre concorrência (art. 170, IV) e da livre-iniciativa (art. 170), expressamente assentados na Constituição Federal de 1.988, asseguram às empresas liberdade em busca de melhores resultados e maior competitividade. Quanto à possível modulação dos efeitos da decisão exarada, resultou

> firmado, conforme decisão de julgamento da ADPF n.º 324 (Rel. Min. Roberto Barroso), que: "[...] o Relator prestou esclarecimentos no sentido de que a decisão deste julgamento não afeta os processos em relação aos quais tenha havido coisa julgada. Presidiu o julgamento a Ministra Cármen Lúcia. Plenário, 30.8.2018". *Nesse contexto, a partir de 30/8/2018, é de observância obrigatória aos processos judiciais em curso ou pendente de julgamento a tese jurídica firmada pelo e. STF no RE n.º 958.252 e na ADPF n.º 324. No caso concreto, conforme se depreende do acórdão regional, a parte reclamante foi contratada pela primeira reclamada para prestar serviços para a ora recorrente, mediante terceirização, para o desempenho de atividades que, segundo concluiu o e. TRT, enquadram-se nas atividades finalísticas da tomadora. Sucede, porém, que a diferenciação entre o conceito do que seria atividade-fim ou atividade-meio e seus respectivos efeitos no caso prático, após a citada decisão do e. STF no julgamento do RE n.º 958.252 e na ADPF n.º 324, deixou de ter relevância. Isso porque, em se tratando de terceirização, seja ela de atividade-meio ou fim, a sua licitude deve ser sempre reconhecida. Assim, não há mais espaço para o reconhecimento do vínculo empregatício com o tomador de serviços* sob o fundamento de que houve terceirização ilícita (ou seja, terceirização de atividade essencial, fim ou finalística), ou, ainda, para a aplicação dos direitos previstos em legislação específica ou em normas coletivas da categoria profissional dos empregados da empresa contratante, porque o e. STF, consoante exposto, firmou entendimento de que toda terceirização é sempre lícita, inclusive, repita-se, registrando a impossibilidade de reconhecimento de vínculo empregatício do empregado da prestadora de serviços com o tomador. Recurso de revista conhecido e provido. (RR nº 21072-95.2014.5.04.0202. Rel. Min. Breno Medeiros, j. 26.9.2018, 5ª Turma. *DEJT*, 5 out. 2018)

Portanto, é possível se afirmar que, pela majoritária jurisprudência, atualmente, não há qualquer impedimento em se terceirizar tanto a atividade-meio quanto a atividade-fim de uma empresa.

E no plano legal? A legislação reformada embalou a evolução verificada nos tribunais.

A aprovação do Projeto de Lei nº 4.302-E na Câmara, com seu posterior sancionamento pelo presidente da República, levou à entrada em vigor da primeira grande alteração legal já destacada, qual seja, a Lei Federal nº 13.429, de 31.3.2017, que serviu a instituir um padrão para terceirizações em geral, aprimorando o modelo já existente e específico para a terceirização de trabalhadores temporários. Em outras palavras, a referida lei estabeleceu de maneira inédita dois tipos de regimes jurídicos de terceirização, transformando a Lei nº 6.019/1974 no que se convencionou chamar de Lei Geral de Terceirização – LGT do trabalho no Brasil, conferindo um pouco mais de segurança jurídica e estabilidade aos principais protagonistas das relações de trabalho, empregados e empregadores.

Logo em seguida, a LGT foi alterada pela Lei Federal nº 13.467, de 13.7.2017, a qual implementou a reforma trabalhista, detalhando e aprimorando as regras da terceirização em geral, sem modificar o que restara definido em relação ao regime de trabalho temporário.

O fato é que foi somente a partir das leis nºs 13.429 e 13.467 que restou normatizada a terceirização em geral, para qualquer tipo de perfil contratual, de acordo com os arts. 4º-A e 5º-A da Lei nº 6.019/74, os quais permitem a adoção do modelo terceirizado para *execução de todas as atividades desenvolvidas*, inclusive a principal.[4]

A novel legislação define a terceirização como a transferência feita pela contratante (tomadora) da execução de quaisquer de suas atividades à pessoa jurídica de direito privado prestadora de serviços que possua capacidade econômica compatível com a sua execução.

Os fluxos do modelo contratual de terceirização são singelos.

A empresa prestadora de serviços deverá contratar, remunerar e dirigir o trabalho realizado por seus trabalhadores.

De forma facultativa, na terceirização, o tomador de serviços pode prever a extensão do atendimento médico, ambulatorial e de refeição destinado aos empregados diretos, o salário equivalente ao pago aos empregados da contratante, além de outros direitos. Os serviços

---

[4] Confira-se a redação dos dispositivos: "*Art. 4º-A.* Considera-se prestação de serviços a terceiros a transferência feita pela contratante da execução de quaisquer de suas atividades, inclusive sua atividade principal, à pessoa jurídica de direito privado prestadora de serviços que possua capacidade econômica compatível com a sua execução. (Redação dada pela Lei nº 13.467, de 2017) §1º A empresa prestadora de serviços contrata, remunera e dirige o trabalho realizado por seus trabalhadores, ou subcontrata outras empresas para realização desses serviços. §2º Não se configura vínculo empregatício entre os trabalhadores, ou sócios das empresas prestadoras de serviços, qualquer que seja o seu ramo, e a empresa contratante. *Art. 5º-A.* Contratante é a pessoa física ou jurídica que celebra contrato com empresa de prestação de serviços relacionados a quaisquer de suas atividades, inclusive sua atividade principal. (Redação dada pela Lei nº 13.467, de 2017) §1º É vedada à contratante a utilização dos trabalhadores em atividades distintas daquelas que foram objeto do contrato com a empresa prestadora de serviços. §2º Os serviços contratados poderão ser executados nas instalações físicas da empresa contratante ou em outro local, de comum acordo entre as partes. §3º É responsabilidade da contratante garantir as condições de segurança, higiene e salubridade dos trabalhadores, quando o trabalho for realizado em suas dependências ou local previamente convencionado em contrato. §4º A contratante poderá estender ao trabalhador da empresa de prestação de serviços o mesmo atendimento médico, ambulatorial e de refeição destinado aos seus empregados, existente nas dependências da contratante, ou local por ela designado. §5º A empresa contratante é subsidiariamente responsável pelas obrigações trabalhistas referentes ao período em que ocorrer a prestação de serviços, e o recolhimento das contribuições previdenciárias observará o disposto no art. 31 da Lei no 8.212, de 24 de julho de 1991".

contratados poderão ser executados nas instalações físicas da empresa contratante ou em outro local.

De forma obrigatória, deve-se garantir as condições de segurança, higiene e salubridade e, quando e enquanto os serviços forem executados nas dependências da tomadora, as mesmas condições dos empregados da contratante em relação à alimentação em refeitórios; serviços de transporte; atendimento médico ou ambulatorial; medidas de saúde no trabalho e instalações adequadas à prestação dos serviços.

Ou seja, é possível que uma empresa terceirize toda e qualquer atividade que seja de seu interesse, desde que se responsabilize pelas obrigações destacadas.

3 Contratação de prestador via contrato com pessoa jurídica – "Pejotização"

A chamada "pejotização" pode ser considerada um recorte específico do fenômeno terceirização. O modelo da "pejotização" pressupõe a inexistência de um intermediário contratado para prestar serviços por meio de seus empregados. Na "pejotização", o trabalhador é contratado diretamente por meio da pessoa jurídica por ele próprio constituída.

De fato, a terceirização no Brasil tem alcançado espaços para muito além do arranjo tradicional apresentado, máxime em contingentes crescentes, os quais abarcam executivos em geral e profissionais liberais.

Em resumo, o trabalho é prestado por conta de uma relação empresarial estabelecida por contrato. Na maioria dos casos, as atividades são desempenhadas em caráter individual, por um trabalhador qualificado. Esse profissional, sugestionado pelo tomador de serviços, ou mesmo espontaneamente, abre uma empresa individual, podendo, eventualmente, até a constituir com outros profissionais do ramo, ou mesmo um "sócio laranja", sendo que tal pessoa jurídica firmará contrato(s) de prestação de serviços o(s) qual(is) embasará(ão) o trabalho pessoal do profissional em prol da empresa tomadora.

Portanto, o modelo de "pejotização" pode ser entendido como um arranjo em que pessoas físicas se transformam em jurídicas e, via de regra, individuais. Para a Receita Federal:

> [...] a possibilidade jurídica de a empresa contratante flexibilizar uma relação típica de emprego, reduzindo os encargos sociais e direitos trabalhistas, desloca para outro ponto o equilíbrio da relação econômica

> com o profissional da atividade regulamentada. Reduzindo-se o imposto sobre a renda e a contribuição previdenciária e excluindo-se a parcela do Fundo de Garantia por Tempo de Serviço (FGTS) e os direitos como décimo terceiro salário, férias, horas extras, etc., há uma significativa alteração para menos no custo final do serviço contratado.[5]

Muito embora o gênero terceirização seja permitido no atual ordenamento jurídico, já anunciada a posição do Supremo Tribunal Federal a respeito, a questão da "pejotização" é um pouco mais sensível. Isso porque a singularidade do profissional envolvido acaba por sugerir a presença dos requisitos da relação empregatícia, quais sejam, subordinação, onerosidade, pessoalidade e não eventualidade.

Portanto, esse tipo de contratação certamente gerará risco de criação de passivos trabalhistas, o qual será intensificado a depender de práticas corriqueiras verificadas nesses tipos de arranjos, a saber: (i) notas fiscais emitidas sequencialmente; (ii) pagamentos habituais e pouco variáveis em favor de pessoas físicas em contas bancárias usuais; (iii) uso de uniformes, ramais, *e-mails* e cartões corporativos pelo prestador de serviços "pejotizado"; (iv) desempenho de atividades em local fixo, como salas e mesas dentro das dependências do tomador; (v) concessão de benefícios típicos de relações de emprego como alimentação, assistência de saúde e transporte; (vi) reconhecimento de prerrogativas típicas das relações de emprego como férias remuneradas, 13º salário, participação em lucros etc.

Nesse contexto, a jurisprudência vacila em relação aos fundamentos permissivos do gênero terceirização, sendo que os tribunais trabalhistas, mesmo após a reforma implementada pela Lei nº 13.467/17, majoritariamente reputam o arranjo como uma fraude, tendo, por consequência, o reconhecimento do vínculo empregatício tido como simulado diretamente com o tomador. Confiram-se alguns julgados, com destaques:

> RECURSO DA RECLAMADA. "PEJOTIZAÇÃO". VÍNCULO EMPREGATÍCIO. ART. 9º DA CLT. A atitude da empresa de substituir empregados com carteira assinada por pessoas jurídicas, *formalizando contratos de prestação de serviços através dos quais esses continuam a prestar para aquela os mesmos serviços de quando celetistas, constitui artifício fraudulento, conhecido como "pejotização", para se furtar da legislação trabalhista e dos deveres dela decorrentes. Logo, de se confirmar a nulidade declarada pelo juízo "a quo"*

5 BRASIL. Receita Federal. *O fenômeno da "pejotização" e a motivação tributária*. Brasília: Centro de Estudos Tributários e Aduaneiros, abr. 2016.

dos contratos de prestação de serviços acostados aos autos (art. 9º da CLT), mantendo-se o "decisum" que reconheceu a existência do vínculo de emprego entre as partes e as parcelas daí decorrentes. Recurso conhecido e improvido. (TRT-7. RO nº 00013158220155070013. Rel. Jose Antonio Parente da Silva, j. 1º.2.2018, public. 15.2.2018)

[...] VÍNCULO DE EMPREGO. PEJOTIZAÇÃO. MATÉRIA FÁTICA. FRAUDE. O Tribunal Regional concluiu, com amparo no conjunto fático-probatório dos autos, notadamente na prova testemunhal, que a primeira reclamada, ora recorrente, utilizou-se de artifícios, com intuito claro de impedir a aplicação das disposições celetistas. Com efeito, consta do acórdão regional que o preposto da primeira ré declarou que a empresa firmou com o Sr. Patrice contratos de prestação de serviços que vigeram durante todos os meses entre os anos de 2004 a 2013. Além disso, o Regional constatou estarem presentes os requisitos configuradores da relação de emprego, previstos no artigo 3º da CLT, durante todo o período de prestação de serviços para a reclamada. O Regional, após analisar o contexto em que se deu a relação entre as partes, concluiu estar diante da *figura conhecida como pejotização, fenômeno em que, na realidade, existe a contratação de serviços pessoais, exercidos por pessoa física, mediante subordinação, de forma não eventual e onerosa, realizada por meio de pessoa jurídica constituída especialmente para esse fim, na tentativa de mascarar a efetiva relação de emprego, com o intuito de burlar os direitos trabalhistas.* Nesse contexto, o trabalhador, que é a parte hipossuficiente na relação de trabalho, é compelido a constituir a pessoa jurídica para se garantir economicamente, ainda que sejam sucumbidos os direitos previstos no sistema trabalhista, a exemplo da limitação da carga horária de trabalho, DSR, horas extras, férias, 13º salário, verbas rescisórias, entre outros. *Tendo em vista que, no Direito do Trabalho, vigora o princípio da primazia da realidade, tem-se que, independentemente da forma de contratação do empregado e de qualquer instrumento escrito, prevalece a realidade fática de que o trabalhador, encoberto sob o manto da pessoa jurídica, formou típica relação de emprego com o "tomador de serviços", nos moldes dos artigos 2º e 3º da CLT.* Dessa forma, não prospera a alegação da reclamada de que o acórdão regional violou o artigo 3º da CLT, por reconhecer a existência de vínculo empregatício entre duas pessoas jurídicas, porquanto foi constatado que a contratação do autor como pessoa jurídica tinha o intuito de mascarar a continuidade da relação empregatícia. Para se chegar a conclusão diversa, de que era válido o contrato de prestação de serviços pactuado entre as partes e de que não foram preenchidos os requisitos da relação de emprego, seria necessário revolver a valoração do conjunto fático-probatório dos autos, procedimento vedado nesta instância recursal de natureza extraordinária, nos termos da Súmula nº 126 do Tribunal Superior do Trabalho. Recurso de revista não conhecido.

[...]. (TST. RR nº 1607006720135170010. Rel. José Roberto Freire Pimenta, j. 18.4.2018, 2ª Turma. *DEJT*, 20 abr. 2018)

A despeito dos riscos evidentes de invalidação do modelo no Poder Judiciário, é crescente a opção pelo formato. É que as vantagens tributárias são deveras sedutoras. Diante da crise econômica, dos altos encargos derivados do custo no Brasil, de fato, é cada vez menor o contingente de trabalhadores de alta renda, em especial com remuneração superior ao teto previdenciário.... Ou seja, o modelo acaba por constituir atraente alternativa de planejamento tributário a enquadrar rendas do trabalho de profissionais liberais à sistemática de tributação das pessoas jurídicas, com o deslocamento da base tributária para uma incidência muito menos gravosa.

Isto porque, no plano econômico, a prevalência da forma jurídica transforma uma única pessoa, o profissional que exerce a atividade regulamentada, em um ente jurídico que exerce atividade de empresa, profissionalmente realizando atividade econômica organizada para produção ou circulação de serviços. O modelo de tributos que incide sobre uma sociedade empresária passa a equivaler àquele destinado à pessoa jurídica cujo único ou principal sócio seja o próprio prestador do serviço.

Em trabalho produzido no âmbito da Receita Federal, intitulado *O fenômeno da "pejotização" e a motivação tributária*, ilustra-se, a título de exemplo, os encargos incidentes sobre um total anual de contraprestação equivalente a R$360.000,00. Sobre o valor, projeta-se a incidência dos tributos considerando-se uma pessoa física e uma empresa "pejotizada", tributada pelo lucro presumido com único empregado que exerça a atividade regulamentada.[6] O impactante resultado que se pode extrair do gráfico é o seguinte:

---

[6] O trabalho adverte que "Aos rendimentos brutos da Pessoa Física foram aplicados os percentuais de redução correspondentes à média das deduções sobre os rendimentos tributáveis, de acordo com as respectivas faixas de renda. O item "Previdência" da empresa do lucro presumido (LP-Empresa) inclui, para fins de demonstração, contribuição patronal (20%), FGTS (8%), Sistema S e RAT (3%), incidentes sobre a massa salarial de seus empregados. Para a empresa do lucro presumido de "Profissionais" (LP- Profissionais), considerou-se que será pago um salário mínimo vigente (R$880,00) e a seu dirigente. Sobre esse salário incide: contribuição patronal (20%), FGTS (8%), Sistema S e RAT (3%). NOTA: Esta simulação considera parâmetros gerais, não se aplicando a todas as situações verificáveis na realidade. A demonstração tem a finalidade exclusiva de estimar a incidência potencial comparativa dos modelos, sendo vedada sua utilização como mecanismo de apuração dos impostos e contribuições aqui mencionados. Nessa simulação, foi considerada a incidência do Imposto sobre a Renda da Pessoa Jurídica (IRPF/IRPJ, da Contribuição Social sobre o Lucro Líquido (CSLL), da Contribuição para o PIS e da Confins, do Imposto sobre Serviços de

Tributos	Pessoa física	Profissional pejotizado
Total	**23,60%**	**17,34%**
IRPF/IRPJ	19,76%	4,80%
CSLL	0,00%	2,88%
PIS	0,00%	0,65%
Cofins	0,00%	3,00%
ISS	0,00%	5,00%
Previd.	3,84%	1,01%

A empresa tomadora dos serviços que opta por contratar a pessoa jurídica constituída pelo profissional para prestar serviços igualmente auferirá vantagem, já que desincumbida dos encargos trabalhistas na ordem de 31%, aproximadamente. Isso porque, quando opta por contratar um trabalhador com vínculo de emprego, o empregador suporta o pagamento da contribuição previdenciária patronal, dos encargos de sistema S e do RAT, do depósito para o FGTS, além dos custos da própria relação trabalhista como décimo terceiro salário, férias, horas extras, vale-transporte, vale-alimentação etc.

Certamente, também se alia ao sucesso do modelo o fato de que o perfil do trabalhador inserido nesse tipo de arranjo, em geral, não ilustra um cliente corriqueiro dos fóruns trabalhistas. Executivos e profissionais liberais tendem a resolver os dilemas e conflitos do lado de fora dos muros da Justiça do Trabalho, mesmo porque, a decisão que, eventualmente, reconheça o vínculo empregatício representará prejuízo para ambos os lados, já que potencialmente despertará a voracidade tributária em face do prestador e do tomador de serviços, cúmplices no que diga respeito ao formato de planejamento tributário tido como ilegítimo.

Não obstante os riscos e as eventuais deturpações sinalizadas, em termos legais, a prática da "pejotização" restou viabilizada pelo art. 129 da Lei nº 11.196/2005, *in verbis*:

Qualquer Natureza (ISS) e dos encargos sociais do empregador: contribuição previdenciária patronal, depósito para o FGTS e encargos do Sistema S (Terceiros) e do Risco Ambiental do Trabalho (RAT). Na faixa de renda equivalente a R$30.000 mensais, o peso dos tributos federais corresponde a 23,6% da renda bruta auferida pela pessoa física, na condição de empregado regulamente contratado. Caso esse profissional constitua uma pessoa jurídica (pejotização) e estabeleça um contrato de prestação de serviços com a empresa tomadora, a incidência tributária é reduzida para 17,34% (redução de 6,26%)".

> Art. 129. Para fins fiscais e previdenciários, a prestação de serviços intelectuais, inclusive os de natureza científica, artística ou cultural, em caráter personalíssimo ou não, com ou sem a designação de quaisquer obrigações a sócios ou empregados da sociedade prestadora de serviços, quando por esta realizada, se sujeita tão-somente à legislação aplicável às pessoas jurídicas, sem prejuízo da observância do disposto no art. 50 da Lei no 10.406, de 10 de janeiro de 2002 – Código Civil.

A previsão normativa, ao estabelecer que a legislação aplicável às pessoas jurídicas seja também aplicável às prestadoras de serviços intelectuais, operou como permissivo legal a autorizar a utilização não usual da pessoa jurídica para verdadeiramente se estabelecer uma relação de trabalho sob a forma de contrato de prestação de serviços entre sociedades empresárias.

Seja no plano doutrinário ou jurisprudencial, a resistência maior ao dispositivo acima destacado se baseia, eminentemente, no campo trabalhista, no chamado "princípio da primazia da realidade", assim definido por Américo Plá Rodrigues: "Princípio da Primazia da Realidade: Significa que em caso de discordância entre o que ocorre na prática e o que surge de documentos e acordos se deve dar preferência ao primeiro, isto é, ao que sucede no terreno dos fatos".[7]

O princípio da primazia da realidade se relaciona com o art. 9º da CLT, segundo o qual "serão nulos de pleno direito os atos praticados com o objetivo de desvirtuar, impedir ou fraudar a aplicação dos preceitos contidos na presente Consolidação". Daí o princípio da primazia da realidade compreende a preferência da verdade real, fática da prestação de serviço, aquela que possa surgir através de um contrato, ou seja, de um mero documento. É dizer, na discordância entre contrato e realidade, prevalecerá a última.

Outro aporte argumentativo que se identifica contra o modelo é o chamado "princípio da irrenunciabilidade", o qual se voltaria a proteger o trabalhador, na medida em que não reconheceria eventual renúncia de seus próprios direitos. Portanto, o empregado não poderia abrir mão da proteção das leis trabalhistas como forma de receber aumento de remuneração.

Nessa linha de raciocínio, o art. 129 da Lei nº 11.196/2005 estaria restrito aos casos de prestação de serviço não habitual e/ou sem subordinação.

---

7 RODRIGUEZ, Américo Plá. *Princípios de direito do trabalho*. 3. ed. São Paulo: LTr, 2000.

Portanto, apesar do risco trabalhista envolvido, fato é que existe aporte normativo para defender que a prestação de serviços se dê via contratação de pessoas jurídicas, principalmente nas hipóteses em que a mão de obra se identifique com profissionais intelectuais.

Por uma rasteira análise em abstrato, a partir dos tipos de empresa, levando-se em consideração que o profissional "pejotizado" seja uma pessoa física, o melhor enquadramento societário a ser realizado seria o de Eireli – Empresário Individual de Responsabilidade Limitada.

É que, como é cediço, a pessoa física não deverá se constituir na forma de empresário individual se sua profissão for regulamentada, como a maioria dos casos de profissionais liberais, administradores e outras funções intelectuais, de acordo com o art. 162 do Regulamento do Imposto de Renda[8] e o art. 966[9] do Código Civil.

A opção restante, portanto, seria justamente a Eireli, regulada pela Lei nº 12.441, de 11.7.2011. Para esse tipo de configuração societária não haverá impedimento em relação às profissões regulamentadas. Destaque-se, entretanto, que, para a constituição desse tipo societário, mister a integralização do capital social da empresa no valor correspondente a cem vezes o salário mínimo vigente, de acordo com o art. 980-A do Código Civil.[10]

---

[8] Retrata o art. 162 *do RIR, Decreto nº 9.580/2018, com destaques:* "Art. 162. As empresas individuais são equiparadas às pessoas jurídicas (Decreto-Lei nº 1.706, de 23 de outubro de 1979, art. 2º). §1º São empresas individuais: I - os empresários constituídos na forma estabelecida no art. 966 ao art. 969 da Lei nº 10.406, de 2002 - Código Civil; II - as pessoas físicas que, em nome individual, explorem, habitual e profissionalmente, qualquer atividade econômica de natureza civil ou comercial, com o fim especulativo de lucro, por meio da venda a terceiros de bens ou serviços (Lei nº 4.506, de 1964, art. 41, §1º, alínea 'b'; e Decreto-Lei nº 5.844, de 1943, art. 27, §1º); e [...] §2º O disposto no inciso II do §1º não se aplica às pessoas físicas que, individualmente, exerçam as profissões ou explorem as atividades de: I - *médico,* engenheiro, advogado, dentista, veterinário, professor, economista, contador, jornalista, pintor, escritor, escultor e de outras que lhes possam ser assemelhadas (Decreto-Lei nº 5.844, de 1943, art. 6º, *caput,* alínea 'a'; Lei nº 4.480, de 14 de novembro de 1964, art. 3º; e Lei nº 10.406, de 2002 - Código Civil, art. 966, parágrafo único); II - profissões, ocupações e prestação de serviços não comerciais (Decreto-Lei nº 5.844, de 1943, art. 6º, *caput,* alínea 'b'); III - agentes, representantes e outras pessoas sem vínculo empregatício que, ao tomar parte em atos de comércio, não os pratiquem, todavia, por conta própria (Decreto-Lei nº 5.844, de 1943, art. 6º, *caput,* alínea 'c'); [...]".

[9] "Art. 966. Considera-se empresário quem exerce profissionalmente atividade econômica organizada para a produção ou a circulação de bens ou de serviços. Parágrafo único. Não se considera empresário quem exerce profissão intelectual, de natureza científica, literária ou artística, ainda com o concurso de auxiliares ou colaboradores, salvo se o exercício da profissão constituir elemento de empresa".

[10] "Art. 980-A. A empresa individual de responsabilidade limitada será constituída por uma única pessoa titular da totalidade do capital social, devidamente integralizado, que não será inferior a 100 (cem) vezes o maior salário-mínimo vigente no País. §1º O nome empresarial deverá ser formado pela inclusão da expressão '*EIRELI*' após a firma ou a denominação social

4 Contratação de profissional autônomo

Outro modelo possível de tomada de serviços sem vínculo empregatício pode se dar mediante a contratação direta de trabalhadores autônomos.

A CLT não se aplica aos trabalhadores autônomos, razão pela qual não se encontra sequer a definição desse tipo de contrato no referido diploma legal a despeito de o art. 442-B introduzido pela Lei nº 13.467/17 reconhecer que "a contratação do autônomo, cumpridas por este todas as formalidades legais, com ou sem exclusividade, de forma contínua ou não, afasta a qualidade de empregado prevista no art. 3º desta Consolidação".

A definição de trabalhador autônomo pode ser verificada na legislação previdenciária, como a pessoa física que exerce, por conta própria, atividade econômica de natureza urbana, com fins lucrativos ou não, tal qual disposto na Lei nº 8.121/91, art. 12, V, "a".

Em maio de 2018, o governo editou portaria regulamentando o modelo, com destaques:

> *PORTARIA Nº 349, DE 23 DE MAIO DE 2018*
> Art. 1º A contratação do autônomo, cumpridas por este todas as formalidades legais, com ou sem exclusividade, de forma contínua ou não, *AFASTA A QUALIDADE DE EMPREGADO* prevista no art. 3º do Decreto-Lei nº 5.452, de 1º de maio de 1943, que aprova a Consolidação das Leis do Trabalho.
> §1º Não caracteriza a qualidade de empregado prevista no art. 3º da Consolidação das Leis do Trabalho o fato de o autônomo prestar serviços a apenas um tomador de serviços.
> §2º O autônomo poderá prestar serviços de *qualquer natureza a outros tomadores de serviços que exerçam ou não a mesma atividade econômica, sob qualquer modalidade de contrato de trabalho, inclusive como autônomo.*

---

da empresa individual de responsabilidade limitada. §2º A pessoa natural que constituir empresa individual de responsabilidade limitada somente poderá figurar em uma única empresa dessa modalidade. §3º A empresa individual de responsabilidade limitada também poderá resultar da concentração das quotas de outra modalidade societária num único sócio, independentemente das razões que motivaram tal concentração. §4º (VETADO). §5º Poderá ser atribuída à empresa individual de responsabilidade limitada constituída para a prestação de serviços de qualquer natureza a remuneração decorrente da cessão de direitos patrimoniais de autor ou de imagem, nome, marca ou voz de que seja detentor o titular da pessoa jurídica, vinculados à atividade profissional. §6º Aplicam-se à empresa individual de responsabilidade limitada, no que couber, as regras previstas para as sociedades limitadas".

> §3º Fica garantida ao autônomo a possibilidade de recusa de realizar atividade demandada pelo contratante, garantida a aplicação de cláusula de penalidade, caso prevista em contrato.
> §4º Motoristas, representantes comerciais, corretores de imóveis, parceiros, e trabalhadores de outras categorias profissionais reguladas por leis específicas relacionadas a atividades compatíveis com o contrato autônomo, desde que cumpridos os requisitos do caput, não possuirão a qualidade de empregado prevista o art. 3º da Consolidação das Leis do Trabalho.
> §5º *Presente a subordinação jurídica, será reconhecido o vínculo empregatício.*

A principal diferença entre o trabalhador autônomo e o empregado será a circunstância de que o autônomo não é subordinado àquele que contrata sua prestação de serviços, não estando sujeito ao poder diretivo do empregador, podendo exercer livremente sua atividade de acordo com sua conveniência. Além disso, o autônomo trabalha por conta própria e não alheia, detendo todos os riscos do negócio.

Assim, se eventualmente os trabalhadores tidos como tais, em verdade, prestarem serviços habituais, submetidos às normas da empresa, tendo horário a cumprir e, especialmente, se reportando a determinado preposto do tomador, o contexto muda de figura, com inauguração de passivo trabalhista para o contratante, uma vez que a subordinação se revela nota característica do contrato de emprego, em diametral oposição aos desígnios da contratação de um trabalhador autônomo.

O trabalhador autônomo tem o contrato de prestação de serviços regido pelo Código Civil nos arts. 593 e seguintes. As regras são singelas. Quaisquer espécies de serviços não ilícitos podem ser contratadas nesta modalidade. Sem acordo entre as partes, caso resulte indefinido o montante a ser quitado, a solução derivará da composição bilateral, negocial ou arbitral, observado o costume do lugar, o tempo de serviço e a qualificação profissional do trabalhador. A contraprestação financeira, ou melhor, o pagamento dos honorários, pode dar-se ao final dos trabalhos, de forma adiantada ou através de pagamento em parcelas ajustadas, entre as quais, comumente, as mensais.

As possibilidades de extinção do vínculo com o autônomo são múltiplas, entre as quais se destacam: (i) falecimento do contratado; (ii) ultimação do prazo convencionado; (iii) descumprimento das obrigações de uma das partes; (iv) rescisão do contrato; (v) encerramento das atividades do contratante etc. Haverá necessidade de pré-avisar a extinção do contrato na véspera, em anterioridade de quatro dias, ou de oito, a depender da periodicidade do pagamento.

Quando se tratar de profissão regulamentada, os respectivos contratos de prestação de serviços deverão exigir que os trabalhadores autônomos estejam registrados no órgão de fiscalização profissional de sua categoria e regularmente inscritos no INSS.

5 A subordinação como marco distintivo

A solução para o dilema empregado *versus* trabalhador sem vínculo empregatício tem como palavra-chave a *subordinação*. A subordinação, sem sombra de dúvidas, é o requisito de maior relevância para a definição da relação de emprego. Ou seja, em que pese a necessidade de cumulação de todos os requisitos para a caracterização do vínculo empregatício, é a subordinação o elemento que ganha maior proeminência para sua configuração.

Maurício Godinho Delgado explica que a subordinação se caracteriza pela situação de o empregado ter sua autonomia da vontade limitada por um contrato no qual entrega ao empregador a direção de suas atividades.[11]

A doutrina costuma, em geral, explicar tal elemento em torno de duas teorias principais, quais sejam: a teoria da dependência econômica, que pressupõe que o empregado dependa do salário para viver; e a teoria da dependência técnica, que justifica o vínculo de subordinação, uma vez que o empregado não possa trabalhar de acordo com suas preferências e métodos.

O fato é que, atualmente, especialmente em razão do surgimento de novas formas de trabalho, o conceito de subordinação tem se mostrado capenga para diferenciar a relação de emprego das demais formas de trabalho autônomo. Que tipo de subordinação seria suficiente para caracterizar o vínculo empregatício? A clássica tríplice vertente da subordinação jurídica, técnica e econômica se mantém viva e eficiente?

Uma coisa é certa: é cada vez mais evidente a necessidade de reconstrução do elemento "subordinação".

Pela visão clássica do conteúdo da subordinação, sua caracterização se bastaria apenas quando o empregado prestasse serviços ao empregador, sob o rígido poder de direção deste.

[11] DELGADO, Mauricio Godinho. *Curso de direito do trabalho*. 5. ed. São Paulo: LTr, 2006.

Partindo-se da premissa de que a subordinação se caracterize com a presença constante e forte de ordens específicas do empregador ou de seus prepostos, com fiscalização assídua destes, podendo o empregado eventualmente sofrer sanções disciplinares, os limites de incidência da proteção celetistas teriam sido bastante estreitados.

De qualquer modo, com a quebra conceitual do paradigma, ou melhor, com a insegurança sobre os limites de configuração de uma relação subordinada, identificam-se *dois movimentos díspares em busca da reinterpretação do conceito de subordinação.*

O *primeiro se presta a ampliá-lo.* O processo de renovação e ampliação do conceito de subordinação promove a abrangência de determinadas categorias de trabalhadores, em tese, excluídas da incidência da CLT, como os trabalhadores em domicílio, os altos empregados e os trabalhadores intelectuais, a pretexto de lhes oferecer maior proteção. Ou seja, a primeira tendência seria o alargamento do campo de incidência do direito do trabalho via nova roupagem ou novo enfoque para a subordinação. Nesse contexto, alguns afirmam existir o que vem sendo referido como "subordinação estrutural", no sentido de "subordinação que se manifesta pela inserção do trabalhador na dinâmica do tomador de serviços, independentemente de receber ordens diretas, mas acolhendo, estruturalmente, sua dinâmica de organização".[12]

Outros ainda, inspirados em recentes precedentes,[13] anunciam a subordinação por algoritmos, cenário em que as empresas substituiriam ordens humanas por ordens realizadas através de algoritmos, de forma ainda mais apurada.

A readequação do conceito de subordinação vem sendo tratada como "teoria da subordinação objetiva" ou "teoria da subordinação integrativa". Independentemente da nomenclatura utilizada, o conceito se volta para a caracterização da subordinação com base na atividade desempenhada pelo trabalhador, bem como na sua natureza, se essencial ou não ao funcionamento da estrutura organizacional do tomador de serviços. Godinho resume o enfoque, com destaques:

> A ideia de subordinação estrutural supera as dificuldades de enquadramento de situações fáticas que o conceito clássico de subordinação tem demonstrado. Dificuldades estas que se exacerbam em face,

---

[12] DELGADO, Mauricio Godinho. *Curso de direito do trabalho*. 10. ed. São Paulo: LTr, 2011. p. 294.

[13] Processo nº 0011359-34.2016.5.03.0112, 33ª Vara do Trabalho de Belo Horizonte (Disponível em: https://www.conjur.com.br/dl/juiz-reconhece-vinculo-emprego-uber.pdf).

especialmente, do fenômeno da terceirização trabalhista. Nesta medida *ela viabiliza não apenas alargar o campo de incidência do Direito do Trabalho, como também conferir resposta normativa eficaz a alguns de seus mais recentes instrumentos desestabilizadores – em especial, a terceirização.*[14]

À concepção estruturalista da subordinação *contrapõe-se perspectiva inversa, qual seja, no sentido de reconhecimento do estreitamento das possibilidades de configuração de relação de trabalho efetivamente subordinada,* restando restrito apenas a essas hipóteses de configuração clássica o reconhecimento da relação de emprego.

Em verdade, a aplicação da teoria da subordinação estrutural tem levado à conclusão de que toda e qualquer prestação de serviços, em tese, seria subordinada e, portanto, estaria a simular uma relação de emprego ao arrepio da lei. Daí o direito do trabalho seria disciplina exclusiva a regular as relações de trabalho, sendo que toda relação de trabalho seria efetivamente de emprego. Não parece razoável.

Fabio Ulhoa Coelho desenvolveu um estudo interessante sobre o tema no qual ponderou, com destaques:

> Este artigo tem por objetivo discutir as fronteiras entre o direito comercial e o direito do trabalho, em vista do aparecimento, neste último, do que tem sido chamado de "teoria da subordinação estrutural". *Incipiente e provocadora, esta formulação de ser devidamente aprofundada, antes que se espraie como solução fácil e superficial para problemas de elevada complexidade.* [...] A teoria da subordinação estrutural, contudo, encontra-se sintetizada em fórmula (a difundida pelos julgados que a aplicam) um tanto imprecisa. O elemento "inserção na dinâmica da atividade econômica" levado às últimas implicações alcançaria um universo de trabalhadores e de agentes econômicos extraordinariamente largos.[15]

Luiz Carlos Amorim Robortella, outrossim, teceu críticas contundentes ao conceito, com destaques:

> A *subordinação estrutural, em verdade, flexibiliza o conceito de subordinação jurídica, instalando um rigoroso e fechado tratamento homogêneo para situações heterógenas*

14 DELGADO, Mauricio Godinho. *Curso de direito do trabalho*. 10. ed. São Paulo: LTr, 2011.

15 COELHO, Fábio Ulhoa. Subordinação empresarial e subordinação estrutural. *In*: FREDIANI, Yone (Coord.). *A valorização do trabalho autônomo e a livre-iniciativa*. Porto Alegre: Lex Magister, 2015.

> Um só modelo contratual para empregados próprios e de terceiros; para trabalho contínuo e descontínuo; para trabalho oneroso e gratuito; para trabalho com ou sem pessoalidade.
> A todos o mesmo tratamento jurídico por obra e graça da subordinação estrutural ao tomador de serviço.
> Ao se admitir tal subversão dogmática, poder-se-ia alterar o sentido dos demais elementos do contrato de trabalho simplesmente aplicando-lhes o adjetivo estrutural.
> *Assim teríamos a onerosidade estrutural, a pessoalidade estrutural, a não eventualidade estrutural, de modo a não restar vestígio sequer dos pressupostos legais de formação do contrato de trabalho.*[16]

O segundo movimento, qual seja, de contenção do conceito de subordinação ao conteúdo clássico, parece mais afinado com o ordenamento legal, ou seja, com o direito do trabalho reformado. O legislador, de fato, deu maior vigor e consideração ao pactuado, privilegiando a autonomia da vontade e a presunção de boa-fé. Sem ignorar o princípio da primazia da realidade, elevou a força de um contrato formal assinado por partes capazes.

6 Conclusão

Os modelos de prestação de serviço são múltiplos e o contrato de emprego é apenas uma espécie do gênero.

O mero fato de inserir-se o trabalhador na estrutura empresarial, exercendo serviço ligado à atividade-fim de uma empresa, não basta à caracterização da subordinação pertinente ao contrato de emprego. A adotar-se o difuso e etéreo conceito de "subordinação estrutural" será possível o reconhecimento de vínculo empregatício em quaisquer relações econômicas que tenham objetivo produtivo em um contexto empresarial.

Diante de um contrato civil presumidamente válido que tenha por objeto a prestação de serviços, para reconhecimento de eventual vínculo de emprego e superação de uma relação jurídica formalizada, haverá, primeiramente, a necessidade de anulação do negócio pactuado, cumprido o ônus de a parte que pretenda a sua invalidade ter de comprovar eventuais defeitos daquele acordo.

---

[16] ROBORTELLA, Luiz Carlos Amorim; PERES, Antônio Galvão. Subordinação estrutural na terceirização de serviços. Subversão. *In*: FREDIANI, Yone (Coord.). *A valorização do trabalho autônomo e a livre-iniciativa*. Porto Alegre: Lex Magister, 2015.

Referências

BRASIL. Receita Federal. *O fenômeno da "pejotização" e a motivação tributária*. Brasília: Centro de Estudos Tributários e Aduaneiros, abr. 2016.

COELHO, Fábio Ulhoa. Subordinação empresarial e subordinação estrutural. *In*: FREDIANI, Yone (Coord.). *A valorização do trabalho autônomo e a livre-iniciativa*. Porto Alegre: Lex Magister, 2015.

DELGADO, Mauricio Godinho. *Curso de direito do trabalho*. 10. ed. São Paulo: LTr, 2011.

DELGADO, Mauricio Godinho. *Curso de direito do trabalho*. 5. ed. São Paulo: LTr, 2006.

ROBORTELLA, Luiz Carlos Amorim; PERES, Antônio Galvão. Subordinação estrutural na terceirização de serviços. Subversão. *In*: FREDIANI, Yone (Coord.). *A valorização do trabalho autônomo e a livre-iniciativa*. Porto Alegre: Lex Magister, 2015.

RODRIGUEZ, Américo Plá. *Princípios de direito do trabalho*. 3. ed. São Paulo: LTr, 2000.

Informação bibliográfica deste texto, conforme a NBR 6023:2018 da Associação Brasileira de Normas Técnicas (ABNT):

TUPINAMBÁ, Carolina. Perfis contratuais de prestação de serviços apartados do regime celetista. *In*: TUPINAMBÁ, Carolina (Coord.). *As novas relações trabalhistas e o futuro do Direito do Trabalho*: as novidades provenientes das novas possibilidades de interações humanas e de novos modelos de solução de conflitos. Belo Horizonte: Fórum, 2022. (Coleção Fórum As novas relações trabalhistas e o futuro do direito do trabalho. Tomo V.) p. 379-401. ISBN 978-65-5518-224-8.

Adriana Serrão
Pós-Graduanda em Direito Administrativo pela Universidade Cândido Mendes – Ucam. Pós-Graduada em Direito e Processo do Trabalho pela Universidade Anhanguera. Graduada pela Universidade do Estado do Rio de Janeiro – UERJ. Advogada.

André Jobim de Azevedo
Mestre em Direito pela PUCRS. Especialista em Direito Internacional Econômico pela Unisinos, e em Processo Civil pela PUCRS. Professor da Graduação e Pós-Graduação da PUCRS, desde 1990, nas disciplinas de Direito do Trabalho e Processual do Trabalho e Processo Civil. Professor convidado nas universidades PUCPR, de Sevilha, de Burgos, Ourense e de La Laguna (Espanha). Membro do Conselho Superior do Comitê de Arbitragem da OAB/RS. Vice-Presidente da Federasul. Árbitro do Inama. Presidente da Câmara de Arbitragem da Federasul. Fundador e Ex-Presidente da ASRDT (Academia Sul-Rio-Grandense de Direito do Trabalho), e atual Diretor de Relações Internacionais, titular da cadeira nº 2. Membro da Academia Brasileira de Direito do Trabalho (ABDT), titular da cadeira nº 89.

Antônio Carlos Aguiar
Advogado. Mestre e Doutor em Direito pela PUC-SP.

Beatriz Azevedo Martinez
Pós-Graduanda em Direito do Trabalho e Previdenciário pela Universidade Estadual do Rio de Janeiro (UERJ). Graduada em Direito pela Universidade Federal do Rio de Janeiro (UFRJ). Membro do Comitê de Jovens Arbitralistas do Centro Brasileiro de Mediação e Arbitragem (CBMA). Sócia de Souto Correa Advogados.

Belén del Mar López Insua
Profesora Contratada Doctora (acreditada como Titular de Universidad) de Derecho del Trabajo y de la Seguridad Social. Universidad de Granada.

Carolina Monteiro de Castro Silveira
Mestranda em Direito do Trabalho e Direito Previdenciário na UERJ. Ex-Bolsista Top China Santander na Peking University. Advogada no Bracks Advogados.

Carolina Tupinambá
Mediadora certificada. Mestre em Direito Processual pela Universidade do Estado do Rio de Janeiro. Doutora em Direito Processual pela Universidade do Estado do Rio de Janeiro. Doutora em Direito do Trabalho e Seguridade Social pela Universidade de São Paulo. Pós-Doutora no Programa de Pós-Doutoramento em Democracia e Direitos Humanos – Direito, Política, História e Comunicação da Faculdade de Direito da Universidade de Coimbra. Professora Adjunta de Processo do Trabalho e Prática Trabalhista da Universidade do Estado do Rio de Janeiro. Professora Assistente de Direito do Trabalho da Universidade Federal do Estado do Rio de Janeiro. Membro da Academia Brasileira de Direito do Trabalho, ocupante da cadeira nº 47. Membro do Instituto Brasileiro de Direito Processual. Membro do Instituto Iberoamericano de Derecho Procesal. Membro do Instituto dos Advogados Brasileiros. Membro do Centro de Estudos Avançados de Processo. Membro da American Bar Association. Membro da Comunidad para la Investigación y el Estudio Laboral y Ocupacional (Cielo). Autora de livros e artigos na área trabalhista.

Djamil Tony Kahale Carrillo
Profesor acreditado a titular de Derecho del Trabajo y de la Seguridad Social – Universidad Politécnica de Cartagena (UPCT).

Julia de Castro Tavares Braga
Mestranda em Direito do Trabalho pela Universidade do Estado do Rio de Janeiro (UERJ). Pós-Graduada em Direito Empresarial pela PUC-Rio. Presidente da Comissão de Arbitragem Trabalhista do Centro Brasileiro de Mediação e Arbitragem (CBMA). Sócia de Souto Correa Advogados.

Juliane Mendes Genú
Graduada pela Universidade Veiga de Almeida – UVA. Advogada.

Juliano Martins Mansur
Advogado. Pós-Graduado em Direito e Processo do Trabalho. Sócio responsável pela área trabalhista do escritório de advocacia Vieira de Castro, Mansur & Faver Advogados. Lecionou em diversos cursos

preparatórios para o exame da Ordem dos Advogados do Brasil. Membro da Primeira Câmara de Resolução de Conflitos Extrajudiciais Trabalhistas (CMATRA), atuando como mediador, negociador e árbitro.

Leonardo Stocker P. da Cunha
Doutorando em Direito pela Universidade Estadual do Rio de Janeiro (UERJ). Mestre em Direito pela Universidade Federal do Rio Grande do Sul (UFRGS). Advogado.

Marcos Raphael Glasman
Pós-Graduando em Direito do Trabalho e Processo do Trabalho. Pós-Graduado em Direito Civil Constitucional e em Processo Constitucional pela Universidade do Estado do Rio de Janeiro. Graduado pela Universidade Candido Mendes-Centro. Advogado.

Marina Novellino Valverde
Mestranda em Direito do Trabalho e Direito Previdenciário pela Universidade do Estado do Rio de Janeiro (UERJ). Advogada trabalhista.

Priscila Mathias de Morais Fichtner
Sócia no Escritório Chalfin, Goldberg, Vainboim e Fichtner, com forte atuação na área consultiva e contenciosa, responsável pela área de ações especiais trabalhistas. Mestre pela Universidade de São Paulo (USP). Doutora em Direito Civil-Constitucional pela Universidade do Estado do Rio de Janeiro (UERJ). *E-mail*: priscila@cgvf.com.br.

Roberta Ferme Sivolella
Juíza titular da 2ª Vara do Trabalho do Rio de Janeiro, atualmente convocada para atuar como juíza auxiliar da Vice-Presidência do Tribunal Superior do Trabalho. Professora de Direito Processual e Coletivo do Trabalho.

Vitória Fernandes Guedes Silveira
Especialista em Direito do Estado pela UFRGS. Graduada em Direito pela PUCRS. Advogada associada do Faraco de Azevedo Advogados.

Esta obra foi composta em fonte Palatino Linotype, corpo 10
e impressa em papel Offset 75g (miolo) e Supremo 250g (capa)
pela Gráfica Formato.